serie

"América Latina en su cultura"

AMÉRICA LATINA EN SU ARQUITECTURA

relator:
ROBERTO SEGRE

siglo
veintiuno
editores

méxico
españa
argentina

siglo veintiuno editores, sa
CERRO DEL AGUA 248. MÉXICO 20. D.F.

siglo veintiuno de españa editores, sa
EMILIO RUBÍN 7 MADRID 33 . ESPAÑA

siglo veintiuno argentina editores, sa
Av PERÚ 952. BS. AS. ARGENTINA

edición al cuidado de alejandra gómez lara

primera edición, 1975
publicado conjuntamente por
siglo xxi editores, s. a.
cerro del agua 248 - méxico 20, d. f.

y

unesco
7, place de fontenoy
75700 parís
© unesco 1975

ISBN 92-3-301245-X

Índice general

NOTICIA SOBRE LOS COLABORADORES ix
PREFACIO 1
INTRODUCCIÓN, POR DARCY RIBEIRO 3

PARTE PRIMERA: LA CIUDAD Y EL TERRITORIO

I. EL PROCESO DE URBANIZACIÓN, POR JORGE E. HARDOY 41

1. Algunas cifras reveladoras 42
2. Proceso histórico 45

a] Período precolombino, 45; b] Las ciudades coloniales españolas, 48; c] Las ciudades coloniales portuguesas, 51; d] Los cambios en la estructura urbana durante el período independiente, 53

3. Proceso de urbanización sin precedentes 57
4. El futuro y sus exigencias 60

II. LAS ÁREAS METROPOLITANAS, POR JORGE E. HARDOY 63

1. Antecedentes, causas y características del proceso de metropolización 63
2. Aspectos cuantitativos de la metropolización 68
3. Incidencia de la metropolización en la demanda de viviendas 70
4. El futuro de las áreas metropolitanas 74
5. Conclusiones 78

III. LA MARGINALIDAD URBANA, POR DIEGO ROBLES RIVAS 87

1. El surgimiento de la marginalidad en el escenario urbano de América Latina 87
2. El subdesarrollo urbano y los patrones de asentamiento residencial popular 88
3. Incidencia del proceso de industrialización 90
4. Los mecanismos de la marginalidad 92

a] Condicionamiento urbano de la marginalidad, 92; b] Asentamientos y participación popular, 94; c] Particularidad de los asentamientos marginales, 97; d] Tugurización en las áreas centrales, 98; e] Renovación urbana y desarrollo periférico, 101; f] Organización comunitaria de los pobladores marginales, 102

IV. LAS TRANSFORMACIONES EN EL MEDIO RURAL, POR ROBERTO SEGRE   105

    1. La dimensión antropogeográfica del territorio   105

        a] Supeditación de lo rural a lo urbano, 105; b] La explotación económica del territorio, 107; c] Asentamientos humanos y medio físico, 109; d] Los instrumentos para el cambio, 110

    2. Alcances y objetivos de la planificación regional   115

        a] Intentos reales y virtuales, 115; b] Las transformaciones radicales, 118

    3. Particularidad del hábitat rural   122

        a] La tipología tradicional de la vivienda campesina, 122; b] La urbanización del campo, 125

V. CIUDADES CREADAS EN EL SIGLO XX. BRASILIA, POR FRANCISCO BULLRICH   129

    1. La conquista del territorio brasileño   129
    2. La materialización del proyecto de Lucio Costa   131
    3. La dimensión monumental en Brasilia   132
    4. Hábitat y estructuras circulatorias   135
    5. Contradicciones generadas por la vida cotidiana   157

PARTE SEGUNDA: LA ARQUITECTURA

I. SIGNIFICADO PRESENTE DE LA ARQUITECTURA DEL PASADO, POR GRAZIANO GASPARINI   143

    1. Estructuras sociales y manifestaciones artísticas   143
    2. Manifestaciones culturales periféricas   147
    3. Vinculación luso-brasileña   151
    4. Bahía   155
    5. Ni originalidad absoluta ni reproducción total   162

II. INFLUENCIAS EXTERNAS Y SIGNIFICADO DE LA TRADICIÓN, POR MAX CETTO   170

    1. Aporte mexicano a la arquitectura colonial   170
    2. Persistencia de la cuadrícula urbana   171
    3. La influencia del CIAM y la ciudad jardín   175
    4. Reelaboración interna de las tipologías europeas   179
    5. De los estilos históricos al movimiento moderno   180
    6. En busca de una tradición propia   184

III. LA CRISIS ACTUAL DE LA ARQUITECTURA LATINOAMERICANA, POR RA-
MÓN VARGAS SALGUERO Y RAFAEL LÓPEZ RANGEL   186

1. El cuestionamiento de los valores tradicionales   186
2. Antecedentes históricos de la etapa independentista   187
3. El academismo latinoamericano del siglo XIX   190
4. Siglo XX: consolidación de la dependencia   193
5. Significación y particularidad del funcionalismo   195
6. Las falacias del desarrollo   201
7. Conclusión. El camino de la crisis   202

IV. RESPONSABILIDAD SOCIAL DEL ARQUITECTO, POR GERMAN SAMPER
GNECCO   204

1. Introducción   204
2. La situación social del arquitecto   206
3. Posibilidades a diversos niveles   209
4. Campos de acción profesional   211
   a] Enseñanza, 211; b] Publicaciones, 212; c] Investigación, 212; d] Administración pública y la política, 213

5. Los temas del futuro   213

PARTE TERCERA: LA ARQUITECTURA Y SUS RELACIONES

I. EL DISEÑO INDUSTRIAL: UNA REALIDAD AMBIGUA, POR GUI BONSIEPE   219

1. Proyectación, autodeterminación, cambio social   219
2. La variante culturalista del diseño industrial   220
3. La variante promocionalista del diseño industrial   211
4. Intento de esclarecimiento   222
5. Diseño industrial y política tecnológica   224
6. Transferencia de diseño   227
7. Enseñanza de diseño industrial   228
8. La institucionalización del diseño industrial   230
9. Diferencias de enfoque entre metrópoli y periferia   232

II. EL MEDIO AMBIENTE NATURAL, POR ENRICO TEDESCHI   234

1. Terreno, vegetación, clima   235
2. Arquitectura rural y urbana   239

   a] Arquitectura rural, 240; b] Arquitectura urbana, 245

3. Integración de paisaje y arquitectura   250

   a] Motivaciones específicas, 250; b] El aporte del Brasil, 251

III. LA TECNOLOGÍA, POR EMILIO ESCOBAR LORET DE MOLA   255

    1. Período precolombino   255
    2. Época colonial   259
    3. La era independiente   260
    4. Situación actual   261

       a] Arquitectura culta y arquitectura popular, 261; b] Función de la
       tecnología, 262; c] La industrialización de la arquitectura, 266

IV. COMUNICACIÓN Y PARTICIPACIÓN SOCIAL, POR ROBERTO SEGRE   269

    1. Introducción   269

       a] Metodología y crítica, 269; b] Arquitectura y lenguaje, 272; c] Co-
       municación y participación, 275

    2. Arquitectura y comunicación   276

       a] Análisis histórico, 276; b] Caracterización del hábitat, 281; c] Pre-
       sencia de la centralidad, 285; d] Comunicación urbana y nuevos
       contenidos, 289

    3. El papel de la participación social   292

       a] Aspectos de la realidad actual, 292; b] Propuestas y perspecti-
       vas futuras, 297

BIBLIOGRAFÍA   301
ÍNDICE DE NOMBRES   314

NOTICIA SOBRE LOS COLABORADORES

BONSIEPE, GUI

Diseñador industrial (Glücksburg, RFA, 1934). Radicado en Chile hasta el 11/7/1973. Graduado en la Hochschule für Gestaltung, Ulm, RFA. Trabajo profesional: Diseño de equipamiento para consumo básico, jardines infantiles, juguetes, instrumentos y aparatos de electromedicina, envases para alimentos, maquinaria agrícola, equipos electrónicos, manuales de planificación para empresas. Libros y ensayos: *Manual de diseño industrial*, Santiago de Chile, 1969. Aproximadamente 50 ensayos publicados en libros y revistas especializadas: ULM (RFA); *Form* (RFA); *Casabella, Marcatré* (Italia); *Cuadernos de Arquitectura y Urbanismo* (España); *Boletín de la Escuela de Diseño Industrial* (Cuba); *Auca* (Chile); *Summa* (Argentina); etc. Cargos y actividades docentes: 1960/1968, profesor en la HfG de Ulm (RFA) en el Departamento de diseño industrial y de comunicación visual. 1968/1970, experto de la OIT (NU) en Chile, para el desarrollo de la pequeña y mediana industria. 1971/1973, jefe del área de diseño industrial en el Comité de Investigaciones Tecnológicas (INTEC/CORFO). 1973, vicepresidente del ICSID. 1974, asesor del Instituto Nacional de Tecnología Industrial, Buenos Aires. Ha impartido cursos y conferencias en diversas escuelas de arquitectura y diseño industrial en Chile, Argentina, Cuba, Alemania, Italia, etcétera.

BULLRICH, FRANCISCO

Arquitecto argentino (Buenos Aires, 1929). Crítico e historiador de la arquitectura. Graduado en la Universidad de Buenos Aires. Estudios de posgrado en la Hochschule für Gestaltung, Ulm (RFA). Trabajo profesional: Ganador de varios premios en concursos nacionales de anteproyecto. Autor del edificio de la embajada argentina en Brasilia y coautor (con Clorindo Testa y Alicia Gazzaniga) del edificio de la Biblioteca Nacional de Buenos Aires. Libros y ensayos: *Arquitectura argentina contemporánea*, Buenos Aires, 1963; *New directions in Latin-American architecture*, Nueva York, Londres, Barcelona, Roma, 1969; *Arquitectura latinoamericana*, Buenos Aires, Madrid, 1970. Ha publicado diversos artículos en revistas especializadas argentinas y europeas. Cargos y actividades docentes: 1956/1966, profesor titular de las cátedras de historia de la arquitectura I y II en la Escuela de Arquitectura y Planeamiento de Rosario, Universidad Nacional del Litoral; 1958, director de dicha Escuela; 1966-1967, crítico visitante en el Departamento de Arquitectura y profesor visitante en el Departamento de Historia del Arte de la Universidad de Yale.

CETTO, MAX LUDWIG

Arquitecto mexicano (Coblenza, RFA, 1903). Graduado como arquitecto-ingeniero en la Universidad Técnica de Berlín. Trabajo profesional: 1926/1931, proyectista del Departamento de obras públicas del Municipio de Frankfurt-Main, dirigido por Ernst May; 1927, participa en el concurso del edificio para la Liga de las Naciones en Ginebra; 1938, proyectista en el estudio de Richard Neutra; 1939, proyectista en los estudios de J. Villagrán García y Luis Barragán. A partir de 1949, construcción de viviendas en los jardines del Pedregal de San Ángel, ciudad de México; 1966, segundo premio en el concurso internacional para el Museo de Arte de Berlín (RFA). Libros y ensayos: *Moderne Architektur in Mexiko*, Stuttgart, 1960; México, 1961; Nueva York, 1961. Colaboración en el *Knaurs Lexikon der modernen Architektur*, Munich, 1963. Cargos y actividades docentes: desde 1927, miembro activo del CIAM; 1928/1932, profesor de composición en la Escuela Superior de Artes Aplicadas en Offenbach-Main; 1960/1961, profesor invitado en la Escuela de Arquitectura de la Universidad de Texas, Austin; 1962, profesor invitado en la Escuela de Arquitectura de Clemson, Carolina del Sur; 1965, profesor invitado en la Escuela de Arte de la Universidad de Auburn, Alabama. Desde 1965, profesor titular de taller de proyecto en la Escuela Nacional de Arquitectura de la Universidad Nacional Autónoma de México. Ha impartido cursos y conferencias en centros universitarios de Alemania (RFA), Suiza, EUA, etcétera.

ESCOBAR LORET DE MOLA, EMILIO

Arquitecto cubano (Lima, Perú, 1934). Graduado en la Universidad de La Habana. Trabajo profesional: 1963, miembro del equipo de proyectistas de la Ciudad Escolar "Camilo Cienfuegos", Provincia de Oriente; Escuela Secundaria Básica; tanque laminar de hormigón armado; círculo social obrero en Nicaro, Provincia de Oriente; 1965, primer premio y construcción del parque de los Mártires Universitarios, La Habana (en equipo); proyecto de hotel en Santiago de Cuba. 1968, responsable del equipo de proyectistas del pabellón cubano, construido en la Expo'70 de Osaka, Japón; 1970, proyecto del Acuarium Nacional, La Habana. Cargos y actividades docentes: 1962, jefe de la sección de planeamiento, Viviendas campesinas del INRA;

1962/1964, jefe de proyecto de la Ciudad Escolar "Camilo Cienfuegos"; 1964/1966, jefe de taller de diseño, Ministerio de la Construcción; 1968/1970, director de la Escuela de Arquitectura de La Habana; 1971/1974, jefe del Departamento de Diseño. Profesor de fundamentos de la arquitectura, diseño básico y taller de diseño en dicha Escuela. Ha impartido conferencias en centros universitarios de México, Argentina e Inglaterra.

GASPARINI, GRAZIANO

Arquitecto venezolano (Venecia, Italia, 1924). Historiador de la arquitectura y restaurador de monumentos. Graduado en la Universidad Central de Venezuela. Libros y ensayos: *Templos coloniales de Venezuela*, Caracas, 1959; *La arquitectura colonial de Coro*, Caracas, 1961; *La casa colonial venezolana*, Caracas, 1962; *La arquitectura colonial en Venezuela*, Caracas, 1965; *América, Barroco y Arquitectura*, Caracas, 1972. Ha realizado obras de restauración en edificios coloniales, civiles y militares, ubicados en diversas regiones de su país: Coro, San Francisco de Yare, San Antonio de Maturín, Píritu, Obispos, etc. Ha efectuado investigaciones y trabajos arqueológicos en diversos países del continente. Cargos y actividades docentes: profesor de historia de la arquitectura en la Facultad de Arquitectura y Urbanismo de la Universidad Central de Venezuela, director del Centro de Investigaciones Históricas y Estéticas en la misma Universidad.

HARDOY, JORGE ENRIQUE

Arquitecto argentino (Buenos Aires, 1926). Teórico e investigador del urbanismo y la planificación. Graduado en la Universidad de Buenos Aires. *Master in city and regional planning* y Ph. D. en la Universidad de Harvard. Libros y ensayos: *Ciudades precolombinas*, Buenos Aires, 1964; *Urban planning in precolumbian America*, Nueva York, 1968; *La urbanización en América Latina*, Buenos Aires, 1968; *La urbanización en América desde sus orígenes hasta nuestros días*, Buenos Aires, 1969; *Urban and regional development policies in Latin America*, Los Ángeles, 1972; *Las ciudades en América Latina*, Buenos Aires, 1972; *Urban reform in revolutionary Cuba*, Yale, 1973. Ha publicado diversos ensayos en revistas especializadas del continente. Cargos y actividades docentes: 1966/1970, presidente de la Sociedad Interamericana de Planificación; hasta 1969, director del Centro de Estudios Urbanos y Regionales (CEUR), Instituto Di Tella, Buenos Aires; desde 1971, investigador jefe de dicho Centro; 1970, profesor visitante de la Universidad de Yale.

LÓPEZ RANGEL, RAFAEL

Arquitecto mexicano. Teórico e investigador de la arquitectura. Graduado en la Universidad Nacional de México. Ha publicado ensayos y artículos en diversas revistas especializadas mexicanas. Cargos y actividades docentes: 1960/1965, profesor de historia de las doctrinas filosóficas en la Universidad Michoacana de San Nicolás de Hidalgo; 1971/1972, profesor de teoría del diseño en la Escuela Nacional de Artes Plásticas, UNAM; profesor de teoría de la arquitectura en la ESIA del IPN y en la Escuela de Pintura y Escultura del INBA; profesor del curso vivo de arte de la UNAM. Miembro del consejo técnico y colaborador de la revista analítica de arquitectura CALLI, México.

RIBEIRO, DARCY

Antropólogo brasileño (1922). Fue el primer rector de la Universidad de Brasilia y ministro de Educación y Cultura del Brasil. Libros publicados: *El proceso civilizatorio*, Río de Janeiro, Washington, 1968; Caracas, 1970; Frankfurt, Buenos Aires, 1971; Milán, 1972; *Las Américas y la civilización*, Buenos Aires, 1969; Río de Janeiro, 1970; Nueva York, 1971; Milán, 1973; *El dilema de América Latina*, México, 1971; *Fronteras indígenas de la civilización*, Río de Janeiro, 1970; México, 1971; Milán, 1973; *Teoría del Brasil*, Montevideo, 1969; París, 1970; Río de Janeiro, 1972; *La universidad latinoamericana*, Montevideo, 1968; Caracas, Santiago de Chile, 1971; *La universidad nueva*, Buenos Aires, 1973. Cargos actuales: Colabora en la implantación del Centro de Estudios de Participación Popular (CENTRO), creado por un convenio entre el gobierno peruano (SINAMOS) y las Naciones Unidas (OIT).

ROBLES RIVAS, DIEGO

Arquitecto peruano (Lima, 1932). Graduado en la Universidad Nacional de Ingeniería, Lima, Perú. Estudios de posgrado en el Instituto de Planeamiento de Lima y en la Architectural Association School of Architecture, Department of Tropical Studies, Londres, Inglaterra. Trabajo profesional: Asesoramiento y ayuda al desarrollo de las barriadas, a partir de 1959, en el campo de la investigación, enseñanza, planificación y como funcionario público. Libros y ensayos: "El proceso de urbanización y los sectores populares en Lima", *Cuadernos DESCO*, serie núm. 1, Lima, 1969; "Síntesis del desarrollo del barrio La Libertad, Chimbote, Ancash", Colegio de Arquitectos, Lima, Perú; *Development alternatives for the peruvian barriadas*, Latin American Urban Research, vol. 2, Londres. Cargos y actividades docentes: director adjunto a la Dirección General de pueblos jóvenes y áreas de subdesarrollo urbano interno, del Sistema Nacional de Apoyo a la Movilización Social (SINAMOS); director de planificación de la Universidad peruana Cayetano Heredia.

SAMPER GNECCO, GERMÁN

Arquitecto colombiano (Bogotá, 1924). Graduado en la Universidad Nacional de Colombia. Realizó estudios y proyectos en el taller de Le Corbusier (París); Plan regulador de Bogotá y Plan director de Chandigarh, 1948/1953. Trabajo profesional: proyecto y construcción de las siguientes obras en Bogotá: Biblioteca Luis Ángel Arango; Museo del Oro; Edificio Pan American Life; Sede del Banco Central Hipotecario; Edificio Avianca; Edificio Coltejer (Medellín); Edificio Centro Administrativo Municipal en Cali. Cargos y actividades docentes: 1955/1958, decano de la Facultad de Arquitectura de la Universidad de Los Andes (Colombia); conferencias y cursos en Puerto Rico, España y Colombia. Ha sido presidente de la Sociedad Colombiana de Arquitectos. Vicepresidente de la Sociedad Interamericana de Planificación. Director de la *Revista de la Sociedad Interamericana de Planificación* (SIAP).

SEGRE, ROBERTO

Arquitecto argentino (Milán, Italia, 1934), radicado en Cuba desde 1963. Historiador y crítico de la arquitectura. Graduado en la Facultad de Arquitectura y Urbanismo de la Universidad de Buenos Aires. Libros y ensayos: colaboración en *Antecedentes de la arquitectura actual*, Buenos Aires, 1959; *Diez años de arquitectura en Cuba revolucionaria*, La Habana, 1970; *Cuba, arquitectura de la Revolución*, Barcelona, Padua, 1971; *La arquitectura escolar de la Revolución cubana*, La Habana, 1973 (colaboración). Aproximadamente 30 ensayos publicados en revistas especializadas: *Arquitectura/ Cuba*, Casa de las Américas, *Pensamiento crítico, Unión, Cuba/Internacional, Revista de la Biblioteca Nacional "José Martí", Revista de la Universidad de La Habana* (Cuba); *Auca* (Chile); *Summa, Obrador, Nuestra Arquitectura* (Argentina); *Conescal, Calli Internacional* (México); *Cuadernos de Arquitectura y Urbanismo* (España); *L'architecture d'aujourd'hui* (Francia); *Deutsche Architektur* (RDA); *Op. Cit.* (Italia), etc. Cargos y actividades docentes: 1960/1963, jefe de trabajos prácticos en las asignaturas historia de la arquitectura III, visión II e historia de la civilización en la Facultad de Arquitectura y Urbanismo de Buenos Aires. Desde 1963, profesor de historia de la arquitectura en la Escuela de Arquitectura y la Escuela de Letras y Arte de la Universidad de La Habana. Cursos y conferencias en las siguientes universidades: Facultad de Arquitectura, Universidad de Roma; Instituto Politécnico de Milán; Facultad de Arquitectura y Urbanismo, Barcelona; Architectural Association, Londres; Ecole Nationale de Beaux Arts (UP. VI) París, Lyon; Facultad de Arquitectura, Universidad de Los Andes, Mérida; Universidad Central de Venezuela, Caracas; Facultad de Arquitectura y Urbanismo, Universidad de Chile, Santiago y Valparaíso, etc. Jefe de la Sección de Historia de la Arquitectura y del Grupo de Investigaciones Históricas de la Arquitectura y el Urbanismo (GIHAU), de la Escuela de Arquitectura de La Habana. Jefe de redacción de la revista *Arquitectura/Cuba*.

TEDESCHI, ENRICO

Arquitecto argentino (Roma, Italia, 1910). Historiador y crítico de la arquitectura. Doctor en arquitectura (Universidad de Roma); revalidación del título en la Universidad Nacional de Tucumán. Trabajo profesional: Ejercicio profesional en Italia (1935-48) y en la República Argentina desde 1953, en arquitectura y urbanismo, con aproximadamente 50 obras y proyectos de importancia. 1960/1962, director de planeamiento urbano, Mendoza; 1966/1968, director de planeamiento urbano, Córdoba. Libros y ensayos: *L'architettura in Inghilterra*, Florencia, 1947; *Una introducción a la historia de la arquitectura*, Tucumán, 1951; *Frank Lloyd Wright*, Buenos Aires, 1955; *La Plaza de Armas del Cuzco*, Tucumán, 1962; *Teoría de la arquitectura*, Buenos Aires, 1963; *La Catedral de Puno*, Córdoba, 1965. Aproximadamente 80 artículos publicados en revistas especializadas: *Metron, Architettura, L'Architettura*, (Italia); *Architectural Review* (Inglaterra); *Nueva Visión, Nuestra Arquitectura, Summa*, (Argentina), etc. Cargos y actividades docentes: 1944, profesor adjunto interino en la Universidad de Roma; 1948/1953, profesor titular en la Universidad Nacional de Tucumán; 1954, profesor titular en la Universidad Nacional de Cuyo; 1956/1958, director del Instituto de Historia de la Arquitectura; 1958/1965, presidente del Instituto Interuniversitario de Historia de la Arquitectura; 1961/1972, decano y profesor titular de la Facultad de Arquitectura y Urbanismo de la Universidad de Mendoza; 1972, profesor honorario de la Universidad F. Villarreal, Lima. Ha impartido cursos en la Universidad Católica de Chile, Universidad Nacional del Litoral, Rosario y en la Universidad Nacional F. Villarreal, Lima.

VARGAS SALGUERO, RAMÓN

Arquitecto mexicano (México, 1934). Teórico e investigador de la
arquitectura. Graduado en la Universidad Nacional Autónoma de
México, arquitecto y maestro en filosofía. Ensayos: Ha publicado
diversos ensayos sobre historia de la arquitectura, teoría, crítica, estudios sobre la arquitectura mexicana en periódicos y revistas especializadas de su país. Cargos y actividades docentes: Ha sido investigador del Departamento de Arquitectura del Instituto Nacional de
Bellas Artes y director del Cogobierno de la Escuela de Diseño y
Artesanías. Ha impartido clases de ética, estética, teoría superior de
la arquitectura, historia de la cultura e historia del arte en diversos
planteles de la Universidad Nacional Autónoma de México. Profesor
de teoría de la arquitectura en la Escuela Nacional de Arquitectura
y de materialismo histórico y de dialéctica en la Escuela de Diseño y
Artesanías. Miembro de la dirección colectiva de la revista analítica
de arquitectura contemporánea, *Calli*.

Prefacio

Este nuevo volumen que ahora presenta la Unesco es el tercero de la serie América Latina en su cultura. *El primero fue* América Latina en su literatura *(México, Siglo XXI/Unesco, 1972; segunda edición, 1974). El segundo,* América Latina en sus artes *(México, Siglo XXI/Unesco, 1974), que se ocupa de las artes plásticas y visuales. El presente, en cambio, se consagra a la arquitectura y el urbanismo. La música y las artes del espectáculo serán materia de volúmenes sucesivos.*

Esta serie es el resultado principal del programa del estudio de las culturas de América Latina en sus expresiones literarias y artísticas, "a fin de determinar las características de dichas culturas", que fuera aprobado por la resolución 3325, adoptada en la decimocuarta reunión de la Conferencia General de la Unesco (París, 1966), y luego continuado por sendas resoluciones de sus reuniones decimoquinta, decimosexta y decimoséptima.

En el "Prefacio" y en la "Introducción" de América Latina en su literatura *se ha reseñado ampliamente este proyecto, a partir de la reunión de expertos que tuvo lugar en 1967 en la ciudad de Lima, donde se trazaron sus lineamientos generales. Los dos puntos esenciales de esta serie "América Latina en su cultura", y quizá los que determinan su posible originalidad y, por lo tanto, su utilidad, son los siguientes:*

"a) considerar a América Latina como un todo, integrado por las actuales formaciones políticas nacionales. Esta exigencia ha llevado a los colaboradores del proyecto a sentir y expresar su región como una unidad cultural, lo que ha favorecido en ellos el proceso de autoconciencia que el proyecto tiende a estimular, ya que sólo los intelectuales latinoamericanos son llamados a participar en él;

"b) considerar la región a partir de su contemporaneidad, remontándose en el pasado, eso sí, cuando sea necesario para comprender el presente. Este recaudo ha obligado a los colaboradores a enfrentar las ardientes cuestiones de la actualidad, en cuanto suceden en la región o tienen repercusión en ella."

América Latina en su arquitectura *ha sido redactado siguiendo las directivas generales de la reunión de Lima (27 de noviembre-1º de diciembre de 1967) y las particulares de la que se celebró en la ciudad de Buenos Aires (6-10 de octubre de 1969). A esta última concurrieron los siguientes expertos: Mauricio Arrieta Gálvez, Juan Antonio Ballester, Francisco Bullrich, Hubert de Ronceray, Emilio Escobar Loret de Mola, Iván*

[1]

*Espín, Graziano Gasparini, Jorge O. Gazaneo, Fernando Kusnetzoff Katz,
Henrique E. Mindlin, Luis Oleas, Luis Ortiz de Zevallos, Roberto Segre,
Ramón Torres Martínez, Carlos Villanueva y Amancio Williams.*

*De acuerdo con las recomendaciones de esta reunión de Buenos Aires,
se han seleccionado entre los mejores críticos de América Latina los autores de este libro, cuya estructura es la que le asignara dicha reunión,
con las modificaciones surgidas a lo largo de su elaboración, o sea: primero una "Introducción", dividida en dos partes; la primera, sobre la
arquitectura latinoamericana en general, y la segunda, sobre el entorno
físico de la región. Siguen las tres partes básicas del libro, que son:
primera:* La ciudad y el territorio; *segunda:* La arquitectura; *tercera:*
La arquitectura y sus relaciones.

*La coordinación general de la obra, como en los casos anteriores, ha
estado a cargo de la Secretaría de la Unesco, quien ha trabajado directamente con los dos relatores designados; el primero, Francisco Bullrich,
quien actuó desde su designación en diciembre de 1970 hasta su renuncia
en diciembre de 1971; encargándose luego, en el presente libro, de escribir el capítulo específico dedicado a estudiar la ciudad de Brasilia en
remplazo del arquitecto brasileño Henrique Mindlin, que falleció sin
poder entregar su trabajo. En su remplazo, se designó relator en noviembre de 1972 a Roberto Segre, quien es autor, además, de dos de los
capítulos:* Las transformaciones en el medio rural *y el final,* Comunicación y participación social. *A lo largo de todo este proceso, la revisión
de los originales fue efectuada por Héctor Luis Arena.*

*Dentro de la estructura de la Secretaría de la Unesco, la realización
global de esta obra ha estado a cargo de la División de Estudio de las
Culturas, del Departamento de Cultura, dirigidos sucesivamente por N.
Bammate, y de la Oficina Regional de Cultura para América Latina y el
Caribe, a cargo de César Fernández Moreno.*

NOTA. Los criterios y opiniones de cada autor son, desde luego, personales y
no expresan necesariamente los de la Unesco.

Introducción: La cultura

Darcy Ribeiro

1. LAS AMÉRICAS EN EL MUNDO

Al desprenderse la América de la monarquía española, se ha encontrado semejante al Imperio romano, cuando aquella enorme masa cayó dispersa en medio del Antiguo Mundo. Cada desmembración formó entonces una nación independiente, conforme a su situación o a sus intereses; pero con la diferencia de que aquellos miembros volvían a restablecer sus primeras asociaciones. Nosotros ni conservamos vestigios de lo que fue en otro tiempo: no somos europeos, no somos indios, sino una especie media entre los aborígenes y los españoles. Americanos por nacimiento y europeos por derechos, nos hallamos en el conflicto de disputar a los naturales los títulos de posesión y de mantenernos en el país que nos vio nacer, contra la oposición de los invasores; así nuestro caso es el más extraordinario y complicado.

BOLÍVAR, *discurso de Angostura*

a] *Ampliación de la perspectiva histórica*

La indagación de Bolívar sigue resonando. ¿Qué somos nosotros los pueblos americanos, entre los pueblos, las civilizaciones? Mucho se ha escrito sobre el tema. Demasiado incluso sobre aspectos circunstanciales y anecdóticos. Muy poco, lamentablemente, sobre su totalidad.

Esta carencia se debe principalmente a la falta de una teoría general explicativa del proceso de formación y transfiguración de los pueblos. Lo que ha ocupado el lugar de esta teoría son los relatos etnocéntricos de secuencias históricas —principalmente europeas— y apreciaciones eurocéntricas de los efectos del impacto de la civilización sobre poblaciones de ultramar. Unas y otras construidas ingenuamente por la serie cronológica de eventos singulares —en términos de antecedentes y consecuentes—, la reconstrucción hipotética de civilizaciones y el relato de ciertos acontecimientos espectaculares. En algunos casos, esas narrativas son elevadas a la condición de interpretaciones de las etapas o pasos unilineares de una progresión necesaria de la evolución humana por la cual habrían pasado todos los pueblos.

El defecto de esta última forma de explicación no está, sin embargo, como creen algunos, en la postura evolucionista implícita. De hecho, a

[3]

nuestro modo de ver, ninguna explicación para ese orden de problemas puede ser encontrada fuera de una teoría general de la evolución socio-cultural.[1] Ésta, con todo, debe ser elaborada con fundamento en una base temporal y espacial mucho más amplia que la proporcionada por el fondo histórico europeo. Sólo así se podrá hablar de categorías realmente significativas en términos universales y no de meras teorizaciones de la historia europea. Para ese efecto, los esfuerzos de generalización deben ser realizados a partir de un cuadro más representativo, dentro del cual Europa no sería un arquetipo, sino una variante tan marcada de singularidades cuanto cualquiera otra corriente civilizatoria particular.

Esta ampliación de la perspectiva histórica es imperativa para nosotros, americanos. Lo es, por igual, para todos los pueblos extraeuropeos como los islámicos, los indios, los chinos, los africanos, cuyos modos de ser y cuya posición en la evolución humana sólo pueden ser comprendidos sobre la base de una teoría fundada en lo que tienen de común, en tanto que cristalizaciones singulares de etapas del proceso general de formación y transformación de los pueblos.

En las últimas décadas algunos antropólogos empezaron a enfrentar esas cuestiones[2] con el propósito de proporcionar por lo menos nuevas fuentes teóricas para la interpretación del proceso de formación de los pueblos. Nuestra propia tentativa presentada en un estudio sobre la evolución sociocultural publicado en 1968 y en otro sobre las configuraciones histórico-culturales de los pueblos americanos (1970) se cita entre estos esfuerzos. En la presente introducción utilizaremos algunos esquemas conceptuales desarrollados en aquellos trabajos, volviendo a definirlos cuando sea necesario.

En lo que se refiere al presente ensayo, tales esquemas pueden ser reducidos a tres enfoques distintos pero complementarios. Primero, una clasificación de las etapas generales de la evolución que permite definir las formaciones económico-sociales discernibles en las Américas del pasado y del presente. Segundo, un estudio de las configuraciones histórico-culturales, en tanto que grandes categorías de pueblos homogeneizados por procesos similares de formación. Tercero, una apreciación de las vicisitudes experimentadas por las tradiciones culturales europeas en su trasplante para los espacios americanos y en su adopción por nueva gente, indígenas y africanos, que tenían características culturales propias.

b] *Formaciones económico-sociales*

¿Cómo clasificar a los pueblos americanos del pasado y del presente? Las

[1] Véase K. Marx (1857), L. H. Morgan (1877), F. Engels (1884), E. Hobsbawm (1966), M. Godelier (1966), J. Chesneaux (1964), A. Viatkin, s/f, R. Bartra (1969).
[2] Véase Gordon Childe (1934, 1937, 1944, 1946 y 1951), L. White (1949 y 1951), J. H. Steward (1955/caps. 1 y 11; 1955 b), K. Wittfogel (1955 y 1964), A. Kroeber (1944, 1952, 1962), R. Linton (1955), E. R. A. Palerm y E. Wolf (1961), R. McAdams (1967), E. R. Service (1962), H. H. Fried (1967), M. D. Sahlins y E. R. Service (1965).

tipologías usuales son incapaces de abarcar toda la gama de variaciones que se encuentra en el origen de su proceso de formación. Incluyen tribus que vivían y viven de la caza y la recolección; pueblos agricultores, que por sí solos domesticaron plantas tan esenciales como el maíz, la yuca, la papa, el tabaco, el algodón, entre muchas otras; y diversas sociedades con desarrollo a nivel de altas civilizaciones.

Ésta era la América precolombina donde el europeo desembarcó en la última década del siglo XV y que en los siglos y milenios anteriores había edificado autárquicamente aquellas formaciones económico-sociales, haciéndolas florecer como civilizaciones originales.

Incluso para el período que sigue a la conquista y avasallamiento de los pueblos precolombinos, no contamos con categorías teóricas adecuadas. ¿Serían "esclavistas" las sociedades coloniales y los estados estructurados luego de la Independencia? ¿Serían "feudales" o "semifeudales"? ¿Serían "capitalistas"? Estas categorías, tan embebidas de sentido cuando se aplican respectivamente a la Roma imperial, al medioevo europeo, a la Inglaterra victoriana, aquí pierden su lozanía y su capacidad explicativa. Probablemente porque buscan describir en términos de una secuencia evolutiva supuestamente universal una sucesión singular de desarrollo histórico: la europea. No hay duda de que existieron civilizaciones como la egipcia de 2000 a. C. o la árabe de 1000 d. C. que no caben en esa secuencia y que paralelamente florecieron muchas otras igualmente excluidas de estas simples categorías. Como se ve, estamos ante una teorización satisfactoria en el plano emocional y dignificatoria para la perspectiva histórica europea, pero insuficiente e inadmisible en el plano explicativo porque, siendo calcada en una base factual restricta y poco representativa, es inaceptable para una visión más amplia e incluyente.

Además de sus limitaciones en el plano de la universalidad, estas categorías son también deficientes en el terreno mismo de la historicidad. Esto porque traen implícita la idea de una concatenación histórica concreta de predecesores y sucesores que colocaría en una misma línea ininterrumpida a los griegos y romanos y a los belgas y australianos. Sin embargo, cabe preguntar: ¿Serán los griegos y romanos abuelos de los europeos, como a éstos les gusta pensar? ¿O serán aquellos más bien antepasados de Bizancio y del Islam a los cuales legaron el mando, las técnicas, el saber y arte, en una época en que la Europa feudalizada no podía heredarlos? Por otro lado, ¿serían feudales todas las sociedades europeas precapitalistas? ¿Caben, por ejemplo, en la misma categoría los pueblos ibéricos del siglo XVI, unificados e impulsados por un fuerte impulso expansionista, y los principados germánicos de la época, dispersos y desarticulados?

Trátase visiblemente de construcciones eurocéntricas con dos efectos deformantes. Primero, el de explicar el mundo actual a partir de una visión circunstancial que, elaborando una secuencia histórica en que se sucedieron, respectivamente, esclavismo, feudalismo y capitalismo, promueve esa secuencia a la categoría de etapas de una línea evolutiva necesaria para todo el universo cuando, de hecho, ella se basa apenas en la interpretación de la historia europea. Segundo, el de producir un punto ciego para los teóricos europeos, los cuales, creyendo comprobar un esquema teórico únicamente con su propia experiencia histórica, se incapacitan para percibir todo lo demás. En consecuencia, deforman la historia humana al proyectar sobre ella sus categorías etnocéntricas. Solamente repensando la teoría de la evolución a partir de nuestra experiencia de pueblos extraeuropeos, podemos corregir las limitaciones de la perspectiva eurocéntrica, creando un esquema conceptual más comprensivo que explique mejor nuestra propia posición e incluso interprete mejor la posición de los pueblos europeos, como una variante que son de las potencialidades de realización del fenómeno humano.

Procuramos contribuir a la comprensión de este problema en un estudio anterior.[3] El esquema conceptual que elaboramos se basa en la redefinición de una serie de conceptos y en su integración en forma de una teoría general explicativa, aunque larval. La directriz fundamental radica en el reconocimiento de que la evolución sociocultural puede ser reconstituida conceptualmente con base en una serie de revoluciones tecnológicas generadoras de múltiples procesos civilizatorios que dieron nacimiento a diversas formaciones económico-sociales o socioculturales. En este contexto, las revoluciones tecnológicas consisten en transformaciones prodigiosas en las técnicas productivas que, una vez maduradas, generan antagonismos con las formas anteriores de asociación y con los cuerpos ideológicos vigentes, provocando cambios sociales y culturales tendientes a rehacer los modos de ser y de pensar de las sociedades por ellos afectadas.

Los procesos civilizatorios desencadenados por las revoluciones tecnológicas, operando por diversas vías, provocan el surgimiento de focos dinámicos correspondientes a pueblos activados por el dominio de la nueva tecnología. Estos focos, al difundirse sobre áreas contiguas o lejanas, constituyen, merced a la interacción con otros pueblos, constelaciones macroétnicas estructuradas en forma de imperios más o menos rígidamente aglutinados. Todos los pueblos enrolados en esos movimientos se transfiguran. Pero lo hacen en dos formas distintas según experimentan movimientos acelerativos de autoconstrucción que los modelan como pueblos autónomos que existen para sí mismos; movimientos reflejos de actualización o modernización que plasman pueblos dependientes, objeto de dominio colonial de los primeros.

Todas las revoluciones tecnológicas y los modelos generales de procesos civilizatorios están presentes en las Américas, como las formaciones económico-sociales a ellos correspondientes. Existe, empero, una diferencia básica entre la progresión anterior y posterior al siglo xvi. La primera fue un desarrollo más bien autárquico que condujo a innume-

---

[3] Darcy Ribeiro, *O Processo Civilizatorio. Etapas da Evolução Socio-cultural*, Río de Janeiro, Ed. Civilização Brasileira, 1970.

rables pueblos a experimentar en forma independiente movimientos de aceleración evolutiva. Es decir, en todos los continentes se gestaron autónomamente innovaciones correspondientes a las primeras revoluciones tecnológicas, produciendo en todas partes los mismos efectos. La progresión posterior al siglo XVI fue, al contrario, unitaria, difundiéndose en todo el universo a partir de los primeros focos, principalmente a través de movimientos reflejos. Desde entonces, la evolución humana y la historia universal empiezan a marchar sobre los mismos rieles, integrando a todos los pueblos en los mismos procesos civilizatorios.

Europa, activada por la revolución mercantil (siglo XVII) y después la revolución industrial (siglo XVIII), maduró por aceleración evolutiva algunos núcleos civilizadores que se expandieron bajo la forma de movimientos de incorporación o de actualización histórica sobre el mundo, estancando procesos de maduración de otras civilizaciones todavía vivientes. Los pueblos americanos, así como los africanos y asiáticos avasallados y en gran parte exterminados en este movimiento, vieron detenida su creatividad civilizadora propia y fueron colonizados y convertidos en proletariados externos de potencias europeas en el curso de un proceso civilizatorio único que ya entonces abarcaba el mundo entero.

Movimientos de incorporación histórica ocurrieron también en el período precolombino, a través de la dinamización de núcleos activados por revoluciones tecnológicas que se expandieron sobre sus contextos configurando grandes imperios, como el inca y el azteca. Entretanto, los que siguieron, regidos por potencias europeas, paralizaron drásticamente las líneas evolutivas anteriores.

El proceso de transfiguración étnica que tuvo lugar desde entonces fue también mucho más violento y continuado que en otras áreas. Las sociedades africanas, por ejemplo, aunque diezmadas como proveedoras de millones de esclavos, pudieron preservar una relativa autonomía étnica, al paso que todas las poblaciones indígenas americanas que sufrieron el impacto de la expansión europea se vieron atrapadas en forma permanente, traumatizadas y transfiguradas.

El impacto europeo sobre las altas civilizaciones orientales fue también menos violento. Así los chinos, los indios y después los egipcios, turcos e indochinos pudieron conservar, en buena medida, su autonomía cultural y el cuadro de su civilización, resistiendo a una europeización completa, mientras que las altas civilizaciones americanas fueron destruidas a tal punto que sus descendientes actuales mal pueden conservar la memoria de su pasado. En consecuencia, son tan distintos de lo que eran originalmente como los propios europeos y su única alternativa es proseguir en el proceso de europeización, ya ahora dentro de los nuevos cuadros étnicos nacionales.

Las líneas generales de estas transfiguraciones étnicas pueden ser sumariadas en términos de dos revoluciones tecnológicas y de diversos procesos civilizatorios que ellas generaron. Primero, la revolución mercantil, desencadenada entre el siglo XV y el XVI que, al dotar a los pueblos

8

ibéricos de una nueva tecnología asentada principalmente en la navegación oceánica y las armas de fuego, les permitió liberarse de la dominación islámica, transfigurarse internamente y en el mismo impulso lanzarse a una expansión en escala mundial. En ese paso, se configuran como una formación de nuevo tipo: los *imperios mercantiles salvacionistas* cuyas características generales se asemejan menos a las de cualquier formación feudal o capitalista europea que a las de la formación que más los influyó protagonizada por los pueblos islámicos: los imperios despóticos salvacionistas. Esas semejanzas se encuentran en la tecnología que los ibéricos heredaron de los musulmanes, en sus formas similares de organización socioeconómica y en el impulso misionero que a ambos dinamizó, no obstante en un caso fuera musulmán y en el otro, cristiano.

Estos conquistadores-cruzados irrumpieron en los territorios americanos para dominar y enganchar a sus poblaciones a la primera civilización agrario-mercantil de ámbito mundial que registra la historia. Desde entonces todos ellos fueron incorporados a un sistema económico fundado en una misma tecnología básica; estructurados según una misma ordenación social; moldeados según los mismos patrones institucionales y compelidos a redefinir su visión del mundo y a conformar sus creaciones artísticas a partir de una misma tradición y de un mismo cuerpo de estilos.

Aquí se coloca la pregunta: ¿cómo un puñado de hombres consiguió dominar tan rápida y completamente poblaciones infinitamente más numerosas? La cuestión es tanto más espantosa cuando se considera que algunas de ellas —azteca, maya e inca— estaban estructuradas en formaciones económico-sociales de modelo muy semejante al de la antigua Mesopotamia, Egipto, India y China: los imperios teocráticos de regadío. Esos imperios americanos contaban con una población dos o tres veces mayor que la de España, eran más ricos y más organizados. Sin embargo, cayeron postrados frente a la agresividad europea.

Lejos estamos de alcanzar una explicación convincente para el vertiginoso colapso de las altas civilizaciones americanas ante la invasión española. Contribuyó mucho, seguramente, la contaminación de los pueblos conquistados con enfermedades antes desconocidas que prontamente los tornaron inermes delante del conquistador. Otros factores, como los que tornaron vulnerables a los egipcios frente de los hicsos, por ejemplo, o a los romanos enfrentados a los "bárbaros" deben haber representado, probablemente, importante papel. Un tercer factor habría sido, quizás, el proveniente de la desigualdad intrínseca del intercambio que se establece entre pueblos culturalmente desfasados en la escala evolutiva. En verdad, sólo cuando tengamos una teoría elaborada sobre una base comparativa respecto de la naturaleza de los procesos civilizatorios podremos contestar en forma satisfactoria a estas preguntas.

A lo largo de toda América, españoles y portugueses estructurados como formaciones mercantiles salvacionistas implantaron, a través de movimientos de incorporación histórica, colonias esclavistas en las que reclutaron, primero, las poblaciones locales para la producción minera y para cultivos tropicales destinados a la exportación. Cuando y donde la mano de obra escaseó, debido al enorme despoblamiento provocado por las enfermedades transmitidas por los europeos a grupos humanos indemnes y por el desgaste del trabajo esclavo, fue siendo sustituida por esclavos traídos de África. En ambos casos, las poblaciones esclavizadas eran desgastadas en el proceso productivo, del mismo modo como, más tarde, se gastaría carbón o petróleo, porque eran los combustibles de una economía fundada principalmente en la energía muscular humana.

Aún en el cauce de la misma revolución mercantil, desencadénase, un siglo más tarde, un segundo proceso civilizatorio que activa a los ingleses, holandeses y franceses configurando una nueva formación, la capitalista mercantil, que pasa a expandirse incorporativamente sobre el universo. Esta expansión se torna posible tanto por factores internos, tales como las experiencias anteriores de estas sociedades que, renovando su ordenación social, les permiten ascender evolutivamente a una nueva etapa, cuanto por factores externos, como fue la creación por parte de los ibéricos de una economía mercantil de base mundial que generó una fabulosa acumulación de riquezas, a través del saqueo y la explotación de sus proletariados externos.

Las nuevas formaciones capitalistas mercantiles entran en conflicto con las antiguas mercantil salvacionistas, que se habían expandido por las Américas, por África y Asia, disputando el ejercicio de la hegemonía sobre cada población a fin de imponerles su dominación y explotación.

Implántanse, así, por el mundo, colonias mercantiles como bases comerciales idénticas a las ibéricas (quizás con un menor celo misionero e intolerancia) en las áreas densamente pobladas; colonias esclavistas de abastecimiento de esclavos, de minería y de plantaciones, también esencialmente idénticas a las creadas por portugueses y españoles; y más tarde, colonias de poblamiento, para las cuales serían trasladados contingentes europeos excedentes con relación a la capacidad del sistema capitalista industrial para ocuparlas y hacerlas producir.

En el curso de este segundo proceso civilizatorio, diversos pueblos americanos se vieron avasallados por los rivales del conquistador ibérico que buscaban crear sus propios proletariados externos. Se establecen entonces, en las Antillas y en Norteamérica, nuevos núcleos coloniales, algunos de los cuales alcanzan gran prosperidad. El imperio iberoamericano, pese a las ventajas representadas por la extensión y riqueza de sus áreas de dominación, comienza a decaer hasta que su hegemonía no es más viable.

Esto sólo se daría, sin embargo, en el curso de una nueva revolución tecnológica, la revolución industrial, a través de los procesos civilizatorios que ella desencadenaría. Ese nuevo ciclo provoca una transfiguración interna de algunos núcleos capitalistas mercantiles —Inglaterra, Francia, Países Bajos— que se configuran como formaciones *imperialistas industriales* y simultáneamente desencadenan nuevas olas de expansión civilizatoria mucho más vigorosas que cualesquiera de las anteriores. En ese paso, el mundo extraeuropeo es alcanzado, una vez más, por un movimiento de incorporación histórica, que reordena sus modos de ser y de vivir según los intereses de los nuevos centros de poder. Las naciones ibéricas, aun más obsoletas por no haber ascendido autónomamente a la nueva civilización, experimentan, ellas también, apenas de reflejo, sus efectos modernizadores. El peso conservador de su configuración original como formación mercantil salvacionista impide que se renueve su sistema productivo, su rígida estratificación social y su despótica estructura de poder.

La consecuencia es la emancipación de las colonias ibéricas que, en ese paso, se transfieren de la órbita ibérica a la inglesa y se transfiguran de formaciones colonialistas de diverso tipo, a una condición general de naciones neocoloniales. A partir de entonces, experimentan los modos y los ritmos de tecnificación, renovación social y modernización ideológica compatibles con un proceso de actualización histórica. Es decir, regido por la vieja clase dominante generada en la Colonia cuyas condiciones de prosperidad exigían, esencialmente, el establecimiento de vínculos mercantiles con las nuevas metrópolis y el reclutamiento de la población para el trabajo en las nuevas empresas agrarias y urbanas. Las primeras exigen la perpetuación del latifundio como mecanismo de monopolio de la tierra cultivable destinado a compeler a los campesinos al trabajo en las haciendas. Las empresas urbanas utilizan formas de reclutamiento más cercanas al asalariado. Pero en ambos casos se generan tensiones entre la minoría dominante y las clases subalternas y oprimidas que estallarían muchas veces en convulsiones sociales generalizadas, de esclavos, de campesinos y de obreros, todas ellas aplastadas por la represión.

Más tarde, ya en nuestros días, el surgimiento de una nueva revolución tecnológica, la termonuclear, activaría una vez más el cuadro social. Otra vez la sociedad se dividiría en dos cuerpos antagónicos: los custodios del orden vigente, cuyo proyecto es una nueva actualización histórica, bajo la égida de las empresas multinacionales; y sus alternos que luchan por reabrir la ordenación social para edificar sociedades más inclusivas y más capaces de desarrollo pleno y autónomo, generalizable a toda la población.

Las primeras rupturas en este sentido, logradas ahora a través de movimientos de aceleración evolutiva, fueron las de México que se configuraron, en tanto que formación económico-social, como nacionalismo modernizador. Según el mismo patrón se configuraría más tarde Bolivia (1952) y, ya en nuestros días, Perú. Otras rupturas están teniendo lugar en Cuba y en Chile, que buscan configurarse, respectivamente, como formaciones socialistas revolucionarias y evolutivas.[4]

---

[4] Estos temas son analizados en: *El proceso civilizatorio*, EBUC, Caracas, 1970; *Las Américas y la civilización*, CEAL, Buenos Aires, 1969 y *El dilema de América Latina*, México, Siglo XXI, 1971.

2. CONFIGURACIONES HISTÓRICO-CULTURALES

Il mondo è poco
COLÓN

El estudio precedente de las formaciones económico-sociales ayuda a comprender a América Latina porque permite situarla en el cuadro general de la evolución humana. El conocimiento resultante es, sin embargo, genérico y poco nos dice respecto a las causas de los desempeños tan desiguales de los diversos pueblos americanos enmarcados dentro de aquellas categorías. Es así que, sin perjuicio de la aplicabilidad a los pueblos americanos de las tipologías concernientes al proceso evolutivo, carecemos de enfoques complementarios que den sentido más vívido a las mismas. En efecto, por debajo de las uniformidades evolutivas retratadas por aquellas categorías, subsisten diferencias, algunas significativas, porque explican en parte los cursos diferenciales de desarrollo que experimentaron los pueblos americanos. Por eso, resulta indispensable indagar el valor explicativo de estas diferencias para contestar a muchas interrogantes.

Por ejemplo: ¿Cómo se explican los niveles de progreso de los americanos del norte que los convirtieron en uno de los centros rectores de la nueva civilización? E inversamente, ¿el fracaso de los americanos del sur, un siglo más viejos que los del norte como empresa colonialista, enormemente más prósperos que aquéllos en el período colonial y que no sólo se vieron rezagados porque apenas se modernizaron de reflejo, sino que continuaron sumergidos en el subdesarrollo?

Los conceptos de aceleración evolutiva y de incorporación histórica, indican las vías conducentes a estos rendimientos contrastantes, pero no explican sus causas. Una comprensión más honda exige la profundización del nivel de análisis, buscando otros factores causales de carácter complementario. Tales factores pueden ser quizás menos relevantes en el plano teórico, pero son más explicativos en el plano histórico. Es lo que haremos a continuación, explorando las potencialidades explicativas de otro enfoque: el estudio de las configuraciones histórico-culturales de los pueblos no europeos.[5]

Semejante teoría debería ser elaborada en un plan de abstracción menos amplio que el de los esquemas evolutivos pero más abarcante que el de los estudios históricos propiamente dichos, a fin de que pudiese responder con precisión a las indagaciones sobre: cómo los pueblos se configuraron y se transfiguraron; las resistencias de las identificaciones étnicas a los distintos factores de conformación; las correlaciones entre razas, lenguas y culturas como componentes de cuadros étnicos, y finalmente, la interacción entre las luchas de clase dentro de estratificaciones sociales concretas y las luchas autonomistas de entidades étnicas contra su dominación y avasallamiento.

Las entidades más elementales a que nos referimos en este ensayo son

[5] Sobre ese tema véase nuestro libro: *Las Américas y la civilización*, 1969.

las etnias, definibles como comunidades humanas de composición racial variable, pero hablando una lengua común e integradas sobre la base de la participación en un conjunto de tradiciones que les confiere unidad cultural y una vigorosa noción de su singularidad. Cada etnia es, pues, un pueblo que se percibe a sí mismo como singular frente a los demás y que aspira al autocomando de su destino, designio comúnmente alcanzado por el dominio de un territorio referido a una entidad política, que es el estado nacional. Éste, además de imponer su hegemonía a todos los miembros de la sociedad, al operar sobre una base territorial y no meramente étnica o de parentela, se capacita para absorber otras poblaciones que caigan bajo su control, en unidades más inclusivas.

En estas circunstancias, más allá de la etnia, nos encontramos con una entidad más inclusiva que puede ser llamada macroetnia. Al contar ésta con elementos de coerción provenientes de la dominación política; con cierta uniformidad cultural de su núcleo metropolitano; y con una autoidentificación activa, válida para poblaciones de distintas etnias que viven en extensas áreas, estamos en ese caso, delante de un estado imperial, como el bizantino, el británico o el hispánico.

En el mismo plano nos encontramos con otra esfera mucho más amplia, correspondiente a las grandes tradiciones civilizatorias. En cierto sentido ellas constituyen una entidad cultural-ideológica de la misma naturaleza que la macroetnia, pero que no derivan del poder modelador de un proceso civilizatorio o de la fuerza de compulsión política de un imperio. Más que una entidad en sí, ellas constituyen corrientes culturales. En esencia, son lo que subsiste de un proceso civilizatorio después que éste cumple y agota su ciclo de expansión, proveyendo ideales ya no viables, pero dignificados por la tradición y dignificadores de los que buscan realizarlos. Son ejemplo de ello, la gran tradición griega, tal como era percibida por los sobrevivientes de la Hélade y por los romanos; la tradición romana, tal como fue resucitada por los islámicos y más tarde por los europeos renacentistas. También se incluye la tradición europea occidental, subsistente en la forma de una alegoría de la herencia griega, romana y renacentista, percibida por una línea continua de creatividad que confiere a los ex bárbaros anglosajones, germanos, galos, etc., el carácter de antepasados dignificadores, luego utilizada como instrumento ideológico de subyugación de otros pueblos. O finalmente la llamada tradición occidental europea y cristiana que se presenta hoy como el arquetipo de civilización.

Dentro de esta escala, las configuraciones histórico-culturales son entidades más inclusivas y menos consistentes que la étnica o las macroetnias porque engloban a éstas y porque no están armadas de ninguna fuerza de compulsión. Tampoco son servidas por lealtades de una autoidentificación activa, como en aquellos casos. Son, sin embargo, entidades más concretas que las grandes tradiciones civilizatorias porque se refieren a conjuntos de sociedades conceptualmente unificables por sus características comunes. Éstas provienen tanto de la persistencia de cualidades anteriores a la transfiguración que las definió como singulares, como de efectos derivados de los mismos procesos civilizatorios que las hicieron experimentar vicisitudes idénticas.

Para que la clasificación tenga valor operativo no consideramos singularidades de tipo étnico-nacional, sino calidades más generales concernientes, por un lado, a las grandes tradiciones civilizatorias, y por el otro, a los niveles de desarrollo evolutivo. Dentro de esta perspectiva, lo que importa es, pues, la condición previa de civilización o la de entidad sociocultural más elemental. En otras palabras, es haber o no alcanzado la condición de sociedad estratificada en clases, bipartida en componentes rurales y urbanos y comandada a partir de una metrópoli o redes urbanas, que son las características distintivas de una civilización.

Sobre la base de estos criterios de clasificación, distinguimos cuatro grandes configuraciones histórico-culturales de los pueblos no europeos del mundo moderno. Primero, los *pueblos testimonio* representados por los sobrevivientes transfigurados de altas civilizaciones con los cuales chocaron los europeos en su expansión después de 1500. Segundo, los *pueblos nuevos* que son el resultado del choque y fusión posterior en el plano racial y cultural, de agentes de la expansión europea con poblaciones tribales encontradas en los territorios conquistados o para allí transferidas a fin de servir como mano de obra de empresas coloniales. Tercero, los *pueblos trasplantados*, que son trasplantes europeos que se trasladan a ultramar y crecen por autocolonización, preservando muchas de sus características originarias. Cuarto, los *pueblos emergentes*, que ascienden en nuestros días de la condición tribal a la nacional: esta categoría no comparece en América.

a] Los pueblos testimonio

Como sobrevivientes de las altas civilizaciones autónomas que sufrieron el impacto de la expansión europea, son el producto de la acción traumatizante de aquella expansión, y de los esfuerzos posteriores de la autoconstrucción étnica como sociedades nacionales modernas. Aunque hayan reasumido su independencia, no han vuelto a ser lo que fueron, ya que en ellos se ha operado una profunda transfiguración, no sólo por la conjunción de las dos tradiciones, sino por el esfuerzo de adaptación a las condiciones que debieron enfrentar en su calidad de integrantes subalternos de sistemas económicos de ámbito mundial, y también por los efectos que de manera directa o refleja tuvieron sobre ellos las revoluciones mercantil e industrial.

En este bloque de *pueblos testimonio* se cuentan la India, China, Japón, Corea, Indochina, los países islámicos y algunos otros. En América están representados por México y Guatemala, así como por los pueblos del altiplano andino (Bolivia, Perú y Ecuador), sobrevivientes de las civilizaciones azteca y maya los primeros, y de la civilización incaica los últimos.

Sumando 65.7 millones de personas, representaban en 1965 el 14.2 % de la población total de América.

El problema básico de los *pueblos testimonio* es el de integrar en el ser nacional las dos tradiciones culturales que han heredado, y que frecuentemente resultan opuestas. Por un lado, la contribución europea consistente en técnicas, instituciones y en contenidos ideológicos, cuya incorporación al antiguo patrimonio cultural se cumplió a costa de la redefinición de todo su modo de vida, y de la alienación de su visión de sí mismos y del mundo. Por otro, su antiguo acervo cultural, que a pesar de haber sido drásticamente reducido y traumatizado, pudo mantener algunos elementos como por ejemplo lenguas, formas de organización social, conjuntos de creencias y valores que permanecieron profundamente arraigados en vastos contingentes de la población, además de un patrimonio de saber vulgar y de estilos artísticos peculiares que ahora encuentran oportunidades de reflorecer como instrumentos de autoafirmación nacional.

Atraídos simultáneamente por las dos tradiciones, pero incapaces de fundirlas en una síntesis a la que toda su población le confiera un significado, conservan aún hoy dentro de sí el conflicto entre la cultura original y la civilización europea. Algunos de ellos experimentaron una "modernización" dirigida por las potencias europeas que los dominaron; otros se vieron compelidos a promoverla intencionalmente o a intensificarla como condición de supervivencia y de progreso ante el despojo soportado, o bien como medio de superar los obstáculos representados por el atraso tecnológico y lo arcaico de sus estructuras sociales.

Los dos núcleos de *pueblos testimonio* de América, como pueblos conquistados y sometidos de manera total, sufrieron un proceso de compulsión europeizante mucho más violento, que arrojó como resultado su completa transfiguración étnica. Sus perfiles étnico-nacionales de hoy ya no son los originales. Los descendientes de la antigua sociedad, mestizados con europeos y negros, adquirieron perfiles neohispánicos. Mientras que los demás pueblos no europeos de alta cultura no obstante haber sufrido también los efectos del sometimiento apenas matizaron su figura étnico cultural original con influencias europeas, en América es precisamente la etnia neoeuropea la que se tiñe con los colores de las antiguas tradiciones culturales, sacando de ellas características que la singularizan.

España se encontró en aquellas regiones con poblaciones mucho mayores que la suya propia, estructuradas como formaciones socioculturales totalmente distintas. Eran imperios teocráticos de regadío cuya economía se basaba en una agricultura intensiva de regadío, servida por grandes sistemas de canales controlados por el Estado del mismo tipo de las que permitieron crear las mayores concentraciones humanas conocidas.

En esas condiciones entraron en conjunción las dos tradiciones culturales: la europea y la indígena. La primera, representada por la minoría de los agentes de la dominación externa, mantuvo su integridad; la última resultó amputada de los contenidos más avanzados de una sociedad urbana, como lo son los sectores eruditos y desquiciada por la deculturación compulsiva y por la rápida merma de su población. Resultó además empobrecida por el saqueo de sus riquezas y por la desaparición de sus técnicos y artesanos. Esto último fue una de las consecuencias de la conversión de la población toda en un "proletariado externo" degradado a la condición de simple fuerza de trabajo en las minas o haciendas, al servicio de una economía de exportación.

Durante largo tiempo, los *pueblos testimonio* de América carecieron de un modo de vida propio, definido y congruente. El viejo modo de vida había muerto como fuerza integradora y no había surgido entretanto uno nuevo. Desgastados por las epidemias, llevados a la desesperación por la esclavitud, se transformaron en meros rebaños humanos cuyos miembros no tenían en su vida otra alternativa que cumplir el destino que les era impuesto. En todo ese tiempo, conservaron y trasmitieron de generación en generación, fragmentos de los viejos valores cuya actualización en la conducta práctica resultaba imposible, pero que aún eran respetados.

Así fue que surgieron las primeras células de una cultura *ladina* que se esforzaba por adecuarse a las circunstancias. Estas células híbridas, a medias neoindígenas y neoeuropeas, actuarían siempre dentro del marco impuesto por la presión de la nueva civilización cuyo aparato técnico, institucional y sobre todo mercantil era más avanzado, y cuya clase dominante regía la sociedad armada de un enorme poder de coacción. La ladinización se cumplió por eso como un mecanismo tendiente a adscribir las masas indígenas en la fuerza de trabajo del nuevo sistema productivo. La disciplina de trabajo, dentro del estatuto esclavo o servil, habría de producir en una medida mucho mayor que la aculturación o la conversión religiosa, la amalgama y la integración de esos pueblos en la sociedad naciente, de la que habrían de constituir su proletariado.

Comparados con las otras etnias americanas, los *pueblos testimonio* se distinguen tanto por la presencia de los valores de la vieja tradición que les confieren la imagen que ostentan, como por su proceso de reconstrucción étnica muy diferente. En las sociedades mesoamericana y andina, los conquistadores españoles se establecieron desde un principio como una aristocracia que desplazó a la vieja clase dominante y puso a su servicio a las clases intermedias y a toda la masa servil. Gracias a esta sustitución pudieron construir palacios que superaban a los más ricos de la vieja nobleza española, y erigir templos de un lujo jamás visto en la Península. Ello les permitió sobre todo, montar un sistema compulsivo de occidentalización, que partiendo de la erradicación de la clase dominante nativa y de su capa erudita, implantó su fantástico dispositivo de asimilación y represión que iba desde la catequesis masiva y la creación de universidades, al mantenimiento de fuertes contingentes militares prontos a actuar ante cualquier tentativa de rebelión.

Al margen de las tareas que implica el desarrollo socioeconómico, comunes a todas las naciones dependientes, los representantes contemporáneos de los *pueblos testimonio* se enfrentan con problemas culturales específicos resultantes del desafío que significa incorporar sus poblaciones marginales al nuevo ente nacional y cultural, desligándolas de las tradiciones arcaicas menos compatibles con el estilo de vida de las sociedades industriales modernas. Algunos de sus componentes humanos básicos constituyen unidades étnicas distintas por su diversidad cultural y lingüística y por su autoconciencia de etnia diferenciada dentro del ser nacional que integran. No obstante los siglos de opresión, tanto colonial como nacional, en el correr de los cuales todas las formas de apremio fueron utilizadas con el propósito de asimilarlos, estos grupos continuaron fieles a su identidad étnica, conservando peculiares modos de conducta y concepciones del mundo. Esta resistencia secular nos está diciendo que probablemente estos contingentes permanecerán diferenciados, a semejanza de los grupos étnicos enquistados en la mayoría de las nacionalidades europeas actuales.

b] *Los pueblos nuevos*

La segunda configuración histórico-cultural está constituida por los *pueblos nuevos*, surgidos de la conjunción, deculturación y fusión de matrices étnicas, africanas, europeas e indígenas. Las denominamos *pueblos nuevos* en atención a su característica fundamental de *especia nova*, puesto que componen entidades étnicas distintas de sus matrices constitutivas.

Como poblaciones plasmadas por la amalgama biológica y por la aculturación de etnias dispares dentro de un marco esclavócrata y hacendista, constituyen *pueblos nuevos* los brasileños, los venezolanos, los colombianos, los antillanos y una parte de la población de América Central y del sur de los Estados Unidos. Estos dos últimos experimentaron el mismo proceso formativo y se configuraron también como *pueblos nuevos*, aunque los centroamericanos se singularicen por una mayor presencia de contenidos culturales indígenas, y la región sur de Norteamérica haya perdido posteriormente el carácter de *pueblo nuevo* ya que al no haber conseguido estructurarse como nación, se vio compelida a sobrevivir como un cuerpo extraño dentro de una formación de *pueblo trasplantado*.

Una segunda categoría de *pueblos nuevos*, muy diferente de la primera por no haber experimentado las compulsiones de la *implantación* se encuentra en Chile y Paraguay. Fueron *pueblos nuevos* del mismo tipo que estos últimos, aunque más tarde étnicamente desfigurados por un proceso de sucesión ecológica que los europeizó masivamente, los del Uruguay y la Argentina.

Todo el bloque de *pueblos nuevos* de América, sumando una población de 143.7 millones de personas, en 1965, representa el 32.1 % de la población del continente.

Los *pueblos nuevos* constituyen la configuración histórico-cultural más característica de las Américas porque están presentes en todo el continente, y porque tienen aquí una particular prevalencia, si bien en menor medida pueden detectarse en otros ámbitos. Sus símiles son, por ejemplo, las formas incipientes de algunos pueblos europeos modernos cuyas matrices étnicas fundamentales fueron moldeadas por el dominio y la miscigenación de poblaciones extrañas por colonizadores esclavistas. Surgieron así la macroetnia ibérica y las etnias nacionales francesa, italiana y rumana, como resultado del proyecto romano de colonización mercantil que las transfiguró cultural y lingüísticamente, mediante el dominio militar, el traslado de poblaciones, la esclavización, la amalgama racial y la deculturación. Son sus equivalentes también, los pueblos transfigurados por la expansión musulmana mediante similares procedimientos de dominación colonial. En todos estos casos —como en el de los pueblos americanos— presenciamos el surgimiento de pueblos nuevos formados por la conjunción y amalgama de etnias originalmente muy diferenciadas, lograda bajo condiciones de dominio colonial despótico impuesto por los agentes locales de sociedades más desarrolladas.

Los *pueblos nuevos* de América se formaron por la confluencia de contingentes profundamente dispares en cuanto a sus características raciales, culturales y lingüísticas, como un subproducto de proyectos coloniales europeos. Al reunir negros, blancos e indios en las grandes plantaciones de productos tropicales o en las minas, cuya finalidad era surtir a los mercados europeos y producir ganancias, las naciones colonizadoras plasmaron pueblos profundamente diferenciados de sí mismos y de todas las etnias que los componían. Aunados en las mismas comunidades, estos contingentes básicos, aunque ejercían papeles sociales distintos, acabaron mezclándose. Así, al lado del blanco, que desempeñaba la jefatura de la empresa, del negro esclavo, del indio, también esclavizado o tratado como mero obstáculo que debía eliminarse, fue surgiendo una población mestiza en la que se fundían aquellas matrices en las más variadas proporciones. En este encuentro de pueblos aparecen *linguas francas*, como instrumentos indispensables de comunicación y surgen culturas sincréticas formadas por elementos procedentes de los diversos patrimonios que mejor se ajustaban al nuevo modo de vida.

Pocas décadas después de inauguradas las empresas coloniales, la nueva población, nacida e integrada en aquellas plantaciones y minas, ya no era europea, ni africana, ni indígena, sino que configuraba las protocélulas de una nueva entidad étnica. Al crecer vegetativamente por la incorporación de nuevos continentes, aquellas protocélulas fueron conformando los *pueblos nuevos* que paulatinamente tomarían conciencia de su especificidad, componiendo luego nuevos complejos culturales, y por último etnias que pretenderían su autonomía nacional.

Los *pueblos nuevos* de las Américas son el resultado de formas específicas de dominación étnica y de organización productiva, establecidas bajo condiciones de extrema opresión social y de deculturación compulsoria que aunque ejercidas en otras épocas y diferentes regiones del mundo, alcanzaron en la América colonial la más amplia y vigorosa aplicación. Tales formas fueron, en primer lugar, la esclavitud personal utilizada como procedimiento básico de reclutamiento de mano de obra entre pueblos tribales africanos y aborígenes, para la producción agraria y la explotación minera; y en segundo lugar, la adopción de la hacienda como modelo de organización empresarial capitalista, que, combinando el monopolio de la tierra y el dominio de la fuerza de trabajo, permitiría producir artículos para el mercado mundial con el fin exclusivo de obtener lucros pecuniarios.

Los perfiles culturales de los *pueblos nuevos* se diferencian de acuerdo a tres órdenes de variables, correspondientes a las matrices europeas, africanas y amerindias que se conjugaron para constituirlos.

La primera de estas variantes se refiere a los diversos pueblos que promovieron la colonización de las Américas y la principal diferencia señalable es la existente entre los colonizadores latinos y los demás. Pero estas diferencias son irrelevantes respecto del proceso de formación de los *pueblos nuevos* frente al poder uniformante del denominador común representado por el esclavismo y por el sistema de *plantación* que presidió la actuación de todos los colonizadores.

En la segunda variante —que concierne a la matriz africana— es más significativa la presencia y la proporción de sus contingentes integrados en cada población neoamericana, que las diferencias culturales de los diversos grupos negros traídos a América, puesto que la deculturación provocada por la esclavitud dejó muy poco margen para la permanencia de rasgos culturales específicos de los pueblos africanos en las etnias nacionales modernas de las Américas. Apenas en el terreno religioso son señalables sus aportes, y aun éstos, por estar impregnados de sincretismo, son más expresivos de la protesta del negro contra la opresión que de su afán por rescatar del olvido sus antiguas creencias.

La tercera variante, referente a la matriz indígena, parece ser más significativa en el orden cultural que la negra, debido a que los contingentes nativos con los que tomó contacto el europeo le proporcionaron los elementos básicos necesarios a la adaptación ecológica de los primeros núcleos neoamericanos. Contribuyeron decisivamente, de este modo, a la configuración de las protoculturas resultantes del establecimiento en tierras americanas de los núcleos colonizadores.

Esta variante indígena presenta por lo menos dos formas básicas, correspondientes a los niveles de desarrollo tecnológico alcanzado por los grupos aborígenes, y a las diferencias de sus respectivos patrimonios culturales, parte de los cuales sobrevive determinando algunas de las particularidades de los pueblos neoamericanos. Tales son, en primer lugar, la variante correspondiente a los *tupi guarani* de la costa atlántica de Sudamérica, a los *aruak* y *karib de* la región amazónica y del área del Caribe, todos ellos clasificables en el plano de la evolución sociocultural, en el nivel correspondiente a las aldeas agrícolas indiferenciadas. Estos pueblos indígenas participaban de una misma forma básica de adaptación a las regiones tropicales, lograda por medio del cultivo de las mismas especies y de una tecnología productiva fundamentalmente idéntica en cuanto a su grado de desarrollo. En segundo lugar, los *araucanos* de la costa chilena, así como las diversas confederaciones tribales del noroeste de América del Sur y de la América Central, algunos de los cuales ya habían alcanzado un nivel de estados rurales artesanales o se encontraban próximos al mismo.

Los rasgos comunes que caracterizan como *pueblos nuevos* a todas estas naciones no se revelan únicamente en su proceso formativo. Se manifiestan también en sus perfiles actuales y en los problemas de maduración étnico-nacional y de desarrollo socioeconómico que enfrentan. Es especialmente visible su desvinculación de toda tradición arcaica, cosa que ha dado a la parte más atrasada de sus poblaciones, una marginalidad distinta a la presente en los *pueblos testimonio*: se trata en este caso de una marginalidad de naturaleza social y no cultural. La carencia de tradiciones culturales sólidamente mantenidas que les deparó su drástica deculturación, los hizo receptivos al cambio, y por lo mismo, menos conservadores y más abiertos.

c] *Los pueblos trasplantados*

La tercera configuración histórico-cultural es la de los *pueblos trasplantados*. Corresponden a ella las naciones modernas creadas por la migración de poblaciones europeas hacia los nuevos espacios mundiales, donde procuraron reconstruir formas de vida en lo esencial idénticas a las de origen. Cada uno de ellos se estructuró de acuerdo con los modelos económico-sociales proporcionados por la nación de donde provenían, llevando adelante en las tierras adoptivas procesos de renovación ya actuantes en el ámbito europeo.

Los contingentes migrantes se reclutaron inicialmente entre grupos europeos disidentes, sobre todo en materia religiosa; más tarde fueron engrosados con toda clase de inadaptados que las naciones colonizadoras condenaban al destierro, y finalmente crecieron gracias al alud migratorio de individuos desarraigados de sus comunidades rurales o urbanas, por el avance del capitalismo y la industrialización en Europa. Por lo general, emigraban obligándose contractualmente a trabajar algunos años en condiciones muy próximas a la servidumbre. No obstante, un gran número consiguió ingresar más tarde en las categorías de granjeros libres, artesanos independientes y asalariados.

Los *pueblos trasplantados* contrastan con las demás configuraciones socioculturales de América por su perfil característicamente europeo (manifiesto no sólo en el tipo racial predominantemente caucasoide, sino incluso en el paisaje que crearon en las nuevas tierras reproduciendo el del Viejo Mundo), así como en el perfil ideológico y en el carácter más maduro de su economía capitalista. Ésta se fundó principalmente en la tecnología industrial moderna y en la capacidad integradora de su estructura social, que pudo incorporar casi toda la población al sistema productivo, y a la mayoría de ella a la vida social, política y cultural de la nación. Por esto mismo, enfrentan problemas nacionales y sociales que les son propios, y su visión del mundo es también distinta de la de los pueblos americanos de las otras categorías.

Los *pueblos trasplantados* presentan como características básicas, homogeneidad cultural derivada en el principio del común origen de su población y mantenida luego por la asimilación de los contingentes llegados con posterioridad; mayor grado de igualitarismo en sus sociedades, gobernadas por instituciones democráticas y autónomas, en las que fue más fácil al labrador hacerse propietario de la tierra; "modernidad", respecto de la sincronización de sus modos de vida y aspiraciones con los de las sociedades en proceso de industrialización de las que procedían.

Integran el bloque de *pueblos trasplantados*, Australia y Nueva Zelandia, y en cierta medida los bolsones neoeuropeos de Israel, la Unión Sudafricana y Rhodesia. En América, están representados por Estados Unidos y Canadá, y también por Uruguay y Argentina, los que componían el 53.7% de la población del continente, sumando 239.2 millones de personas en 1965. En los primeros casos consideramos naciones resultantes de proyectos de colonización aplicados en territorios cuyas poblaciones tribales fueron diezmadas o confinadas en *reservations* para instalar en ellos una nueva sociedad. En el caso de los países rioplatenses, en cambio, derivan de una empresa particularísima realizada por una élite criolla enteramente alienada y hostil a su propia etnia de *pueblo nuevo*, que adoptó como proyecto nacional la sustitución de su propio pueblo por europeos a los que atribuyó más perentoria vocación para el progreso. La Argentina y el Uruguay contemporáneos son pues el resultado de un proceso de sucesión ecológica deliberadamente llevado a cabo por las oligarquías nacionales, mediante el cual una configuración de *pueblo nuevo* se transformó en *pueblo trasplantado*. En este proceso, la población *ladina* y *gaucha* surgida del mestizaje de los pobladores ibéricos con los indígenas que era el contingente básico de la nación, fue aplastada y sustituida por el alud de inmigrantes europeos.

Contrariamente a lo que ocurrió con los *pueblos testimonio* —desde sus comienzos constituidos como sociedades complejas estratificadas en estamentos profundamente diferenciados que iban desde una rica aristocracia de conquistadores europeos hasta la masa indígena servil— los *pueblos trasplantados*, en especial los del norte, tuvieron en su mayoría, y al principio, el carácter de colonias de poblamiento dedicadas a las actividades granjeras, artesanales y de pequeño comercio. Mientras trataban de consolidar su establecimiento en los territorios desiertos, vegetaban en la pobreza procurando vitalizar económicamente su existencia mediante la producción de artículos de exportación a mercados más ricos y especializados, como las colonias esclavistas de las Antillas. En estas circunstancias, no pudo surgir en ellos una minoría dominante capaz de imponer una ordenación social oligárquica. Aunque pobres —e incluso paupérrimos— vivían en una sociedad razonablemente igualitaria, regidos por principios democráticos de autogobierno. No pudieron tener universidades, ni templos, ni palacios suntuosos, como los de los *pueblos testimonio* y los *pueblos nuevos*, pero alfabetizaron toda su población blanca, la que solía congregarse en modestas iglesias de madera para leer la Biblia; estas reuniones sirvieron frecuentemente para resolver problemas locales, viniendo así a echar las bases del autogobierno.

De este modo ascendieron colectivamente como pueblo a medida que la colonia se consolidaba y enriquecía, y al final, cuando se emanciparon, formaban ya una sociedad más homogénea y apta para llevar adelante la revolución industrial.

Las peculiaridades de su formación, así como el hecho de entrar en posesión de considerables recursos naturales, aseguraron a los *pueblos trasplantados* condiciones especiales de desarrollo. A ello se sumó el acceso a los mercados europeos y las facilidades lingüísticas y culturales de comunicación con Inglaterra, que les posibilitaron el dominio de la tecnología industrial. Algunos de los *pueblos trasplantados* pudieron así aventajar a sus países de origen, logrando altos niveles de desarrollo económico y social. Todos ellos progresaron asimismo con mayor rapidez que las demás naciones americanas, en los primeros tiempos mucho más prósperas y cultivadas.

Hay entre los *pueblos trasplantados* del norte y del sur del continente profundas diferencias, no sólo por su cultura —predominantemente latina y católica en éstos, anglosajona y protestante en aquéllos— sino también por el grado de desarrollo alcanzado. Estas diferencias aproximan a argentinos y uruguayos a los demás pueblos latinoamericanos, también neo-ibéricos, católicos, pobres y atrasados. Por la mayoría de sus otras características, sin embargo, ellos son *pueblos trasplantados*, y como tales presentan muchos rasgos comunes con los colonizadores del norte.

d] *Causas del desarrollo desigual*

Muchos autores han querido explicar las diferencias en el grado de desarrollo económico y social de los *pueblos trasplantados* respecto de los otros, como una consecuencia de diversos factores de diferenciación. Se ha atribuido así el valor de aceleradores o retardadores del progreso, a su condición racial predominantemente blanca, en contraste con el mayor mestizaje con pueblos de color de las demás poblaciones americanas; y a la homogeneidad cultural europea, en oposición a la heterogeneidad resultante de la incorporación de tradiciones indígenas; a la posición geográfica y a sus consecuencias climáticas; y finalmente, al protestantismo de unos y al catolicismo de otros.

La mayoría de esas afirmaciones no resisten la crítica. Las civilizaciones se han desenvuelto en diferentes contextos raciales, culturales y climáticos. Fisonomías distintas de la misma civilización occidental europea, han logrado elevada expresión en combinación con cultos católicos y protestantes, que en rigor no son más que variantes de una misma tradición religiosa. Sólo la homogeneidad cultural tiene alguna significación causal y su papel respecto al desarrollo no reside sin embargo en la homogeneidad cultural en sí, sino en las posibilidades que de manera circunstancial ofreció a los emigrantes salidos de Europa en un determinado período histórico para adquirir los conocimientos y la tecnología en que se fundaba la revolución industrial en curso.

Debemos, por lo tanto, señalar otros factores generales de diferenciación o aproximación de los *pueblos trasplantados* en relación con las demás configuraciones histórico-culturales de América que resulten más explicativos de sus respectivos modos de ser que los tan traídos y llevados factores climáticos, raciales o religiosos. Entre ellos sobresale —en el caso de los *pueblos trasplantados* del norte— el hecho de ser el resultado de proyectos de autocolonización de nuevos territorios por inmigrantes que buscaron estructurarse para sí mismos y no para satisfacer designios ajenos. Esta propensión a la autonomía, contrasta flagrantemente con la situación estructural de dependencia y el carácter exógeno de las empresas que dieron lugar a las otras dos configuraciones. En el caso de los *pueblos testimonio* se produjo el sometimiento de sociedades culturalmente avanzadas, sobre cuyos despojos el conquistador constituyó una nueva clase dominante de naturaleza consular y oligárquica. En el caso de los *pueblos nuevos*, el proceso de poblamiento se cumplió a través de la esclavización de indios y de negros en las explotaciones agrícolas o mineras bajo el dominio de una clase dominante también oligárquica y gerencial. En ambos casos las empresas coloniales fueron mucho más prósperas económicamente, pero más configuraron "proletariados externos" que pueblos existentes para sí, dedicado a la satisfacción de sus necesidades de autoconstrucción y desarrollo.

A éstos se suman otros factores explicativos, especialmente la preponderancia en los *pueblos trasplantados* de un proceso de mera asimilación de los nuevos contingentes por parte de los primeros núcleos coloniales. Contrariamente, en los *pueblos nuevos* la integración de los grupos indígenas y negros esclavizados estuvo presidida por el signo de la deculturación, mientras que en los *pueblos testimonio* se basó en la desintegración cultural y la transfiguración étnica.

Los tres procesos presentan semejanzas y diferencias, pero las características específicas de cada uno de ellos marcarían distingos manifiestos en las configuraciones resultantes. En el primer caso, se trataba de anglicanizar, desde el punto de vista lingüístico, a europeos de diversos orígenes, o de uniformar las normas y costumbres de la vida social, que en realidad presentaban las desemejanzas propias de las variantes múltiples de una misma tradición cultural. En el segundo, de erradicar culturas originales altamente diferenciadas entre sí y respecto de la europea, a fin de imponer formas simplificadas de trabajo y de coexistencia bajo la opresión del sistema esclavista y con el exclusivo interés de hacer rendir al máximo la mano de obra. En el tercero, estrangulado el proceso de desarrollo autónomo de las altas civilizaciones originales, se formó un complejo espurio y alienado en el que se perdieron los contenidos eruditos de las mismas y la calificación técnica de su población. Es claro que los pueblos resultantes de los dos procesos de formación cultural últimamente señalados, enfrentaban dificultades mucho mayores para su reconstitución étnico-nacional y para integrar a su patrimonio cultural la tecnología de la civilización industrial.

Otros factores explicativos de las diferencias de las tres configuraciones derivan de la mayor madurez de la economía capitalista mercantil propia de los *pueblos trasplantados* en oposición a las otras dos. Entre otros, se destaca el carácter más igualitario de la sociedad establecida en el norte, frente a la fisonomía autoritaria de las configuraciones del sur. Esta oposición encuentra expresión en el predominio en toda América Latina del sistema de haciendas basado en el monopolio de la tierra, que contrasta con el de las granjas familiares difundido en los Estados Unidos. El primero dio lugar a un tipo de república oligárquica fundada en el latifundio que orientó los destinos nacionales luego de la Independencia; el segundo generó una república democrática asentada en una amplia clase media de granjeros políticamente activa y defensora de las instituciones de autogobierno.

Otros factores de diferenciación derivados del proceso de formación nacional de los *pueblos trasplantados*, son la discriminación y la segregación, frente a la integración y a la expectativa de asimilación de todos los contingentes constituyentes de la etnia, por medio del mestizaje, en las otras dos configuraciones histórico-culturales. Estas diferencias pueden apreciarse hoy nítidamente en los tipos de prejuicios raciales prevalecientes en las dos áreas a que nos referimos.

Otra diferencia radica en la proporción de los contingentes marginales en la vida económica, social y política de la nación. Éstos presentan el carácter de grupos diferenciados desde el punto de vista cultural, principalmente neoindígenas y mestizos en los *pueblos testimonio* y el de grupos cuya distinción radica en su posición en la estratificación social, por lo general compuestos por neoafricanos mulatos en los *pueblos nuevos*. Tales contingentes, que por lo general componen la porción mayor de la población dentro de las formaciones señaladas, aparecen en cambio como minorías raciales bien definidas en los *pueblos trasplantados*. También en este caso, más que de un factor causal estamos en presencia de uno de los resultados del proceso de formación que hizo que los *pueblos trasplantados* del norte formaran sociedades más igualitarias en lo social, más progresistas en lo económico y más democráticas en lo político. Pero también se volvieron más discriminatorias y segregacionistas en consideración a las particularidades raciales. Este último factor no sólo frustró la constitución de un sistema sociopolítico efectivamente democrático en los Estados Unidos, sino que además ha desencadenado en las últimas décadas, innumerables tensiones disociativas que casi llegan ya al grado de una guerra racial interna.

3. CIVILIZACIÓN Y CREATIVIDAD

Vivimos, como el resto del planeta, una coyuntura decisiva y mortal, huérfanos de pasado y con un futuro por inventar. La historia universal es la tarea común. Y nuestro laberinto, el de todos los hombres.

OCTAVIO PAZ

El estudio de los modos y las circunstancias en que se ejerce la creatividad cultural en las Américas, exige un examen crítico previo de algunos conceptos, especialmente las nociones de relativismo cultural, de autenticidad y de funcionalidad, tal como son habitualmente utilizados por los antropólogos.

En su acepción corriente, el concepto de relativismo cultural se refiere a la idea de que las culturas, siendo entes individuales y únicos, están cargadas de calidades singulares que no las hacen susceptibles de comparación valorativa. Contraponer una cultura tribal a otra o a una civilización, o comparar dos civilizaciones entre sí, sería como oponer valorativamente un conejo a una gallina, o ambos a un rinoceronte. Ninguno de ellos sería mejor o peor que el otro, no teniendo cabida en el caso de cualquier juicio de valor.

El razonamiento es sutil porque destaca cualidades reales de las construcciones culturales y generoso porque enaltece las culturas más simples en relación con las más complejas. Y también porque, al etnocentrismo arraigado en toda sociedad humana, opone una comprensión solidaria y niveladora. Pero lamentablemente es un razonamiento cuestionable porque la conclusión que se extrae de él es que las culturas no son superiores ni inferiores, sino distintas. La verdad es que esto no les impide ser, según criterios objetivos, más o menos desarrolladas.

Los argumentos utilizados para sostener las tesis del relativismo cultural se basan en la imposibilidad de hacer comparaciones valorativas entre distintos rituales religiosos, gustos culinarios, estilos artísticos, normas de conducta, etc. Sin embargo, los antropólogos ponen tanto empeño en demostrar la imposibilidad de juzgar valorativamente los componentes de la cultura que se olvidan que eso es perfectamente factible con relación a la eficacia económica de las técnicas productivas, por ejemplo. Olvidan, por igual, los vínculos complejos, pero innegables, existentes entre los niveles de desarrollo tecnológico productivo, las formas de organización social y los grados de racionalidad de la visión del mundo.

Esta combinación delicada de observaciones sutiles, de apreciaciones generosas y de puntos ciegos hacen de la noción de relativismo cultural una forma de inducir actitudes conformistas. En efecto, la defensa del derecho inalienable de las sociedades más sencillas de mantener sus culturas se convierte, a través de esta ideología, en una apreciación refinada de lo arcaico y en una postura nostálgica de defensa de valores humanos que sólo florecerían en las sociedades dependientes y atrasadas.

Lo mismo ocurre con algunas nociones conexas a la de relativismo cultural, tal como el concepto de singularidad u originalidad de las culturas y civilizaciones.

Una actitud más crítica respecto de estas cuestiones llevaría a ponderar que el desarrollo cultural no es tan relativo y no susceptible de comparación como se cree. Al contrario, a lo largo de toda la existencia humana encontramos las sociedades concretas enmarcadas en determinadas formaciones económico-sociales, es decir, en ciertas etapas de una progresión evolutiva. Tales formaciones son comparables unas con las otras, pudiendo ser objetivamente clasificadas como iguales, superiores o inferiores. O sea, comparables por lo menos respecto a las calidades de eficacia de su modo de adaptación a la naturaleza para proveer la subsistencia; a la amplitud de las relaciones de mutualidad dentro de las estructuras sociales en que se integran las respectivas poblaciones; y al grado de racionalidad de sus interpretaciones simbólicas del mundo.

Además de explicativa, esta comprensión es también más dinámica porque admite que la posición en que se encuentra una sociedad no corresponde a sus calidades innatas o a calidades inmutables de su cultura, sino a circunstancias susceptibles de transformación. Alteradas éstas, cualquier sociedad puede experimentar auges de progreso si logra incorporar a su cultura elementos de un acervo tecnológico-productivo que, más que rasgos de una cultura cualquiera, forma parte, hoy día, del patrimonio del saber humano. Dentro de esta visión deberíamos buscar explicaciones para su nivel de desarrollo en sus modos de existencia y en las coyunturas en que un pueblo se relaciona con los demás y experimenta la influencia de los procesos civilizatorios actuantes, y no en supuestas calidades singulares de su cultura.

Sin embargo, de la noción de relativismo cultural es necesario retener su posición crítica con respecto a las formas presentes de civilización. De hecho, nada más absurdo que tomarlas como formas acabadas o terminales del desarrollo humano, o como situaciones deseables por sí mismas, mejores mientras más modernas o avanzadas. No son formas acabadas porque representan momentos de un larguísimo proceso de autotransfiguración del hombre y de la cultura que continuará operando en el tiempo. No son intrínsecamente deseables porque representan antes vicisitudes de un proceso más o menos espontáneo que la realización de metas racionalmente previstas.

El proceso civilizatorio es en esencia un movimiento continuo de alienación y desalienación en que el hombre paga elevado precio por sus conquistas, pero avanza irreductiblemente proponiéndose nuevas metas que, a su vez, vienen a ser alienantes y desalienantes.

De hecho, cualquier civilización está cargada de residuos del pasado y de formas larvales de nuevas construcciones culturales todavía no sazonadas, pudiendo ser unas y otras defraudadoras o alentadoras de los ideales humanos. Aun considerando que éstos sean indefinibles, en virtud de su naturaleza transitoria, en muchos casos pueden ser evaluados, por lo menos en forma negativa. Es decir, lo abstractamente ideal para los seres humanos no puede ser programado. Pero se puede diagnosticar cuáles modos de hacer, de interactuar y de sentir son francamente deshumanos o antihumanos, y reconocer que ninguna civilización estuvo libre de ellos.

a] *Lo auténtico y lo espurio*

En la búsqueda de una comprensión crítica de la cultura tal como se presenta en América Latina, se impone otra tarea teórica que es elucidar la noción de integración y de pureza de las construcciones culturales. No se puede negar que las culturas tienen una cierta capacidad de integración o de organización interna, alcanzada a través de la continua interacción entre sus componentes, lo que confiere al conjunto cierta funcionalidad. Es innegable también que las construcciones culturales presentan cierto grado de autenticidad y de armonía. Vale decir, más allá de la correspondencia funcional entre sus partes, el todo exhibe características fisionómicas que distinguen una cultura de otra, y rasgos estilísticos que se imprimen tanto en las personalidades como en sus creaciones, haciéndolas únicas e inconfundibles.

Empero, con frecuencia se generalizan estas apreciaciones, inspiradas en ciertas calidades de las culturas tribales autónomas, como si se pudiese afirmar que todas las culturas —incluso las más complejas— son eminentemente genuinas, auténticas. Aquí nos encontramos con una impregnación de preconceptos sutiles, filtrados a través de la noción de relativismo cultural, según los cuales cada cultura sería un ente singular, en que se cristaliza la vivencia de un pueblo, siendo por esto todas sus partes dignas de acatamiento como creaciones genuinas. En verdad, esta postura escamotea el hecho de que cada cultura es producto de vicisitudes que necesariamente la deforman, operando como obstáculos a su creatividad plena y a su desarrollo autónomo.

Es de suponer que un pueblo, manteniéndose en condiciones de aislamiento, tenga mayores posibilidades de elaborar cuerpos culturales integrados. Sin embargo, aun en estas condiciones, pueden producirse construcciones culturales con características negativas. Es sabido, por otro lado, que cuando una cultura se desarrolla en condiciones de opresión interna o externa, tiende a generar características contradictorias, muchas de ellas negativas. Como la mayor parte de las sociedades jamás experimentó condiciones de aislamiento y de igualdad que defendieran la autenticidad de su cultura, sino que se vieron casi siempre obligadas a crear y recrear sus culturas en situaciones de interacción competitiva con otras sociedades y de antagonismo entre sus propios cuerpos constitutivos, debemos admitir que en cualquier cultura tanto se puede encontrar elementos afirmativos de su autenticidad y creatividad, como elementos deletéreos y restrictivos del desarrollo autónomo de la sociedad y aun de la formación de sus miembros como personalidades equilibradas.

Ciertas coyunturas socioeconómicas representan situaciones tan extremas de limitación de la creatividad cultural que la sociedad a ellas sometida se transfigura deformativamente, orientándose por direcciones opuestas a las de su afirmación y sobrevivencia. Bajo tales condiciones, muy frecuentemente desaparecen las propias sociedades no por el exterminio físico de sus miembros, sino por su sujeción a la opresión de un grupo extranjero que, mirándolas como a enemigos, puede ejercer sobre ellas un despotismo más fanático que lo posible dentro de una sociedad homogénea. Éste fue el caso de los procesos de deculturación ya referidos en que una población o una parte de ella fue sojuzgada y utilizada por otra como un mero recurso energético de su sistema productivo. Desgarrada de su contexto, esa población se decultura como condición previa a su integración en una nueva construcción cultural. En esta primera instancia, el resultado de la confluencia con la sociedad dominante es la erradicación de la cultura original y, más tarde, la creación de una construcción cultural nueva e inauténtica: una cultura colonial espuria.

Para los pueblos alistados en las grandes corrientes civilizatorias —que es el caso más frecuente— la creatividad cultural se ejerce bajo estas presiones internas y externas de carácter deformador. De ello resultan culturas necesariamente lastradas con contenidos espurios generados, no en el esfuerzo de expresarse y crecer, sino en el de sobrevivir bajo las condiciones más adversas. Esas consideraciones llevan a admitir que las construcciones culturales deben ser examinadas valorativamente, en términos de su papel como instrumentos y estímulos de la afirmación de la creatividad y desarrollo autónomo de un pueblo o, al contrario, de percances disuasivos de cualquier esfuerzo renovador. Y admitir además la posibilidad de restauración de la autenticidad cultural por la erradicación de sus contenidos espurios, a través de procesos autoconstructivos.

Es probable que la restauración cultural constituya un proceso natural mediante el cual las sociedades buscan escapar a su deterioro. Empero, en este como en muchos otros casos, los procesos naturales necesitan a veces ser estimulados e impulsados por la intervención racional a fin de alcanzar objetivos definidos como deseables. El requisito indispensable para alcanzar esta renovación, es precisamente, admitir que la cultura contiene tantos elementos auténticos como espurios; que, en su desarrollo espontáneo, genera unos y otros, con el agravante de que, cuando enfrenta condiciones adversas, genera más componentes espurios que genuinos. Las más generales de estas condiciones adversas se refieren, por un lado, a la interacción de las sociedades conforme se haga de modo igualitario, con provecho recíproco, o sometiendo una de ellas a la expoliación. Y por otro lado, a la interacción entre sus estratos sociales, conforme sea de mutualidad, propiciando el desarrollo global de la sociedad dentro de una determinada civilización; o al contrario, de expoliación y como tal, impidiendo un desarrollo armónico y una prosperidad generalizable a toda la población.

b] *Vicisitudes culturales*

La cultura, encarada desde una posición crítica constituye un símil conceptual del mundo construido por cada comunidad humana como condición misma de su ser y de su existencia. Este símil refleja la experiencia previa de la sociedad y refleja por igual sus características estructurales. Así, la estratificación de clases, la condición de dependencia, la heterogeneidad del desarrollo social o regional comparecen en el cuadro de la cultura como variantes diferenciadas de ésta. Sólo en el caso de una sociedad idealmente homogénea, y por ende sencilla y rudimentaria, la cultura puede configurarse como una entidad coherente y uniforme. En todos los demás casos —y sobre todo en el de las civilizaciones— las culturas son siempre entidades complejas, diferenciadas y dinamizadas por intensos procesos de traumatización.

A la estratificación social, desde que surgió, corresponde la bipartición de la cultura en un componente erudito, que es de dominio de los letrados, y un componente vulgar, de dominio popular. A las condiciones de dependencia, colonial o neocolonial, corresponden alienaciones culturales que justificando su propia dominación ayudan a perpetuarla. Muchos de los elementos que en los centros metropolitanos son factores de autoafirmación y autenticidad, operan como percances en el otro polo. A las heterogeneidades sociales o regionales corresponden desajustes que se expresan por condiciones de arcaísmo o modernidad de ciertas regiones o estratos sociales, bien como una situación de desarraigo en las élites y de marginalidad en el pueblo.

Estas últimas contingencias pueden implicar grandes porciones o incluso la mayoría de la población. En ese caso, sus formas de ser —por ejemplo, en el plano racial, el negro, el indígena o el mestizo— y de vivir —como los esclavos o los contingentes marginados de las matrices modernizadas del sistema productivo— pueden contrastar flagrantemente con los patrones ideales de la propia sociedad, llevando estos contingentes a experimentar el sinsabor y la frustración de no corresponder a las expectativas predominantes. En otros casos, como ocurre con poblaciones campesinas o pastoriles que viven en gran aislamiento, pueden establecerse brechas insalvables entre su mentalidad y la de los sectores integrados y modernizados que, ocasionalmente, dan lugar a serios conflictos.

Empero, la bipartición de la cultura en una esfera erudita y otra vulgar no impide que, en condiciones ideales de autonomía, los contenidos eruditos en que se realizan el saber y las artes, constituyan creaciones genuinas. Son mucho menores las posibilidades de que lo mismo ocurra bajo las condiciones de dependencia cultural.

Sólo se puede hablar de cultura de los pueblos latinoamericanos en la acepción de una entidad compleja y fluida que no corresponde a una forma dada, sino a una tendencia en búsqueda de una autenticidad que jamás ha logrado alcanzar. Aunque se pueda decir lo mismo respecto de cualquier civilización del pasado o del presente, la aclaración de los modos por los cuales estas vicisitudes ocurrieron en América Latina es indispensable para comprender nuestra creatividad cultural.

En efecto, a lo largo de la mayor parte de la historia colonial no encontramos una capa erudita que sea la expresión de la creatividad cultural de su pueblo. Encontramos una élite trasplantada que aquí realiza, como mímesis, gestos culturales de otro contexto, sin significación real para su propia población e insatisfactoria, incluso, para las capas eruditas nativas que sufren el desgarramiento de su doble ser: el de agentes locales de una cultura superior que aspiran representar y el de miembros de una sociedad subalterna cuyo modo de ser los mortifica.

Esta condición de inautenticidad responde, en el plano cultural, a la condición exógena de clases dominantes de carácter consular que aquí se establecieron para regir empresas coloniales. En la cultura de esta élite, la creatividad artística florece por largo tiempo como trasplante afincado a un universo cultural informe por haber perdido su facultad de expresarse debido a la inexistencia o a la erradicación de la capa erudita de la sociedad subyugada. Con el pasar de los siglos y a raíz de ingentes esfuerzos de reconstrucción, surgen una nueva sociedad y una nueva cultura, distintas y hasta opuestas a la metropolitana, pero configuradas según pautas extraídas de aquélla. Desde entonces, la creatividad se hace más genuina pero ahora ya no obedece a los cánones y valores del pasado, sino a estilos de la nueva civilización dentro de la cual el retoño se esfuerza por expresarse.

En la esfera de la cultura vulgar que atañe al pueblo, la creatividad se ejerce también bajo las mismas vicisitudes. Desaparecidas, por no viables, las viejas formas auténticas de autoexpresión, la nueva producción destinada principalmente a mercados lejanos, no ofrece al trabajador o al artesano ninguna oportunidad de afirmar su individualidad. Repite gestos mecánicamente para producir objetos e instrumentos apreciados tan sólo por su valor mercantil. Únicamente en actividades subsidiarias, como en la urdimbre del techo de su casa de paja, puede subsistir una técnica de trenzado que ayer se expresaba en los cestos, o en los jarros de alfarería que todavía guardan para ojos expertos formas de un estilo perdido.

Pese a estos percances, en el horizonte de la cultura vulgar, popular, folklórica, encontramos un grado más alto de creatividad y de autenticidad cultural. En efecto, en ese nivel se elaboraron y fijaron las formas básicas de adaptación que garantizaron la supervivencia de las implantaciones coloniales. El indígena, antes de ser diezmado, enseñó al que lo iba a suceder en el mismo ambiente ecológico los nombres de las plantas y animales de la nueva tierra; las técnicas de caza, de pesca, de cultivo; las habilidades artesanales para la fabricación de bienes e instrumentos. Sobre la base de ese patrimonio de saber y de hacer, elaborado a lo largo de milenios, las nuevas sociedades llenaron los requisitos materiales de supervivencia. Incluso hoy, sobre la base de tal patrimonio grandes porciones de la población latinoamericana continúan proveyendo sus necesi-

dades de subsistencia. También en este nivel se elaboran múltiples formas
de interacción y asociación que, más allá de las normas compulsivas dictadas por las clases dominantes, proveen una convivencia humana solidaria. Finalmente, en este nivel se fijaron los mitos y leyendas de explicación del mundo y de la posición del hombre dentro de él, que todavía hoy
hacen posible amar la existencia tal cual es.

Las clases dominantes latinoamericanas y su componente erudito ejercieron esencialmente una función gerencial en el plano económico-produc-
tivo, ordenadora en el plano político-social y renovadora en el tecnológico-
científico y adoctrinadora en el ideológico. En ese sentido, promovieron
o incentivaron sucesivas alteraciones de los modos de producción al
amparo de las revoluciones tecnológicas ocurridas afuera, y simultáneamente modernizaron las formas de gobierno y de gestión, unas y otras
copiadas o inspiradas en modelos desarrollados en alguna de las metrópolis.

Al compás de esta modernización en el campo tecnológico-productivo,
en las instituciones sociales y en el nivel ideológico, las creaciones artísticas también se redefinieron y renovaron. Casi siempre a un ritmo más
intenso en la esfera erudita de la cultura que en la cultura vulgar, la
cual sólo pudo acompañar las innovaciones con grandes desajustes. En
consecuencia, el pueblo raramente pudo entender el lenguaje de los artistas e intelectuales que supuestamente son la expresión de su modo de ser.

Estas vicisitudes deformantes de la creatividad cultural, aunque presentes en todas las configuraciones histórico-culturales de las Américas,
han sido más sensibles y detectables en algunas de ellas. Los *pueblos
trasplantados* siendo intrínsecamente segmentos de sociedades europeas
trasladadas a ultramar, pudieron absorber, sin mayor daño, distintos contenidos ideológicos de la tradición occidental. Lo mismo no ha ocurrido
con los pueblos de las otras dos configuraciones. Así, por ejemplo, al asimilar la idealización europea de la figura humana, que identificaba la
imagen del hombre blanco con lo bello, lo noble y hasta lo normal; y
al difundir esa idealización a pueblos de fenotipo racial distinto —caso
de los *pueblos testimonio* y los *pueblos nuevos*— los alienaba, hacién-
dolos concebirse a sí mismos según una representación ultrajante. Cabe
agregar que las creaciones artísticas de los *pueblos testimonio* de América
Latina, siendo visiblemente contrastantes con los cánones europeos, llevaban a una actitud de desprecio. Sólo mediante un esfuerzo deliberado
de recuperar la autenticidad cultural, esos pueblos pudieron volver a
apreciar las creaciones de sus antepasados como bellas y dignificadoras.
En cuanto a los *pueblos nuevos*, su propia condición de sociedades racialmente mestizas, generadas a partir de factorías, los hizo comparecer a
la óptica europea como inferiores. La interiorización de esta concepción
por parte de las clases dominantes nativas y su difusión a la masa de la
población, ha concurrido también para su enajenación.

Sólo en años recientes empezó a fructificar un esfuerzo de desalienación por la crítica y el abandono de la carga de prejuicios destinados a

inducir los pueblos latinoamericanos a aceptar resignados su atraso como algo natural y necesario, porque debido a causas inamovibles, esta desalienación tardía se explica, en gran parte, por el hecho de que las mismas ciencias que estudian estos temas eran, hasta hace poco tiempo, incapaces de proveer explicaciones más efectivas y más estimulantes de la realidad latinoamericana.

Estos pioneros de un pensamiento nuevo, menos comprometidos con las clases dominantes y más capaces de explotar los horizontes de la conciencia posible, son los primeros que efectivamente se atreven a ser latinoamericanos en el plano intelectual y osan encarar objetivamente nuestro modo de ser y de vivir para, a partir de él, concebir proyectos de transformación social y cultural. Es el caso del cubano José Martí, del peruano José Carlos Mariátegui, del brasileño Euclides da Cunha, entre muchos más. Son, sin embargo, meros pioneros cuyos discípulos están recién madurando para diseñar el nuevo autorretrato de América Latina.[6]

Aflora así una conciencia crítica opuesta a la antigua conciencia ingenua, capacitada, finalmente, para repensar el mundo a partir de la experiencia latinoamericana y a mirar lo existente como problemático y susceptible de ser alterado intencional y racionalmente. A la luz de esta conciencia crítica empiezan a ser formulados diagnósticos más lúcidos y más realistas de América Latina. Resulta evidente que el subdesarrollo no es la antevíspera del desarrollo, sino su contraparte, cuya pervivencia perpetúa una situación merced a la cual los pueblos pobres y atrasados costean la prosperidad de los pueblos ricos y avanzados; y en la que son resguardados intereses minoritarios conniventes, desde siempre, con los factores causales del subdesarrollo.

c] *Estilo y civilización*

Enfocamos hasta aquí algunas características distintivas de las culturas y las vicisitudes a que están sujetas en las condiciones de dependencia. Cumple indagar, ahora, el valor explicativo de estas apreciaciones para la comprensión de la vida intelectual y artística de América Latina.

Debemos señalar inicialmente que, pese a la inestabilidad de su vida cultural, los pueblos latinoamericanos —particularmente las capas sociales que dominan la cultura erudita— presentan además de cierto vigor, una evidente homogeneidad en sus creaciones intelectuales y artísticas. Cualquier viajero atento que recorra América Latina visitando monumentos arquitectónicos coloniales, o incluso cualquier analista que disponga de una buena documentación sobre obras de arte debidamente fechadas, puede observar en todo el continente el florecimiento de sucesivas olas de

---

[6] Bibliografías críticas de estos movimientos intelectuales se encuentran en W. Rex Crawford (1966), Martin S. Stab (1969), Pedro Henríquez Ureña (1960) y Mariano Picón Salas (1950) para los ensayistas hispanoamericanos; y en João Cruz Costa (1956) y Nelson Werneck Sodré (1965) para los brasileños.

creatividad, cada una de las cuales es notoriamente uniforme a lo largo de Latinoamérica. Lo mismo se puede decir de la creatividad en el campo de las artes plásticas y de la literatura que también han florecido por impulsos, pero siempre en forma homogénea.

Sería imposible dejar de observar, empero, que la uniformidad discernible en esta sucesión de creaciones artísticas no es el producto de procesos endógenos, sino la reiteración en tierras americanas de sucesivas formas artísticas desarrolladas en Europa. Es decir, aunque se puedan distinguir características locales, no se trata de artes nacionales, sino de artes creadas sobre el terreno, impregnadas de singularidades, pero en esencia, europeas.

Las fortificaciones que fueron las primeras grandes obras arquitectónicas, las iglesias y catedrales que las siguieron, los grandes edificios públicos, los palacios privados, así como la escultura y la pintura a ellos agregadas, podrían estar, en numerosos casos, en Europa o al menos en la península ibérica, sin llamar mucho la atención por su singularidad. Las mismas observaciones se aplican a otros géneros artísticos, aunque los literarios, por su propia naturaleza, estén más impregnados de colorido local y más marcados de provincialismo.

Esas aseveraciones postulan la necesidad de un examen atento de la naturaleza de las corrientes estilísticas dentro del cuerpo de las civilizaciones. Creemos que se puede afirmar que el estilo es una forma de comunicación significativa y expresiva dentro de la esfera erudita de una cultura. En otras palabras, un lenguaje sólo cabalmente inteligible a un círculo de iniciados.

Se puede afirmar por eso que el estilo se refiere a la cultura, a la civilización. Es un atributo de ésta que marca las creaciones de sus artistas dentro de ciertas características modales que las distinguen de las obras de otras culturas o civilizaciones. Aunque una civilización no desarrolle un estilo único que impregne todos los géneros artísticos, los estilos que se suceden dentro de la unidad histórica temporal correspondiente a su curso, son lenguajes coherentes. Es verdad que a veces coexisten dos o más estilos y que además estilos diferenciados dentro de un mismo género pueden prevalecer por largo tiempo. La tendencia, sin embargo, es —o ha sido— la estilización uniforme de todas las creaciones coetáneas de un determinado género artístico generadas en el curso de una civilización.

El estilo como característica formal uniforme de lo estético, es un modo coherente de conformación que sitúa las creaciones de arte dentro de determinada categoría. Gracias a su especificidad, el estilo permite situar, con toda precisión, una creación cultural estilísticamente configurada en el tiempo y en el espacio, en razón únicamente de esta calidad. Cuando se habla de una pieza de cerámica Chavín, por ejemplo, o de una pintura impresionista, ningún especialista puede dudar de lo que es y raramente se engaña en la clasificación. Lo guía una conformación peculiar, una expresividad particular impresa a la arcilla colorida o a la tela pintada que contribuye más que cualquier documentación exterior para situarla.

Este poder de expresión de los estilos como lenguaje de las civilizaciones marca no sólo las creaciones de los núcleos artísticos de la metrópoli, sino que impregna las obras de todas las sociedades por ella sojuzgadas. En consecuencia, a la traumatización de las culturas autóctonas americanas y a la erradicación de su capa erudita siguió una parálisis drástica del impulso estético original que se expresaba por estilos artísticos propios, para dar cabida apenas a obras conformadas en los estilos trasladados de Europa. A partir de entonces no surgió, ni podría surgir, al nivel de la cultura erudita, ninguna línea de creatividad propia, ningún estilo.

Aun en el nivel de la cultura popular sobreviene un deterioro de las técnicas y una decadencia de los estilos. En el nivel de las artes eruditas, la situación es todavía más drástica. Los pueblos americanos, colonizados e incorporados compulsivamente a la civilización mercantil y después a la industrial, sólo pudieron expresarse en el lenguaje de esa civilización que, a pesar suyo, llegaba a ser su propio lenguaje. Al trasladarse a las Américas los estilos artísticos europeos así como otros elementos de esa cultura se adaptan a las nuevas realidades, adquieren peculiaridades locales, pero permanecen esencialmente idénticos en su estructura básica. Desde entonces, la creatividad puede ejercerse aquí tanto como en Europa, aunque sólo se afirme por reiteración y según alcance expresión dentro de las mismas *formae mentis*.

La literatura, la pintura, la escultura, la arquitectura y la música florecen en ambos lados del Atlántico, moldeados de acuerdo a los mismos patrones. Más rudos en ultramar, porque aquí la sociedad es más modesta, dependiente y pobre. Esta aparente falta de originalidad se explica por el hecho de que, al haber sido integradas en la corriente civilizatoria europea que las engendró, las sociedades americanas se expresarían en el lenguaje de aquélla, el cual se habría vuelto tan imperativo como un estilo tribal lo es para cada miembro de la tribu. Como la metrópoli europea se encontraba en el momento de la contrarreforma, cuyo estilo era el barroco, éste revestirá las iglesias que se construirán en América. Aquí o allí el peso de la antigua tradición cultural guía la mano del artesano nativo, produciendo episódicamente singularidades que hoy pueden ser calificadas como barroco mexicano, barroco andino o barroco brasileño. Pero siempre barroco. No más discrepante de la pauta básica que las variantes del barroco dentro de Europa.

d] *Confluencias culturales*

Lo bello no es hijo de la riqueza, es cierto, pero sólo excepcionalmente florece en el pauperismo. Lo corriente es encontrar las altas expresiones estéticas asociadas a la prosperidad. Únicamente ésta puede y necesita exhibirse ostentatoriamente, darse lujo y prendas, agasajando a quienes pueden crearlos. No es de extrañar, por lo tanto, que las altas expresiones de la creatividad artística en América Latina estén asociadas con los períodos de prosperidad. Prosperidad de muy pocos, en verdad, y fundada en la penuria multitudinaria, pero suficientemente rica para destinar una parte de los excedentes económicos a los templos y palacios, a las alhajas y, en consecuencia, a los diseñadores, joyeros, músicos y pintores.

Hay por esto un florecer artístico vinculado a la explotación del oro y la plata, otro a las plantaciones de azúcar y algodón, al café y los últimos ya son contemporáneos de las chimeneas fabriles. Sin embargo, las artes no pueden florecer en las minas, en las haciendas o en las fábricas, sino en las redes urbanas que se edifican con la riqueza que aquéllas producen. Florecen asimismo, más frecuentemente, en las lejanas metrópolis europeas, que en las ciudades coloniales.

Cabe agregar que el arte jamás está asociado directamente a la gente implicada en la producción, ni incluso a los dueños de haciendas y minas, por lo común demasiado rudos y preocupados con la gestión de sus bienes como para distraer energías en delicadezas culturales. Las artes florecen no sólo lejos sino de espaldas a sus substratos materiales, exigidas y cultivadas más bien por parásitos sociales que por productores. Son los curas, los gobernantes, los burócratas, los financistas quienes pueden y necesitan ver exaltadas sus glorias divinas y humanas por la mano del artista. Son todos urbanos y letrados y, en el caso de América Latina colonial, en gran parte nacidos en Europa o allí educados. Es decir, gente que se sentía como exiliada en sus patrias. El arte que apreciaban y requerían era un arte según criterios europeos. A veces, la sensibilidad de un artista criollo, nutrido con las herencias locales, lograba imprimir singularidades a la obra que le era encomendada. Tales osadías eran, sin embargo, vistas como contaminaciones y sólo consentidas cuando era imposible disciplinar canónicamente al creador, para que fuese fiel a los modelos ideales. Además, el propio artista erudito se cuidaba de estos desbordes, considerados también por él como impurezas e imperfecciones.

Las ciudades coloniales de América Latina —marco donde floreció el arte— nacieron dispersas y crecieron impetuosamente al ritmo del desarrollo de las diversas ramas productivas. Fueron siempre centros administrativos y comerciales, la mayoría de ellos implantados en los puertos, pero a veces edificados en la cordillera o en el interior. Las primeras ciudades fueron factorías fortificadas, como las nacidas en las Antillas en los albores del siglo XVI; o campamentos de conquistadores como San Vicente y Porto Seguro en la orilla atlántica de Brasil, o en el corazón del continente, como Asunción del Paraguay. Ninguna de ellas tuvo fortuna suficiente para prodigarse el fasto artístico.

La civilización del oro y la plata dio lugar al nacimiento de las primeras metrópolis coloniales: México, plantado sobre la antigua capital de los aztecas; Cuzco, sobre las ruinas de la capital incaica; Lima, en la costa peruana; Quito y Potosí-La Plata, en el interior. Todas construidas según trazados previstos, como afirmación del dominio europeo y español sobre el mundo precolombino subyugado. Lo mismo ocurría, en forma aún más rígida, con la red urbana que aquellas metrópolis, a su vez, crearon.

En el Brasil, un siglo más tarde, otra ola de economía aurífera y de explotación de diamantes haría también surgir su red urbana, cuyas metrópolis fueron Ouro Preto y el puerto de Río de Janeiro. Anteriormente, habían sido edificadas Bahía, Olinda, Recife, cuyo fasto se basaba en la riqueza proveniente de la producción de azúcar. Más tarde, las plantaciones de algodón harían florecer San Luis; la extracción de caucho en la floresta tropical, daría nacimiento a Belén y Manaos y el café a San Pablo.

En América hispánica, después de la decadencia provocada por el agotamiento de las minas, la red urbana retomaría su ímpetu en el cauce de nuevos brotes de prosperidad económica que renovarían viejas ciudades y crearían otras. Así, las plantaciones de azúcar activarían La Habana; los trigales y la ganadería se expresarían urbanísticamente en Buenos Aires y Montevideo; la función portuaria y la explotación del salitre dinamizarían Valparaíso y Santiago de Chile y el petróleo convertiría a Caracas en una urbe moderna. Finalmente, la industrialización de América Latina, aunque dependiente, reactivaría a numerosas ciudades, entre las cuales, México, San Pablo y Buenos Aires, y crearía muchas otras.

Sin embargo, ninguna de estas ramas productivas se inscribió, urbanística o artísticamente, en las ciudades que hizo nacer. Las metrópolis coloniales del oro y del azúcar no fueron mineras ni ruralistas. Buenos Aires nada tiene de pastoril, ni Manaos de boscosa, ni Caracas de petrolera. Fueron en el pasado y son hoy día ciudades de tipo europeo, edificadas en ultramar. Urbes en que se expresa la civilización occidental por los estilos de sus artes.

La última de estas grandes ciudades, Brasilia, edificada mil kilómetros tierra adentro, con el propósito de poblar los vacíos interiores del Brasil, tanto podría estar allí como en cualquier otra parte. No es la ciudad de los brasileños, sino una ciudad del hombre, del hombre de este tiempo y de la civilización emergente.

En esa constelación de ciudades americanas, la civilización occidental se expresó a lo largo de casi cinco siglos. En un primer impulso de expansión agrario-mercantil, las plantó como sus enclaves y las hizo prosperar por el trabajo de los proletarios reclutados en las colonias. En un segundo movimiento impulsado por la revolución industrial, las revitalizó, amplió y modernizó como núcleos de una civilización policéntrica, todavía europea y occidental en su espíritu. En nuestros días, las grandes ciudades americanas, como todas las metrópolis vivas, empiezan a liberarse de sus viejas servidumbres para ser los focos de una nueva civilización, cuyas formas mal podemos prefigurar.

Recapitulando la sucesión de estilos se comprueba que el gótico tardío, el manierismo y, por último, el barroco conforman las creaciones coloniales de América Latina, en lo plástico. Era inevitable que así fuera porque siendo la Iglesia la patrocinadora de las artes, sólo los estilos adoptados por ella podían tener expresión concreta.

El mundo europeo renacentista que se buscaba a sí mismo intentando restaurar los arquetipos griegos y romanos, se convierte aquí frecuentemente en parodia. Sin embargo, en las artes plásticas, particularmente en la arquitectura y en la escultura, florecen creaciones originales, algunas tan expresivas como las europeas. Eran, al principio, obras hechas según bocetos de artistas europeos, quienes, siendo muchas veces no ibéricos, traían contribuciones de todas partes que aquí se cristalizaban en formas peregrinas. Más tarde pasaron a ser diseñadas y ejecutadas por artistas criollos a algunos de los cuales se deben las más altas creaciones artísticas latinoamericanas. Conformadas según moldes barrocos cada vez más libremente interpretados, serían obras visualmente llamativas, deslumbrantes en sus colores y exuberantes en su plasticidad y movimiento.

Con el derrumbe de la civilización agrario mercantil y el advenimiento de los primeros impulsos del capitalismo industrial, las artes plásticas de los países céntricos se orientan hacia un neoclasicismo y las literarias hacia el romanticismo. Estas olas de renovación pronto alcanzarían tierras americanas donde se asociarían a la exaltación de las luchas emancipadoras. Sus efectos son contradictorios. En las artes plásticas, sobreviene una visible decadencia. Quizás porque la Iglesia que, como institución solidaria con el colonialismo, ejercerá el papel rector de toda la educación y el de la maestra única de las artes, entra en ocaso. Conquistada la independencia, la Iglesia pasa a ser una voz entre muchas, ni la más rica ni la más poderosa. Y desde entonces, las grandes edificaciones no son ya los templos, sino palacios oficiales y casas "burguesas" conformadas según un neoclasicismo sin vigor y adornadas con pinturas y esculturas cada vez más academicistas. Los artistas plásticos, colocados al servicio de los nuevos mecenas —tan exigentes como ignorantes— pasan a ser más áulicos y convencionales que nunca.

Al coincidir con la ampliación de la vida urbana y la dilatación de las capas letradas que amplía el público de los artistas, se crean posibilidades de difundir las nuevas ideas —incluso las ideas libertarias— a círculos más amplios, solidarios con las capas humildes e impulsados por una actitud crítica respecto de la estructura de poder y sus gestores.

Las últimas *formae mentis* del siglo XIX jamás llegaron a tener la fuerza del barroco o del primer romanticismo. Eran todavía estilos, lenguajes prescriptos de una expresión estética convencional. Sin embargo, ya eran pretéritos porque la unidad espiritual no sólo de Europa, sino de los diversos focos de la civilización occidental estaba rota. Era ahora policéntrica y buscaba expresar la singularidad de cada uno de sus perfiles en formas propias, nacionales.

Desde entonces el creador es un testigo del mundo que inventa su visión. Sabe que es tan viable como otra cualquiera, ni mejor ni peor, y habla desde su circunstancia a todos los hombres.

Éste es el mundo en el que estamos aprendiendo a vivir, bajo un ritmo vertiginoso de transformación que cambia todo y a todo pone en cuestión. Certezas que parecerían inamovibles, valores aparentemente innegables, criterios no susceptibles de duda, son cuestionados. Esta osadía indagativa que nada deja en pie, sólo se compara a las mutaciones prodigiosas que marcan el albor de una nueva civilización.

De hecho, una nueva civilización está naciendo. Una civilización respecto de cuya cultura sólo sabemos que será más uniforme en todo el mundo y se basará, cada vez más, en el saber explícito y en la racionalidad. En su curso podría superarse el abismo entre la cultura erudita y la cultura vulgar y se romperán las últimas barreras detrás de las cuales todavía podían florecer culturas provincianas.

La idea tiene algo de terrible, dado los riesgos que implica producir intencionalmente la nueva cultura, la nueva vida, el hombre nuevo. La alternativa, que sin embargo existe, es su producción casual, azarosa. Llegó un tiempo en que la vida social ya no podrá ser regida por los productos residuales de la creatividad cultural cristalizados en los modelos de conducta, transmitidos por la tradición. Un tiempo de grandes transformaciones, como lo fue el Renacimiento. De transformaciones tal vez aún más radicales porque en aquel entonces todo cambió para fijarse en nuevos modelos, estilos y pautas. Ahora quizás empieza un tiempo sin pautas posibles. Las viejas fórmulas están desgastadas y aunque las fuentes de inspiración no estén agotadas, ya no será posible canonizar. Eso porque, mientras la tradición puede dignificar una norma haciéndola parecer la única admisible, la razón tiene que argumentar con soluciones alternativas. Ello significa que vivimos en la víspera no sólo de un vuelco en la civilización, sino de una civilización nueva.

Es de suponer que en el cuerpo de esta nueva civilización de dimensión ecuménica —que en su límite hará a cada hombre heredero de todo el patrimonio humano de saber y de arte— ya no habrá lugar para particularismos estilísticos que marcaron, por siglos, la creatividad artística. El arte, que a través de milenios osciló entre la devoción a sí mismo —como expresión singular e individual—, la presión de apreciadores refinados y las contingencias de la producción mecanizada, retorna por fin a sus designios originales y permanentes: dar a cada hombre condiciones de amar y dignificar su existencia, por la capacidad de comunicarse espiritualmente con otros hombres a través de sus propias creaciones.

I
La ciudad y el territorio

I
El proceso de urbanización

JORGE E. HARDOY

Veinte naciones forman un bloque heterogéneo internacionalmente conocido con el nombre de América Latina. Al llamárselas así se ha buscado enfatizar el origen latino de sus culturas y las raíces comunes de su lengua, religión e historia. Tal vez exista en esa denominación el reconocimiento de que en su historia moderna ya existieron intentos de integración y que en el futuro, la fuerza económica y política y la proyección internacional de esas naciones residen en una acción conjunta.

La independencia política abrió a los intereses europeos inmensos territorios escasamente poblados y hasta el momento poco productivos. En pocas décadas América Latina se convirtió en la nueva "frontera económica europea".[1] Desde entonces, intereses externos al área han gravitado en la orientación económica y política de cada una de sus naciones. Unida a un cuadro de subdesarrollo, se explican los centenares de revoluciones que se han producido desde principios del siglo XIX. Un porcentaje significativo de ellas fueron triunfantes, pero rara vez fueron utilizadas para modificar la estructura política y socioeconómica de estos países. La mayoría fueron revoluciones cuyo objetivo era impedir los cambios estructurales para apoyar la continuidad del sistema de clases, la dependencia económica y los incentivos materiales.

Uno de los cambios más significativos que se están produciendo en América Latina es la urbanización de su población. Es el resultado de un elevado y sostenido crecimiento natural de la población y de las migraciones originadas en las áreas y pueblos rurales. La urbanización ha sido presentada como una muestra del proceso de modernización de las sociedades latinoamericanas y de su progreso económico y político. Son temas sobre los que se ha escrito mucho, se ha investigado poco y se ha meditado menos. Los que aceptan la posición mencionada se basan en la experiencia de las sociedades actualmente industrializadas y desarrolladas, pero los continentes subdesarrollados —y América Latina entre ellos— son ricos en ideas, recursos humanos y recursos naturales, pero pobres en motivaciones nacionales, en poder de presión internacional y en recursos técnicos y de inversión a corto plazo. La diferencia reside en que la actual urbanización de los países subdesarrollados se está realizando en un mundo geográficamente empequeñecido y sujeto a presiones políticas y económicas enormes, alentadas por sistemas de comunicacio-

---

[1] Véase Celso Furtado, *Subdesarrollo y estancamiento en América Latina*, Buenos Aires, EUDEBA, 1966 (especialmente el capítulo III).

nes y de transporte y por valores y expectativas diferentes a los que existían hace un siglo. Más significativo aún es que, en términos cuantitativos, la urbanización actual en los países subdesarrollados impone demandas de empleos, viviendas y servicios que nunca enfrentaron los países actualmente desarrollados.[2] Este proceso de urbanización debe además enfrentarse con recursos de inversión comparativamente inferiores.

La urbanización de América Latina tiene características muy especiales que, en cierto modo, ponen en duda algunas de las conclusiones extraídas del análisis de la urbanización en los países con economías desarrolladas. No es una consecuencia directa de la industrialización sino se adelanta a ella; no ha producido una disminución de las tasas de crecimiento de población, que se han mantenido progresivamente altas; no ha servido para ampliar la participación política de la población ni para reforzar a los partidos con una orientación reformista. Es indudable que esos cambios se producirán, pero su demora puede acentuar la crisis del desarrollo que experimenta América Latina. La urbanización que experimenta América Latina es entonces el resultado de una reacción espontánea contra situaciones estructurales que han sido frecuentemente señaladas pero no resueltas. Constituye un potencial de cambio porque por el solo hecho de producirse contribuye a formar una sociedad diferente con mayores expectativas y aspiraciones y con un mejor nivel técnico que las precedentes.

1. ALGUNAS CIFRAS REVELADORAS

En 1970, la población estimada para América Latina era de 275 millones de personas, lo que significaba una densidad promedio de 14 habitantes por kilómetro cuadrado.[3] El 54.5 % de la población —149.6 millones— era urbana. Es un continente con una población muy joven —42 % son menores de 15 años— en el cual se mantienen elevadas tasas de natalidad (3.8 % de promedio); en cambio, se han producido considerables descensos en todos los países en las tasas de mortalidad (0.9 % de promedio) como consecuencia de los avances de la medicina preventiva introducidos en la región, de mejoras en las condiciones higiénicas de las ciudades y de dietas alimenticias superiores. Estos progresos comenzaron a evidenciarse a partir de 1920 y 1930 y una de sus consecuencias ha sido el rápido aumento de la tasa de crecimiento natural de la población. El apor-

[2] En 1895 la población de las 20 ciudades de Europa con 100 000 o más habitantes representaba el 10.0 % de la población total. En 1970 la población de sólo las 10 ciudades de América Latina con 1 000 000 o más habitantes representaba el 16.0 % de la población total.

[3] Todos los datos utilizados en esta sección han sido extraídos de: Departamento de Asuntos Sociales, Unión Panamericana, *Datos básicos de población en América Latina*, 1970, Washington, D. C.

te de la inmigración europea y, en general, de la externa al área, ha disminuido con relación a otras épocas, pero es aún importante en algunos países.

Durante la última década (1960-1970) la población de América Latina creció de 206.7 a 275 millones de personas. De los 68.3 millones de habitantes nuevos el 74.8 % —51.1 millones— fueron urbanos. La proyección para 1980 es de 367.9 millones de habitantes, o sea 87 millones de habitantes nuevos. De ese crecimiento, el 84.7 % —73.7 millones— será urbano. En 1980, el 60.8 % de la población de América Latina será urbana.

A pesar del elevado porcentaje de su población urbana, económicamente América Latina sigue siendo un continente rural. En 1970, el 49 % de la población activa se dedicaba a actividades primarias; era, aproximadamente, el mismo porcentaje que el de los Estados Unidos en 1880. Comparando la estructura de la población económicamente activa en 1970 con la de 1960 se observan pocos cambios: un leve descenso porcentual en las actividades primarias y secundarias que fue absorbido por las actividades terciarias. La información sobre desempleo y especialmente sobre subempleo es menos precisa, pero sin duda todos los países del área enfrentan, en mayor o menor grado, un serio problema. Por supuesto, la situación es muy diferente en cada país. Por ejemplo, sólo el 22 % de la población económicamente activa de la Argentina en 1960 y el 18 % de la del Uruguay en 1970 estaba dedicada a actividades primarias, contra 89 % de la de Haití y el 68 % de la de Bolivia en 1960. El 36 % de la población económicamente activa de la Argentina en 1960 y el 28 % de la de Chile en 1967 estaba dedicada a actividades secundarias, contra el 4 % de la de Haití y el 10 % de la de Bolivia en 1960. Son los casos extremos. También existen diferencias entre el porcentaje de analfabetos mayores de 15 años en Argentina (9 % en 1960) y Uruguay (10 % en 1960) con respecto a Haití (80 % en 1965) y Guatemala (62 % en 1960), así como en los índices sanitarios, habitacionales y otros índices económicos. En 1970 algunos de los países de América Latina realizaron el Censo Nacional de Población. Las cifras comprueban las siguientes tendencias: a) las tasas de crecimiento de la población total y especialmente de la población urbana durante el último período intercensal (1960-1970) no sólo se han mantenido altas sino que, en algunos casos, se han acelerado; b) en valores absolutos, los centros urbanos de algunos países no sólo absorbieron la totalidad del crecimiento de la población nacional sino parte de la población rural existente en 1960 (casos de la Argentina y Uruguay); los centros urbanos de otros nueve países absorbieron una población que representaba entre el 60 y el 90 % del crecimiento demográfico de ese país durante los últimos diez años y en todos los casos porcentajes superiores al representado por la población urbana al comienzo del período intercensal; c) si bien en algunos países las ciudades de rango secundario en conjunto tuvieron un crecimiento más acelerado que el de la o de las dos o tres áreas metropolitanas mayores, la importancia de éstas en número de habitantes y una tasa de crecimiento igualmente rápida en comparación a la del país, hizo que su peso relativo aumentase con relación al de la población urbana y nacional; *d*) espacialmente, la población tiende a ubicarse en las áreas más urbanizadas e industrializadas de cada país reforzando la tendencia histórica secular de concentrar las inversiones productivas y los recursos humanos en uno y, a veces, dos o tres centros de gravitación nacional, mal vinculados con un interior rural semivacío y con escasos atractivos económicos y culturales.

El análisis de las estadísticas permite extraer algunas conclusiones adicionales: *a*] Los países más urbanizados en 1970 —Uruguay, Argentina, Venezuela y Chile, en ese orden— eran los que tenían en 1969 el producto nacional bruto percápita más elevado: Argentina, Venezuela, Uruguay y Chile, en ese orden; *b*] los cuatro países más urbanizados son los que tienen el más alto porcentaje de la población económicamente activa dedicada a actividades secundarias: Argentina, Chile, Uruguay y Venezuela, en ese orden; *c*] con la excepción de Uruguay y Argentina, los dos países más urbanizados del área, que perdieron población rural en cifras absolutas durante el último período intercensal (18 000 y 108 000 habitantes rurales respectivamente), en los demás países la población rural ha continuado aumentando pero a una tasa considerablemente inferior que la población nacional; *d*] tres de los cuatro países más urbanizados tienen las tasas más bajas de aumento de la población —Uruguay, Argentina y Chile, en ese orden— y los porcentajes más bajos de analfabetos entre su población mayor de 15 años —Argentina, Uruguay, Chile, en ese orden. Inversamente, entre los ocho países menos urbanizados, todos con menos de 40.0 % de población urbana —Haití, Honduras, Guatemala, Costa Rica, Bolivia, Paraguay, República Dominicana y El Salvador, en ese orden— seis estaban en el grupo de los ocho países —Costa Rica y Guatemala eran la excepción— con el producto nacional bruto percápita más bajo y en el grupo de los ocho países con el mayor número de analfabetos mayores de 15 años; Costa Rica y Paraguay eran la excepción. De los ocho países menos urbanizados, siete —Paraguay era la excepción— figuraban en el grupo de los ocho países con el más bajo porcentaje de su población económicamente activa dedicada a actividades secundarias. En cambio, no hay una correlación tan clara entre los países con tasas altas de aumento de la población rural y el porcentaje de población urbana: de los doce países de América Latina que en 1969 tenían una tasa de aumento de población de 30 % anual o superior, es decir, que duplicaban su población total en, por lo menos, 23 años, en seis el 60 % o más de su población era rural y ocho figuraban entre los doce países menos urbanizados de América Latina. Haití y Bolivia, los dos países con producto nacional bruto percápita e industrialización más bajos y dos de los menos urbanizados, no figuran entre los doce países con un aumento de población alto, sin duda debido a las altas tasas de mortalidad que aún tienen. Hay otros casos de interés: la persistencia de una alta tasa de crecimiento de la población de Venezuela, México, Colombia, Perú y, en menor grado, Brasil, a pesar de su elevado porcentaje de población urbana; la alta tasa de crecimiento de la población de Costa Rica, la más alta de América Latina, a pesar de ser uno de los países con menos analfabetos en el área, etc. Pero, en general, los países más urbanizados son los comparativamente más industrializados, los que tienen el producto nacional bruto percápita más alto y el menor porcentaje de analfabetos.

Todos los países más urbanizados de América Latina tienen una población urbana comparable o superior a la de los países más industrializados y desarrollados de Europa Occidental y América del Norte. Sin duda influyó en esta característica su condición de países poco poblados, abiertos a la inmigración europea de buen clima, fértiles y "de reciente establecimiento".[4]

2. PROCESO HISTÓRICO

A grandes rasgos puede analizarse el proceso histórico de urbanización de América Latina en dos escalas: la regional y la local. Por escala regional, en este ensayo, entiendo un espacio geográfico, político y cultural amplio, ecológica y étnicamente heterogéneo, que pudo haber sido el área controlada por un imperio precolombino, un virreinato o una audiencia colonial o el constituido por una nación, parte de una nación o varias naciones vecinas a partir del siglo XIX. Por escala local, adopto un espacio territorial reducido, urbano para la época y el lugar, que puede ser una ciudad o su ampliación contemporánea en un área metropolitana. En los ejemplos que a continuación presento he buscado enfatizar algunos momentos históricos de particular importancia para el proceso de urbanización de América Latina.

a] Período precolombino

Las primeras ciudades del continente fueron construidas en Mesoamérica hace unos dos mil años en una serie de regiones densamente pobladas y con una antigua tradición agrícola.[5] La aparición de verdaderas ciudades estuvo íntimamente relacionada con el auge de las culturas clásicas. Teotihuacan, Monte Albán, Tikal, Dzibilchaltum y el Tajín fueron, respectivamente, los ejemplos urbanos más representativos en el centro de México, las tierras altas de Oaxaca, el Petén en Guatemala, la península de Yucatán y la costa del Golfo de México. No fueron, por supuesto, los únicos. Las cinco regiones estaban bien pobladas de acuerdo a la capa-

[4] Nurkse, Ragnar, *Problemas de formación de capital en los países insuficientemente desarrollados*, México, F. C. E., 1955.

[5] Hardoy, Jorge E., *Urban planning in precolumbian America*; Nueva York, George Braziller Inc., 1968. Las características de las áreas donde se produjo la urbanización precolombina están explicadas entre las páginas 13 y 16.

cidad productiva de cada una de ellas; además, durante los últimos siglos precristianos o los primeros poscristianos quedaron subordinadas a sistemas políticos con un grado de centralización administrativa y poder más desarrollados que los que los precedieron.[6] La centralización político-administrativa y religiosa permitió una mayor concentración de poder, recursos y prestigio que fue utilizada para reunir y organizar estacionalmente a contingentes de mano de obra en número no conocido hasta entonces. Esto explica la enorme actividad constructiva que se produjo en todas las regiones controladas por las culturas clásicas.

Durante el período clásico surgieron en Mesoamérica dos modelos bien diferentes de ciudades con modelos intermedios. Teotihuacan, a pocos kilómetros de la actual capital de México, representa la ciudad planeada con un criterio monumental pocas veces visto en la historia de las culturas.[7] Apoyándose en dos ejes en forma de cruz, sus constructores desarrollaron una cuadrícula que, a la vez que encerraba a las residencias de los grupos directivos, permitía desplazamientos fáciles y el drenaje de las aguas. El sentido cruciforme incorporado en Teotihuacan hacia el siglo II d. c. perduró en la meseta central de México y fue utilizado por los aztecas en el siglo XV.[8] En cambio, las ciudades mayas estaban formadas por un centro ceremonial principal al cual se subordinaban otros de creciente importancia entre los cuales se ubicaban, aprovechando las preeminencias de la topografía y sin orden alguno, los grupos de vivienda.[9]

Hacia el siglo XI Tula, la capital de los toltecas, surgió como el centro más poderoso de la región, pero su auge fue breve y una cierta polarización política y administrativa parece haberse extendido nuevamente por todo el centro de México. Invocando la herencia cultural tolteca, los aztecas afianzaron su control político y económico sobre casi toda Mesoamérica e hicieron de Tenochtitlan, establecida en 1325 en una isla del lago de Texcoco, el centro nodal de una creciente urbanización en toda la cuenca lacustre del centro de México.

Las primeras ciudades fueron construidas en Sudamérica varios siglos después que en Mesoamérica.

Chan Chan, la capital Chimú, es una de las ciudades precolombinas importantes menos estudiadas.[10] Entre los siglos XII y XV era una ciudad

[6] Para una definición de urbanización y ciudad véase: Richard P. Schaedel; "On the definitions of civilization, urban, city and town in prehistoric America", en *Actas del XXXII Congreso Internacional de Americanistas*, vol. I, pp. 5-13; Stephan F. Borhegy, "Settlement patterns of the Guatemala Highlands", en *Handbook of Middle American Indians*, vol. 2, part 1, Austin, 1966 y Jorge E. Hardoy, *Ciudades precolombinas*, pp. 15-36, Ediciones Infinito, Buenos Aires, 1964.

[7] René Millón; "Teotihuacan", *Scientific American*, vol. 216, núm. 6, 1967.

[8] Véase la descripción de Motolinia (Fray Toribio de Benavente), *Historia de los indios de la Nueva España*, México, 1941.

[9] Véase un excelente plano de Tikal en: Carr, R. F. y Hazard, J. E., "Tikal Report Nº 11; Map of the ruins of Tikal, Petén, Guatemala", University of Pennsylvania, Philadelphia, 1961.

[10] Un grupo de la Universidad de Harvard, formado por Michael Moseley, ar-

de considerable superficie y población, formada por once ciudades o compactos conjuntos amurallados en cuyo interior sus constructores ordenaron regularmente viviendas, plazas, calles, "huacas" o templos, palacios, canchones y "pukios" de formas y disposición estandarizadas.

Chan Chan cayó ante los ejércitos de Pachacuti, el gran inca que reinó entre 1438 y 1471 y definió la organización del incanato. Al igual que Quito, Tumebamba, Cajamarca, Pachacamac y otras ciudades conquistadas por los incas, Chan Chan fue utilizada como capital regional. Estas ciudades estaban unidas entre sí por caminos bien señalados y aprovisionados, servidos por correos eficientes. Los incas sólo modificaron parcialmente las ciudades que conquistaron para ajustarlas a sus nuevas funciones en una organización política distinta y a un sistema productivo de escala mucho más amplia.

Tenochtitlan, capital azteca, y Cuzco, capital incaica, fueron las ciudades más importantes que encontraron los españoles en América. Urbanísticamente eran síntesis de los conceptos urbanos de aztecas e incas. Su evolución es paralela y simultánea a la expansión de los dos experimentos político-administrativos más extensos y elaborados entre las culturas precolombinas. Como la mayoría de las ciudades precolombinas, Tenochtitlan y Cuzco se desarrollaron espontáneamente durante sus etapas iniciales. Luego, como ocurrió en otros casos, fueron incorporados en ambas capitales criterios ordenadores en coincidencia con el reinado de los dos líderes más significativos de ambas dinastías —Moctezuma I y Pachacuti— y con la consolidación del movimiento expansionista de aztecas e incas. El sentido cruciforme se convirtió en el estereotipo de las ciudades aztecas en la meseta central de México y la gran plaza del Cuzco fue repetida, con otras formas pero para cumplir funciones similares, en otras ciudades incaicas. Aztecas e incas ejercieron un fuerte control sobre la cultura material de los pueblos sojuzgados; aunque urbanística y arquitectónicamente su influencia estuvo concentrada en las principales ciudades.

El tercero es que las culturas precolombinas fueron, por lo general, culturas interiores y que, por lo tanto, sus centros de irradiación y de gobierno estaban en el interior del continente. Sin duda hubo vinculaciones culturales y comercio entre Mesoamérica y Sudamérica, pero no tuvieron ni el volumen ni la importancia como para justificar el traslado de las ciudades a la costa. Debo señalar también que las culturas precolombinas tuvieron grandes limitaciones tecnológicas. Desconocieron la rueda y el hierro, domesticaron pocos animales y en Mesoamérica no contaron con animales de carga. Superaron esas limitaciones utilizando y organizando masivamente a una mano de obra numerosa para

queólogo, y Kenneth Day, arquitecto, está actualmente investigando Chan Chan. Sobre los centros de la costa norte del Perú véase de Schaedel, Richard P.; "Urban growth and ekistics on the Peruvian coast", *Actas XXXVI Congreso Internacional de Americanistas*, vol. I, pp. 531-539; Sevilla, 1966 y de Rowe, John, *Urban settlements in Ancient Peru; Nawpa Pacha*, vol. I, Berkeley, 1963.

emprender obras civiles, destinadas a aumentar la producción y mejorar su distribución y obras arquitectónicas urbanas, entre las que sobre-
salieron los palacios y los templos. A pesar de esas limitaciones asombran
aún en nuestros días la longitud y trazado de los caminos del Inca, la
extensión de las áreas irrigadas en los valles de la costa del Perú, el sistema de depósitos públicos durante el incanato, el sistema de diques que
protegía a la capital azteca y el acueducto que la servía, entre otras notables realizaciones.

b] *Las ciudades coloniales españolas*

En los años que siguieron al descubrimiento de América encontramos
dos procesos simultáneos e independientes: en los territorios ocupados
por las dos culturas más avanzadas que hallarían los españoles, incas y
aztecas continuaron la consolidación política y administrativa de sus imperios, totalmente ajenos a los cambios que se estaban produciendo en las
islas del Caribe y en algunas áreas reducidas de tierra firme. En las islas
mayores del Caribe —en la Española, Cuba, Jamaica y Puerto Rico principalmente— los españoles completaron en pocos años su exploración y
conquista e iniciaron su poco exitosa explotación y colonización. Santo
Domingo fue la principal ciudad europea en América durante los años que
transcurrieron hasta la ocupación definitiva de Tenochtitlan. En 1524
Cortés reedificó la capital de los aztecas de acuerdo a un trazado precon-
cebido. A partir de ese momento la ciudad de México fue la base de operaciones para la conquista del territorio actual de México, del sur y sur-
oeste de los Estados Unidos y del norte de América Central. Desde México
se originó la fundación de Guadalajara, Puebla, Oaxaca, Guatemala, la
Villa Real de Chiapas y la incorporación de los territorios mineros de
Guanajuato. Un papel semejante cumplió Panamá con respecto a la conquista del sur de América Central y del imperio incaico.

En 1534 Pizarro llegó al Cuzco. Su inaccesibilidad y el clima del altiplano lo decidieron a elegir un sitio más favorable en la costa para fundar
Lima, la futura capital del virreinato del Perú, en 1535. Cuzco fue el punto de partida de las expediciones que recorrieron, conquistaron y finalmente colonizaron Bolivia, Chile, y el norte, centro y oeste de la Argentina. El resultado fueron las fundaciones de Santiago, Concepción, La
Serena, La Paz, Cochabamba, Santiago del Estero, el futuro hallazgo de las
minas de Potosí y el inmediato desarrollo de esta ciudad que, a mediados
del siglo XVII, sería la más poblada de América. De Lima partieron los
fundadores de Trujillo y Arequipa. Del Perú los de Quito, Cuenca, Guayaquil y Popayán, hasta que finalmente convergieron en la sabana de Bogotá; allí, pocos meses antes, una expedición originada en la costa atlántica,
donde ya habían sido establecidas Santa Marta y Cartagena, conquistó
el antiguo territorio de los chibchas y fundó, en 1539, la actual capital
de Colombia. Hasta allí llegaron también, con una demora de pocos meses,

los agotados sobrevivientes de una expedición iniciada en Coro, la primera sede obispal de Venezuela. Directamente desde España llegaron los fundadores de Asunción, luego de fracasar en su primer intento por establecer Buenos Aires en 1536.

Entre 1520 y 1550 quedaron definidos los contornos de un continente, recorridas sus principales rutas terrestres y fluviales y conquistados los territorios ocupados por millones, posiblemente decenas de millones de personas que formaban los dos imperios indígenas más importantes de América y otros ensayos políticos menores pero igualmente significativos.[11] La actividad fundadora de los españoles en los territorios controlados por los aztecas e incas, pero también por las culturas periféricas, fue enorme. Una primera red de fundaciones españolas en esos territorios estuvo apoyada en el tributo de los indígenas, construida con la mano de obra de los indígenas, aprovechando, en muchos casos, fundaciones urbanas precolombinas. La localización de las ciudades precolombinas y las de áreas con densa población indígena fue decisiva en la formación de esa red urbana básica.[12]

Cuando hacia 1580 López de Velasco completó su detallada síntesis de la situación de las colonias de España y América, había quedado completada la red urbana que perduraría hasta finalizar el período colonial y que se mantendría, sin mayores variantes, hasta la segunda mitad del siglo XIX: habían sido ya fundadas las dos sedes virreinales iniciales —México y Lima— y las dos sedes de los virreinatos que serían establecidos en el siglo XVIII —Bogotá y Buenos Aires—; las sedes de las audiencias —Santo Domingo, Panamá, Guadalajara, Guatemala, Quito, Santiago y La Plata—; los puertos del comercio internacional —Cartagena, La Habana, Veracruz, Portobelo, Acapulco y el Callao— y regional —Valparaíso, La Serena, Guayaquil, Santa Marta, La Guayra, Campeche y San Juan—; los principales reales de minas —Guanajuato, Zacatecas y Potosí— y centenares de centros de colonización y defensa de fronteras, puertos menores y millares de centros de adoctrinamiento religioso y reducciones de indios.

Los españoles trajeron una forma de vida urbana que impusieron sobre sociedades indígenas que antes y después de la conquista y hasta fines del siglo XIX seguirían siendo predominantemente rurales. La ciudad fue la forma de vida que adoptaron por conveniencia administrativa y comercial, por seguridad y porque respondía al espíritu gregario de los españoles. El campo siguió siendo indígena aunque su paisaje fuese parcialmente cambiado con nuevos cultivos, nuevos animales domésticos y

[11] La estimación de la población prehispánica varía entre los cincuenta y setenta y cinco millones calculados por Spinden para el año 1200 a los 8 millones cuatrocientos mil calculados por Kroeber. Véase, de Woodrow Borah, "America as model: the demographic impact of european expansion upon the non-european world", en *Actas del XXXV Congreso Internacional de Americanistas*, México, 1962.

[12] Hardoy, Jorge E., "La influencia del urbanismo indígena en la localización y trazado de las ciudades coloniales", *Ciencia e Investigación*, tomo XXI, núm. 9, p. 386, Buenos Aires, septiembre de 1965.

nuevos árboles. Las ciudades fundadas por los españoles en América, posiblemente desde mediados de la década 1520-1530 y con seguridad después de 1531, se ajustaron a un modelo común,[13] bien conocido: una cuadrícula formada por elementos iguales —ocasionalmente rectangulares—, uno de los cuales no era construido y servía de plaza, alrededor del cual se agrupaban la catedral o la iglesia mayor, el ayuntamiento y la gobernación o el palacio virreinal, según la importancia de la ciudad; plazoletas menores eran dejadas frente a las iglesias y servían como atrios abiertos; la plaza debía estar rodeada por portales así como las calles principales que eran las que partían de los cuatro ángulos de la plaza. Las ordenanzas de 1573 y las Leyes de Indias, editadas por primera vez en 1681, abundaban en otras disposiciones: ancho y orientación de las calles de acuerdo al clima, ubicación de la plaza según la localización marítima o interior de la ciudad, reservas de terrenos comunales y otras.

Algunas de las ordenanzas y leyes estuvieron basadas en disposiciones dictadas por los reyes al entregar sus instrucciones a algún descubridor o conquistador con quien la Corona firmaba un acuerdo, pero la mayoría de los criterios para las fundaciones habían sido ya tomados en cuenta por los primeros fundadores sin que mediaran leyes o disposiciones reales. En todo el proceso de fundación de los españoles en América, y especialmente durante las primeras décadas, hubo mucho de experimental y los criterios de localización, así como las formas urbanas, fueron mejorando con la experiencia y el mejor conocimiento de las nuevas regiones.[14] Así, durante las primeras décadas, las primeras fundaciones en nuevos territorios fueron factorías fortificadas, utilizadas como centros de intercambio y penetración para dar luego lugar a poblamientos más definitivos en los que gradualmente fue imponiéndose el modelo referido. Algunas de las primeras fundaciones, como la Isabela, la primera fundación de Santo Domingo, Caparra, Nueva Sevilla, y Santa María la Antigua del Darién, no se ajustaron a un trazado regular. Las fundaciones de Ovando en la Española y de Velásquez en Cuba tampoco parecen haberse ajustado a las características del modelo definitivo. En la segunda fundación de Santo Domingo y en la primera fundación de Panamá son evidentes la regularidad del trazado y la ubicación de los edificios principales junto a la plaza, pero no formaban ni una cuadrícula de elementos iguales, ni las calles se ajustaban a un damero, ni la relación espacial entre la plaza y la iglesia —el edificio más conspicuo por su volumen de toda ciudad— era la que se veía en el modelo definitivo.[15] Corresponde

[13] Véase Hardoy, Jorge E., y Aranovich, C., *La urbanización en América hispánica entre 1580 y 1630*, boletín núm. 11, Instituto de Investigaciones Históricas y Estéticas, Universidad Central de Venezuela, Caracas, 1969. Hardoy, Jorge E., "El modelo clásico de la ciudad colonial hispanoamericana", en *Actas del XXXVIII Congreso Internacional de Americanistas*, vol. 4, pp. 143-181, Stuttgart-Munich, 1972.

[14] Hardoy, J. E., "El modelo clásico...", *ibid.*

[15] Véase el plano de Panamá la Vieja en 1609 y el plano de Santo Domingo en 1608, publicados por el Instituto de Estudios de Administración local; "Planos de

a la Villa Real de Chiapas o a la segunda fundación de Guatemala o a alguna de las primeras fundaciones en América Central la aplicación total del modelo. Cuando en 1531 fue fundada Puebla y en 1535 Lima, el modelo fue utilizado con sus características definitivas que serían luego repetidas en América hispánica hasta la actualidad.

No todas las ciudades se ajustaron a esos principios urbanos. Excepciones bastante generalizadas fueron los puertos y los centros mineros debido a su crecimiento espontáneo y a las características de los sitios elegidos para su establecimiento.

c] *Las ciudades coloniales portuguesas*

Criterios urbanos diferentes prevalecieron en el Brasil donde los portugueses no encontraron una población indígena densa y culturalmente avanzada, como la azteca e inca, a la que pudiesen utilizar en las tareas agrícolas o de la que pudiesen extraer tributos. Además, solamente en el siglo XVIII pudieron desarrollar una economía minera comparable a la explotada por los españoles desde pocas décadas después de la conquista en México y en el Perú. Por consiguiente, durante los siglos XVI y XVII la economía del Brasil fue casi exclusivamente agraria y estuvo respaldada por la mano de obra esclava importada desde África.

Interesada en sus colonias de la India y del sureste de Asia y en el comercio a lo largo de la costa de África, la Corona portuguesa se despreocupó del Brasil. Tampoco tenía Portugal la población y el capital suficiente para colonizar y explotar una costa de más de siete mil kilómetros de longitud, desde la isla de Marajó hasta la laguna de los Patos, entre la línea del Ecuador y los 32° de latitud sur. La Corona lusitana recurrió al sistema de capitanías que había ensayado en la colonización de sus primeras posesiones insulares en el Atlántico y otorgó enormes extensiones —de hasta 250 kilómetros de ancho y una profundidad sin límites— a capitalistas privados. Apoyados por poderes casi totales, los donatarios se dedicaron a la explotación de sus territorios —madera e indios para el mercado de Lisboa— y a desarrollar la agricultura. Los puertos que cada uno de ellos fundó para establecer los contactos con el exterior constituyeron la red urbana primaria del Brasil: Olinda, Pôrto Seguro, Espíritu Santo, Igaraçu, Santa Cruz Cabrália, Ilhéus y San Vicente fueron fundadas antes de 1540.[16]

La localización en una colina y el trazado irregular de Olinda, fueron

ciudades iberoamericanas y filipinas existentes en el Archivo de Indias", Madrid, 1951; planos núms. 280 y 324.

[16] Sobre la información de la red urbana brasileña, véase: Néstor Goulart Reis Filho, *Contribução ao estudo da evolução urbana do Brasil*, San Pablo, Livraria Pioneira Editora, 1968; Azevedo, A. de, "Vilas e cidades do Brasil Colonial", boletín núm. 208, Facultad de Filosofia, Ciencias e Letras, San Pablo, 1956 y Geiger, P. P., *Evolução da Rêde Urbana Brasileira*, Ministerio da Educação e Cultura, Río de Janeiro, 1963.

bastante excepcionales. San Vicente y Pôrto Seguro, el primer establecimiento en la bahía de Todos los Santos, fueron factorías antes que *vilas* permanentes. Sólo en 1549, con la decisión de establecer una capitanía general en la bahía de Todos los Santos, fue fundada Bahía, la primera capital del Brasil. En 1565 fue fundada Río de Janeiro y en 1585 Paraiba, actualmente João Pessoa. Hacia 1600 sólo tres ciudades y no menos de 14 *vilas* habían sido establecidas en el Brasil.[17] Con excepción de San Pablo, los demás estaban en la costa.

Reconstrucciones del trazado de Bahía en sus primeros años probarían que existió, posiblemente desde su fundación, una cierta regularidad dentro de las limitaciones impuestas por el sitio.[18] La elección de sitios irregulares y con facilidades defensivas predominó en las fundaciones portuguesas. En la costa del Brasil, por otra parte, no es fácil encontrar sitios amplios y llanos con relación a los puertos naturales. En Río de Janeiro el trazado tampoco fue una cuadrícula perfecta como la ensayada por los españoles, pero la cartografía posterior indica también una gradual regularización del trazado. El trazado inicial de San Pablo, la primera población de cierta importancia fundada en el interior, posee ciertas características radiales. En ninguna de estas ciudades la plaza adquirió la preeminencia de las hispanoamericanas; con frecuencia las plazas eran simples encrucijadas a las que se les dio cierta regularidad.[19]

En la economía de las plantaciones azucareras que caracterizó al Nordeste del Brasil hasta el siglo XVIII descansó la prosperidad de Bahía y de Pernambuco, las dos ciudades coloniales principales del Brasil. Cuando en el siglo XVIII se comprobó el potencial en oro y diamantes del actual estado de Minas Gerais comenzó una nueva etapa en la economía del Brasil. La etapa minera también significó la cristalización de las entradas de las *bandeiras* hacia el interior. Los *bandeirantes* establecieron centenares de agrupamientos, puestos y campamentos, en las montañas de Minas Gerais y del interior de Bahía, Matto Grosso y Goias, atraídos por las riquezas en oro y diamantes.[20] A su acción se debió las fundaciones de Marianá, Ouro Preto, Sabara, Diamantina, São João de Rei y otros centros mineros en el siglo XVIII, pero también de otros centros urbanos en territorios sin recursos mineros, como Curitiba y Paranaguá, en el siglo XVII y Cuiabá y Goias en el siglo XVIII.

Las riquezas mineras atrajeron pobladores desde las ciudades de la costa y desde Portugal hacia Minas Gerais. En pocos años formaron ciudades en las que floreció uno de los movimientos arquitectónicos y

---

[17] Azevedo, A. de, *ibid.* cap. II, pp. 9-21.
[18] Véase la reconstrucción del trazado del Salvador en el siglo XVI en Sampaio, Theodoro, *Historia de fundação da cidade do Salvador*, Bahía, 1949.
[19] Sobre la diferencia entre las plazas hispanoamericanas y luso-portuguesas véase, de Robert C. Smith, "Colonial towns of Spanish and Portuguese America", *Journal of the society of architectural historians*, vol. XIV, núm. 4, pp. 3-12, diciembre, 1955.
[20] Azevedo, A. de, "Arraiais e corrutelas", en *Boletim Paulista de Geografía*, núm. 27, pp. 3-26, San Pablo, octubre, 1957.

escultóricos más significativos de la América Latina colonial. Villa Rica, la actual Ouro Preto, fue la ciudad minera más importante. Su trazado irregular fue el resultado de la topografía y de su crecimiento espontáneo, pero son visibles, sin embargo, reminiscencias medievales en la localización de las iglesias, aprovechando las elevaciones del terreno, en las visuales oblicuas a sus fachadas y en la irregularidad formal de la mayoría de sus plazas. En Mariá, surgida, como Ouro Preto, de un *arraial* o agrupamiento espontáneo, se introdujo en 1740 un trazado regular.

Las ciudades brasileñas de la colonia no se ajustaron a un modelo único como las hispanoamericanas pero tampoco predominaba en ellas un trazado medieval, como algunos autores han observado. Más bien sus constructores incorporaron gradualmente en ellas una organización regular acorde con las necesidades de la circulación y del ordenamiento edilicio siempre que lo permitiesen las condiciones del terreno.

En 1762 Río de Janeiro remplazó a Bahía como capital del Brasil. Predominaron razones económicas —Río de Janeiro era el puerto de la región minera de Minas Gerais— y políticas —las luchas fronterizas con España en el sur y sureste— en la decisión de la Corona. A partir de ese momento Río de Janeiro fue el centro indiscutido de la vida económica y cultural y de la administración colonial, posición que fue reafirmada en 1807 cuando la Corona portuguesa instaló allí su corte.

d] *Los cambios en la estructura urbana durante el período independiente*

El sistema de centros que existía en América Latina al producirse la Independencia era ya centenario. Sus elementos fundamentales habían quedado definidos a fines del siglo XVI. La red colonial fue completándose durante los dos siglos largos que restaban hasta la Independencia, pero sólo excepcionalmente fueron fundadas nuevas ciudades que adquiriesen, durante la dominación española y portuguesa, una relativa importancia continental y regional y que la mantuviesen hasta nuestros días. Medellín, Montevideo y Porto Alegre fueron los ejemplos más significativos. Por supuesto surgieron ciudades mineras que adquirieron gran auge, especialmente en Brasil y México, pero su evolución estaba tan ligada a su unilateral economía que declinaron cuando la explotación de las minas se hizo antieconómica.

La estática red urbana de los tiempos de la Independencia reflejaba no sólo la inmovilidad de las fronteras interiores sino esencialmente las pocas alteraciones experimentadas en las líneas de transporte terrestre y marítimo durante siglos. Por otra parte, la población total de América Latina aún no era equiparable a la que existía al producirse la Conquista, a pesar de que, a partir de mediados del siglo XVII, se venía operando una franca recuperación. Hacia 1800, Salvador y México eran las únicas ciudades de América Latina con más de 100 000 habitantes, La Habana tenía unos miles de habitantes menos. El crecimiento de Río de Janeiro recién se produjo en esa década como consecuencia del traslado de la corte portuguesa, la población de Lima no alcanzaba a 60 000 habitantes, Buenos Aires y Santiago no llegaban a 50 000.

Al iniciarse las guerras de independencia América Latina era un continente vacío y predominantemente rural. Era rural porque la mayoría de su población dependía de una economía de subsistencia. No había industrias de importancia, salvo las mineras, las artesanías producían para los reducidos mercados locales, el comercio exterior e interregional eran reducidos. En esas condiciones no podía haber ciudades importantes.

La población de América Latina hacia 1850 ha sido estimada en unos treinta millones de personas. Brasil, con ocho millones de habitantes, México con 7 600 000, Colombia con 1 490 000, Perú con 1 888 000 y Cuba con 1 186 000 eran los más poblados.[21] Cerca del 52 % de la población se concentraba en los países tropicales de América del Sur; cerca del 32% en México y América Central; sólo el 4.1 % en la Argentina y Uruguay, los dos países que experimentarían el crecimiento demográfico más rápido durante los cincuenta años siguientes. La densidad promedio era tan sólo de 1.5 habitantes por kilómetro cuadrado. Los países más densamente poblados eran aquellos en los que predominaba la población indígena y mestiza, como El Salvador, Guatemala y México, país éste que a esa fecha ya había cedido la mitad de su territorio a los Estados Unidos.

No había grandes ciudades en 1850. Por lo menos no eran comparables a las ciudades industriales de Europa Occidental. Río de Janeiro, con 188 156 habitantes en 1856, El Salvador, con 150 000 en 1852, eran las más pobladas en las colonias portuguesas; en las españolas México y La Habana eran las únicas con más de 100 000 habitantes. Lima, Buenos Aires y Santiago tenían entre 80 y 90 000 habitantes. Recife entre 70 y 80 000 habitantes. Caracas y Montevideo entre 50 y 60 000 habitantes.[22] Eran las diez ciudades más pobladas de América Latina a mediados del siglo XIX. Su población conjunta representaba el 3.5 % de la población rural. En la actualidad, en las diez ciudades principales, se concentra el 16 % de la población. San Pablo tenía sólo 15 471 habitantes en 1855.

Las características coloniales de esas ciudades apenas si habían sido modificadas con la incorporación de un mayor número de edificios con pisos altos y de unos pocos en cuyas fachadas comenzaba a mostrarse la influencia europea en boga. Las ciudades seguían reducidas aproximadamente a los límites físicos de la época de la Colonia; sus perfiles chatos, recortados por las cúpulas y torres de las iglesias, eran los de un siglo antes. La población general y la población urbana había aumentado con respecto a los años de la independencia como consecuencia del crecimiento natural, pero a pesar de las altas tasas de natalidad las de mortalidad se mantenían igualmente elevadas. Además, durante esas décadas,

---

[21] Barón Castro, Rodolfo, "El desarrollo de la población hispanoamericana", en *Journal of World History*, vol. v, pp. 325-343, 1949.

[22] Elaboración del autor en función de diversos cursos y estimaciones de viajeros.

la inmigración europea fue reducida y los conflictos internos que se produjeron en casi todos los países ocasionaron desplazamientos de población y un desaliento general de las inversiones económicas. Se nota, sin embargo, un crecimiento mayor en las capitales políticas, que con frecuencia eran a la vez los principales puertos comerciales.

Cincuenta años después la población se había duplicado. El censo de 1900 del Brasil dio como resultado una población de 17 318 556 personas. Los países de América hispánica sumaban 43.5 millones de habitantes. La población del Uruguay creció casi siete veces durante la segunda mitad del siglo XIX, la de la Argentina 4.3 veces, la de Chile y Perú 2.4 veces, la del Brasil 2.15 veces. La densidad promedio se elevó a 3.0 habitantes por kilómetro cuadrado. Si bien siguieron siendo los países con población indígena y mestiza los más densamente poblados, los crecimientos demográficos de mayor significación se produjeron en los países de clima templado y de población blanca, con muy bajas densidades. En el Brasil los crecimientos mayores correspondieron a los estados de San Pablo, Río de Janeiro, Paraná y Río Grande del Sur.

Algunas ciudades sufrieron un incremento más acelerado. Por lo general las ciudades capitales crecieron a una tasa superior a la nacional. En 1900 Buenos Aires era la ciudad más poblada de América Latina con una estimación de 867 000 habitantes; Río de Janeiro con 691 000, México con 541 000, Montevideo con 309 000 y Santiago con una estimación de 287 000 eran las ciudades que la seguían en orden de importancia.[23] Otras ciudades importantes eran San Pablo con 239 000, La Habana con 236 000, Salvador con una estimación de 208 000, Lima con una estimación de 130 000 y Recife con 113 000. Rosario y Guadalajara también superaban los 100 000 habitantes. La población conjunta de las diez ciudades mayores representaba el 6.0 % de la población total.

Dos aspectos influyeron en las características que adquirió la urbanización de América Latina a partir de 1860 y 1870 y en el mayor o menor crecimiento de la población y expansión económica de unos países con respecto a otros: la inversión de capitales extranjeros y la inmigración europea. Ambos están vinculados con la incorporación de América Latina a los mercados mundiales durante esas décadas, pero ni las inversiones ni la inmigración se distribuyeron equitativamente. El impacto fue significativo en las regiones despobladas y aptas para la explotación de productos agrícolas y ganaderos, regiones que eran, a la vez, fácilmente accesibles desde Europa, poseían buen clima y habían entrado en un período de paz interior.

Los países industriales de Europa necesitaban lana para sus fábricas, carnes y cereales para alimentar a su población, cueros para sus curtiembres, café, tanino y otras materias primas. A su vez buscaban ampliar los mercados para la venta de sus textiles, carbón, herramientas, maquinarias, material ferroviario, productos alimenticios envasados, bebidas,

---

[23] Elaboración del autor en función de diversos censos, interpolaciones y estimaciones de viajeros.

hierro y acero. El aumento de las importaciones y exportaciones requería capitales, vías de transporte y comunicaciones de que carecían los países latinoamericanos. Las inversiones extranjeras fueron entonces canalizadas hacia la creación de bancos, compañías de seguros, construcción de ferrocarriles, puertos y sistemas telegráficos y telefónicos. La expansión de algunas ciudades impulsó las inversiones en servicios urbanos: agua, desagües, transporte y, posteriormente, electricidad. Los capitales extranjeros se vincularon con los productores y comerciantes nacionales: en el Brasil con los cafetaleros, en la Argentina y Uruguay con los ganaderos, en Cuba con los azucareros, en México con los mineros. Se formó así, en pocos años, una estrecha alianza que dominó la economía y la política de esos países durante décadas. Como los comerciantes más fuertes y los productores agropecuarios ausentistas residían en las principales ciudades, en ellas se volcaron las innovaciones técnicas y las inversiones suntuosas más importantes. A su vez la política nacional comenzó a ser dominada desde esas ciudades, aumentándose la brecha entre las regiones caracterizadas por una economía exportadora en expansión y las regiones sujetas a una economía de subsistencia y artesanías que no podían competir en precio y calidad con los productos importados.

Varios factores se conjugaron para alentar la inmigración europea a partir de la segunda mitad del siglo XIX.[24] Entre las motivaciones en los lugares de origen existían deplorables condiciones sociales y económicas como en las provincias del sur de Italia, y en algunas regiones de España, como Extremadura, Andalucía y Castilla que no habían experimentado cambios durante siglos. Italianos y españoles constituyeron cerca de dos terceras partes de los inmigrantes llegado a la Argentina, sur del Brasil y Uruguay entre 1860 y 1930. Pero también atrajeron los nuevos países a comerciantes y obreros calificados y semicalificados de Cataluña y del norte y levante de España y artesanos del centro de Italia. La inmigración francesa e inglesa fue más calificada e incluyó a importantes contingentes destinados a las oficinas y empresas promovidas por los capitales de ese origen. Agricultores suizos y alemanes en la Argentina y Uruguay y japoneses en el Brasil, agricultores judíos de origen polaco y ruso y sirios destinados al comercio urbano minorista completaron el cuadro de los principales grupos de inmigrantes. Las desfavorables condiciones socioeconómicas y políticas en los lugares de origen —presión demográfica, latifundios, malos salarios, desempleo y enfermedades— se conjugaron con la fuerte promoción por parte de las empresas navieras y el aliento a la inmigración de los países receptores, necesitados de mano de obra con qué remplazar a la mano de obra esclava en los cafetales y para cultivar los campos vírgenes y construir las nuevas obras de infraestructura urbana y rural.

El impacto de la inmigración europea en el poblamiento del litoral

---

[24] Sobre la inmigración extranjera hay numerosos trabajos. Una síntesis sobre su impacto en el Río de la Plata aparece en Oddone, J. A., *La emigración europea al Río de la Plata*, Montevideo, Ediciones de la Banda Oriental, 1966.

argentino y uruguayo, del sur del Brasil y de algunas áreas de Cuba fue enorme, como lo fue en el crecimiento de algunas ciudades: de Buenos Aires, Rosario, Santa Fe y La Plata en la Argentina, de Montevideo en el Uruguay, de Río de Janeiro, San Pablo, Santos y Porto Alegre en el Brasil y de La Habana en Cuba. En esas ciudades los inmigrantes representaron, en algunos años, entre el 30 y el 50 % de su población, controlaron el comercio minoritario, algunas industrias, como la de la construcción, y promovieron numerosas industrias dirigidas a la producción de bienes de consumo para los mercados locales.

Inestabilidad, aislamiento geográfico y condiciones menos propicias para el tipo de inmigración europea interesada en venir a América coexistieron en casi todos los demás países de América Latina. Sólo Chile, México, Guatemala y Costa Rica atrajeron a contingentes reducidos, en parte destinados a colonizar áreas agrícolas.

3. PROCESO DE URBANIZACIÓN SIN PRECEDENTES

América Latina experimenta un proceso de urbanización económica y demográfica sin precedentes. Como hemos visto, algunos países comenzaron a urbanizarse tempranamente y ya hacia 1900 la población urbana de la Argentina y Uruguay y, en menor grado, la de Cuba y Chile, era porcentualmente comparable a la de los países industrializados de la época. Un hecho significativo en esos cuatro países fue la tendencia simultánea de la población urbana a concentrarse en su principal área metropolitana, como consecuencia de su localización geográfica y de las dificultades de los inmigrantes europeos para trasladarse y establecerse en el interior y de la concentración de las inversiones extranjeras y de la actividad política, económica y cultural en las capitales nacionales.

Otros países comenzaron a urbanizarse a partir de la crisis de 1930, cuando sus repercusiones movilizaron a importantes grupos rurales hacia las ciudades; este fenómeno se intensificó en los años inmediatos a la segunda guerra mundial en países como México, Venezuela, Colombia, Panamá, Perú y Brasil. Los diez países mencionados son los más urbanizados de América Latina en 1970. La aceleración del proceso comenzó con mayor retraso en Ecuador, Nicaragua, El Salvador y la República Dominicana. Finalmente, en Paraguay, Bolivia, Costa Rica, Guatemala, Honduras y Haití, donde la tasa de urbanización ha sido hasta ahora más lenta y no ha excedido en mucho, durante los dos últimos períodos intercensales, a la tasa de crecimiento de la población rural.

Espacialmente la urbanización ha seguido la tendencia histórica de concentrarse en las principales ciudades de cada país. Con la excepción de México, Bogotá y La Paz, las capitales nacionales fueron los principales puertos nacionales o estaban a poca distancia de ellos. En los países de América Central, las distancias entre las tierras altas, donde fueron fundadas las capitales políticas, y los puertos del Atlántico y del Pacífico son muy reducidas. La concentración en una ciudad de tan variadas funciones, en países con economías agrarias, alentó hacia ellas las migraciones externas e internas. Sólo en Brasil y en Colombia, debido a la forma como se produjo el proceso de colonización, pero también debido a la dinámica empresarial de algunos grupos regionales, se produjo espontáneamente una mayor descentralización. En líneas generales, la primacía demográfica y económica, política y cultural de las ciudades más importantes ha seguido creciendo y cada país se ha convertido, gracias a mejores transportes y comunicaciones, en el área de influencia de su principal ciudad hasta para aspectos secundarios de la vida nacional.[25]

Los sistemas urbano-regionales en cada país, sus órdenes jerárquicos y principales características, no han sufrido mayores cambios durante los últimos treinta años a pesar del rápido proceso de urbanización que experimentan. La lista de los diez centros urbanos mayores de cada país es prácticamente la misma que hace una o dos generaciones. Y si bien algunos centros secundarios, como Fortaleza en Brasil, Chiclayo en Perú, Salta en Argentina, Cali en Colombia y otros han crecido más rápidamente que los grandes centros industriales de sus respectivos países, éstos han mantenido igualmente una elevada tasa de urbanización y atraen a los mayores porcentajes de la nueva población urbana.

El hecho es que individualmente los países de América Latina han seguido desarrollándose dentro de los límites geográficos que conocían hace cincuenta o más años. Las fronteras interiores de cada país apenas han sido modificadas durante ese lapso. Solamente en Brasil y en Venezuela los gobiernos nacionales han promovido sendos movimientos hacia el interior para romper con la atracción histórica que las ciudades de la costa han ejercido sobre la población y las inversiones. Brasilia, Ciudad Guayana y la construcción de importantes obras de infraestructura regional son ejemplos casi únicos en América Latina. El ensayo cubano de demorar el crecimiento de La Habana y canalizar la inversión pública y alentar la radicación de la población hacia regiones alternas, dentro de los lineamientos de un plan nacional de desarrollo económico y social, constituye una experiencia única hasta ahora.

La urbanización de América Latina es, entonces, un proceso continental que está cambiando la estructura política, económica y social de todos los países. En América Latina, la urbanización precede a la industrialización y su análisis no puede aislarse del análisis de la estrategia del desarrollo de cada uno de los países del área. La urbanización tiene, además, un profundo y no claramente definido impacto sobre el medio ambiente en que se desarrolla la sociedad urbana actual y la del futuro.

Los especialistas y técnicos latinoamericanos que se interesan por el proceso de urbanización del continente y de sus respectivos países no discuten si es bueno o malo que el continente se urbanice. Aceptando

---

[25] El estudio del Consejo Federal de Inversiones y del Instituto Di Tella sobre la regionalización en la Argentina es un excelente ejemplo.

que la urbanización, tal como se está produciendo, tiene aspectos positivos y negativos, el tema que se discute, o debería discutirse, es cómo debemos urbanizarnos.[26]

Durante los últimos treinta años la población de América Latina creció dos veces y media y la población urbana tres veces y media. Algunas áreas metropolitanas han experimentado durante la última generación crecimientos aún más rápidos: San Pablo y México casi cinco veces, Lima, Bogotá y Caracas casi seis veces, Cali y Fortaleza casi siete veces. Es explicable que ante este rápido proceso de crecimiento de la población y, especialmente de la urbanización, las áreas metropolitanas y urbanas sufriesen transformaciones sin precedentes y que las demandas de nuevos empleos, viviendas, servicios urbanos, escuelas y hospitales no pudiesen cumplirse.

Nuestros países, pues, se desarrollan fragmentariamente. A pesar de la tendencia, en todos ellos, hacia una creciente centralización en las decisiones y en la asignación del gasto público, aumentan las diferencias entre las regiones desarrolladas y subdesarrolladas en cada país. Las migraciones desde las regiones pobres hacia los centros urbanos principales son impulsadas por la desocupación regional y la falta de oportunidades y de servicios. Entre los que migran, los jóvenes, los mejor entrenados y los más enérgicos forman contingentes importantes. O sea que las migraciones internas si bien pueden aliviar presiones regionales a corto plazo, privan también a las regiones pobres de muchos de sus recursos humanos más valiosos. Las presiones internas y externas impulsan desarrollos nacionales desintegrados a la vez que postergan soluciones. Los programas de desarrollo tienen sólo efecto en áreas limitadas, en las cuales existen precondiciones para utilizar esos programas. Esto significa postergar las inversiones en las regiones menos desarrolladas con el consiguiente debilitamiento de los mercados y de los ingresos regionales. Este enfoque, si bien puede ser económicamente positivo a corto plazo, tiene un costo social inmediato y un costo económico y político a mediano y largo plazo que puede limitar el desarrollo.[27] Los efectos de la aplicación de esos criterios en el proceso de urbanización se evidencian en la creciente concentración de la población. Si en las economías capitalistas desarrolladas, la gran ciudad se ha convertido en un complejo político y socioeconómico imposible de administrar, ¿qué puede esperarse ante una situación más precaria en las economías capitalistas subdesarrolladas? El problema no puede entonces reducirse a una infructuosa discusión entre las ventajas y las desventajas de la concentración o de la desconcentración. El problema debe encararse mediante un análisis sobre

[26] Guillermo Geisse y Jorge Hardoy han preparado un volumen dedicado a "Políticas de desarrollo regional y urbano" publicado por la Universidad de Florida como el vol. II del *Latin American Urban Annual*. El volumen incluye ocho ensayos y quince estudios de casos relacionados con el tema general.

[27] Sobre las ventajas de un desarrollo horizontal en lugar de vertical véase, de Carlos Matus, "El espacio físico en la política de desarrollo", en *Revista de la Sociedad Interamericana de Planificación*, vol. III, núm. 12, pp. 17-25, diciembre de 1969.

la impotencia de los sistemas políticos imperantes en América Latina y sobre la ineficacia de las estructuras socioeconómicas vigentes para mejorar los niveles sociales y los niveles productivos en nuestros países.

4. EL FUTURO Y SUS EXIGENCIAS

En América Latina hemos asumido una actitud inconsciente con respecto a la forma como se produce nacionalmente la urbanización y al tratamiento que damos a las ciudades individuales. Creo que existe, por parte de los gobiernos como de la población, la tendencia a aceptar que las ciudades seguirán cumpliendo las mismas funciones que hasta ahora. La ausencia de viviendas y servicios urbanos, la congestión del transporte, la insuficiencia de parques y campos deportivos, la destrucción del medio ambiente natural, el ruido, el humo y la contaminación de las aguas son aceptadas pasivamente como consecuencias lógicas de la vida urbana. Si bien esta actitud puede comprenderse entre grandes sectores de la población, presionados por los problemas derivados de su simple sobrevivencia, constituye una alarmante indiferencia cuando las políticas de urbanización y la planificación urbana no forman parte de un programa político. Lo curioso es que no se aprecia que los problemas mencionados aumentan con el tamaño de las ciudades y que su solución será cada vez más difícil. Aún más, no se aprecia que es imposible alcanzar una solución local a los problemas urbanos y que, a pesar de la carencia de recursos de inversión y técnicos, es posible minimizar algunos aspectos negativos de la urbanización, alentar los positivos y crear mejores precondiciones para ciudades más adecuadas en el futuro.

En la década que comienza, la población de América Latina pasará de 275.0 millones a 367.9 millones de habitantes. En 1970 el déficit de viviendas rurales y urbanas es de aproximadamente 27 a 30 millones de unidades.[28]

Durante la última década, los países de América Latina conjuntamente no llegaron a construir ni el 50 % de las viviendas necesarias para absorber el crecimiento de la población; mientras tanto, durante esos diez años, millones de viviendas se tornaron obsoletas.

En la década que comienza la población urbana pasará de 149.6 a 223.3 millones. Esto significa incorporar 7.3 millones de nuevos habitantes urbanos todos los años, durante los próximos diez años. En el año 2000 la población de América Latina estará entre los 638 y 756 millones de habitantes y la población urbana llegará por lo menos a 360 millones y, tal vez, a 500 millones; o sea que, entre los años 1980 y 2000, las ciudades existentes o a crearse en América Latina deberán por lo menos absorber un promedio de 13.6 millones de personas por año, que pueden duplicar-

[28] Partiendo del déficit estimado por Utría en 1960.

se si se mantienen las tendencias actuales.[29] Por lo menos 65 a 70 millones estarán concentrados en tres inmensas conurbaciones: la de San Pablo-Río de Janeiro, con unos treinta y cinco millones, la del centro de México y la del litoral argentino, con cerca de veinte millones cada una. En el valle central de Chile, en la sabana de Bogotá, en la costa central del Perú y entre Caracas y Valencia existirán conurbaciones menores, pero todas cercanas a los diez millones de habitantes. Más de cien millones de habitantes se concentrarán en las siete mayores conurbaciones de América Latina en el año 2000.

La forma de abordar este proceso depende, como es lógico, de las estructuras políticas y socioeconómicas de cada país, de los criterios que se desarrollen alrededor de la integración latinoamericana y de la posición y actitud de las superestructuras mundiales.[30] Los esquemas urbanos regionales de cada país no funcionan en relación con las necesidades del desarrollo nacional o latinoamericano; sus principales polos no son agentes en la formación de redes urbano-agrarias complementarias sino centros intermediarios de economías agroexportadoras sin ningún futuro. En las ciudades se aceptan colectivamente y con indiferencia situaciones que llevan a un deterioro general de las condiciones de vida y a la irreparable destrucción del medio ambiente natural. Como decía recientemente un especialista, hemos llegado a una situación en la que un trabajador urbano convierte diariamente al ómnibus, al tren o al automóvil en su "vivienda móvil".

Obviamente hay formas de encarar esta situación. Primero, debemos convencernos que los problemas que plantea la urbanización en las economías subdesarrolladas son diferentes a los que plantea en las economías desarrolladas; por lo tanto, debemos pensar en términos muy amplios, en estrategias generales y en medios analíticos propios para encarar el proceso de urbanización a largo plazo, pero, a la vez, debemos prevenir el deterioro de una situación ya degradada y debemos potenciar al máximo los limitados recursos humanos y financieros con que contamos a corto plazo. Segundo, debemos reconocer que no existen soluciones locales o municipales a los problemas urbanos; dotar de vivienda, empleo y servicios a la población urbana, por ejemplo, son situaciones íntimamente relacionadas con el ingreso de la población o con la política de empleos y servicios del Estado. Las ciudades crecen como consecuencia de inversiones del sector público y privado que se realizan sin coordinación y sin complementarse entre sí, la estrategia general de la planificación urbana, por lo tanto, debe formar parte de los programas políticos y económicos de los gobiernos a su más alto nivel aunque considerando una implementación descentralizada y una activa participación popular. En tercer lugar, debe aceptarse que si el Estado no controla la propiedad y uso de la

[29] Estimaciones del Population Reference Bureau para 1969, de la Organización de los Estados Americanos para 1970 y 1980 y de las Naciones Unidas para 1980 y 2000.

[30] Véase, de Jorge E. Hardoy, "Políticas urbanas y reforma urbana en América Latina"; ensayo del volumen de Geisse y Hardoy (en prensa), véase nota de pág. 30.

tierra para la futura expansión urbana y suburbana, cualquier política de urbanización tendrá efectos muy limitados. Si no se toman medidas para establecer en áreas rurales y urbanas, con criterios regionales y locales a la futura población, simplemente estaremos trasladando un problema rural a otro que no es enteramente urbano —debido a las características que tendría la ciudad del futuro— sin otorgarles, a los nuevos habitantes, mejores oportunidades y mejores formas de vida. Finalmente, si no se controla la especulación de la tierra y los alquileres urbanos, si no se moderniza la industria de la construcción, si los créditos no se otorgan únicamente a través de organizaciones sin fines de lucro y si las inversiones públicas no son coordinadas y no guían a las inversiones privadas suplementarias, no creo que pueda lograrse ni el principio de una solución a la situación urbana en América Latina.

II

Las áreas metropolitanas

JORGE E. HARDOY

1. ANTECEDENTES, CAUSAS Y CARACTERÍSTICAS DEL PROCESO DE METROPOLIZACIÓN

Durante la década de 1960 la población urbana de América Latina creció de 108 089 000 a 159 188 000 habitantes, a un promedio de 5 100 000 personas por año. Esa cifra representa el 75.0 % del crecimiento total de la población del área durante esa década. En 1970, el 56.20 % de la población del área era considerada urbana. Se estima que en 1985 la población urbana alcanzará a 290 680 000 habitantes, o sea el 66.88 % de la población del área. O sea que entre 1970 y 1985 la población urbana crecerá en 131 492 000 habitantes, a un promedio de 8 766 000 personas por año. Esa cifra representa el 86.7 % del crecimiento total de población previsto entre 1970 y 1985.

El proceso de urbanización se realiza dentro de los límites nacionales de cada país. Las migraciones a través de las fronteras de los países son reducidas y sólo en las ciudades industriales de la Argentina y en las ciudades petroleras del oeste de Venezuela se encuentran representantes de los países limítrofes en números aún reducidos pero, aparentemente, crecientes. La disparidad territorial y poblacional de los países del área, la enorme diferencia porcentual de la población urbana con respecto a la nacional que existe entre los países y los diferentes potenciales urbanos que exhiben, requieren un análisis casuístico del proceso de urbanización que experimenta América Latina en conjunto. Los países con el mayor potencial de urbanización a largo plazo, son, por lo general, los países de menor tamaño y población y los menos industrializados y desarrollados del área, con una infraestructura regional deficiente y una agricultura basada en el monocultivo o en explotaciones con una tecnología poco avanzada, como Honduras, Haití, El Salvador, la República Dominicana, Guatemala y otros. Pero cuantitativamente, el 68.3 % del crecimiento urbano entre 1970 y 1985 deberá ser absorbido por las ciudades del Brasil, México y Colombia y el 14.3 % por las ciudades de Venezuela, Argentina y Perú.[1] En 1970 en estos seis países se concentraba el 75.5 % de la población total de América Latina. O sea que el esfuerzo

---

[1] El potencial urbano por países está explicado en Jorge E. Hardoy, *Potentials for urban absorption: the Latin American experience*, en T. Poleman y D. Freebairn (comps.), *Food population and employment, the impact of the green revolution*, Nueva York, Praeger publishers, 1973.

mayor, en términos cuantitativos, deberá concentrarse en un número reducido de los países del área.

En todos los países del área el incremento de la población urbana se debe al incremento natural de la población urbana y a las migraciones internas del campo a la ciudad. No hay muchas posibilidades de que esa tendencia cambie sustancialmente durante los próximos años, si persiste la actual orientación económica y criterios de desarrollo regional basados en el *laisser faire* y en el favorecimiento de áreas territoriales reducidas donde se concentran las inversiones en industrias y servicios. La tasa anual de crecimiento de la población prevista para 1985 será, en nueve países, superior a la de 1970; en otros cinco, entre ellos Brasil y Perú, será prácticamente igual. Si la urbanización debe convertirse en un factor de crecimiento económico y de integración social, como propugnan algunos autores, si la nueva población urbana debe emplearse en la construcción de ciudades con una estructura interna mejor organizada, deben los gobiernos elaborar una estrategia diferente a la que siguen. Aun con políticas de población efectivas los resultados tardarán más de quince años en verse y dudo que gobiernos como la mayoría de los de América Latina piensen seriamente en reformas agrarias y urbanas estructurales simultáneas, como camino para solucionar el estancamiento agrícola, disminuir el desempleo y distribuir mejor el capital y los ingresos y establecer las precondiciones para una distribución espacial de los centros urbanos y un ordenamiento local que elimine la dicotomía socioeconómica entre el campo y la ciudad y la marginalidad en que viven vastos sectores de la población de cada país.

Urbanísticamente los países de América Latina no han seguido las etapas clásicas de las economías actualmente desarrolladas e industrializadas. En la distribución espacial de su población y en la estructura interna de sus ciudades reflejan el brusco paso de un capitalismo incipiente, controlado por una burguesía reducida, ineficaz y aliada a los grandes intereses mercantiles mundiales, a una situación difusa en la que no existe ni siquiera un capitalismo nacional con el poder e influencia suficientes como para impulsar el crecimiento económico. En términos absolutos, la mayoría de las naciones de América Latina han experimentado un crecimiento económico razonable durante las últimas décadas reflejado en ingresos promedio percápita cada vez más altos. Sin embargo las enormes desigualdades internas se han mantenido o, posiblemente, se han agravado y el crecimiento económico parece haber beneficiado casi exclusivamente a las élites gobernantes y a ciertos sectores urbanos reducidos.

Una América Latina mejor, tanto en términos cuantitativos como cualitativos, dependerá de su crecimiento económico y de la distribución de la riqueza y de las oportunidades entre la población entera. El crecimiento económico ha estado respaldado por un cierto auge en la exportación de los recursos tradicionales y, en algunos casos, de ciertos productos manufacturados. Además la implantación de planes nacionales de desarrollo económico a partir de la década de 1950 y, especialmente, a partir de la década de 1960, respaldó el principio de la intervención del Estado como iniciador y propulsor del desarrollo, guiando, incentivando y controlando al sector privado. Esta actitud racionalista ha ganado adeptos y forma parte de la ideología política de la mayoría de los grupos en el poder que reconocen la necesidad de un desarrollo económico coordinado mediante un plan de alcances amplios como única salida para sacar a los países de América Latina de su pobreza y estancamiento. Casi ningún gobierno en el área acepta ya que es posible acelerar el desarrollo económico dejando en libertad a las fuerzas del mercado. La intervención del Estado es, por lo menos teóricamente, aceptada como fundamental para propulsar el desarrollo a pesar de que en la mayoría de los países del área ha tenido poco éxito en la implementación de los planes elaborados y en alcanzar las metas que se habían propuesto.

Es muy difícil que los países de América Latina puedan desarrollarse sin planes económicos que introduzcan la disciplina, las actitudes, las prioridades y la coordinación indispensables. Apremiados por el rápido crecimiento demográfico y por la presión de una población cada vez más ansiosa de participar en los beneficios que tradicionalmente pertenecieron a una reducida clase dirigente, los gobiernos han tenido que buscar medios para acelerar el ritmo del crecimiento. No ha sido hasta ahora simple y tampoco lo será en el futuro. Casi todos los países del área sufren la falta de personal adecuadamente entrenado y distribuido en las diferentes regiones y la carencia de los capitales indispensables. Los capitales están en manos de sectores nacionales e internacionales poco proclives a correr riesgos. La capacidad de ahorro de la población es, además, muy reducida. Los recursos primarios con mercados internacionales son controlados por monopolios u oligopolios, con lo que los gobiernos se ven obligados a actuar directamente en la promoción de las exportaciones y en impulsar la industrialización. Tal vez la clave reside en la creciente desconfianza de la población en sus gobernantes, en el escepticismo provocado por políticas de austeridad que afectan sus niveles mínimos de vida, mientras persisten los gastos en actividades objetables o en consumos superfluos. Como dice Myrdal, la planificación en sí misma es "un medio esencial para lograr un alto nivel de consolidación nacional" porque creará la estructura institucional para articular las políticas de gobierno y porque, de ser exitosa, provocará niveles económicos más altos, mejores oportunidades para la población y se convertirá en un símbolo de los logros de una nación.[2] Sin embargo, cabe preguntarse por qué en América Latina, donde la actitud hacia la planificación económica podría ser tan válida como la que Myrdal sugiere para el sureste de Asia, no se ha intentado, salvo el caso cubano, incorporar una dimensión espacial y social a los planes nacionales de desarrollo económico. Si para propugnar soluciones a los problemas urbanos de América Latina

[2] Myrdal, Gunnar, *Asian Drama*, Nueva York, vol. II, p. 719, Pantheon; 1968. [Ed. resumida: Siglo XXI, México, 1975.]

es esencial que los gobiernos tomen conciencia sobre lo que la rápida urbanización significa en términos políticos, sociales, económicos y ambientales, ¿por qué no se han preocupado en crear alternativas geográficas a un proceso que ha seguido tendencias históricas que se consideran limitativas a la integración y desarrollo nacional, o en crear precondiciones básicas para solucionar los problemas más urgentes de los centros urbanos?, ¿por qué se mira la urbanización y sus actuales características como un fenómeno inevitable e incontrolable, positivo en aspectos que nadie intenta definir y negativo en otros que nadie intenta solucionar?

La metropolización de la población es un fenómeno mundial. En los países con economías en vías de desarrollo y en particular en América Latina, la metropolización es el reflejo de la centralización del poder y de la concentración económica a nivel nacional y de la debilidad de las economías regionales para oponerse al crecimiento de ciertos mercados locales con una influencia que supera a la región y que, en ciertos aspectos, incluye al país entero. El inevitable corolario de esa situación es la concentración de las inversiones productivas, de los recursos humanos y de la infraestructura social en ciertos puntos del territorio.

La mayoría de las ciudades fundadas por los españoles en América respondían al modelo clásico, ya analizado en este volumen, o a un modelo regular que, si bien estaba integrado por los mismos elementos que el anterior, no presentaba la misma rigidez y tuvo, casi siempre, un origen y crecimiento espontáneo, aunque, en muchos casos, fue objeto de remodelaciones décadas después. Puebla, Lima, Buenos Aires y Osorno, por ejemplo, representan al primer modelo. Potosí, Campeche, Cartagena y La Habana, al segundo. Aunque menos frecuentes, existieron también centros coloniales con forma irregular, lineal, radial y numerosas aglomeraciones sin esquema definido. Algunas de las ciudades que se desarrollaron de acuerdo a uno de estos últimos modelos alcanzaron enorme gravitación económica durante el período colonial, como Guanajuato y Huancavelica. Fueron, por lo general, centros mineros o puertos. Ninguna, sin embargo, tiene en nuestros días una importancia comparable. Todas las ciudades de origen español que figuran en los cuadros 1 y 2, que incluyen las ciudades con mayor población en América Latina en 1970, pertenecieron desde sus orígenes al modelo clásico o al modelo regular. Esto tiene una explicación formal y funcional. Los centros administrativos principales de la Colonia fueron fundados o remodelados por los españoles para cumplir con funciones específicas y en ellos concentraron sus instituciones principales y sus mejores obras arquitectónicas y, en ellos también, residieron las élites intelectuales y mercantiles que iniciaron los movimientos de liberación nacional. La independencia aceleró la gravitación económica y política de esos centros que acentuaron su primacía sobre los nuevos territorios nacionales.

Los estudios que he realizado sobre cartografía urbana de América Latina me permiten hacer algunas generalizaciones sobre la forma como se produjo ese crecimiento físico:

La forma del crecimiento dependió inicialmente de las características del sitio. Si bien, en casi todos los casos y hasta cierta fase de su desarrollo físico, los centros mantuvieron casi intactos los aspectos y elementos del modelo clásico o del regular, las posibilidades topográficas del sitio determinaron un crecimiento radial, lineal o fragmentario. Los caminos de acceso a las ciudades, antes de la utilización de los ferrocarriles y automóviles, fueron determinados por la topografía. La necesidad de servir a áreas rurales cercanas a los centros principales y las formas de vida de la clase alta durante las últimas décadas de la Colonia y durante las primeras del período republicano determinaron la fundación o la aparición espontánea de varios subcentros de servicio o de veraneo en las inmediaciones de las nuevas capitales nacionales y regionales. Así, hacia 1860 o 1880 eran ya visibles las tendencias de crecimiento físico de las actuales metrópolis de América Latina: radial en Buenos Aires, Montevideo, México, Rosario, Lima, Córdoba, Santiago; linear en Caracas y Bogotá; fragmentada con tendencia hacia un modelo radial en Río de Janeiro y Quito.

La construcción de los ferrocarriles interregionales y, especialmente de los ferrocarriles y tranvías suburbanos, la valorización de las tierras en los núcleos satélites mencionados, la aparición de los ómnibus, colectivos y otros medios de transporte popular, consolidaron esos esquemas cuyas tendencias serían reafirmadas con la incorporación del automóvil y la proliferación de la vivienda individual aun en barrios sin la infraestructura sanitaria básica. El movimiento hacia los suburbios se produjo en las ciudades de América Latina mucho después que en las ciudades de los Estados Unidos y de Europa Occidental. No lo facilitaba la tecnología empleada en la construcción de las ciudades y tampoco lo exigían ni su población ni su tamaño físico ya que en plena década de 1920, sólo dos aglomeraciones —Buenos Aires y Río de Janeiro— tenían más de un millón de habitantes, sólo México se acercaba a esa cifra y San Pablo y Santiago de Chile habían apenas superado el medio millón de personas. A fines de la década de 1930 México y San Pablo se agregaron a Buenos Aires y Río de Janeiro en la lista de ciudades con más de un millón de habitantes, mientras otras dos, Santiago de Chile y La Habana, superaban el medio millón de personas.

El crecimiento de las áreas metropolitanas está asociado con la concentración de funciones económicas y administrativas en ciertos puntos de los territorios nacionales. La mayoría de ellas se originaron durante el período colonial, ya que su fundación se remonta en muchos casos al siglo XVI. Fueron esencialmente funciones administrativas y comerciales, asociadas en muchos casos con el principal puerto de comercio del territorio del cual esa aglomeración era su centro político. Universidades, academias o colegios mayores y las sedes de los obispados y arzobispados fueron construidos en esas ciudades. Cuando en algunas de las nuevas naciones comenzó a fines del siglo XIX la fase inicial de sustitución de las importaciones y transformación de la producción agropecuaria, las nuevas industrias encontraron en esas ciudades a los principales mercados consumidores, así como las mejores vinculaciones de transporte terrestre con el interior del país y marítimo con el exterior.

El tiempo no hizo más que acrecentar las ventajas iniciales de esas localizaciones incrementadas por la presencia de profesionales y técnicos, obreros especializados y un creciente número de obreros no especializados aportados por las continuas migraciones externas e internas. Las nuevas capitales nacionales eran también, y siguen siendo, los centros de las decisiones políticas y de la banca pública y privada y de las compañías de seguros y los centros de transporte en cada país. Una acumulación tal de atractivos, sostenida por los criterios de centralización y crecimiento vertical de los gobiernos nacionales a lo largo de las últimas décadas, acentuaron el desplazamiento de los centros demográficos nacionales hacia la cercanía de las capitales nacionales, independientemente de su ubicación con respecto al centro geográfico de cada país.

Un radio de 200 kilómetros alrededor de la ciudad de México, Buenos Aires, Rosario, Lima, Caracas, Valencia, San Pablo, Río de Janeiro, Santiago y Montevideo, no sólo incluiría un porcentaje elevado de la población nacional sino un porcentaje aún mucho mayor del ingreso nacional. En y alrededor de esos núcleos se concentran la mayoría de los empleos industriales y del valor agregado por el proceso industrial, así como ventajas desproporcionadas en los servicios.

En una escala más reducida, las áreas metropolitanas menores en cada país se han beneficiado por los factores señalados para los mayores. En algunos casos, ha existido cierta especialización de las actividades industriales, pero no han significado casos tan avanzados como en las economías desarrolladas. Monterrey, Guadalajara, Veracruz, Tijuana, Mexicali y Tampico en México; Córdoba, Bahía Blanca y Mendoza en la Argentina; Chiclayo, Trujillo y Chimbote en el Perú; Belo Horizonte, Curitiba, Porto Alegre y Recife en Brasil; Maracaibo y recientemente Ciudad Bolívar en Venezuela, constituyen bolsones de crecimiento territorialmente limitados, pero sin el dinamismo y la población de las ciudades principales.

Muchos países han enunciado planes de descentralización industrial y de servicios. En los países en los que efectivamente fueron adoptados, sus efectos han sido menores. La descentralización se produce dentro de los reducidos espacios formados por las áreas de inmediata influencia de las ciudades capitales nacionales, en gran parte debido a la saturación del área metropolitana central.

2. ASPECTOS CUANTITATIVOS DE LA METROPOLIZACIÓN

El cuadro 2 incluye la población de las cuatro áreas metropolitanas principales de varios países de América Latina en tres momentos diferentes de su evolución demográfica y el índice de primacía de dos y de cuatro áreas metropolitanas para los mismos años y el porcentaje de la población de la principal área metropolitana con respecto a la población nacional. El análisis del cuadro nos permite extraer algunas conclusiones de interés:

a] El índice de primacía de dos áreas metropolitanas, es decir, la relación entre la población de la primera área metropolitana de cada país con respecto a la segunda, creció en todos los ejemplos analizados, con la excepción de Brasil y Cuba, y de Bolivia que permaneció estable durante el último período intercensal. En Brasil la explicación es conocida: el área metropolitana de San Pablo creció con mayor rapidez que la de Río de Janeiro y su población superó a la de la antigua capital durante la década de 1960. En Cuba, el gobierno de la Revolución inició durante la década pasada una política agraria destinada a mejorar las condiciones de vida rurales que, complementada con la desconcentración de las inversiones productivas y de los programas de vivienda, educación e infraestructura social en general y la reducción de las inversiones en La Habana, produjo un rápido decrecimiento de la población en la ciudad capital.

b] En algunos países el índice de primacía de dos áreas metropolitanas es muy elevado, como, por ejemplo, en la Argentina, Perú y Paraguay. En los dos primeros y en menor grado en México y Chile, la primacía de la primera área metropolitana ha sido comparativamente alta durante todo el transcurso de este siglo. En los dos países con el índice más bajo —Brasil y Colombia— existen razones geográficas e históricas que lo explican, entre otras el relativo aislamiento en que vivieron los centros regionales, apoyadas en economías especializadas en la monoproducción y orientadas hacia el exterior.

c] El índice de primacía de cuatro ciudades, es decir, la relación entre la población de la primera área metropolitana de cada país con respecto a la población de la segunda, tercera y cuarta sumadas, presenta una mayor variedad de situaciones. En Argentina, Brasil y Cuba disminuyó. En los dos últimos casos la explicación es la misma que la mencionada anteriormente. En la Argentina, el país más urbanizado de América Latina, algunos centros del interior han crecido con mayor rapidez que la ciudad de Buenos Aires.

d] En todos los casos, con la excepción de Cuba, la población de la primera área metropolitana ha continuado aumentando su peso relativo con respecto a la población nacional. El crecimiento del área metropolitana de México y Caracas con respecto a la población respectiva de México y Venezuela, ha sido realmente notable desde principios de siglo.

Todos los centros metropolitanos incluidos en el cuadro 2 crecieron durante las últimas décadas con tasas superiores a las tasas de crecimiento de la población nacional respectiva. Esto queda demostrado en el cuadro 3, donde se analizan las tasas anuales de crecimiento, para períodos intercensales seleccionados, de las principales áreas metropolitanas de una serie de países, en comparación a las tasas anuales de crecimiento de la población nacional. Se observa que invariablemente la tasa anual de crecimiento de la principal área metropolitana supera a la tasa anual de crecimiento de la población y, a veces, llega a duplicarla.

El cuadro 4 revela la importancia que el crecimiento de la población urbana tuvo, entre 1960-1970, con respecto al crecimiento de la población nacional. En la Argentina y Uruguay la población rural decreció, durante el período mencionado, en valores absolutos. Son los dos países más urbanizados y con las dos tasas más bajas de crecimiento de la población nacional. En general, las ciudades de los países más urbanizados del área, como los dos mencionados, Venezuela y Chile, y, en menor grado, Colombia y México, absorbieron el 80 % o más del crecimiento nacional de la población entre 1960 y 1970. En cambio, las ciudades de los cinco países menos urbanizados de América Latina, como Haití, Honduras, Guatemala, Bolivia y Costa Rica, debieron absorber porcentajes comparativamente más bajos de la población nacional. Esto parecería probar la mayor movilidad hacia las ciudades en los países más urbanizados atraídos por una mejor distribución de los centros industriales y de los servicios, es decir, de las oportunidades de trabajo, y una infraestructura regional mejor diseñada.

3. INCIDENCIA DE LA METROPOLIZACIÓN EN LA DEMANDA DE VIVIENDAS

Las condiciones de la vivienda urbana en América Latina son malas desde hace mucho tiempo y el déficit ha aumentado año tras año. Ningún país del área se ha aproximado al objetivo fijado por las Naciones Unidas para la década de 1960, que era de 10 viviendas por año por 1 000 personas en cada país. El rápido crecimiento de las ciudades durante las últimas dos décadas ha tornado crítica una situación que no es nueva para ninguna ciudad de cierto tamaño. El porcentaje de la población que vive en conventillos o en villas miserias presenta grandes variaciones entre país y país y entre las ciudades de las diferentes regiones de cada país pero, sin duda, crece aceleradamente.

Los distritos con mayores problemas de vivienda suelen tener una localización similar en todas las áreas metropolitanas. Los conventillos están concentrados en el casco antiguo de la ciudad o en los barrios que lo rodean y que fueron los que absorbieron los primeros crecimientos importantes de población. Por lo general, son barrios con alta densidad y hacinamiento, en los que una pieza sirve como dormitorio, comedor y cocina a una familia entera. Algunos conventillos fueron construidos expresamente como operaciones de renta; otros son el resultado de la transformación de viviendas unifamiliares de cierta categoría reacondicionadas por sus antiguos propietarios o por especuladores mediante la incorporación de servicios sanitarios colectivos mínimos, la utilización de materiales precarios y un máximo aprovechamiento del espacio.

En toda área metropolitana de América Latina el conventillo [3] tuvo su edad de oro como consecuencia de la demanda concentrada de viviendas durante un breve lapso, por parte de familias o personas aisladas con muy escasos recursos. Entre 1880 y 1910 fueron las décadas de oro del conventillo en Buenos Aires, Montevideo y Rosario, entre 1890 y 1920 en Santiago de Chile, La Habana, Río de Janeiro, San Pablo y México, a partir de 1920 o 1930 en Lima. El conventillo está asociado con ciertos barrios de cada ciudad: con las comunas de Santiago, Renca y Quinta Normal en la capital de Chile, con las parroquias de la Piedad, Socorro, San Nicolás, Balvanera, San Telmo y otras, que rodeaban y se entremezclaban con el antiguo casco colonial de Buenos Aires, con los barrios que rodean el zócalo de la ciudad de México, extendiéndose por los barrios de Balbuena, Obrera, Guerrero y Morelos.

Las villas miserias argentinas, las favelas brasileñas, las callampas chilenas, las colonias mexicanas, los barrios brujos panameños, los cantegriles uruguayos, las poblaciones nuevas peruanas y sus equivalentes en todas las áreas metropolitanas de América Latina, son, en cambio, esencialmente periféricas. Este tipo de vivienda proletaria existe desde hace mucho tiempo y aparecen referencias sobre ellas en las crónicas y en la cartografía del período colonial. Sin embargo, su volumen no fue importante en ciudades que, hasta comienzos de la segunda mitad del siglo XIX, tuvieron reducido tamaño, escasa población y un lento crecimiento demográfico. Solamente comenzaron a adquirir importancia numérica a partir del momento en que se aceleraron las migraciones internas en cada país. La crisis de 1930 aceleró su formación en Buenos Aires y Rosario, comenzaron a adquirir porcentajes crecientes en México, Santiago, Río de Janeiro, Caracas y Bogotá a partir de la década de 1940 y en Lima y las ciudades de la costa del Perú a partir de la década de 1950; el enorme porcentaje de las favelas de Recife, Salvador y Fortaleza reflejan las crisis periódicas de la agricultura en el noreste del Brasil y el desequilibrio que existe en la región entre los planes de promoción industrial y rural.

Existen, además, otras subcategorías de viviendas en condiciones aún más deplorables en los basurales y tierras bajas inundables de cada ciudad.

Las villas miserias constituyen la solución individual y espontánea de la población sin recursos ante la carencia de viviendas. En algunos países ya se han convertido en soluciones relativamente bien planeadas y ejecutadas a pesar de la precariedad de los materiales empleados y la inexistencia casi total de servicios. La población que vive en villas miserias crece, por lo general, más rápidamente que la población de un área metropolitana. Algunos ejemplos son ilustrativos. La población de las villas miserias de Lima representaba el 9 % de la población de Lima en 1957, el 21 % en 1961 y el 36 % en 1969. Durante esos doce años creció 8.75 veces en tanto que la población de Lima creció 2.22 veces. Entre 1947 y 1961 pasó a representar del 20 al 27 % de la población de Río de Janeiro;

[3] Casa de vecindad, inquilinato, solar, cuartería.

entre 1952 y 1966, del 14 al 46 % de la población del Distrito Federal de México; entre 1961 y 1964, del 21 al 35 % de la población de Caracas.

Las nuevas ciudades, planeadas y construidas en territorios que previamente estaban poco habitados y urbanizados, como Brasilia y Ciudad Guayana, parecen tener problemas proporcionalmente mayores. Las villas miserias representaban el 41 % de la población de Brasilia en 1962 y el 40 % de la de Ciudad Guayana en 1966. Esta situación, sin duda, refleja la expectativa que toda obra pública de importancia despierta en la población desocupada o subocupada de otras regiones, así como las dificultades financieras que enfrentan los organismos responsables de su planeamiento, financiamiento y construcción, para construir viviendas suficientes con relación a la demanda de los nuevos habitantes que se han radicado sin empleo fijo o con empleos mal remunerados.

Las áreas metropolitanas de las regiones menos desarrolladas de un país tienen un porcentaje más elevado de habitantes viviendo en conventillos y villas miserias que las áreas metropolitanas de las regiones más desarrolladas. En el Brasil, por ejemplo, representaban hacia 1967 el 50 % de la población de Recife, el 14 % de la de Belo Horizonte y el 13 % de la de Porto Alegre, a pesar de que la población de esta última ciudad, "en virtud de su rápida industrialización, se ha duplicado últimamente en períodos inferiores a los 20 años." [4]

Cuando existen datos comparables se observa que la ciudad capital, por lo general, tiene un porcentaje inferior de la población viviendo en conventillos y villas miserias que otras áreas metropolitanas y ciudades del país. Posiblemente representen el interés político de concentrar las obras e inversiones públicas en ellas, pero también debe tenerse en cuenta que los ingresos más elevados se encuentran en la ciudad capital. En Venezuela, la población en villas miserias representaba en 1964 el 35 % de la población de Caracas, el 40 % de la de Ciudad Guayana, el 41 % de la de Barquisimeto y el 50 % de la de Maracaibo. En 1968 representaban el 21 % de la población de Lima, el 34.0 % de la de Trujillo, el 40 % de la de Arequipa, el 64.0 % de la de Iquitos y el 70.2 % de la de Chimbote.[5]

Hay, en todos los países, casos dramáticos. El 80 % de la población de Buenaventura, un puerto de la costa oeste de Colombia, que en 1964 tenía 110 000 habitantes, vivía en ranchos, así como el 49 % de los 730 000 habitantes de Guayaquil.

Ninguno de los países del área construye anualmente el número de unidades necesarias para satisfacer la demanda determinada por el crecimiento natural de la población, menos aún para superar los enormes déficits y para reponer anualmente las unidades que se deterioran. Chile, por ejemplo, uno de los países de América Latina que dedica un mayor

[4] Mattos Pereira, R. y Ferrari, C., *Organização Administrativa para o planejamento municipal*, Río de Janeiro, Fundação Getulio Vargas, 1969, p. 13.

[5] Presidencia de la República del Perú, Oficina Nacional de desarrollo de pueblos jóvenes, Lima, 1969.

porcentaje de los egresos totales del gobierno central a la construcción de viviendas, no ha alcanzado a producir las unidades necesarias para absorber el crecimiento natural de la población a pesar de ser éste uno de los más lentos del área. En 1960 Chile dedicaba el 6 % de los egresos totales del gobierno central a la construcción de viviendas. Otros porcentajes eran 8 % en el Perú (1961), 4 % en México, 3 % en Venezuela, 2 % en Colombia (1964), en Ecuador (1962) y en El Salvador (1966), 1 % en Honduras (1966) y en Panamá (1966).[6]

En todos los países se presentan problemas similares aunque con características especiales. Generalizando, esos problemas son: a) altos costos como consecuencia de la mala organización y de la baja productividad de la industria de la construcción y de la industria de los materiales de la construcción;[7] b) escasez de crédito, especialmente para los sectores con bajos ingresos; c) fragmentación de la tierra urbana y suburbana, que repercute directamente en los costos de los servicios y de la infraestructura urbana y anula la posibilidad de industrializar y aun de estandarizar la construcción; d) programas mal planeados y costosos. Por el lado de la demanda incide esencialmente el bajo poder adquisitivo de gran parte de la población. Los planes de vivienda suelen basarse en costos unitarios fijos por metro cuadrado de construcción o con aumentos previstos que la inflación se encarga de hacer irreales de año en año. En Chile, el plan de vivienda para 1961-1970 preveía costos uniformes de 58 escudos por metro cuadrado. Entre 1960 y 1966, el índice del costo total de la construcción subió de 100 a 476 incidiendo, más que otro, el incremento de la mano de obra que subió de 100 a 526, luego los costos adicionales (impuestos, seguros, honorarios, intereses, depreciación de los equipos, ganancia de los constructores, etc.) que subieron de 100 a 515 y, finalmente, la incidencia de los materiales que subieron de 100 a 439.[8] Entre 1961 y 1966 inclusive, los sectores público y privado de Chile construyeron 206 163 unidades, o sea el 71.26 % de las 289 200 unidades planeadas; el déficit acumulado de 83 037 unidades pasó a engrosar un déficit que en 1960 ya alcanzaba a 375 000 unidades y a las que debieron agregarse las que fueron clasificadas como subestándar durante esos años.[9]

En un solo mes, en abril de 1971, la industria de la construcción registró en Buenos Aires una expansión de los costos en el orden del 13.1 %. En parte se debió a un aumento del 29 % en los salarios.[10]

[6] Departamento de Asuntos Sociales, Secretaría General de la OEA, "Datos básicos de población en América Latina", Washington, D. C., sin fecha.
[7] La industria de algunos materiales esenciales para la construcción tiene características monopólicas. Loma Negra, S. A., por ejemplo, produce aproximadamente el 50 % del cemento argentino.
[8] Merril, Robert N., An evaluation of Chile's housing program: problems and prospects, cap. III, pp. 34 y 55, Latin American Studies Program, Dissertation Series, Cornell University, junio de 1968.
[9] Merril, R. N., op. cit., p. 16.
[10] La Opinión, Buenos Aires, 8 de mayo de 1971, p. 14.

Los planes públicos de construcción de viviendas son erráticos y mal planeados. Entre 1960 y 1967 el Instituto de Crédito Territorial y el Banco de Crédito Hipotecario de Colombia intervinieron en la construcción de 147 176 unidades, o sea, viviendas para 18 396 familias urbanas por año; esta producción permitió satisfacer la demanda del 26.5 % de las 69 244 familias o 387 653 personas en que anualmente creció, como promedio, la población urbana de Colombia. Si se hubiesen construido viviendas a una cuarta parte del costo, habrían satisfecho la demanda.[11]

4. EL FUTURO DE LAS ÁREAS METROPOLITANAS

Predecir qué ocurrirá en las áreas metropolitanas de América Latina en 30 o 60 años es, en sí, una tarea sujeta a errores enormes. Al fin y al cabo su distribución geográfica y sus características internas dependerán de la orientación de los gobiernos que dirijan los destinos de los países del área y de su mayor o menor capacidad para promover el crecimiento de sus economías. Podemos pensar también en función de una serie de hipótesis.

La estructura espacial de la urbanización en cada país y la estructura interna de cada ciudad está gestándose. Aunque sus características son difíciles de predecir, debemos reconocer que cada día se agregan nuevos elementos distorsionantes que dificultarán las soluciones cuando se intente seriamente introducirlas. Detectar esos elementos distorsionantes es fundamental, si no para solucionar plenamente las necesidades de la población urbana, por lo menos para establecer ciertas precondiciones que al evitar a corto plazo una deteriorización de la situación existente permitan, a la vez, establecer estrategias flexibles a mediano y largo plazo. Por ejemplo, en el aspecto institucional, los gobiernos deberían adoptar políticas nacionales y regionales de urbanización en el contexto de los planes de desarrollo económico; esas políticas, basadas en una adecuada localización y uso de los recursos de inversión, de los recursos humanos y de los planes de infraestructura social, en función de los recursos naturales de cada país, deberían servir para reorientar espacialmente las tendencias de crecimiento de los diferentes centros urbanos y a mejorar la integración de éstos entre sí y con las áreas agrícolas. A nivel local, la tierra urbana y suburbana es un recurso de interés social cuyo manejo y precio no puede quedar librado al mercado. Sin una solución drástica al problema que plantean las especulaciones con la tierra y, como consecuencia, su innecesaria fragmentación, no hay solución posible a la crisis de la vivienda y de los servicios urbanos, será imposible lograr una adecuada interrelación entre los usos que requieren las diferentes

[11] Mosseri, J. y Oberlander, J., *La vivienda como factor del desarrollo urbano*, en Ramiro Cardona, editor, *Migración y desarrollo urbano*, Bogotá, Asociación colombiana de la Facultad de Medicina, 1970, pp. 262 *ss.*

funciones urbanas y prever el deterioro del medio ambiente físico donde se produce la urbanización.

La preocupación de los problemas urbanos aumentó en América Latina durante la década de los sesentas ante la comprensión de que el crecimiento económico esperado, debido a la industrialización sustitutiva, tenía limitaciones serias y que la presión de la población rural sobre la tierra y otros recursos se agigantaba como consecuencia de las altas y persistentes tasas de crecimiento natural de la población. Salvo casos excepcionales, como el cubano, y alguna insinuación en Chile, esa preocupación no se plasmó en políticas o en decisiones concretas. Los enfoques favorecidos eran insuficientes desde su inicio y el proceso de urbanización, con la excepción de los dos países mencionados, mantiene la espontaneidad de hace dos, tres o más décadas. Por un lado, no ha existido, por parte de los gobiernos, un interés real por comprender la magnitud del problema. Por el otro, existe una clara y hasta fatalista actitud de no poder hacer nada para orientar y controlar el plan de una ciudad o área metropolitana.

Sin embargo, cualquier predicción realista sobre la posible situación urbana durante las próximas décadas debería basarse en estas cinco hipótesis: a) La urbanización se realizará sin los adecuados recursos de inversión; b) La situación física de las ciudades y, especialmente, de las grandes metrópolis, seguirá deteriorándose; c) Las técnicas que empleamos en la planificación de esas ciudades, los conceptos que utilizamos sobre la propiedad de la tierra y los estándares de servicios que aceptamos son ya caducos; d) Los problemas de las ciudades de América Latina son muy diferentes a los problemas que tienen y aun que tuvieron los países actualmente industrializados y desarrollados en una fase semejante de su desarrollo; y e) La urbanización en América Latina, tal como se está produciendo, desembocará inevitablemente en un tipo de aglomeración con características difíciles de predecir, pero que ya está gestándose. Estas cinco hipótesis deben ser tenidas en cuenta considerando que los cambios tecnológicos, que muchas veces se proponen, remplazan a otras tecnologías con gran rapidez pero no son, necesariamente, una solución a los problemas humanos y económicos de economías en la fase de desarrollo de las de América Latina. Y luego que aun con rápidos y necesarios cambios en las estructuras sociales, las antiguas tienden a persistir y "frenan un adecuado desarrollo". Nos referiremos ahora a estas cinco hipótesis.

La urbanización se realiza sin los recursos de inversión más indispensables. La falta de recursos afectará, por un lado, programas de vivienda, de infraestructura urbana y de equipamiento social, pero donde se encontrarán las situaciones más graves es en la incapacidad de la mayoría de los actuales gobiernos para encontrar una solución adecuada a los problemas de desempleo y subempleo. Obviamente la situación cambia de país en país. La Argentina y Uruguay tienen una tasa reducida de crecimiento demográfico y el porcentaje de población urbana tiende a estabilizarse. No es ése el caso de Brasil, México y Colombia, y puede preverse que, comparativamente, Costa Rica, El Salvador y la República Dominicana enfrentarán una presión sobre sus ciudades que no por ser cuantitativamente reducida dejará de tener enorme gravedad dentro de los respectivos contextos nacionales.

Sabemos poco o nada sobre lo que cuesta ampliar y remodelar una ciudad, o sobre los gastos de operación de una ciudad. Todo permite suponer que no sólo no se invierte lo indispensable, sino que la inversión tiende a decrecer en comparación a la demanda.

La respuesta a esta situación no puede generalizarse. Parecería que existen dos fases obvias. La primera sería determinar las localizaciones y el tipo de inversiones iniciales que por su incidencia en el costo de la urbanización, en el bienestar de la población y como base para soluciones integradas, no pueden ser precarias. Sobre esta base y establecidas las precondiciones para que en el futuro las inversiones sean más efectivas en cada ciudad, en una segunda fase, cada país debería desarrollar un mejoramiento gradual. La inversión inicial, en estos casos, debe ser todo lo elevada que un país pueda realizar. En otras palabras, la respuesta a la escasez de recursos para invertir en la expansión y mejoramiento de las metrópolis está íntimamente ligada a la realidad de cada país.

Durante las dos últimas décadas se han incorporado algunas mejoras importantes en las áreas urbanas que, de alguna manera, han repercutido en el bienestar de su población. El esfuerzo mayor se concentra en el abastecimiento de agua, en los servicios de salud y educación primaria y en los niveles de alimentación. En conjunto, el porcentaje de la población urbana servida con agua potable creció del 68 al 70 %.[12] En todos los países, con la excepción de Paraguay, Haití, Guatemala y Brasil el porcentaje servido aumentó en forma considerable. En cambio, el porcentaje de la población urbana servida con desagües cloacales disminuye del 52 al 37 %, en gran parte debido a la baja prioridad que recibieron esos proyectos en algunos de los países más urbanizados y con más rápido crecimiento urbano, como Brasil, México, Chile y Argentina. Los programas de alfabetización han arrojado resultados que, en los papeles, son alentadores, aunque los programas de capacitación técnica siguen siendo escasos y sin un impacto significativo en la solución del desempleo y subempleo.

Nada comparable se ha hecho en el sector vivienda. Ningún país de América Latina construye el número de viviendas urbanas suficientes para absorber la demanda de la nueva población urbana, menos aún para solucionar el enorme déficit. La situación ha llegado a tal extremo que la población de las villas miserias de la ciudad capital de un país constituye, por sí sola, la segunda ciudad de ese país, como ocurre en México, Venezuela, Perú y posiblemente en Argentina.

Los problemas del tráfico y del abastecimiento de la población, el transporte de las clases obreras, la escasez de parques y campos de depor-

[12] Departamento de Asuntos Sociales de la OEA, *op. cit.*

tes, la contaminación del aire y de las aguas, las comunicaciones telefónicas y la disposición de residuos, constituyen problemas gravísimos que se agudizan de año en año. La conservación de las construcciones urbanas, por falta de mantenimiento, provee una visión deplorable en ciudades que, más que antiguas, parecen avejentadas.

¿Cuáles han sido las fuerzas que han determinado los sistemas urbanos de nuestros países y la estructura interna de nuestras ciudades, los factores que han impulsado la metropolización y el crecimiento espontáneo de nuestras conurbaciones? En primer lugar, el Estado y la aparición de las naciones como modelos políticos que acompañaron a la revolución industrial, la creación de los mercados mundiales y la aceptación de la división internacional del trabajo. En segundo lugar, las diferentes oportunidades que proveían a la población diferentes localizaciones dentro de los espacios nacionales. Luego, la utilización de conocimientos técnicos y científicos. Finalmente, el carácter capitalista de las economías latinoamericanas con su interés en la centralización y en el mantenimiento de niveles de subutilización de los recursos humanos y de control de los recursos naturales de las regiones periféricas de cada país. El sistema de centros de cada país adquirió las características espaciales actuales a partir de 1870, en los más urbanizados, y de 1900 a 1910 en los menos urbanizados. Durante esas décadas, se configuraron las bases espaciales, sociopolíticas y administrativas de la urbanización contemporánea en América Latina. Durante este período no existieron innovaciones definitorias. Se produjo un cambio cuantitativo en el empleo de los conocimientos y técnicas más difundidos. La población no comprendía ni las características ni la escala de los procesos que vivía. Mientras crecían algunos mercados locales en cada nación, la demanda de sus servicios aumentaba con rapidez asombrosa. El impulso externo determinó la primacía de los centros políticos e industriales y puertos de cada país. América Latina vivía pensando en exportar. Ésa es la explicación de las características costeras de la urbanización en América del Sur.

A nivel local y microespacial comenzó a producirse una suburbanización creciente con las antiguas ciudades como focos de una metropolización caracterizada por la detención, y hasta la pérdida de población de la ciudad central y el crecimiento poblacional en los bordes de las áreas metropolitanas atraídos por la nueva localización de las industrias y de los servicios. Con el tiempo la suburbanización adquirió espontáneamente formas discontinuas y policéntricas, atadas por cierta dependencia financiera y política a la ciudad central, pero libres para autoproveerse de fuentes de trabajo, viviendas y servicios.

La suburbanización responde a diversas causas. Es evidente que la congestión y los precios de la tierra han impulsado a radicar diversas fuentes de empleo en los suburbios aunque manteniendo, en lo posible, las ventajas de accesibilidad física, económica y de conocimientos con respecto a la ciudad central. Sin embargo, la suburbanización no es, en lo administrativo y en lo político, una gran ciudad, sino un mosaico de instituciones que definen políticas y ejecutan programas de manera fragmentada y no coordinada. Tal organización no es conducente para contrabalancear la presión de ciertos grupos de intereses y tampoco para definir e implementar planes microespaciales de crecimiento físico, social y económicos integrados.

El planeamiento de las aglomeraciones humanas es ante todo un proceso político. Las soluciones propuestas por los científicos y los técnicos pueden tener muchas de las limitaciones que provienen de enfoques sectoriales aún no bien integrados, pero las ideas han sido planteadas y no es por carencia de estadísticas, de estudios y de especialistas que no han sido llevadas a la práctica. Aún más, con frecuencia ha sido señalado que, si bien es imposible soñar en soluciones inmediatas, es posible tomar medidas que establezcan las precondiciones para preparar, en las ciudades del futuro, situaciones más favorables.

Mucho de lo que hacemos está ya caduco. Esto se aplica por igual a los mecanismos aceptados para orientar y controlar el crecimiento urbano como a la tecnología adoptada para construir las ciudades y hacerlas funcionar.

Veamos un ejemplo sobre la tecnología empleada. El automóvil individual es un medio de transporte caro. Es costosa su construcción, exige una infraestructura costosa para utilizarlo, es el principal agente de contaminación de la atmósfera en las ciudades y consume combustible y otras materias procesadas que podrían ser mejor empleadas en otros sectores de la producción. Las economías desarrolladas no han sabido o querido solucionar esta situación. Nosotros seguimos sus pasos y destinamos enormes recursos a mejorar la red viaria urbana de acuerdo a un trazado obsoleto y sin analizar el significado y el impacto que podría tener una mayor preferencia por el transporte colectivo.

5. CONCLUSIONES

Nuestra época se caracteriza por el progreso tecnológico. Este progreso tecnológico asombra por la variedad y la escala de su acción. Se refleja en el consumo de nuevos recursos, en el asombroso desarrollo de las fuerzas energéticas, en la explosión demográfica y urbana y en el empleo de nuevos materiales. Ha sido posible por el acelerado proceso de creación y trasmisión de nuevos conocimientos y por la percepción de la naturaleza de los problemas que enfrenta la humanidad. Gradualmente el hombre ha desarrollado una visión del futuro de la humanidad y de la posibilidad de utilizar sus conocimientos para el beneficio de la sociedad, pero no ha apreciado cómo utilizar adecuadamente la tecnología que posee ni la forma de ponerla al servicio de todos los grupos sociales y no de algunos grupos limitados de países y de individuos.

Sabemos o por lo menos nos acercamos a la comprensión de aquellos aspectos que no funcionan en nuestras relaciones. Sabemos lo suficiente sobre el comportamiento de la sociedad y sobre la disponibilidad de recursos como para darnos cuenta de que vivimos en un estado constante de crisis y que esas crisis podrán solucionarse o no de manera más o menos permanente de acuerdo a la forma como utilicemos nuestros conocimientos para alcanzar un esfuerzo científico renovado y de dimensión creciente.

Cuando buscamos relacionar el asombroso progreso científico y tecnológico de las últimas décadas con la construcción de las metrópolis del futuro nos encontramos con enormes interrogantes: ¿Cuál es la mejor tecnología para construir la metrópoli del futuro en América Latina? ¿Qué impacto tendrá esa tecnología en la fuerza laboral y en la calidad del medio ambiente? ¿Cómo podemos adaptar esa tecnología a grandes conurbaciones de centenares de kilómetros de largo, como la que forman Río de Janeiro y San Pablo, la que se extiende a lo largo de la margen derecha de los ríos Paraná y de La Plata o la del centro de México? ¿Qué tipos de servicios requerirán esos enormes conglomerados y otros que se formarán en las próximas décadas, con relación a los servicios que requieren en la actualidad? ¿Qué funciones cumplirán esos conglomerados? ¿Podemos realmente concebir sus características y el tipo de gobierno más adecuado para su administración?

Proveer de empleo y de un nivel de vida básico a sus habitantes, debería ser el objetivo fundamental de cada país. Dada la importancia que la industria de la construcción tiene en la fuerza laboral y dada la localización concentrada de esa industria en ciertos puntos del territorio, creo que la tecnología de la construcción debe satisfacer ciertas condiciones, a saber, ahorrar ciertos materiales críticos comunes a casi todo país en vías de desarrollo, como cemento, hierro, piedra, etc.; permitir una estandarización adecuada que permita disminuir los costos; utilizar el máximo de mano de obra en relación con la demanda de empleo de cada país; organizar proyectos de gran escala con todos los servicios complementarios que puedan financiarse. Es posible que una industria semiartesanal pero estandarizada, si está bien organizada, pueda proveer a corto plazo, mejores viviendas a un costo inferior que una vivienda industrializada, satisfaciendo, además, la presión sobre la fuerza laboral.[13] En cambio, creo que en la provisión de servicios y, especialmente, en los servicios de transporte, comercialización y sanitarios, la tecnología a emplear debe ser lo más avanzada posible debido a sus efectos en el desplazamiento de la población y en la satisfacción de necesidades indispensables de la población. Las metrópolis del futuro tendrán una escala extrahumana, pero sus actividades deberán estar mejor interconectadas y sus servicios deberán funcionar con costos bajos y con rendimientos progresivos. De otro modo

[13] En Chile, por ejemplo, los actuales programas de vivienda se realizan de acuerdo a criterios tecnológicos conocidos, ya que mientras otros sectores de la economía no estén en condiciones de crear empleos, le corresponde a la industria de la construcción mantener tasas ocupacionales altas.

CUADRO 1. *Población de las principales áreas metropolitanas de América Latina*

	1910	1920	1930	1940	1950	1960	1970
Bogotá (Colombia)	143 994 (1918)	235 421 (1928)	330 312 (1938)		648 324 (1951)	1 697 311 (1964)	
Buenos Aires (Argentina)	1 575 814 (1914)			4 732 918 (1947)		6 708 917 (1960)	8 350 000 (1970)
Cali (Colombia)	45 525 (1918)	122 847 (1928)	101 038 (1938)		284 186 (1951)	637 929 (1964)	
Caracas (Venezuela)		118 312 (1920)	263 360 (1936)	395 225 (1941)	693 896 (1950)	1 336 464 (1961)	2 167 653 (1970)
Córdoba (Argentina)	134 935 (1914)			386 823 (1947)		575 000 (1960)	800 000 (1970)
Guadalajara (México)	119 468 (1910)	143 376 (1920)	179 556 (1930)	240 721 (1940)	401 283 (1950)	811 829 (1960)	1 487 271 (1970)
Guatemala (Guatemala)						577 120 (1964)	
Guayaquil (Ecuador)						510 785 (1962)	
La Habana (Cuba)	434 721 (1919)		655 823 (1931)	857 495 (1943)	1 217 674 (1953)	1 737 954 (1969)	
Lima (Perú)		173 007 (1920)	332 118 (1931)			1 641 221 (1961)	

	1910	1920	1930	1940	1950	1960	1970
(Venezuela)		46 706 (1920)	110 010 (1936)		235 750 (1950)	421 872 (1961)	558 678 (1970)
Medellín (Colombia)	79 146 (1918)	120 044 (1928)	168 266 (1938)		358 189 (1951)	772 887 (1964)	
México, D. F. (México)	720 753 (1910)	906 063 (1920)	1 229 576 (1930)	1 757 530 (1940)	2 872 334 (1950)	4 409 961 (1960)	8 600 000 (1970)
Monterrey (México)	78 528 (1910)	88 479 (1920)	134 202 (1930)	190 128 (1940)	354 114 (1950)	699 263 (1960)	1 177 361 (1970)
Montevideo (Uruguay)						1 158 632 (1963)	
Porto Alegre (Brasil)	130 227 (1910)	179 263 (1920)		275 658 (1940)	394 151 (1950)	641 173 (1960)	
Recife (Brasil)		238 843 (1920)		348 424 (1940)	642 116 (1950)	1 010 026 (1960)	
Río de Janeiro (Brasil)		1 157 873 (1920)		1 764 141 (1940)	2 377 451 (1950)	4 691 654 (1960)	
Rosario (Argentina)	225 101 (1914)					658 203 (1960)	810 000 (1970)
San Pablo (Brasil)		579 033 (1920)	1 060 120 (1934)	1 377 644 (1940)	2 198 096 (1950)	3 825 351 (1960)	
Salvador (Brasil)		283 422 (1920)		290 443 (1940)	417 235 (1950)		
Santiago (Chile)		507 296 (1920)	712 533 (1930)	952 075 (1940)	1 350 409 (1952)	1 907 535 (1960)	

CUADRO 2. *Indices de dos y cuatro ciudades por países en años censales seleccionados*

Año	Población 1ª área metropolitana	Población 2ª área metropolitana	Población 3ª área metropolitana	Población 4ª área metropolitana	Indice 4 ciudades	Indice 2 ciudades	Población primera ciudad poblada país
Argentina							
1914	1 575 814 Buenos Aires	225 101 Rosario	134 935 Córdoba	100 981 La Plata	3.43	7.00	19.9
1947	4 732 918 Buenos Aires	529 801 Rosario	386 828 Córdoba	207 031 La Plata	4.18	8.86	29.7
1970	8 350 000	810 000	800 000	450 000	4.05	10.30	34.7
Brasil							
1920	1 157 873 R. de Janeiro	579 033 San Pablo	283 422 Salvador	238 843 Recife	0.82	1.99	3.8
1940	2 136 682 R. de Janeiro	1 429 574 San Pablo	450 526 Recife	290 443 Salvador	0.98	1.49	5.2
1960	4 691 654 R. de Janeiro	4 368 603 San Pablo	1 064 345 Recife	745 430 Pto. Alegre	0.75	1.07	7.0
Colombia							
1918	143 994 Bogotá	79 146 Medellín	64 543 Barranquilla	45 525 Cali	0.75	1.81	
1951	648 324 Bogotá	358 189 Medellín	284 186 Cali	279 627 Barranquilla	0.70	1.81	5.7
1964	1 697 311 Bogotá	772 887 Medellín	637 929 Cali	498 301 Barranquilla	0.89	2.19	9.9

Chile							
1920	507 296 Santiago	182 422 Valparaíso	64 074 Concepción	51 531 Antofagasta	1.75	2.78	
1940	952 075 Santiago	209 945 Valparaíso	85 813 Concepción	65 916 Viña del Mar	2.74	4.55	
1960	1 907 535 Santiago	384 324 Valpa.-Viña	129 895 Conc.-Talc.	89 287 Antofagasta	3.16	4.97	
México							
1910	720 753 México, D. F.	119 468 Guadalajara	93 521 Puebla	78 528 Monterrey	2.48	6.05	4.74
1940	1 757 530 México, D. F.	240 721 Guadalajara	190 128 Monterrey	138 491 Puebla	3.09	7.32	8.89
1970	8 541 070 México	1 487 271 Guadalajara	1 177 361 Monterrey	480 000 C. Juárez	2.71	5.73	17.6
Cuba							
1919	434 721 La Habana	62 083 Santiago	41 909 Camagüey	41 574 Matanzas	2.98	7.01	15.0
1953	1 217 674 La Habana	163 237 Santiago	129 500 Camagüey	77 398 Sta. Clara	3.46	7.46	20.7
1969	1 737 954 La Habana	286 523 Santiago	186 980 Camagüey	152 749 Guantánamo	2.61	6.15	20.5
Venezuela							
1926	135 253 Caracas	74 467 Maracaibo	36 804 Valencia	23 109 Barquisimeto	1.00	1.41	4.5

CUADRO 2. (*Continuación*)

Año	Población 1ª área metropolitana	Población 2ª área metropolitana	Población 3ª área metropolitana	Población 4ª área metropolitana	Índice 4 ciudades	Índice 2 ciudades	Población primera ciudad población país
1961	1 336 464 Caracas	422 847 Maracaibo	212 172 Barquisimeto	176 665 Valencia	1.64	3.16	17.7
1970	2 167 653 Caracas	558 678 Maracaibo	286 917 Valencia	277 983 Barquisimeto	1.93	3.88	20.2
Bolivia							
1900	71 860 La Paz	21 900 Cochabamba	20 900 Potosí	20 900 Sucre	1.12	3.38	4.1
1950	321 073 La Paz	80 795 Cochabamba	62 975 Oruro	45 758 Potosí	1.71	3.87	10.7
Perú							
1876	143 688 Lima-Callao	26 958 Arequipa	11 773 Chiclayo	8 372 Trujillo	3.17	5.50	5.3
1940	614 345 Lima-Callao	76 871 Arequipa	36 958 Trujillo	31 828 Iquitos	4.28	8.08	9.9
1968	2 236 580 Lima-Callao	170 360 Arequipa	132 635 Trujillo	130 450 Chiclayo	5.17	13.15	18.3
Paraguay							
1950	201 340 Asunción	14 680 Villarrica	14 640 Concepción	13 321 Encarnación	4.78	14.35	14.2

no habremos hecho más que concebir a la metrópoli del futuro como resultado de la agregación de nuevas e idénticas partes a la metrópoli del pasado y del presente.

Es sumamente difícil concebir la metrópoli del futuro en América Latina. Si aceptamos la proyección de las tendencias históricas, encontramos aglomeraciones de 40 millones de personas o más, entre los cuales unos 6 a 8 millones vivirán en villas miserias con servicios precarios y afectados por desempleos recurrentes. Esa inmensa masa humana, concentrada en una superficie de 30 a 40 000 kilómetros cuadrados, tendrá enormes dificultades para desplazarse, para acceder a las zonas verdes, para abastecerse de agua, para disponer de los residuos domiciliarios y para vivir en medio de una creciente contaminación del aire. Actualmente comprendemos el funcionamiento de los sectores de una metrópoli, pero tenemos una idea muy vaga y general de cómo se interrelacionan las partes entre sí. Aún más difícil es tener una idea clara de la forma que emplearemos para saltar de la metrópoli actual a otra diez veces más grande, diez veces más poblada, con problemas de transporte y servicios y vivienda que se multiplican por 50 o por 100 veces.

CUADRO 3. *Tasas anuales de crecimiento de la población nacional y de la principal área metropolitana durante períodos intercensales seleccionados*

País	Fechas	Tasa anual de crecimiento de la población nacional	Principal área metropolitana	Tasa anual de crecimiento
Argentina	1914-47	2.0	Buenos Aires	2.3
	1947-60	1.7		3.0
Brasil	1940-50	2.3	Río de Janeiro	3.9
	1950-60	3.0		4.3
Colombia	1938-51	2.2	Bogotá	5.1
Chile	1940-52	1.4	Santiago	3.0
	1952-60	2.5		4.1
México	1940-50	2.6	México	5.2
	1950-60	3.0		4.6
Venezuela	1941-50	3.0	Caracas	6.9
	1950-61	3.9		5.4
Perú	1940-61	2.2	Lima	5.3

CUADRO 4. *Relación entre la población absorbida por los centros urbanos de los veinte países de América Latina y la tasa de crecimiento de la población nacional en 1970*

País	Porcentaje del crecimiento de la población nacional absorbido por los centros urbanos entre 1960 y 1970 (estimado); %	Tasa anual de crecimiento de la población nacional, 1970; %	Porcentaje de población urbana, 1970; %
Argentina	+100.0	1.51	80.40
Bolivia	50.0	2.41	34.25
Brasil	69.0	2.87	56.52
Colombia	80.0	3.46	59.60
Costa Rica	39.0	3.83	36.52
Cuba	60.0	1.92	55.49
Chile	87.5	2.35	62.90
Ecuador	62.5	3.41	39.06
El Salvador	55.5	3.36	40.87
Guatemala	38.3	2.86	30.98
Haití	36.3	2.45	17.84
Honduras	42.8	3.43	26.17
México	81.2	3.50	56.52
Nicaragua	50.0	2.98	42.07
Panamá	67.5	3.33	46.98
Paraguay	50.9	3.46	38.73
Perú	72.2	3.12	50.86
Rep. Dominicana	57.6	3.44	38.46
Uruguay	+100.0	1.23	78.41
Venezuela	90.6	3.37	68.38

III

La marginalidad urbana

DIEGO ROBLES RIVAS

1. EL SURGIMIENTO DE LA MARGINALIDAD EN EL ESCENARIO URBANO DE AMÉRICA LATINA

La realidad latinoamericana muestra la existencia de una vasta área de marginación política, económica y social que afecta a porcentajes significativos de su población.

Con relación a las áreas urbanas de la región, es posible visualizar un profundo conflicto que se evidencia, por un lado, entre lo que las ciudades pueden ofrecer genéricamente en cuanto a la satisfacción de necesidades sociales e individuales y, por otro, las condiciones reales de vida que cotidianamente afronta un considerable sector de la población.

En relación con el marco de dependencia y dominación interna se han producido modificaciones incrementales de las actividades y relaciones urbano-rurales, mediante acciones de la modernización.

La aparición de nuevos centros poblados y ciudades ha conllevado el surgimiento de nuevos sistemas de localización y distribución de población, en ambos casos caracterizado por una evidente marginación social y económica.

A partir del reconocimiento de tal problemática surge la noción de que el subdesarrollo de nuestros países tiene su origen en una situación que es común a todos ellos: la situación de dependencia de nuestras naciones respecto a los centros hegemónicos mundiales.

En Latinoamérica existe una problemática estructural que se define en términos de dependencia y subdesarrollo, que se hace evidente en la sociedad urbana y rural, y por las características que adquiere en este contexto el rápido proceso de urbanización.

Este proceso es dependiente por apoyarse en fuerzas tecnológicas coercitivas mucho más amplias que aquellas generadas por el desarrollo interno de las sociedades nacionales. Es decir, la clase dominante de los países dependientes se apoya en el desarrollo de una tecnología y en un sistema de relaciones socioeconómicas generadas en otros contextos, que le permiten disponer de un poder muy superior sobre la capacidad productiva y en consecuencia sobre otros sectores de la población.

De este modo se produce un efecto contrario en la medida en que el proceso de innovación, al estar inmerso en un sistema socioeconómico basado en la explotación del trabajo asalariado, genera un área cada vez mayor de población marginada. El crecimiento económico y la concentración de riquezas en pocos grupos sociales, tienden a producir un núme-

ro cada vez mayor de población que no tiene acceso a niveles de vida
compatibles con la dignidad humana.

Este proceso de innovación, basado fundamentalmente en la implantación de empresas agrícolas e industriales que utilizan tecnología de origen
foráneo, ahorradora de mano de obra, tiende a agudizar los índices de
subocupación y desempleo. Vemos que su propia expansión produce concentración de riqueza y poder en todas sus formas, que son orientados
hacia tipos de consumo suntuario, mientras que las mayorías poblacionales son mantenidas en niveles de subsistencia, desempeñando actividades de servicio personal de menor cuantía, trabajando en empresas de
tipo tradicional o en tareas inestables tanto en el campo como en la
ciudad.

Este proceso de marginación es cada vez más inoperante para integrar
a la totalidad de la población en las actividades productivas y de servicios sociales.

2. EL SUBDESARROLLO URBANO Y LOS PATRONES DE ASENTAMIENTO RESIDENCIAL POPULAR

El componente más significativo del proceso de urbanización, entendido
éste como el crecimiento relativo de la población urbana, está constituido
por las corrientes migratorias, fenómeno que se acentúa principalmente
en aquellas ciudades que tienen un crecimiento industrial y de servicios.

En tal sentido las características diferenciales del proceso migratorio
y el tipo de actividad económica predominante han configurado un complejo conjunto de ciudades de diferente tamaño e importancia en cada
uno de los países de la región.

La expansión de estas ciudades, de importancia relativa, coincidió
con un proceso de concentración del poder económico, político y cultural
en muy pocos grupos sociales. Consecuentemente una gran proporción
de los habitantes urbanos latinoamericanos han sido afectados por el
proceso de expansión urbana dependiente, generándose de tal forma mecanismos de marginación de tipo territorial y funcional, que no han dejado otra alternativa para estas poblaciones que la de vivir y luchar en
contra del subdesarrollo en la medida de sus posibilidades tanto en las
áreas urbanas como en aquellas del medio rural.

Estas formas de expansión urbana subdesarrollada y dependiente toma
diversos nombres en América Latina: colonias proletarias, villas miserias,
callampas, favelas, barriadas o pueblos jóvenes y en las áreas internas
y antiguas de la ciudad los grupos de viviendas reciben nombres tales
como: conventillos, quintas, callejones, corralones, etc., diversos nombres
que se dan a una misma situación: la carencia de vivienda. Estos asentamientos indican también algunas de las respuestas que la población ha
elaborado, asfixiada por el problema habitacional en la lucha por con-

quistar un modo de vida digno, en base a su capacidad de sacrificio, constancia y organización, así como por el racional manejo de los recursos propios e inventiva colectiva.

Estas áreas generalmente de alta concentración de población, tienen en común el mismo origen, lo que no quiere decir que se trata de fenómenos sociales de igual índole. Existen profundas diferencias entre cada una de ellas, de acuerdo a como se ha ido configurando el cuadro de subdesarrollo históricamente diferenciable, como también el grado y tipo de dominación urbana en cada uno de los países.

Debe entonces quedar establecido que estos asentamientos son una de las manifestaciones del subdesarrollo, sin que por ello sea necesario considerarlos fenómenos idénticos. Por lo mismo las políticas de integración y sus respectivas estrategias deberán tener una expresión particular, en cada uno de los países.

La problemática de los sectores populares está íntimamente ligada con la situación de subdesarrollo urbano, que evidencia un profundo problema de naturaleza estructural que al ser sustantivamente procesal, supone la existencia de la situación opuesta: el desarrollo urbano.

El fenómeno de subdesarrollo urbano que comprende la situación concreta y específica de los asentamientos urbanos populares constituye un fenómeno cuyo carácter y significado tiene relación con el papel que la ciudad ha desempeñado históricamente en su realidad regional y nacional.

La naturaleza de este agudo problema social, en tanto que procesal, no puede tener una definición que cubra la totalidad de las situaciones contenidas en la problemática aludida. No obstante las manifestaciones concretas del subdesarrollo, son realidades específicas y cuantificables que tienen orígenes históricos determinados, ligados a la situación de dependencia establecida entre países económicamente débiles, básicamente exportadores de materias primas y sin un sólido desarrollo industrial, en los cuales las ventajas de la innovación tecnológica y la modernización han significado un derecho para las minorías privilegiadas, que concentran el poder económico, cultural y político.

En los diversos países de la región está ocurriendo una rápida transformación en la composición demográfica y en la distribución espacial de la población. Esto tiene su expresión en las migraciones internas que se producen en estas naciones, por la expulsión de grandes sectores de población rural, así como también por la atracción que para ésta ejercen las áreas urbanas.

Este crecimiento de población urbana tiende a ubicarse en los principales centros urbano-industriales, centros urbanos de servicios y aun en las regiones rurales más prósperas. En este caso las ciudades capitales son las que tienen más altos índices de crecimiento urbano debido principalmente a las migraciones.

En nuestra sociedad el crecimiento industrial tiende a expandirse y abarcar las zonas rurales afectando drásticamente la estructura de la economía de estas zonas. Ésta es desarticulada en muchos aspectos, y sólo puede subsistir en ocasiones especiales, si se acomoda en sus relaciones a las necesidades de la expansión urbano-industrial.

En estas condiciones gran parte de la población de zonas rurales y zonas semiurbanas enclavadas en las áreas rurales es expulsada fuera de sus ocupaciones peculiares que se deterioran y acentúan su situación de crisis. Paralelamente se operan en estas zonas altas tasas de crecimiento de población.

Las migraciones provocan una expansión de los centros urbanos, creando asimismo un aumento de la fuerza de trabajo libre, es decir, mano de obra disponible para trabajar o encontrar ocupación en las actividades económicas urbanas.

El crecimiento urbano sobrepasa el crecimiento industrial, es decir, la oferta es mayor que la demanda de mano de obra. En otros términos, las posibilidades de encontrar empleo u ocupación estable —con excepción de aquel definido como marginal— en las zonas urbanas de crecimiento industrial de comercio y servicios, son mínimas para aquel que no se halla calificado. Este fenómeno genera que un elevado porcentaje de población, en edad de trabajar, se encuentre desocupado o subocupado.

Este fenómeno estructural en relación con las actividades económicas urbanas ligadas al sector servicios, se manifiesta por el número alarmante de ocupaciones marginales que desempeña el sector popular, que se caracterizan por sus bajos ingresos y permanente inestabilidad.

3. INCIDENCIA DEL PROCESO DE INDUSTRIALIZACIÓN

La industrialización en América Latina no se inicia como un esfuerzo interno de desarrollo, sino más bien para satisfacer una demanda selectiva de bienes de consumo inmediato, establecida por una población principalmente urbana. Este proceso ha condicionado el comportamiento de diversos sectores y grupos sociales en el tipo de expansión urbana, lo que permite establecer que la naturaleza del mismo tiene influencia decisiva en la fuerza de trabajo y en la conformación de la estructura ocupacional.

Este tipo de industrialización tiene como una de sus características el ser excluyente. Requiere en cuanto a su crecimiento la incorporación de un sector minoritario de la población al sistema productivo y, por otro, excluye y margina a capas cada vez más extensas de la población.

La expansión de la industria manufacturera íntimamente ligada a los centros hegemónicos mundiales ha estado caracterizada por el predominio de una economía de sobrexplotación y por determinados niveles tecnológicos, ha subordinado y condicionado el comportamiento de otras industrias de menor desarrollo a que permanezcan y se sitúen en condición de satélites de las primeras.

Si lo anterior es así, el sector moderno monopolista obliga a las industrias que le son dependientes, entre otras cosas, a la expulsión de fuerza de trabajo.

Estos mecanismos de dominación interna del sector industrial condicionan el comportamiento de la fuerza de trabajo, tanto en lo que respecta a la que es absorbida, como a la que permanece en su condición de marginada a través de actividades económicas inestables con ingresos de subsistencia.

El aludido esfuerzo de expansión industrial, basado fundamentalmente en la sustitución de importaciones, no ha generado niveles de desarrollo significativos en la región, sino más bien ha aumentado la dependencia de los países con los centros mundiales de poder, consolidando el dominio imperialista a través de una oligarquía nativa y el empobrecimiento creciente de las masas desposeídas, que no han tenido acceso real a la propiedad, ni a la gestión de las empresas, es decir, han sido marginadas de todo tipo de participación efectiva.

Por lo anterior es posible indicar que el crecimiento de los grupos sociales marginados explicita una de las contradicciones del sistema de producción capitalista, al oponer a una producción creciente, una decreciente capacidad de consumo de grupos de población cada vez mayor.

Los beneficios del proceso de expansión industrial no han llegado a la sociedad en su conjunto, sino por el contrario, es un hecho cada vez más evidente que los efectos del proceso de modernización refleja, se presenta como una opción opuesta a las demandas de las mayorías populares.

La estructura de dominación urbano-rural impuesta por el sistema capitalista ha bloqueado sistemáticamente el desarrollo de las iniciativas colectivas de diversos sectores de la población, definida por el esfuerzo productivo hacia la propiedad social, bloqueando el desarrollo de una nueva moral solidaria dirigida a restituir al trabajo su capacidad potencial de creación liberadora.

Por el contrario, ha sometido a vastos sectores de la población impidiendo su real participación en los órdenes fundamentales del quehacer humano; tales como, el no acceso a la gestión y control de la empresa por parte de los propios trabajadores, no acceso de la mayoría de la población urbana al mercado de tierras y viviendas; ha obligado a estos grupos sociales a localizarse en la periferia de las ciudades y en áreas urbanas de marcada decadencia. No ha permitido el desarrollo de formas significativas de participación colectiva ni de formas de educación desescolarizada que respondan al esclarecimiento de la realidad local y nacional de las masas marginadas y que apoyen procesos genuinos de movilización social tendientes a propiciar un desarrollo armónico de la sociedad en un marco de justicia y libertad.

Tal situación reclama una redefinición del sistema sobre otras bases políticas y económicas que incorporen formas auténticas de participación popular en el marco de reformas sustantivas como único medio de hacer factible la realización efectiva de los sectores marginados.

A la luz de las consideraciones planteadas en esta primera parte a continuación se exponen los siguientes supuestos:

a] Que por la existencia de estructuras tradicionales en los ámbitos políticos, económicos y sociales imperantes en los países de América Latina no es posible una real incorporación de vastos sectores marginados existentes en las áreas rurales y urbanas al proceso de desarrollo, sin que existan reformas sustantivas en el doble plano de dependencia externa y subdesarrollo. Este proceso de transformaciones significativas ha sido ya iniciado en algunos países del continente y tiende a alcanzar los objetivos señalados, guardando, claro está, en cada uno de ellos, su propia especificidad histórica de acuerdo a las condiciones políticas, económicas y culturales.

b] Mientras existan las condiciones que tipifican los actuales procesos de dependencia y subdesarrollo, habrá que reconocer que los efectos del proceso de urbanización refleja, son un fenómeno inevitable y que irá en aumento, tornándose particularmente agudo por su volumen y naturaleza en aquellos centros urbanos que en cada uno de los países se desarrolla con mayor dinamismo y rapidez, haciéndose así particularmente evidentes las contradicciones inherentes a la concentración de poder económico y político.

c] Que existe la creciente necesidad de encontrar nuevos métodos y sistemas referentes al planeamiento urbano que permitan poner en práctica políticas de transformación acordes con las necesidades de la población, que crece rápidamente y que demanda la satisfacción de múltiples necesidades, no estando las ciudades preparadas para asumir el reto que significa proveer los niveles de servicios, equipamiento y vivienda indispensables y paralelamente dotar de empleos dignos a estas poblaciones, en su mayoría constituidas por los jóvenes, sin que se generen reformas estructurales y se promuevan formas de movilización y participación popular en los ámbitos territoriales y funcionales.

d] Que dadas las condiciones indicadas, el proceso de urbanización aparece como un factor positivo, que ha incorporado determinadas soluciones, aunque parciales, y por tanto significa un aporte de vastos sectores poblacionales que al no encontrar un nivel de vida digno en las áreas rurales, se han visto obligados a trasladarse a las ciudades, y es en este contexto urbano donde sus experiencias, aunque limitadas, pero siempre renovadas, aparecen como una real alternativa de búsqueda de mejores niveles de vida, de aspiración personal y libertad.

4. LOS MECANISMOS DE LA MARGINALIDAD

a] *Condicionamiento urbano de la marginalidad*

Los gobiernos de América Latina han venido ocupándose en alguna

medida de los problemas de vivienda, salud pública y educación, pero
los esfuerzos realizados en torno a la comprensión de los problemas relacionados con el subdesarrollo urbano han sido relativamente escasos.
Ambas áreas problemáticas están íntimamente ligadas, pero la noción
de subdesarrollo cubre un ámbito mucho más general toda vez que alude
a un campo referido a la urbanización y al de dominación interna.

En razón de la dependencia externa, y la incapacidad de la economía
para absorber, convenientemente, a la elevada y creciente población de los
centros urbanos, el proceso de urbanización contribuye en buena medida
a agravar los efectos sociales de ciertas políticas de crecimiento económico, seguidas tradicionalmente por los países latinoamericanos.

El proceso histórico de formación de las ciudades en esta parte de la
región indica que las decisiones políticas en torno a la expansión y desarrollo urbano han estado dependientes de determinados grupos sociales,
ostentadores de la propiedad de la tierra, de los mecanismos de financiación, y de la industria de la construcción. Los grupos sociales a quienes
se hace referencia han visto en las modalidades de expansión y control
de las ciudades una forma de acumulación de poder económico a través de la regulación del uso y producción del suelo urbano. También
han intervenido directa o indirectamente para que la infraestructura
básica construida por el Estado resulte en beneficio directo de las capas
medias y altas de la sociedad.

Los mecanismos de marginación al significar una expulsión hacia la
periferia de parte de la población marginada han determinado un aumento relativo de ocupación de las tierras periféricas de la ciudad, en donde
el Estado, frecuentemente por acción cívica, a través de sus políticas de
servicios sociales a los grupos menos favorecidos, ha colocado infraestructuras básicas tales como carreteras, energía eléctrica, redes para agua
y alcantarillado y servicios comunales: escuelas, mercados, etcétera.

Aquí, también, se nota paralelamente un proceso de instalación de
industrias, que tiene lugar una vez que la población se encuentra ya radi-
cada y ha iniciado el proceso de consolidación del respectivo asentamiento, facilitando la selección de los trabajadores calificados que requieren sus empresas. Es importante anotar que en algunas ciudades es
posible observar que con posterioridad al asentamiento popular, se inician en su vecindad, en tierras de propiedad particular, desarrollos urbanísticos especulativos con la finalidad de radicar allí a la población proveniente de estratos medios y obreros calificados que pueden concurrir
al mercado de vivienda.

En este contexto también es importante indicar que las formulaciones
teóricas referentes al planeamiento urbano y al proceso de urbanización
en general, están referidas en términos de regular el crecimiento de algunos espacios, de los cuales están virtualmente excluidas las expresiones
y aportes de las poblaciones marginadas. Dichos planteamientos no toman
en cuenta la gama de interrelaciones económicas, sociales y políticas que
configura la totalidad de la trama urbana.

Como una respuesta y reto a esta falta de preocupación por solucionar institucionalmente los problemas derivados de la urbanización y de la carencia de vivienda es que crece una ciudad subdesarrollada cuyo volumen físico y poblacional guarda una relación significativa con el volumen y crecimiento de la ciudad reconocida o legal.

Por lo anterior es necesario reconocer que existen relaciones directas entre las estructuras monopolistas de la producción, transporte y comercialización de los productos, y las situaciones particulares del crecimiento intensivo de las principales ciudades, y que incluyen el aumento de poblaciones marginadas en el escenario urbano. La condición de empobrecimiento de estas poblaciones no es casual y se torna particularmente crítica, por su volumen y localización, a partir del fin de la segunda guerra mundial.

b] *Asentamientos y participación popular*

En estas circunstancias, la formación de los asentamientos populares ha sido inevitable, éstos forman parte de la realidad urbana y continuarán siéndolo mientras las causas que los originaron sigan vigentes.

No te vas a ir allá a instalarte con una sábana y yo trabajando de noche; tendría que ser yo el que fuera; cómo va a ir una mujer y estar ahí de noche, le dije a mi compañera.

No le acepté a mi mamá cuando fue la toma de la "26 de enero". Yo hubiera estado en la "26 de enero" si me hubiera ido allá.

Al poco tiempo vino mi mamá corriendo a avisarle a mi señora que se había hecho una toma al ladito, arriba de la "26 de enero" ahí en el terreno de los curas (toma del campamento Ranquil). Yo no estaba —estaba trabajando—, cuando llegué encontré la casa con llave. Yo dije: ¡la compañera se fue! Entonces me dijo una amiga de ella: "No, tu señora está en tal y tal parte... en una toma, anda para allá para que te dé la llave". ¡¡¡Pucha!!! —dije yo— toma otra vez.

Me fui para allá, llegué allá y vi tantos palitos parados, que me afirmé en un eucaliptus que había botado y los empecé a observar y dije yo: ¡pucha, a dónde vino a caer aquí!; pero todavía estaba mojado, recién llovido esta cuestión. ¡No puede ser! Cuando me vio, ella me dijo: "Pasa pa'dentro" —ya tenían guardias—. "Es mi compañero, así que déjelo pasar." Llegó y me dijo: "Yo me tomé esto y pucha no lo vamos a perder."

Yo le dije: "¡Pucha, es que yo trabajo de noche y cómo te vas a quedar tú en esta humedad!"

Había una compañera que estaba al lado; también arrendaba junto al lado de nosotros; entonces, me dijo: "No, pues, compañero, tenemos que luchar."

"No —le dije yo—, si yo estoy de acuerdo con que luchen, pero ¡pucha! ¿Y para dormir yo? ¡Yo tengo que trabajar de noche y no voy a dormir colgado del eucaliptus", le dije.

Entonces llegó, y me dijo: "De alguna manera lo arreglamos". "Bueno, ya —le dije yo—, ya estoy aquí".

Fui a comprar unas pocas tablas y maderas y levanté una ruquita. ¡Cómo iba a estar ahí a todo el sereno y a la intemperie!

Bueno, los primeros días observaba y decía yo: "¡Pucha, el sacrificio grande!", pero poco a poco empecé a pensar —dije yo dentro de mí—: no soy nada más, aquí hay cientos de personas y yo creo que si están todos aquí, es porque necesitan un terreno donde vivir.

Di vuelta a mi pensamiento y me hice poblador.[1]

Su solución demanda por reformas sustantivas que tomen en cuenta la organización, inventiva y capacidad de manejo social de recursos propios que estas poblaciones han podido desarrollar. Existen experiencias significativas en algunos países a través de acciones promocionales emprendidas por el Estado tendientes a incluir a estas poblaciones en los planes de desarrollo urbano comprensivos, mediante la participación popular por el sistema de inversión-trabajo, ligada a la planificación de base, que garantiza que las iniciativas populares son tomadas en cuenta en el proceso de desarrollo local; acciones promocionales para permitir el acceso de estas poblaciones a los beneficios de una legislación que les garantice la propiedad de la tierra con un criterio social, así como aquellas referentes a la creación de fuentes de trabajo.

No obstante es importante hacer notar que las condiciones de dependencia de los países afectan también a la organización de las ciudades, toda vez que en ella se desarrollan procesos económicos que están ligados a intereses de escala mundial, los cuales no son decididos en el interior del área urbana, sino por el contrario, en los centros hegemónicos.

La ciudad es afectada directamente, influyendo en su organización la coexistencia y superposición de procesos económicos de diversa escala, que no guardan racionalmente una relación que propicie una integración y un desarrollo armónico y justo de la sociedad. Los esfuerzos de mejoramiento y desarrollo urbano se han dado bajo formas particularmente elitistas, tanto territorial como funcionalmente, lo cual se refleja en las diversas formas que adquiere la organización del espacio.

Asimismo la diferencia de renta de la sociedad condiciona el acceso a los bienes y servicios marcando las posibilidades de consumo, de localización residencial y de nuevo desenvolvimiento ocupacional, etc., lo cual contribuye a mantener la discriminación de vastos sectores poblacionales de la organización urbana reconocida.

Es importante referirnos e indicar que dentro de las ciudades este proceso de dominación y subdesarrollo tiene una expresión real en cuanto a la configuración de los espacios urbanos y los tipos de asentamientos populares, en sus aspectos funcionales y territoriales.

Estos procesos de conformación de los asentamientos urbanos, históricamente, no se han producido como realidades separadas, sino que

---

[1] *Organización y lucha poblacional en el proceso de cambios. La experiencia del campamento "Nueva Habana", Santiago de Chile.* Publicado en mimeo., por el Departamento de Estudios y Planificación Urbano-Regional, DEPUR, Facultad de Arquitectura y Urbanismo, Universidad de Chile, agosto de 1972, pp. s/n.

guardan estrecha relación unos con los otros, siendo, por lo tanto, meto-
dológicamente errado realizar un análisis real de la problemática de la
urbanización, tomando cada uno de ellos en ausencia de su contrario u
opuesto. Es decir, la presencia de los asentamientos subdesarrollados
está explicando, por cierto, a su vez, la existencia del sector moderno y
dominante.

Desde esta perspectiva en el área urbana, es posible distinguir genéricamente dos grupos de estratos que pueden ser denominados, uno como
moderno y dominante; el otro subdesarrollado y dominado; sin significar que este último esté en una condición de cambio o tenga posibilidades
de integración real y efectiva en ausencia de cambios estructurales, más
bien su presencia es una manifestación sustantiva que compromete a la
sociedad urbana en su conjunto.

Todo lo anterior demanda esfuerzos de transformaciones profundas
en las estructuras económicas, sociales y políticas a nivel urbano.

Se apunta así la necesidad de un replanteamiento de las formulaciones
teóricas ligadas a la planificación y administración del desarrollo económico y social. Hay que considerar al espacio urbano como un sistema
integrado económica, social y físicamente, en su doble relación de producción y uso social del suelo urbano, lo cual hace, de por sí, indispensable
encontrar mecanismos de participación desde las bases sociales mismas
a nivel de cada una de las sociedades, de tal forma que efectivicen un
orden social más justo y humano.

Antonio Torrealba vive en el "Callejón de la Misericordia" y tiene 14 años.
Su madre murió al nacer la última de sus hermanitas y su padre un año
después, dejándole como herencia: tres leznas, un "diablo", dos martillos,
algunas hormas viejas y tres hermanitas.

Antonio Torrealba trabajó con su padre —zapatero— desde cuando tenía
6 años. Se inició "maceteando". Colocaba la plancha de hierro sobre sus
enclenques muslos, muy cerca a las rodillas, para atenuar el dolor que le
producían los golpes del martillo al majar las suelas hasta el espesor necesario para la obra. Después aprendió a "embochar", luego a "pasar" y así,
sucesivamente, hasta convertirse en un buen profesional.

El abuelo de Antonio era zapatero y su padre también, pero, además de
zapateros, fueron porteros del callejón. Su abuelo fue inquilino durante
veintiún años y portero once más. Total, treinta y dos años de vida en la habitación —una pieza y cocina— del "Callejón de la Misericordia". A la muerte
del abuelo le sucedió su padre otros nueve años más, hasta el día que falleció.
Ahora, Antonio Torrealba, el nieto, con sus 14 años, sus leznas y sus hermanitas, como su abuelo y su padre, pensó seguir la tradición familiar. Digo
mal. Ni siquiera eso se le ocurrió. Para él la cosa más natural del mundo era
continuar de portero. Jamás creyó que saldría alguna vez de aquella pequeña
habitación donde nació, en la que murieron su abuelo, su madre y, finalmente,
el autor de sus días. Pero la dueña del callejón dispuso otra cosa.[2]

[2] Huanay, Julián, *Suburbios*, Lima-Perú, Editorial Gráfica Labor, pp. 89 y 90.

c] *Particularidad de los asentamientos marginales*

La denominación de asentamientos subdesarrollados abarca un conjunto de realidades urbanas que tocan los problemas de las poblaciones desde aquellas definibles como invasiones o toma de posesión de tierras, hasta aquellas que gozan de un relativo nivel de consolidación, en cuyos terrenos se ha producido un proceso de habilitación determinado por la construcción de vivienda, provisión de servicios públicos y facilidades comunales en un determinado período de tiempo. También esta denominación incorpora barrios surgidos bajo acción institucional, dirigida a lograr la erradicación de los tugurios, y otros iniciados mediante acciones de promoción del Estado u organismos privados para la construcción y mejoramiento progresivo a partir de la entrega, a los pobladores, de lotes de terreno que pueden contar o no, con la presencia de servicios públicos básicos.

Es importante señalar que tiene particular importancia para el proceso de mejoramiento físico de los asentamientos populares, la ubicación relativa que éstos tengan con relación a la ciudad.

Actúan como elementos negativos su ubicación en áreas de pendientes muy pronunciadas tales como laderas de cerros, su cercanía a áreas insalubres como pantanos, basurales u otras en las cuales se produzcan altos niveles de contaminación.

Al analizar los patrones de asentamientos de grupos subdesarrollados no siempre es posible establecer una diferenciación precisa entre aquellas de mejoramiento progresivo y las áreas de tugurización, apareciendo en algunas zonas de la ciudad como un continuo que implica ambas realidades.

Las ciudades presentan diversos tipos de asentamientos populares, identificados con nombres particulares según la región, usos y costumbres de sus pobladores, pero que, aparte de otras consideraciones, son diferenciadas genéricamente en todos estos países, bajo una apreciación o categoría de tipo legal, que fundamentalmente los clasifica y reconoce por la manera como aparecen en el escenario urbano o de acuerdo a las transformaciones que han experimentado durante su proceso de crecimiento.

Un enfoque del problema, de estos asentamientos, en los términos de la problemática del subdesarrollo y la dominación interna, plantea incuestionablemente la coexistencia de dos subsistemas, cuyas modalidades de generación y uso del suelo urbano son claramente diferenciables pero no separables en términos de la organización social, de la economía y del espacio urbano.

Uno de estos subsistemas corresponde al sector popular en el cual es posible distinguir en forma genérica dos tipos de modalidades de asentamientos: los que tienen o gozan de una categoría legal reconocida por el Estado, y otros que vamos a denominar asentamientos de status provisorio.

Los primeros están conformados por los asentamientos subdesarrollados y se definen como aquellos en los cuales las viviendas existentes tienen graves condiciones de promiscuidad, hacinamiento, una falta o déficit de los elementales servicios sanitarios y por lo general un alto grado de deterioro.

Son observables graves problemas derivados de las limitaciones espaciales existentes en las viviendas y espacios comunales. Coexiste uno al lado de otro, múltiples usos relacionados con actividades productivas, comerciales, recreativas, etcétera.

Este conjunto de viviendas recibe diferentes denominaciones, tales como conventillos, barracas, callejones, solares, quintas, etcétera.

Otro de los tipos de asentamientos, insertos en la denominación anterior, son las viviendas ubicadas en los nuevos desarrollos urbanos habitacionales bajo la denominación de vivienda o programas de interés social, surgidos bajo control y gestión gubernamental o privado.

Los segundos, los asentamientos de status provisorio, constituyen toda la gama de asentamientos o modalidades de expansión urbana que han sido reconocidos o no, según normas particulares que permiten a sus ocupantes obtener en forma progresiva, con posterioridad a la ocupación del área, determinados beneficios o ser reubicados en áreas en las que se desarrollarán programas urbanísticos de "mejoramiento urbano progresivo". De acuerdo a lo anterior es observable en este patrón de asentamiento un conjunto de familias ubicadas en tierras de bajo valor comercial en su origen, con ausencia de servicios o presencia de alguno de ellos, que por el tiempo transcurrido de su aparición logran obtener un grado de consolidación debido principalmente a la movilización de recursos propios en la construcción de las viviendas, y del Estado a través de la instalación de infraestructura básica.

Se debe indicar que un factor de peso lo constituye la magnitud del asentamiento y su ubicación con respecto a la ciudad. Estos factores contribuyen positivamente a la organización del proceso de mejoramiento paulatino del área y sus posibilidades de incorporación urbana.

El subdesarrollo urbano, y sus consecuencias directas, expresado en el nivel de vida de los pobladores, obedece fundamentalmente a factores estructurales, inherentes a las limitaciones y rigideces del aparato productivo para incorporar la fuerza de trabajo libre, a los patrones de desarrollo vigentes y a los procesos económicos, sociales y políticos predominantes en el área urbana y en sus respectivas regiones.

d] *Tugurización en las áreas centrales*

Como consecuencia de las características del mercado de vivienda, cuyas acciones están orientadas a satisfacer las demandas de aquella población minoritaria perteneciente a los estratos medios y altos y dado el bajo ingreso real del sector popular urbano, se nota que frente al excesivo costo de los servicios de vivienda y urbanización, grandes sectores de la población urbana no tienen más alternativas que ubicarse en los asentamientos urbanos existentes, en áreas de tugurización o en aquellos de status provisorio.

Tal decisión, en términos de movilidad social residencial, dependerá de las posibilidades que permita el sistema vigente, del grado de organización del sector popular y del conocimiento de la ciudad en relación con las posibles alternativas, así como del grado de sacrificio inicial referidos a la estabilidad laboral y familiar.

Debe indicarse que las opciones de transformarse en poblador tienen relación con la capacidad social de movilización de recursos siempre escasos, el tipo de organización empleada, el grado de inventiva comunal para las diversas acciones que determinarán la permanencia y mejoramiento del área; así como la capacidad de la organización de los pobladores para desarrollar alianzas y lograr apoyo social de otras organizaciones tales como sindicatos, organizaciones campesinas, de pobladores, organizaciones políticas y estudiantiles.

Tales opciones, implementadas por los pobladores urbanos en las últimas décadas, han aparecido en un momento histórico determinado y de acuerdo con las tendencias políticas dominantes. Pueden ser interpretadas en este contexto como situaciones dirigidas en apoyo al sistema vigente o que indican su cuestionamiento.

Frente a las primeras, las acciones institucionales más frecuentes han sido de tipo paternalista en atención de determinados sectores, con la finalidad de garantizar una base social a las acciones gubernamentales y, con relación a la segunda, acciones de represión para garantizar el orden establecido y la defensa de la propiedad privada en las áreas urbanas.

Las áreas antiguas consolidadas de la ciudad, sean éstas de status provisorio o de tipo legal, ofrecen al sector popular las ventajas relativas de su ubicación con respecto a los servicios que ofrece la ciudad; proximidad a los medios de transporte, cercanía a las fuentes de trabajo, mercado, colegios, accesibilidad más o menos directa al centro urbano o a los subcentros comerciales, y, en general, proximidad a otras áreas de concentración poblacional que pueden permitirle asegurar su ocupación o generar otras modalidades de trabajo que le permita aumentar sus ingresos económicos.

La modalidad de asentamiento de las áreas antiguas consolidadas, incide negativamente en la economía popular, debido a que la familia debe soportar altos costos de alquileres, el riesgo de transitorialidad en el área de tugurización, carencia del arreglo o mantenimiento de las viviendas y de los servicios por parte de los propietarios, deficiencia de servicios públicos, tales como seguridad pública, asistencia médica con carácter social y de educación que integre los esfuerzos de la comunidad. Uno de los problemas más álgidos está relacionado con la malnutrición, particularmente en lo que respecta a la niñez.

Toda vez que en estas áreas de tugurización el mercado de vivienda funciona igual que en el resto de la ciudad legal, bajo las leyes de la oferta y la demanda, y siendo cada vez más fuerte y creciente el número de inmigrantes urbanos de escasos recursos que llegan a estas áreas, existe entonces un sistema de sobreexplotación, que se sustenta fundamentalmente en las modalidades de alquiler de la vivienda que limitan la permanencia de la familia en estas unidades el menor tiempo relativamente posible, debido al mecanismo que tiende al alza progresiva del costo de los alquileres.

La nueva familia que ocupe la vivienda tendrá que pagar alquileres mayores. Este problema impulsa a la población a buscar un pedazo de terreno en los barrios de status provisorio.

Aquí se da una situación, de hecho, que significa que las familias que permanecen un mayor tiempo en las áreas de tugurización paguen relativamente un menor alquiler que las familias que llegan con posterioridad, quienes dedicarán por este concepto un porcentaje cada vez más elevado en relación con sus ingresos económicos.

El factor que mayormente liga al poblador con el lugar de su residencia, cualquiera fuera el patrón de asentamiento, es el tener la posibilidad de asegurar su ocupación presente o lograr oportunidades de nuevas fuentes de trabajo, y tal decisión tiene íntima relación con el conjunto de ofertas urbanas, sea que se integre en calidad de asalariado permanente o de trabajador inestable. Vale decir que cada patrón de asentamiento es una respuesta frente a las posibilidades concretas que puede desarrollar el poblador en términos de su ocupación económica, en el marco del sistema capitalista dependiente.

A este respecto debe indicarse que algunas áreas de la ciudad cobran importancia relativa en la organización urbana actual, pues el tipo de trabajo que es posible desarrollar en estas áreas a los inmigrantes no calificados corresponde a las actividades del sector terciario de la economía, siendo por tanto importantes aquellos servicios que pueden ser ofrecidos requiriendo un pequeño capital y contactos interpersonales.

Estos servicios se localizan en áreas de concentración poblacional, tales como mercados, zonas de intercambio importantes de los transportes masivos, zonas próximas a núcleos de concentración fabril, recreativa, terminales de transportes, y de vías nacionales, etcétera.

Es importante también mencionar que las áreas de subdesarrollo localizadas en las áreas antiguas no son de exclusividad de los pobladores nativos, sino que también permiten la presencia de nuevos migrantes, como se explicó anteriormente, que ven en este tipo de asentamiento y su correspondiente relación con la ciudad, una forma de supervivencia y de incorporación acorde con sus recursos económicos.

Debemos indicar también que estas dos áreas interrelacionadas mencionadas en los párrafos anteriores: la del trabajo y de la vivienda, permiten a la población migrante obtener información acerca de la ciudad y las posibilidades para una mejor incorporación y sobre todo información cultural y política, concretar formas de organización social urbana para la defensa de sus intereses tanto de tipo comunal como laboral y de vincularse con otras organizaciones afines, crear conciencia de grupo y encontrar formas propias de expresión aunque limitada, no menos efectiva.

Estas áreas ecológicas no permanecen estáticas en ninguna de las ciudades y su ritmo de crecimiento es, en el caso de muchas ciudades importantes, igual o mayor que el ritmo de crecimiento promedio de la ciudad en su conjunto, llegándose a observar núcleos de concentración residencial que gravitan significativamente tanto en la forma de expansión, como por el tipo futuro de desarrollo urbano.

Los grupos dominantes ligados a intereses inmobiliarios, frente al conjunto de insurgencias que aparecen en el panorama urbano, ven una amenaza en la organización del sector popular. En tal sentido se observa en algunas ciudades que éstos han iniciado acciones que les permiten desligarse del tugurio, en las mejores condiciones, mediante el uso de sistema alquiler-venta de cada una de estas unidades o en conjunto.

e] *Renovación urbana y desarrollo periférico*

Los programas de renovación urbana han significado frecuentemente la erradicación del tugurio y el traslado de su población hacia la periferia de la ciudad.

Si el proceso de formación de las áreas de subdesarrollo debe ser entendido en el contexto del proceso histórico de la evolución urbana, entonces la tesis tradicional que indica que la formación y permanencia del tugurio es una situación no saludable y extraña al proceso de crecimiento y concentración económica en determinados grupos sociales debería ser dejada de lado.

La existencia misma del tugurio y de las áreas de subdesarrollo en general, por su ubicación relativa y las funciones que desarrollan sus ocupantes, indica que sirve a un mercado. El trabajador residente en el área subdesarrollada es un trabajador calificado o no, que sirve en las empresas de producción o servicios, para el gobierno de la ciudad, y en actividades de servicio y artesanales. La mano de obra que exporta la comunidad atiende a una demanda válida para la ciudad en su conjunto. Por otro lado, los asentamientos urbanos populares representan un mercado significativo de consumo para los productos y servicios que producen las empresas; asimismo la comunidad de los asentamientos urbanos subdesarrollados paga impuestos sobre sus adquisiciones y sus ingresos. Por consiguiente el potencial económico de esta población implica variables económicas claves de inversión, contribuciones fiscales, mercado para bienes de consumo y de suministro de mano de obra calificada y semicalificada. Desde este punto de vista, las ciudades de la región tienen como parte de su estructura el componente representado por los asentamientos populares subdesarrollados; éstos son indesligables al proceso evolutivo de la ciudad; por lo tanto existe un derecho a la existencia de la comunidad, lo cual no implica que los problemas que afronta deben permanecer tal cual aparecen. Existe un derecho para que la comunidad participe activamente en la solución de sus problemas. No debe ser considerada objeto de las acciones de renovación urbana.

No sólo se trata de conectar calles cortadas, sino de evitar los problemas de salubridad, vivienda y delincuencia que habían adquirido caracteres dramáticos en Mendocita. Por eso, no se ha procedido a un simple y arbitrario desalojo, sino que se les han dado todas las facilidades posibles, incluyendo transporte gratuito de sus enseres y pertenencias a Villa El Salvador [3] u otro lugar que ellos eligiesen. Además, personalmente y a través de los diarios se les ha ido notificando acerca de los plazos. Gracias a esto, no hemos tenido problemas y, más bien, hemos contado con la colaboración de los pobladores.

Alejandro Soria Suárez, 25 años, tres hijos, salió a las siete de la mañana de su casa a trabajar, y al mediodía se encontró con que más de la mitad de su morada estaba en el suelo. "Me habían dicho, señor, que la demolición iba a comenzar mañana martes, pero era mentira..." [4]

Hay que desarrollar políticas comprensivas de desarrollo urbano, con cambios estructurales para establecer una nueva sociedad urbana que integre los esfuerzos de dichas poblaciones y no las marginen de los beneficios del desarrollo.

La ciudad de status provisorio aparece como una de las vías de realización del sector popular, que le permite iniciar la satisfacción de necesidades básicas del habitante urbano mediante su organización y capacidad de trabajo para la producción de un nuevo espacio social.

f] *Organización comunitaria de los pobladores marginales*

Los pobladores se organizan de acuerdo a sus posibilidades con la finalidad de establecer, de una manera progresiva, su comunidad urbana, teniendo en cuenta el sentido participacionista de cada uno de sus habitantes. Esta organización puede tener variadas formas de agrupación ligadas tanto al territorio como a la función que desempeñan sus miembros.

En las poblaciones marginales peruanas hay estructuras organizativas que se inician en los "Comités de calles o manzanas", representados por agrupaciones de 20 a 25 familias ligadas por vínculos de vecindad, cuyos delegados se vertebran en un organismo central de dirección. Actúa

[3] Villa El Salvador es un asentamiento surgido como consecuencia de una invasión en Lima, en 1972. En esta área se relocalizó a los pobladores en una zona distante, aproximadamente, 20 km del centro de la ciudad.

[4] *Oiga*, revista quincenal, Lima, Perú, p. 18, 2 de noviembre de 1973. Versión oficial proporcionada por funcionario legal de la Municipalidad La Victoria, donde se encuentra ubicada el área Mendocita.

como organismo rector de la comunidad la asamblea general que integra a todos los pobladores del barrio. También en otros casos la organización está basada en unidades o comités que cumplen funciones especializadas tales como educación, salud, trabajo, vigilancia, comercialización, etc. Estas unidades se vertebran, asimismo, en una unidad de dirección: la junta directiva central y la asamblea general de miembros que integra a la totalidad de vecinos del asentamiento residencial.

En los casos donde la organización de pobladores se encuentra más evolucionada existe una integración de las formas de organización territorial y funcional, cuyo objetivo es constituir una unidad autónoma de gobierno y planificación local.

La producción social del espacio se da en función de los factores de cohesión comunal y de seguridad colectiva e individual. En este sector de población, en oposición a la ciudad legal y a su urbanismo, que implica la existencia de modelos completos o globales, los pobladores inician la organización y construcción de su espacio social sobre la base del reconocimiento y definición de las vías alternativas que les permiten alcanzar objetivos basados, principalmente, en acciones de inversión-trabajo y de organización de recursos propios disponibles.

Indudablemente las vías que permiten al sector popular organizar su espacio social, con la finalidad de lograr un determinado patrón de asentamiento urbano, están basadas en la participación comunal, el trabajo solidario y la administración de recursos monetarios propios.

Lo anterior explica, en cierta forma, por qué frecuentemente los pobladores organizados rechazan la práctica de un urbanismo tradicional que les ofrece un producto que los reduciría exclusivamente a la calidad de consumidores de servicios e ideologías producidas en la ciudad legal. Es decir, una oferta que bloquea un modo de producir socialmente el espacio urbano, en la cual, de ponerse en práctica, conduce a una manera de apropiación capitalista de los resultados de la gestión del sector popular. Este último concurre aportando su capacidad de trabajo y ahorro comunal, mientras que la sociedad dominante institucionaliza organismos de intermediación o agencias externas que ofertan su urbanismo, definido por los modos de organizar el espacio social y a la comunidad desde el exterior, y los insumos necesarios para la construcción de la vivienda y el hábitat, así como la financiación e ideologías dominantes.

Al concretarse este tipo de dominación, definido muchas veces como la ayuda mutua oficializada, determina que la plusvalía generada, directa o indirectamente, en el proceso de producción social del espacio se concentre en lugar de ser difundida entre los gestores del proceso.

Ésta es una de las razones básicas que indican la funcionalidad de la autoayuda como opción del sector popular, permitida por el sistema capitalista dependiente y subdesarrollado, para la expansión urbana. Este mecanismo acentúa y refuerza los modos de dominación a través de prácticas de corte populista.

Los argumentos anteriormente desarrollados se basan en los siguientes supuestos que a continuación se expresan:

El rápido proceso de urbanización refleja que hoy vive la mayoría de las sociedades latinoamericanas está introduciendo profundas y aceleradas transformaciones económicas, sociales, políticas y culturales.

Sin embargo, este proceso no opera uniformemente, sino que, en cuanto a las acciones de los diversos sectores que interactúan, se dan profundas contradicciones, en relación con sus realizaciones y efectos, diferenciables en el marco de las realidades latinoamericanas.

No obstante la realidad latinoamericana, muestra que un sector considerable de la población urbana ha iniciado una toma de conciencia de que existe una desigual transformación de las estructuras económicas, políticas y culturales.

Por lo tanto, el poblador esclarecido no sólo percibe el proceso de transformación, sino que ha encontrado formas propias de participación que, aunque parciales, aparecen en el contexto urbano como una real alternativa de búsqueda, apoyada en sus organizaciones, actividades sociales e individuales, en sus aspiraciones de libertad y realización personal.

Un análisis histórico de las realizaciones del sector popular indica que sus logros son acumulativos, al mismo tiempo expresa que los efectos de éstos y la experiencia colectiva de los aportes abren nuevas perspectivas, y están permitiendo una renovada eficacia a las experiencias populares en los planos político, económico y social en el marco de la realidad latinoamericana.

En la mayoría de las sociedades latinoamericanas los logros, realizaciones y vías de participación del sector popular se tornan insuficientes, en ausencia de cambios estructurales y de una movilización social genuina, a pesar de ser una respuesta positiva a las contradicciones urbanas, para quebrar la situación de dominación social, cultural, política y fundamentalmente económica en que se hallan inmersos en relación a otros grupos o sectores sociales que intervienen en el rápido proceso de urbanización.

IV

Las transformaciones en el medio rural

ROBERTO SEGRE

1. LA DIMENSIÓN ANTROPOGEOGRÁFICA DEL TERRITORIO

a] *Supeditación de lo rural a lo urbano*

La historia del territorio latinoamericano es la respuesta a sucesivas relaciones de dependencia —Castells enumera tres etapas fundamentales— y continuos sometimientos externos que comprenden desde la apropiación colonial de España hasta el control económico y territorial que ejercen sobre el continente las corporaciones transnacionales.[1]

La subordinación del campo a la ciudad alcanza su máxima expresión histórica en la división social del trabajo y en la estructura de la propiedad privada correspondientes a la consolidación de la burguesía industrial y financiera.[2] Mientras en el campo, como dijera Marx en el *Manifiesto comunista*, subsiste el "idiotismo de la vida rural" producto del aislamiento, estancamiento y marginación social y económica de la población, la ciudad contiene los grupos sociales que detentan el poder político y económico, los centros de producción industrial y el máximo nivel de servicios. La alta concentración urbana, convertida en el modelo dominante de la organización territorial de la sociedad capitalista es asumida también en las sociedades dependientes periféricas. La constelación de ciudades coloniales portuarias y las capitales nacionales en el siglo XIX, mantienen el control de las riquezas esenciales extraídas al territorio, albergando las burguesías locales que cumplen cabalmente su misión de transferencia interna y externa. A partir de 1930, el proceso acelerado de

---

[1] Manuel Castells, "La urbanización dependiente en América Latina", en *Imperialismo y urbanización en América Latina*, Barcelona, G. Gili, 1973, p. 17. Castells considera que las tres formas de relaciones de dependencia son: la dominación colonial; la dominación capitalista-comercial y la dominación imperialista (industrial y financiera). Cada una suscita sus efectos específicos en la organización del espacio. Sin embargo, algunos autores —por ejemplo, Paul Singer— cuestionan el fenómeno de la dependencia como componente principal de la crisis social y económica que existe en América Latina. Véase también, Pierre Jalée, *El saqueo del Tercer Mundo*, La Habana, Instituto Cubano del Libro, 1967, Martha Schteingart y otros, *Urbanización y dependencia en América Latina*, Buenos Aires, Ediciones Siap, 1973.

[2] Tal como lo demuestra Carlos Marx en *La ideología alemana* escrito en 1845. Véase, sobre el mismo tema, Henri Lefebvre, *Le droit à la ville*, París, Anthropos, 1968.

industrialización en diversos países —Brasil, Argentina, México, Venezuela, Chile, etc.— es uno de los factores esenciales de la metropolización.

Aceptados los parámetros que condicionan el desarrollo urbano, resultarían entonces válidas las previsiones de los planificadores para las próximas décadas: América Latina seguirá incrementando la urbanización de pocos centros, que contendrán en el año 2000 el 80 % de la población y ocuparán poco más del 1 % del territorio, mientras seguirá despoblado el resto del continente —los 14 habitantes por kilómetro cuadrado de promedio subirán sólo a 30 h/km.[3]

Las características del medio rural han sido estudiadas con mayor énfasis en el orden geográfico y económico que en términos humanos y sociales. La vida rural se asocia con arquetipos forjados por la literatura —el gaucho de la Pampa, el campesino indígena del Perú andino o de Yucatán, el aislado nómada de la *caatinga*— en una visión que valoriza la relación hombre-medio físico por encima del condicionamiento explotador-explotado. Esta mistificación romántica de la realidad también comprende la arquitectura y el urbanismo al revalorizarse el folklore, la configuración ancestral del hábitat campesino, la tecnología artesanal y las formas de vida "naturales". Contraponiendo el paisaje urbano al rural —factores diferenciados de la realidad ambiental— se aplica la visión dual de la sociedad latinoamericana, forjada en una conformación histórica diferente: el estancamiento del campo y el dinamismo de la ciudad.[4] Se niega así el vínculo entre ambos elementos como partes de un sistema político, social, económico y cultural, que impone visibles contradicciones en todos los órdenes de la vida social.

Se presta mayor atención al medio rural, desde la óptica urbana, cuando el mismo incide con énfasis en las capitales nacionales, con el incremento de las migraciones campesinas, cuya localización genera el fenómeno de la marginalidad con los asentamientos suburbanos que conforman núcleos de transición entre la cultura urbana y rural y al mismo tiempo elementos de ruptura de la hipotética dualidad antagónica citada.

En resumen, el problema a resolver es el inverso: cómo lograr que la ciudad se disgregue en el campo; cómo generar el proceso de poblamiento de las extensiones territoriales aún vacías[5] en coincidencia con la

[3] Jorge Enrique Hardoy, *Las ciudades en América Latina*, Buenos Aires, Paidós, 1972, p. 90.

[4] Son concepciones tendientes a eludir los factores esenciales que rigen las relaciones sociales y económicas entre los diversos grupos humanos. En este sentido, también pecan de generalización poco objetivables en términos de clases sociales y relaciones de producción, la diferenciación de Darcy Ribeiro en pueblos testimonio, nuevos y transplantados que caracteriza el contexto humano de América Latina. Sobre este tema, véase Aldo Solari, *Sociología rural latinoamericana*, Buenos Aires, Eudeba, 1965; Aníbal Quijano, "Urbanización y tendencias de cambio en la sociedad rural en Latinoamérica", *Ideología, diseño y sociedad*, Documento 2, Universidad Nacional de Bogotá; Betty Cabezas, *América Latina, una y múltiple*, Santiago de Chile, Desal, 1968.

[5] En más del 40 % del territorio latinoamericano, la densidad de población no alcanza un habitante por kilómetro cuadrado y en casi dos tercios no llega a cinco.

redistribución de los centros de producción agrícola e industrial acordes al aprovechamiento de los ingentes recursos naturales disponibles y no explotados; [6] cómo difundir los estándares de la civilización contemporánea, negados por las precarias condiciones de vida existentes en el ámbito rural.

b] La explotación económica del territorio

La acción del hombre sobre el medio físico convierte la naturaleza encontrada, el horizonte geográfico en el paisaje antropogeográfico. La fisonomía del medio rural es producto del proceso histórico de humanización con sus diferentes particularidades, generando la tipología del espacio rural característica de cada cultura o civilización.[7] Proceso determinado por las relaciones sociales, las relaciones de producción y el desarrollo de las fuerzas productivas que condicionan las formas de explotación de las riquezas naturales y a su vez, las estructuras artificiales —ciudades, pueblos, villorrios, asentamientos— que, sumadas al marco natural, configuran la globalidad del ambiente.

La irrupción de los conquistadores españoles en América corta bruscamente el desarrollo interno de las sociedades precolombinas, supeditando sociedad y territorio a los intereses del capitalismo europeo, mercantil y financiero, cuya expansión coincide con la constitución de las colonias. Se inicia la relación de dependencia del centro metropolitano, convirtiéndose el continente en una suma de satélites periféricos [8] compuestos por los polos urbanos que ejercen su dominación sobre las zonas agrarias. La apropiación en gran escala, primero de los recursos minerales y luego de los productos agropecuarios, disuelve las comunidades indígenas, sometiendo la población local —y luego los africanos traídos para substituir la diezmada mano de obra nativa— a la servidumbre y la esclavitud para producir los bienes exportables a Europa o necesarios en

Rubén D. Utria, "Las variables sociales del desarrollo regional en América Latina", en *Políticas de desarrollo urbano y regional en América Latina*, Buenos Aires, Siap, 1972.

[6] Se calcula que por lo menos el 25 % del suelo americano puede ser aprovechado para alguna especie de cultivo, no obstante su utilización actual no sobrepasa el 5 %. En estas condiciones los altiplanos producen el 70 % de las exportaciones de café en el mundo, las plantaciones tropicales el 65 % de los plátanos y el 40 % del cacao. El continente posee el 16 % de las reservas de estaño, cinc y plomo del mundo capitalista; el 20 % de manganeso; el 25 % de cobalto y grafito; el 33 % de mineral de hierro, cobre y níquel; el 50 % de vanadio, berilio, azufre; el 12 % de las reservas explotadas de petróleo. Véase Josué de Castro, *Geopolítica del hambre*, La Habana, Publicaciones Económicas, 1964; Jean Huteau, *La transformación de América Latina*, Caracas, Tiempo Nuevo, 1970.

[7] Pierre George, *La acción del hombre y el medio geográfico*, Barcelona, Península, 1970.

[8] Andrés Gunder Frank, *Capitalismo y subdesarrollo en América Latina*, Buenos Aires, Siglo XXI Argentina, p. 26, 1973.

los centros urbanos de América. Aunque la precariedad de las condiciones de vida imperantes en las áreas agrícolas fija los campesinos a la tierra no cabe hablar en las colonias de la persistencia de relaciones feudales, sino de una estructura social y económica condicionada por el desarrollo del sistema capitalista mundial.[9]

La primera apropiación de tierras realizada por los españoles genera las haciendas agrícolas o ganaderas, base de los posteriores latifundios, controlados por los intereses criollos y los monopolios transnacionales.[10] La dimensión espacial, la baja productividad de la explotación extensiva y la escasa población asentada en su interior caracterizan esta forma de propiedad. Constituyen tierras de reserva, utilizables de acuerdo al libre juego de la oferta y la demanda mundial de los productos agropecuarios. La presencia en el campo del sistema capitalista de explotación, se manifiesta en la plantación que utiliza la mano de obra esclava, se sitúa en la faja tropical y produce los alimentos esenciales para la metrópoli: café, azúcar, cacao, banana, etcétera.

La expansión de la gran propiedad trae aparejada la expulsión de las poblaciones campesinas, que comienza con los exterminios de indígenas realizados por españoles y criollos. Son ejemplos del triunfo de la "civilización" sobre la barbarie, a fines del siglo XIX, en la Argentina, la eliminación de los indios que habitaban en la Pampa y la Patagonia y en el siglo XX, la geofagia de los grandes propietarios, cuya expresión más cruda se desata en la década del 40, en las luchas campesinas conocidas bajo el nombre de "violencia colombiana".[11] Por último, cabe citar la paulatina eliminación de las tribus indígenas que habitan la Amazonia, al integrar este territorio brasileño a la explotación económica contemporánea.

Contrapuestos al latifundio, la hacienda y la plantación, se organizan dos tipos de asentamientos característicos de la región: la comunidad

[9] Se ha sostenido en diversos estudios la tesis de las relaciones sociales y económicas características del feudalismo, por ejemplo: José Carlos Mariátegui, *Siete ensayos de interpretación de la realidad peruana*, La Habana, Casa de las Américas, 1963. En cambio, A. Gunder Frank ha demostrado que fue el nexo del dinero y no las tradiciones, los principios o las relaciones sociales aristocráticas o feudales, el que rigió en América Latina desde un comienzo. Leyla Bartet, "Sobre el origen histórico del subdesarrollo", *Economía y Desarrollo*, núm. 17, mayo-junio de 1973, p. 31.

[10] Los tipos básicos de asentamientos rurales son: la plantación, el latifundio, la gran propiedad, la propiedad mediana, la pequeña propiedad y el minifundio. También el latifundio se subdivide en: la hacienda de genealogía colonial española o portuguesa; la hacienda de plantación de base esclavista; la hacienda señorial (construida sobre la estructura social de la comunidad indígena) y la estancia ganadera. Sobre este tema, véase Manuel Diégues Junior, *Establecimientos rurales en América Latina*, Buenos Aires, Eudeba, 1967; Antonio García, *Reforma agraria y dominación social en América Latina*, Buenos Aires, Ediciones Siap, 1973.

[11] "La lucha de clases en el campo colombiano". Conclusiones de la IV Junta Directiva de la Asociación Nacional de Usuarios Campesinos sobre el problema agrario colombiano, *Ideología, Diseño y Sociedad*, núm. 6, Bogotá, 1972, p. 20.

indígena y el minifundio que agrupan altos índices de población rural en condiciones de precaria subsistencia, ocupando las tierras menos productivas o marginales a las grandes propiedades.[12] Algunas cifras permiten visualizar los efectos negativos que produce la organización del territorio a partir del binomio latifundio-minifundio, negando toda alternativa hacia nuevas estructuras urbano-rurales mientras no cambien el régimen predominante de propiedad y explotación de la tierra. En 1960, el 1 % del total de explotaciones controlaba el 62.5 % de toda la superficie agrícola del continente, comprendiendo este 1 % a las explotaciones de tipo latifundario con más de 1 000 hectáreas. A su vez, el 76.4 % de todas las explotaciones sólo contaba con el 4.5 % de la tierra.[13]

La situación general del continente está reflejada en las siguientes cifras: el 1.5 % de los propietarios de fincas ocupan 471 millones de hectáreas, es decir, el 65 % de la superficie bajo dominio privado; resulta así un promedio de superficie del latifundio de 41 000 hectáreas y del minifundio de menos de 5 hectáreas. Este condicionamiento negativo proviene también de los arbitrarios objetivos que limitan el desarrollo agropecuario: si por una parte, la producción eficiente de las plantaciones —en su mayor parte propiedades norteamericanas, de la United Fruit Co., Armour, Swift, King Ranch, Anderson Clayton, etc.— abastece los centros metropolitanos, por otra no se logra satisfacer las necesidades internas. América Latina importa alimentos por valor de 1 500 millones de dólares por año —aproximadamente, el 12 % del total de importaciones.[14]

c] *Asentamientos humanos y medio físico*

El sistema de propiedad citado, también influye en el desarrollo de los asentamientos humanos, provocando el estancamiento y deterioro de los núcleos rurales. El modelo territorial impone la concentración de las actividades secundarias y terciarias, mientras mantiene segregadas las actividades primarias, esparcidas sobre las grandes extensiones territoriales con escasos puntos de integración con las restantes. El factor esencial que rige la precariedad de los núcleos rurales estriba en el mínimo nivel de subsistencia impuesto a los trabajadores agrícolas, tanto a los asalariados en latifundios o plantaciones, como a aquellos agrupados en comu-

[12] Celso Furtado, *Breve historia económica de América Latina*, La Habana, ICL, 1972.

[13] Ismael Morera, "Crecimiento económico y equidad social: escenario de futuras sociedades en América Latina". Ponencia a la Conferencia auspiciada por la Fundación Alemana para los Países en Desarrollo, Bonn, RFA, 1972, mimeo.

[14] Antonio García, *op. cit.*, p. 71. Estas cifras resultan casi absurdas: "Pese al potencial agrícola, forestal y pesquero de los países latinoamericanos pertenecientes a la ALALC, fueron extrazonales el 65% de las importaciones de trigo, el 67.4 % de las de cebada, el 75 % de las fibras vegetales, el 97 % de las de tabaco, el 97 % de los productos lácteos, el 88 % de las de pulpa de madera, el 94 % de las de pescado y mariscos, el 74 % de los cueros y pieles y el 81 % de las de aceites vegetales", p. 34.

nidades —por ejemplo, los ejidos mexicanos—, cuyos recursos provienen de la pequeña parcela de autoconsumo. En estas condiciones, si el Estado no aporta los servicios sociales o las infraestructuras urbano-arquitectónicas, los campesinos deben recurrir a sus propias fuerzas para crear las condiciones mínimas de su hábitat.

Las cifras referentes al nivel de ingreso de las masas rurales latinoamericanas son reveladoras de las condiciones de vida predominantes. Se calcula que entre 60 y 70 millones de habitantes del campo perciben un ingreso medio de 60 dólares por año.[15] De éstos, 25 millones se concentran en el Nordeste brasileño.

Concentrados los mayores índices de desarrollo económico en el polo urbano-industrial, la limitada modernización de la explotación agraria actúa como reductora de la mano de obra empleada, al no establecer opciones ni alternativas en actividades anexas o complementarias, desintegrando la tradicional comunidad campesina.[16] Asimismo, el minifundio no permite la subsistencia del grupo familiar en expansión, ocasionando ambos fenómenos el incremento de la desocupación en el campo; en la República Dominicana, sobre una población rural de 2 millones, 570 000 personas no disponen de tierras ni de trabajo asalariado; en Colombia, 1.2 millones de campesinos no poseen tierras. En resumen, se calcula que 20 millones de personas trabajan tierras ajenas sin ninguna garantía de permanencia:[17] el resultado final consiste en el flujo migratorio dirigido hacia las grandes conurbaciones.

Los desequilibrios regionales existentes en los diversos países producen un constante incremento de las áreas en expansión y un deterioro de las zonas subdesarrolladas, ocasionando lo que se ha definido como "colonialismo interno". Si no se contrapone una acción planificadora que contrarreste el proceso "natural" de organización espacial del sistema capitalista dependiente, se incrementará la concentración de población en ciudades de más de 100 000 habitantes: las previsiones calculan que en el año 2000 la población urbana se incrementará en 230 %, mientras la rural sólo lo hará en un 33 %.[18] Mientras el incremento de la primera se mantiene a un promedio del 5 %, en el campo el índice es del 1.5 %.

d] *Los instrumentos para el cambio*

A lo largo del siglo xx los países de América Latina con mayores contra-

[15] Ismael Morera, *op. cit.* Además, de acuerdo con datos elaborados por la FAO, cerca de 80 millones de campesinos latinoamericanos apenas disponen de 15 dólares por persona y por año para adquirir manufacturas industriales y de servicios.

[16] Paul Singer, "Migraciones internas: consideraciones teóricas sobre su estudio", en *Economía política de la urbanización*, México, Siglo XXI Editores, 1975, pp. 38-39.

[17] Manuel Diégues Junior, *op. cit.*, p. 87.

[18] Alvaro García Peña, "Educación y vivienda", en *América en el año 2000. Demografía, planificación y desarrollo*, Siap, Instituto Peruano de Estudios del Desarrollo, Lima, 1968, p. 217.

dicciones en las áreas rurales, ensayaron proyectos de reformas agrarias, distribuyendo tierras entre los campesinos. Se consideraba este instrumento como el más idóneo para atenuar los violentos conflictos de clase en las áreas rurales. Surgidas en algunos intentos revolucionarios —México y Bolivia— la reforma agraria fue aplicada posteriormente por la mayoría de los restantes países bajo los auspicios de la Alianza para el Progreso; [19] se conocen 18 leyes de reforma agraria aprobadas en el continente, demostrando finalmente el escaso valor de transformación dentro de las estructuras vigentes en el sistema capitalista. Con excepción de Cuba, que constituye el único caso de revolución socialista, también Perú y Chile inician cambios parciales, trágicamente interrumpidos en este último país por el golpe militar; en la mayoría de los casos la reforma agraria se limita a una distribución de tierras en propiedad a los campesinos, sin afectar mayormente las grandes extensiones situadas en las mejores tierras cultivables.[20] De este modo se generan las contradicciones inherentes al minifundio, ya citadas. Ello demuestra que cambiar la distribución de las tierras sin que se suprima la apropiación privada del conjunto de los medios de producción, no hace escapar al productor de la dominación de las leyes del mercado y de todos los mecanismos inherentes a la economía mercantil.[21] O sea, que la transformación de las formas de propiedad en el campo debe integrarse en los cambios globales de la economía a nivel nacional, respondiendo a los intereses de la comunidad.[22]

El ejemplo de México y Bolivia resulta patético, debido al carácter campesino y proletario que origina ambos procesos revolucionarios, resultando posteriormente frustrado su desarrollo, al asumir la burguesía nacional, vinculada a los intereses foráneos, la dirección del Estado y el condicionamiento de las estructuras agrarias a la primacía otorgada al desarrollo industrial.

La inicial participación campesina en la transformación de las condiciones imperantes responde a la férrea explotación impuesta por el latifundio señorial: en México, antes de 1910, el 1.5 % de las grandes hacien-

19 Orlando Fals Borda, *Las revoluciones inconclusas en América Latina (1909-1968)*. México, Siglo XXI, 1968. Según Antonio García, existen tres tipos de reformas agrarias: *a*) Reformas agrarias estructurales, que integran un proceso nacional de transformaciones revolucionarias; *b*) Reformas agrarias de tipo convencional, que forman parte de una operación negociada políticamente entre las antiguas y nuevas fuerzas sociales; *c*) Reformas agrarias marginales, que no apuntan hacia la ruptura del monopolio señorial sobre la tierra o hacia la transformación fundamental de las estructuras latifundistas.

20 En México, en 1950 subsistían 19 000 propiedades de más de 1 000 hectáreas, constituyendo 116 millones de hectáreas. El 1.42 % de las propiedades constituye el 79.5 % de toda el área agraria del país. Manuel Diégues Junior, *op. cit.*, p. 81.

21 Michel Gutelman, *Réforme et mystification agraires en Amérique Latine. Le cas du Mexique*, París, Maspero, 1971, p. 14.

22 Estos planteamientos forman parte de las conclusiones del Seminario Latinoamericano sobre Reforma Agraria y Colonización, realizado en Chiclayo, Perú, organizado por FAO/PNUD en 1971.

das poseía el 97.2 % de la tierra, mientras el 96 % de los campesinos carecía de tierras; 3.5 millones de minifundios apenas tenían el 2.8 % de la tierra. En Bolivia, el 4 % de los terratenientes poseían el 95 % de la tierra (en unidades de 4 500 hectáreas de promedio), mientras los minifundios (en unidades de 2.2 hectáreas) se concentraban en el 0.41 % de la tierra.[23]

La etapa agrarista de la Revolución mexicana domina el primer período, hasta el gobierno de Lázaro Cárdenas. Corresponde al proceso de distribución de tierras excedentes de los latifundios y la organización del ejido colectivo, de propiedad y explotación comunales, sobre la base de cooperativas de explotación. Sin embargo, esta primera experiencia revolucionaria latinoamericana, careció del adecuado contexto institucional y planteó un profundo conflicto con la orientación capitalista de la economía nacional mexicana. Al tomar la iniciativa política la burguesía, se abre la etapa industrialista y liberal, "que margina el sector ejidal y las pequeñas economías campesinas, debatiéndose éstas en la fragmentación, el empobrecimiento crónico y el impenetrable círculo vicioso que aprisiona toda economía minifundista".[24]

Resulta similar el fracaso de la reforma agraria boliviana: destruida la propiedad latifundista señorial y la hacienda de colonato, se procede a distribuir la tierra entre quienes la trabajan, sin integrar la producción agrícola dentro de una estratégica perspectiva de desarrollo integrativo a nivel nacional. El resultado fue la dispersión de la propiedad y la generalización de una economía de subsistencia en el sector agrícola, al constituir los minifundios el 72 % de las unidades de explotación.

La Revolución cubana atesorará estas experiencias, en sus aspectos negativos y positivos. En este sentido, el punto de partida resulta excepcional dentro del contexto latinoamericano por los cambios generados en el marco rural. La primera reforma agraria, promulgada en 1959, distribuyó entre 100 000 campesinos sin tierra, 1.4 millones de hectáreas, permitiendo además la subsistencia de propiedades de 400 hectáreas de extensión.[25] En 1963, la segunda reforma agraria redujo la propiedad individual a 67 hectáreas debido al sabotaje económico desarrollado por la burguesía agraria [26] y la persistencia de una fragmentación territorial en contradicción con los planes agropecuarios estatales. La distribución de las tierras en propiedad no incluyó los 400 000 asalariados agrícolas que trabajaban en las plantaciones azucareras.

Uno de los principios de la reforma agraria cubana —llamada más exactamente revolución agraria que reforma agraria—[27] fue no sub-

---

[23] Antonio García, *op. cit.*, p. 236.
[24] Antonio García, *op. cit.*, p. 223.
[25] "Evaluación de la reforma agraria en Cuba", *Economía y Desarrollo*, núm. 11, La Habana, mayo-junio de 1972, p. 168.
[26] Carlos Rafael Rodríguez, "El nuevo camino de la agricultura cubana", en *Cuba Socialista*, núm. 27, noviembre de 1963, p. 71.
[27] Fidel Castro, Discurso de clausura del IV Congreso de la ANAP, La Habana, 1971.

dividir las grandes propiedades que constituían unidades productivas funcionales, cuya administración y dirección quedó en manos del Estado, alcanzando el control del 76 % de las tierras. Éstas fueron organizadas en granjas cañeras y granjas del pueblo, evitando así la desintegración del territorio en pequeñas propiedades que habría obstaculizado el desarrollo de los planes integrales y la organización de la producción en términos de alta tecnología y rendimiento. La coordinación entre los objetivos del Estado y los intereses de los pequeños agricultores —controlan el 24 % de las tierras— implicó un largo proceso organizativo que trascendía el simple plano económico: era necesario substituir el tradicional individualismo campesino, el apego a la parcela de tierra, el carácter circunscripto del universo ideológico y cultural, el bajo nivel educativo y tecnológico, integrando al trabajador rural a los mismos patrones de comportamiento, educación y concepción de la realidad inherente al proletariado urbano.[28]

El Instituto Nacional de la Reforma Agraria (INRA) establece la política agrícola del país y controla el proceso de comercialización, la creación de las infraestructuras, la distribución de equipos, etc. Los campesinos, a su vez, están agrupados en la Asociación Nacional de Agricultores Pequeños (ANAP), a nivel nacional y luego en las ramificaciones correspondientes a las diversas formas de colectivización existentes a escala local.

La experiencia cubana sirvió de base a las transformaciones realizadas en las áreas rurales del Perú por la fuerza armada y en Chile por el gobierno de la Unidad Popular. En ambos países, las burguesías locales habían promulgado leyes de reforma agraria que no afectaban a los latifundistas y ponían en práctica una tenue repartición de tierras con el objetivo de generar una masa de pequeños propietarios que apoyaran así a los regímenes burgueses.[29]

En el Perú, a partir de 1968, la reforma agraria iniciada por el gobierno revolucionario de la fuerza armada, comprende la nacionalización de los complejos agroindustriales de la costa y la integración de las comunidades campesinas en estructuras productivas que permitan la superación del marco limitado de la subsistencia individual, inherente al minifundio. El objetivo fundamental radica en no desarticular el sistema productivo heredado —el ciclo de la producción de azúcar en la costa— y promover la propiedad social de la tierra, organizando formas empresariales de dimensión adecuada en razón del eficiente empleo de los

[28] "Y no dimos un paso atrás. Porque haber convertido nuestra masa de obreros agrícolas en agricultores privados independientes, habría sido una marcha atrás en la historia de este país. ¿Por cuánto tiempo habría perdurado en nuestro país la existencia de dos clases sociales: la clase obrera y la clase campesina? La nueva concepción de la reforma agraria nos permitió mantener a los obreros como obreros e incrementar la fuerza y la influencia de la clase obrera". Fidel Castro, Discurso de clausura del IV Congreso de la ANAP, *op. cit.*

[29] Manuel Castells, "Reforma agraria, lucha de clases y poder popular en el campo chileno", D. T., núm. 58, CIDU, Universidad Católica de Chile, 1972, mimeo.

recursos y la plena participación campesina en unidades de tipo asociativo.[30] A escala territorial, las zonas agrarias constituyen las áreas prioritarias de reforma agraria, subdivididas a su vez en unidades geográficas menores, cuya homogeneidad se expresa en términos ecológicos y de infraestructura física. Éstas forman los sectores geográficos, a su vez subdivididos en sectores prioritarios (aquellos en los cuales existe un alto grado de presión demográfica, un volumen significativo de tierras intransferibles, la presencia de tensiones o conflictos sociales, la concentración de fundos altamente tecnificados, etc.).

Los sectores abarcan ámbitos demasiado extensos para llevar a cabo eficientemente las transformaciones implícitas en la reforma agraria. Corresponde a una escala menor la estructuración de los Proyectos Integrales de Asentamiento Rural (PIAR), cuya dimensión varía de acuerdo con la ubicación en la parte baja o media de los valles costeros, los valles interandinos o el altiplano andino, donde alcanzan grandes extensiones: los parámetros para la agricultura bajo riego oscilan entre las 5 000 y 15 000 hectáreas, mientras en la ganadería extensiva de la Puna alcanzan las 200 000 o 300 000 hectáreas.

Los PIAR, a su vez, agrupan las cooperativas agrarias de producción, de integración parcelaria, comunales, de servicios y sociedades agrícolas de interés social (SAIS), comprendiendo, en la primera etapa, 2.5 millones de hectáreas y más de 100 000 familias campesinas. En el plano político y social, la participación de los agricultores es orientada por el Sistema Nacional de Apoyo a la Movilización Social (SINAMOS), cuyo objetivo es promover la organización de la población en unidades dinámicas, tanto territoriales como funcionales, de carácter comunal y cooperativo.

En Chile, el gobierno de la Unidad Popular trató de rectificar la errónea tendencia de la Democracia Cristiana, que a través de la entrega de los fundos por unidades separadas y a un escaso número de agricultores, desmembró y desmontó cierta "racionalidad de explotación" históricamente constituida.[31] La formación de los Centros de Reforma Agraria (CERA) tendía a la vinculación entre los asentamientos, evitando la frágil autonomía de las propiedades aisladas, para obtener una unidad económicamente racional que constituyera un avance en términos de socialización de la producción y democratización de la gestión cooperativa. Se intentaba, así, integrar las estructuras agrarias al proceso de consolidación del área de propiedad social en los centros urbanos, formando una red nacional colectivizada de las estructuras productivas; proceso bruscamente interrumpido por la junta militar, procediendo de inmediato a la restitución de los latifundios y empresas industriales a sus antiguos propietarios, anulando toda participación del campesinado y proletariado urbano en la gestión de producción. En su conjunto todas las experiencias citadas abren perspectivas válidas en la transformación del territorio

---

[30] Jorge Fernández Maldonado, "Fuerza armada, cristianismo y revolución en el Perú", en *Participación*, núm. 3, Lima, agosto de 1973, p. 4.
[31] Manuel Castells, *op. cit.*

agrícola, destruyendo las estáticas trabas tradicionales que marginaron durante siglos la población campesina.

2. ALCANCES Y OBJETIVOS DE LA PLANIFICACIÓN REGIONAL

a] *Intentos reales y virtuales*

Los lineamientos y contradicciones señalados anteriormente definen el marco limitado de acción de los planificadores e invalidan las propuestas concebidas para el cambio, opuestas a los intereses imperantes.[32] Tres factores influyen en los parciales ntentos de planificación del continente: *a*) la modificación de regiones naturales deprimidas o afectadas por catástrofes —la creación del SUDENE en el nordeste del Brasil para afrontar las recurrentes sequías; la CORFO en Chile, nacida a raíz de los terremotos que afectaban al país; la Corporación del Valle del Cauca en Colombia y la Comisión del Río Balsas en México, etc.—; *b*) la explotación de nuevas áreas territoriales que contienen materias primas esenciales —la Guayana venezolana y la Amazonia brasileña—; *c*) el proceso de industrialización iniciado a partir de la década del 30.

A pesar de las propuestas de regionalización, promoviendo un vínculo coherente entre los canales económicos de difusión del desarrollo —inversiones, modernización de las estructuras, etc.—[33] y los canales espaciales, la industria se localiza en las grandes áreas metropolitanas —ciudad de México; Buenos Aires-Rosario; Río-San Pablo; Santiago-Valparaíso; Caracas-Maracay-Valencia— sin nexo alguno con las regiones agrícolas. Esta política de localización responde a los intereses de las burguesías nacionales y las corporaciones transnacionales, promotoras de las industrias ligeras, cuya producción es consumida por los grupos de mayores recursos asentados en las ciudades. La unión producción-consumo e infraestructura queda establecida en las áreas metropolitanas, a su vez, puntos de vinculación con el exterior y centros de decisión político-económica.

En la última década el incremento de las inversiones en la industria

[32] "Postulamos que los planificadores hemos autolimitado, consciente o inconscientemente, nuestra actuación a la mera confección técnica de diagnósticos y planes, evitando voluntariamente la acción de cambio, con lo cual hemos sido cómplices del mismo subdesarrollo dependiente que deseamos atacar... Autolimitando voluntariamente nuestra actuación en la tecnocrática labor de elaborar planes y proyectos, consciente o inconscientemente nos vemos absorbidos por el mismo sistema social que en nuestro diagnóstico decidimos condenar." Enrique Browne, Guillermo Geisse, "Planificación para los planificadores o para el cambio social", en *Imperialismo y urbanización en América Latina*, Barcelona, G. Gili, 1975, p. 316.

[33] Walter B. Stohr, *El desarrollo regional en América Latina. Experiencias y perspectivas*, Buenos Aires, Ediciones SIAP, 1972, p. 14.

motiva la creación de nuevos núcleos interiores con el objetivo de incidir a escala regional, formando polos de desarrollo, concebidos como dinamizadores de las áreas rurales subdesarrolladas. El crecimiento desigual de industria y agricultura y las trabas que limitan la transformación de las estructuras rurales convierten dichos polos en modernos enclaves dentro de áreas periféricas estancadas. El Nordeste brasileño constituye un claro ejemplo: el asentamiento de 600 proyectos industriales entre 1960 y 1968 [34] no absorbió la mano de obra desocupada de la región a causa de la alta tecnología de las plantas, ni tampoco fue asimilada localmente la producción debido al precario nivel de vida de la población, de modo que fue exportada a los centros urbanos del sureste. Una desconexión similar entre áreas urbano-industriales y región agrícola se produjo en Ciudad Guayana.

Queda así demostrada la escasa validez en el continente de la teoría de los polos de desarrollo, cuando coincide con una concepción del crecimiento económico capitalista que lleva aparejada la descapitalización, el incremento de las importaciones no productivas, el desempleo y la alta concentración del ingreso,[35] mientras que por desarrollo se supone un crecimiento equilibrado de una serie de sectores de la economía, autosostenido y vinculado siempre a la idea social del desarrollo. En estos términos, es entonces lícito hablar de una planificación regional cuyos objetivos permitan alcanzar una redistribución de la población sobre el territorio en concordancia con los centros productivos, acompañados por la expansión de las infraestructuras y los servicios sociales; pero estas premisas no corresponden al modelo territorial de la sociedad capitalista dependiente, rígidamente condicionado por los intereses de clase y la explotación del proletariado urbano y rural.

Resultan entonces abstractas formulaciones teóricas, las supuestas planificaciones "integrales" proclamadas en América Latina, el planeamiento "humanístico" propugnado por la Alianza para el Progreso [36] o la integración económica y regional de los países de la región.

No faltan ejemplos demostrativos de la validez de estas afirmaciones: el modelo propuesto por el gobierno de Colombia —denominado "las cuatro estrategias"— plantea el desarrollo integral del capitalismo a escala rural y urbana: "tecnificación de la agricultura y la ganadería, migración acelerada de las masas campesinas desplazadas hacia las grandes ciudades, absorción de los nuevos proletarios por las industrias de trans-

---

[34] Walter Stohr, *op. cit.*, p. 187.

[35] Carlos Rafael Rodríguez, Discurso ante la Asamblea de la CEPAL, Estrategia para el desarrollo, Segundo Decenio, Quito, 1973. En el Brasil, según datos elaborados por la UNCTAD en 1972, el producto bruto percápita creció a una tasa del 2.5% en el último decenio, pero la participación del 40% de la población —la más pobre— disminuyó del 10% en 1960 al 8% en 1970, en tanto que la participación del 5% de la población brasileña —la más rica— aumentó del 29 al 38% en el mismo período.

[36] Harvey S. Perloff, Lowdon Wingo, "Potencialidades en el futuro de América Latina", en *América en el año 2000*, Simposium IV, Ediciones SIAP, Lima, 1969, p. 13.

formación".[37] O sea, despoblar las áreas rurales para introducir una explotación agrícola de alto rendimiento, acelerar el proceso de urbanización acrecentando la disponibilidad de mano de obra proletaria para la industria ligera y la construcción que satisfacen los niveles de consumo de la burguesía, produciendo, a escala urbanística, el consecuente incremento de las áreas marginales.

La colonización de las tierras vírgenes de Amazonia se lleva a cabo bajo la hegemonía de las corporaciones transnacionales, interesadas en la explotación de las riquezas contenidas en los 5 millones de kilómetros cuadrados, o sea, las dos quintas partes de Sudamérica. Si bien el organismo promotor es brasileño —SUDAM—, en el proyecto participan directamente el grupo Rockefeller, a cargo de la ganadería intensiva y la explotación de la madera; la Bethlehem Steel y la United States Steel Corporation, para extraer las reservas de hierro y manganeso, productos exportados a los centros de procesamiento instalados en los países capitalistas desarrollados.

El proceso de transformación territorial ha sido iniciado con la construcción de las carreteras que cruzan la Amazonia perpendicularmente entre sí, vinculando las áreas costeras del Atlántico con las fronteras de Perú, Colombia y Venezuela; la carretera transamazónica y red vial conectada a ella, conforman un total de 8 000 km. La etapa siguiente, el desmonte de la selva y el asentamiento de colonos, presenta, en el poco tiempo transcurrido, perspectivas desalentadoras que han generado la alarma entre planificadores y ecólogos. La Amazonia posee el 15% de agua dulce del mundo —alberga 1 500 variedades de peces—, la tercera parte de la madera y sus selvas proveen 1/5 del oxígeno del planeta. Por lo tanto, el deterioro ecológico que se ha iniciado puede tener consecuencias imprevisibles para el continente y el mundo. La espesa selva protege el suelo del tórrido sol ecuatorial y las raíces de los árboles, junto con la vegetación podrida, impiden la erosión del suelo a causa de las grandes lluvias (80 pulgadas/año). En la actualidad se pierde un kilómetro de tierra fértil por hectárea al año; desmontada la selva, la pérdida será de 34 toneladas anuales. Este hecho ya ha sido verificado por los agricultores de la colonia Presidente Dutra, cerca de Porto Velho, Rondonia; inicialmente recogieron buenas cosechas, pero a los tres años el suelo se había erosionado en forma tal, que no era posible siquiera una agricultura de subsistencia. Asimismo, la erosión reduce la afluencia de los ríos vecinos. En la región de Río Branco se verificó que la deforestación ha alterado ya la temperatura del valle del río y la ha elevado a la cifra sin precedentes de 41°C.[38]

En cuanto a la absorción de mano de obra, será mínima debido a las tecnologías empleadas: se calcula para 1975 un asentamiento de 150 000

---

[37] Mario Arrubla, *Estudios sobre el subdesarrollo colombiano*, El tigre de papel, Bogotá, 1972, p. 37.
[38] "Amazonia, ¿infierno verde o cuerno de la abundancia?", en *Siap, Correo Informativo*, vol. 7, núms. 3-4, agosto, 1973, p. 6.

personas —el 0.2 % de la población del noroeste—, cifra que no permite una mínima solución al problema de la miseria imperante en aquella zona, aunque sea proclamada la Amazonia por los gobernantes brasileños como la perspectiva válida en este sentido: entre 1970 y 1980, el Nordeste habrá aumentado su población en 10 millones de habitantes.[39]

Constituyen, por lo tanto, iniciativas a escala regional que no reducirán las contradicciones fundamentales verificables en el territorio latinoamericano: *a*) la creciente polarización de las áreas metropolitanas; *b*) el desarrollo desigual de regiones ricas y pobres; *c*) el incremento de la marginación —política, económica, social y cultural— de las áreas rurales; *d*) la desnacionalización de los sectores estratégicos de las economías nacionales.

b] *Las transformaciones radicales*

No resulta tarea fácil la inversión de las tendencias señaladas en la configuración de las estructuras territoriales, si no son precedidas por la transformación de la base económica y social. Siglos de acondicionamiento externo; la presión de los intereses de los grupos de poder, dispuestos a defenderlos hasta sus últimas consecuencias —como lo demuestra la violenta interrupción del proceso revolucionario chileno—; profundos contrastes tecnológicos y culturales a escala nacional y regional, constituyen trabas a los intentos de redistribución de la riqueza, la homogeneización de los niveles de vida de la población, organizada territorialmente en términos de trama equilibrada y continua.

Chile y Perú inician los primeros pasos al nacionalizar la explotación de los recursos naturales y comenzar la reestructuración territorial destruyendo el tradicional sistema latifundista. El gobierno peruano, como objetivo de la planificación económica y territorial, se propone "un desarrollo acelerado y autosostenido, sustentado fundamentalmente en las potencialidades internas del país, a través de una estructura productiva articulada e integrada —tanto sectorial como regionalmente— y caracterizada por un aumento sustancial del producto interno, un mayor grado de eficiencia en el uso de los recursos humanos y naturales y una mayor racionalidad en la ocupación del territorio nacional". El proceso se encuentra en la etapa de la organización productiva de las zonas de reforma agraria, experimentando diversas formas de socialización en las tres regiones fundamentales del país: la costa con sus complejos agroindustriales, la dispersión humana y productiva de la sierra y la selva aún escasamente explotada. Las innovaciones predominantes aparecen en el plano social —formas de participación y de autogestión de las comunidades campesinas— en el sistema de servicios —educación y salud pública— y en la creación de las infraestructuras funcionales —sistema de

---

[39] "Brasil: la carretera transamazónica", en *Pensamiento Crítico*, núm. 53, La Habana, junio, 1971, p. 136.

riego, vial, equipos tecnológicos, etc.—, sin alcanzar todavía la etapa de concreción de nuevas formas de asentamiento.

En Chile, el gobierno de la Unidad Popular trató, en los tres años transcurridos, de corregir las deformaciones heredadas de los lineamientos de la planificación burguesa —por ejemplo, el excesivo desarrollo de la macrozona central de Santiago—.[40] Los objetivos propuestos por la Oficina de Planificación Nacional (ODEPLAN) pueden resumirse en los siguientes puntos: a] readecuar la estructura económica espacial del país; b] descentralizar el crecimiento de la población; c] crear en cada región fuentes de trabajo productivo; d] movilizar los recursos ociosos y mal utilizados; e] acelerar el desarrollo de la industria a escala regional; f] aumentar la productividad media de cada región; g] vincular la participación popular a todos los aspectos del programa de planificación; h] disminución del grado de dispersión de la población rural concentrándola en lo posible en áreas dotadas de los servicios necesarios para sus habitantes y para la actividad productiva; i] introducir elementos urbanos en la estructura física y social agraria.[41] El derrocamiento del gobierno popular interrumpió el proceso progresista condicionando nuevamente las estructuras territoriales a los objetivos de las minorías reaccionarias, quienes han borrado todo vestigio de configuración del ambiente identificado con los intereses democráticos de la comunidad.

Los objetivos dominantes de la planificación regional en Cuba han sido la socialización de los medios de producción y la búsqueda de una organización social y productiva promotora de la homogeneidad social proyectada a su vez en una globalidad territorial. Los planificadores se volcaron de inmediato hacia la reorganización de las estructuras productivas y funcionales, desde el nivel urbano hasta la integración de los pequeños agricultores en las áreas rurales.

La primera premisa, inherente al desarrollo económico, es el predominio de la producción agropecuaria, que durante el período de consolidación, tendrá la primacía sobre el proceso de industrialización.[42] Los parámetros que rigen este desarrollo son radicalmente diferentes de los ejemplos analizados anteriormente. La industrialización de la agricultura, la aplicación de equipos y tecnologías de alto rendimiento requiere un territorio concebido en términos de grandes superficies unitarias que integre las industrias de procesamiento —o sea la vinculación agroindus-

---

[40] En la fundamentación de los planificadores, para justificar la política de centralización se percibe la clara manipulación ideológica de los técnicos al servicio de la clase dominante. Véase Manuel Achurra Larrain, "Los desequilibrios regionales en Chile y algunas reflexiones sobre el proceso de centralización", en *Revista Interamericana de Planificación*, núm. 23, septiembre, 1972, p. 28, y también "La política de desarrollo regional chilena durante la administración de Frei", en AA. VV. *Políticas de desarrollo urbano y regional en América Latina*, Buenos Aires, Siap, 1972.

[41] Hernán Latorre, "La planificación regional en el gobierno popular", en *Revista Interamericana de Planificación*, núm. 23, septiembre de 1972, p. 60.

[42] Carlos Rafael Rodríguez, *Las perspectivas económicas de Cuba*, Universidad de La Habana, 1968, mimeo.

trial— y cuya población posea el nivel de cualificación requerida para llevar el *know-how* identificado con la cultura urbana al territorio rural.

La segunda premisa es consecuencia de la primera: a la hegemonía de las actividades agropecuarias le corresponde un territorio concebido como una trama y no en términos de polos de desarrollo; equipado con una armadura urbana y no con núcleos urbanos aislados. Esto no significa abandonar las ciudades tradicionales como propusieron los "desurbanistas" soviéticos en los años 30, sino crear las condiciones para ir acortando la distancia —de tamaño, población, servicios, nivel de vida— entre las grandes ciudades —La Habana, Santiago, Camagüey, etc.—, las ciudades medias y los núcleos menores que forman el sistema urbano; para esto, los 150 centrales azucareros distribuidos en todo el país, constituyen puntos de articulación de la trama y base esencial de la vinculación agroindustrial. El proceso de formación de la armadura urbana implica el fortalecimiento de las ciudades medias substituyendo la primacía de la función terciaria —centros comerciales tradicionales, de abastecimiento de los productos consumidos en las áreas rurales— por las infraestructuras de servicios a la producción —talleres de maquinarias, industria ligera, de procesamiento, etcétera—. Por otra parte, se promueve la desaparición del hábitat rural disperso —los bohíos— al agruparse a los campesinos en comunidades de 2 000 a 5 000 habitantes, que constituyen el primer escalón de la red urbana en el campo.

La tercera premisa consiste en concentrar y racionalizar las unidades de producción agropecuaria, cambiando paulatinamente la arbitraria diversificación de cultivos y organización de los lotes heredados de la tradicional subdivisión territorial producto de la propiedad privada capitalista. Ante la imposibilidad de modificar esta situación de inmediato, al comienzo de la revolución fueron seguidas dos líneas paralelas: entregar la tierra a los pequeños agricultores que la trabajaban y no subdividir los latifundios ganaderos y las plantaciones azucareras.[43] Sin embargo, se optó de inmediato por el predominio de la segunda línea tendiente a la colectivización de la producción, de la vida social, de los servicios, etc., a través de la estructura político-administrativa, los planos de producción y las formas de asentamiento rural de la población. Con este fin se ensayaron diversas subdivisiones territoriales cuya efectividad se verificara siempre en el plano productivo y social, tendiendo a obtener la mayor participación e integración del campesinado. Definidas las escalas —granja, municipio, región y provincia— se fijaron unidades productivas de 300 a 750 hectáreas, agrupadas en bases —4 000 hectáreas— organizadas en las agrupaciones o planos integrales que constituyen las mayores extensiones

[43] La definición de esta línea política fue comprendida claramente por el proletariado agrícola que en 1962 invalidó la formación de cooperativas cañeras, optando por las granjas cañeras administradas por el estado de Veracruz. Alfredo Menéndez Cruz, "La transformación de las cooperativas cañeras en granjas cañeras", en *Cuba Socialista*, núm. 14, octubre, 1962, p. 31.

de territorio especializado, hasta un máximo de 300/400 000 hectáreas.[44]

La formación de unidades productoras coherentes y unitarias coincide con la política agraria de especialización local y diversificación nacional,[45] alternando los cultivos de acuerdo a las características físicas de los terrenos e integrando en los planes a los campesinos con pequeñas propiedades, acción incrementada recientemente al materializarse el proyecto territorial en cada una de las seis provincias: el plan cítrico de Isla de Pinos; el plan arroz en Las Villas y Oriente; el plan lechero y de ceba en Camagüey, etc. Paulatinamente el campesinado ha ido renunciando a las viejas ataduras, a su universo limitado, a su autoabastecimiento, comprendiendo el cambio de escala instaurada por una producción tecnificada y la necesidad de sumarse a un proceso económico y social nacional que abre una dimensión colectiva cualitativamente superior, basada en la integración de todos los miembros de la comunidad.[46]

La cuarta premisa corresponde a la creación de las infraestructuras en el campo, equilibrando las carencias heredadas y fijando las bases necesarias para el proceso de poblamiento y tecnificación de las áreas rurales. La revolución ha mantenido en estos años un alto nivel de inversión nacional en la agricultura —aproximadamente el 30 % [47] consolidando el sistema vial—, la autopista nacional que une toda la isla, los caminos de producción y las extremas ramificaciones en las áreas montañosas—; el sistema hidráulico —3 500 millones de metros cúbicos de agua—, creando presas y micropresas en todo el territorio, asegurando el abastecimiento permanente a los planes e independizar los cultivos de la arbitrariedad del régimen de lluvias; el sistema de vaquerías para la explotación ganadera intensiva, equipadas con ordeño mecánico y equipos para la inseminación artificial; [48] por último, los asentamientos humanos imponen la creación del sistema de pueblos y servicios. La vinculación entre todos los componentes citados exige la ejecución de un proyecto territorial detallado, con el mismo grado de exactitud que tradicionalmente corresponde a los proyectos urbanos. Los planificadores cubanos son, en este sentido, diseñadores "urbanos" del campo. El territorio de un plan en desarrollo requiere la definición de sus elementos, comprendiendo la distribución de los cultivos, las vías, los centros de

---

[44] *La construcción de viviendas y centros comunales en Cuba*, Junta Central de Planificación, La Habana, 1973.

[45] Carlos Rafael Rodríguez, *op. cit.*

[46] "La participación del campesinado cubano en el proceso de desarrollo económico y social del país debe ser mediante la incorporación progresiva de sus tierras y fuerza de trabajo a los planes integrales, posibilitándose con ello el empleo masivo de la técnica y la mecanización de la agricultura como vía más adecuada para salir del subdesarrollo rural." Resoluciones del IV Congreso de la Asociación Nacional de Agricultores Pequeños, La Habana, 1971.

[47] Sergio Aranda, *La revolución agraria en Cuba*, México, Siglo XXI Editores, 1968, p. 8.

[48] Carlos Rafael Rodríguez, Discurso ante la Asamblea de la CEPAL, Quito, 1973. "Sólo en 1972 construimos 228 de ellas con una capacidad de más de 55 mil animales. En 1973 se saltará a 400 vaquerías, 500 en 1974 y 600 en 1975".

producción —vaquerías, núcleos de acopio, almacenes, industrias de procesamiento, etc.—, los pueblos, servicios, etc. Las cercas divisorias de los campos, las micropresas utilizadas también como áreas del tiempo libre y esparcimiento, las cortinas de árboles rompeviento, el tendido eléctrico, etc., se convierten en los componentes del "mobiliario" rural, también previsto en el proceso de diseño del ambiente, concebido como globalidad ecológica-social.

El valor social que asume el trabajo agrícola constituye la quinta premisa del proceso de transformaciones en el territorio cubano. El cambio en las estructuras productivas y la intervención de arquitectos y planificadores no son factores suficientes para cambiar cualitativamente las áreas rurales: es necesario cambiar las relaciones sociales en el campo. Algunas de las medidas fundamentales son las siguientes: a] ruptura del aislamiento campesino al integrarlo socialmente en las comunidades rurales; b] apertura del horizonte campesino —el hijo del agricultor que seguía siendo agricultor o era expulsado hacia las poblaciones marginales urbanas— al facilitar a los hijos becas para estudiar en los centros urbanos, poniéndolos en contacto con una realidad diametralmente diferente; [49] c] interrelación social entre grupos humanos provenientes de la ciudad y el campo a través del trabajo voluntario y la creación de las Columnas Juveniles y el Ejército Juvenil del Trabajo; d] fusión entre trabajo manual rural y trabajo intelectual para todos los alumnos del sistema de enseñanza media y de otros niveles educativos —creación de la escuela secundaria básica rural, las escuelas preuniversitarias, tecnológicas y la llamada "universalización" de la universidad —trasladando al campo una función tradicionalmente urbana; e] inserción en los pueblos rurales de los patrones de vida y los componentes de la cultura urbana: uso masivo de los medios de comunicación —cine, radio, televisión, teatro, etc.— y homogeneización del nivel de vida urbano y rural, otorgando idénticas posibilidades de consumo y abastecimiento. Los elementos citados constituyen factores de trasformación en la áreas rurales, que desde el plano social se proyectan en la dimensión arquitectónica y urbanística, generando los fundamentos de la urbanización del campo.

3. PARTICULARIDAD DEL HÁBITAT RURAL

a] *La tipología tradicional de la vivienda campesina*

Es un eufemismo hablar de vivienda rural, como si existieran tipologías

---

[49] "Cerca de 100 mil hijas de campesinos de las zonas montañosas del país han cursado estudios en la escuela Ana Betancourt, en la capital de la República", Raúl Castro, Discurso en ocasión del xv aniversario del congreso campesino en armas, *Granma*, 22 de septiembre, 1973.

arquitectónicas en el campo diversas de aquellas ubicadas en las ciudades. Sería más lícito referirse a las alternativas temáticas —vaquerías, cochiqueras, graneros, invernaderos, etc.— respecto a las predominantes en el contexto urbano. Pero diferenciar la vivienda urbana de la rural, la escuela rural de la urbana, es eludir el problema principal: que la arquitectura urbana corresponde a la existencia de recursos económicos y materiales, tecnologías avanzadas, técnicos capacitados. Por el contrario, la arquitectura rural es la respuesta de la miseria, la pobreza, la utilización de los recursos naturales, la autoconstrucción, las precarias condiciones de vida y ambientales. La evasión a las propias contradicciones de la cultura urbana ha generado, desde la Antigüedad, la visión romántica y bucólica de la vida rural. El *Hameau* de la reina, perdido en el parque de Versalles, las minúsculas cabañas sumergidas en los profundos bosques de Poussin, la cabaña primitiva idealizada, prototipo esencial de la arquitectura, desde los tratadistas franceses hasta Adolf Loos, constituyen recurrencias constantes de la búsqueda de lo originario, auténtico, de las obras esenciales del hombre. El deterioro físico y social de la vida urbana, la arquitectura convertida en valor de cambio, instrumento de inhumana especulación y comercialismo, mueve a los arquitectos del movimiento moderno a la búsqueda de los valores constructivos, psicológicos y espaciales contenidos en la arquitectura espontánea: Le Corbusier estudia los pueblos de las islas del mar Egeo, Persico descubre los *trulli* del sur de Italia, Rudofsky escribe *Architecture without architects*, todos eslabones de una cadena de estudios de la arquitectura *folk* o primitiva en los distintos continentes y culturas.[50] Esta influencia también incide en América, anticipada por la literatura de contenido social —la obra *Casagrande y senzala* de Gilberto Freyre—, a través de las investigaciones realizadas sobre las características de la arquitectura espontánea en las áreas rurales, para descubrir las raíces autóctonas de la propia tradición, la herencia precolombina, las influencias externas y las respuestas ecológicas.[51]

Los análisis realizados por arquitectos otorgan la primacía a los aspectos formales, olvidando los problemas sociales que se ocultan detrás de las blancas paredes de adobe, de los nítidos techos de paja o de la plástica irregularidad de los muros de piedra. Poco se dice de la real situación de la vivienda campesina en el continente cuya precariedad exige la substitución del 80 % del total existente.[52] En México hay un

[50] Amos Rapaport, *Vivienda y cultura*, Barcelona, G. Gili, 1972.

[51] Es usual encontrar en las propuestas de vivienda rural, realizadas por organismos estatales, levantamientos y estudios de la vivienda campesina tradicional. Véase John Turner, "Dwelling resources in South America", en *Architectural Design*, agosto, 1963; Ann y Gordon Ketterer, "Vivienda rural maya", en *El crecimiento de las ciudades*, Barcelona, G. Gili, 1972. *Tipos predominantes de vivienda natural en la República Argentina*, Vr 2/IIV.4. Instituto Nacional de Colonización y Régimen de la Tierra. Instituto de Investigaciones de la Vivienda. Facultad de Arquitectura y Urbanismo, Universidad de Buenos Aires.

[52] *Primer seminario mundial de vivienda rural y servicios comunales*, Ministerio de Sanidad y Asistencia Social, Maracay, 1967, p. 50.

déficit de 1.4 millones de viviendas y 7.5 millones de habitantes no poseen una habitación adecuada;[53] en Santo Domingo, 320 000 familias campesinas viven en chozas con piso de tierra, paredes de tabla de palma y techo de guano; en Cuba, antes de la Revolución, el 69 % de las viviendas rurales no poseían las condiciones materiales mínimas ni los servicios esenciales; en Colombia existe un déficit de 600 000 viviendas para la población rural.[54]

Esta tónica dominante impone la homogeneización del hábitat rural en el continente, con las diferencias fijadas por las tradiciones culturales, los materiales, las condiciones ecológicas, estableciéndose áreas geográficas de predominio de los tipos constructivos: el bohío de palma en el trópico húmedo, el rancho de adobe en las zonas árida-secas, la pirca en la región andina; también aparece una zona intermedia, entre el campo y la ciudad, caracterizada por el uso de elementos industrializados: zinc, asbesto-cemento, cartón prensado, etcétera.

La mayor o menor caracterización de las funciones también depende del nivel económico; a mayores recursos corresponde una mayor especialización de las áreas —dormitorios, cocina, comedor, sala, baño, etcétera—. En general predomina la ausencia de servicios sanitarios, la primacía de la cocina, centro operativo y corazón de la vivienda y el dormitorio, espacio indiferenciado, sin ventilación ni equipamiento adecuado —en el trópico la cama es substituida por la hamaca que cuelga diagonalmente de los muros—, y por último la sala con sus atributos simbólicos y representativos, nexo de unión con el mundo exterior a través de las relaciones sociales. Construidas por los mismos pobladores, las viviendas tienden a desarrollarse en el tiempo por adición de unidades espaciales, expansión permitida por las dimensiones del terreno.

La esporadicidad de las soluciones realizadas por los organismos estatales no logran hasta el presente, acercarse a la solución del problema de la vivienda rural: las experiencias alcanzadas en México, Venezuela, Colombia, Chile y otros países constituyen acciones aisladas, ensayos, prototipos, de lo que debiera ser el estándar general del hábitat campesino. Existen rasgos comunes unificadores de las diversas propuestas: la subsistencia de la propiedad privada de la tierra vincula la vivienda aislada al lote de autoconsumo, imposibilitando la aplicación de otras tipologías —casas pareadas, viviendas en tira de varias plantas, etc. Las soluciones constructivas son de carácter artesanal y de fácil ejecución, integrando así la participación de los usuarios al sistema de autoconstrucción, esfuerzo propio o ayuda mutua, métodos difundidos en América Latina—; la organización funcional se basa en la diferenciación espacial de las actividades, siguiendo las directrices culturales impuestas por las tradiciones locales; por último, tienden a elevar el estándar de equipa-

[53] "Un deber de la revolución, la habitación rural", México, Instituto Nacional de la Vivienda, 1969.
[54] José Fernando Ocampo, *Dominio de clase en la ciudad colombiana*, Bogotá, La oveja negra, 1972.

miento —cocina, servicios sanitarios, muebles, etc.— con soluciones prefabricadas o artesanales. [55]

Debemos separar la experiencia cubana de las restantes debido a la diferente orientación seguida en los últimos años. Al comienzo de la revolución, la vivienda campesina respondió a las exigencias de los agricultores, quienes aspiraban a cambiar los precarios bohíos por casas de material —paredes de mampostería, piso de baldosa, techo de placa—, conservando los esquemas tradicionales preexistentes: el amplio terreno, la autonomía de la vivienda aislada, el portal circundante, etc. Inclusive, algunas características formales provenían de la contaminación ejercida por la vivienda urbana de la pequeña burguesía.

El alto costo representado por las 10/12 mil casas construidas en el primer bienio de la revolución por los organismos —Viviendas Campesinas, INRA, Ejército Rebelde, etc.— y la nueva orientación ideológica y política aplicada en las áreas rurales, determinaron las variaciones tipológicas. Los métodos artesanales fueron substituidos por sistemas de prefabricación ligera, con el fin de acelerar el proceso de construcción y reducir la mano de obra empleada. Pero el hecho de mayor importancia radica en los cambios del diseño, consecuencia de la transformación de las formas de vida en el campo. Es abandonada la vivienda aislada a medida que predomina la integración social, la formación de comunidades y pueblos de trabajadores agrícolas: desaparece la necesidad del autoconsumo, la vivienda símbolo de la protección-defensa del mundo exterior y se comienzan a construir unidades de 1 o 2 plantas en tira, adoptando patrones tipológicos urbanos. La última etapa se identifica con la utilización de sistemas tecnológicos más avanzados —prefabricación por grandes paneles— y la construcción de edificios multifamiliares de 4/5 plantas, formando conjuntos urbanos en pleno campo: es la urbanización del campo y la desaparición de las diferencias entre arquitectura urbana y arquitectura rural.

b] *La urbanización del campo*

Como hemos visto, las contradicciones sociales y económicas existentes en América Latina al proyectarse sobre el territorio convierten en un mito el proceso de urbanización del campo. Más bien podemos hablar de desurbanización del campo y de hiperurbanización de la ciudad. Los asentamientos dispersos, expulsados de los latifundios se concentran en sus bordes, a lo largo de los caminos, en los terrenos inhóspitos, en las laderas de montañas: así vive el 40 % de la población rural —cerca de 40 mi-

[55] En algunos países se han realizado experiencias interesantes en la definición de las diversas tipologías del hábitat campesino: en Chile, la Corporación de la Reforma Agraria y el Departamento de Arquitectura de la Universidad Católica de Santiago; en Venezuela, el Ministerio de Sanidad y Asistencia Social; en México, el Instituto Nacional de la Vivienda; en Panamá, el Banco de Urbanización y Rehabilitación; etcétera.

llones de habitantes— de América Latina,[56] cuya agrupación en comunidades exigiría por lo menos la construcción de 40 000 poblados en los próximos años.

El establecimiento de una red de pueblos, la dispersión de la infraestructura de servicios, la rápida comunicación entre los centros, exige un nivel de inversión que sólo es posible si cambian los intereses hegemónicos concentrados en las ciudades, que inclusive condicionan la política territorial del Estado. Entonces, tampoco en este nivel de urbanización es posible ir más allá de la teoría, de la hipótesis de futuro o de experiencias individuales, como algunos pueblos aislados construidos en territorios de colonización, que de no integrarse en un sistema urbano-rural, mantienen la precariedad de servicios y las escasas alternativas de elección —fuentes de trabajo, servicios, cultura, etc.— que tradicionalmente caracterizan el ámbito rural. Quedan así invalidados también los esquemas que aún mantienen el sistema de articulación escalonada tipo "árbol" que había aplicado Ebenezer Howard en su organización del territorio —por ejemplo, el sistema de tamaños progresivos de las comunidades propuestos en Venezuela, articuladas en sucesiva dependencia: a] la unidad de producción (comunidad rural); b] la unidad de servicios (núcleo rural); c] la unidad de transformación (capital regional)— en vez de concebir una estructura abierta en trama con articulaciones de diferentes escalas o niveles de servicios, integrando de este modo la diversidad de núcleos preexistentes.[57] Otro factor limitante es la escala de acción de los pueblos agrícolas basada en la explotación de áreas agrícolas, limitadas a la suma de parcelas individuales explotadas artesanalmente por el campesinado y su núcleo familiar, lo que condiciona la densidad del pueblo —diseñado con viviendas individuales distanciadas entre sí—, la dimensión de los servicios y la movilidad de los habitantes.

Resulta evidente que la urbanización del campo no se resuelve solamente por medio de la localización de una red de pueblos, sino por la interacción de factores complejos, siendo éstos un elemento más del conjunto territorial. En Cuba, la construcción de 246 asentamientos entre 1959 y 1971, la ejecución en la actualidad de 72 nuevos centros comunales es un hecho esencial para la transformación del campo, pero ¿cuál es la proyección de estos núcleos si no se vinculan al proceso educativo, a la aplicación de técnicas avanzadas en la producción o a un sistema de rápidas conexiones viales? No posee la misma proyección un pueblo rural de 500-1 000 habitantes, concebido tradicionalmente, con su área de explotación agrícola subdividida en parcelas, trabajadas por métodos artesanales que un pueblo donde predomina el componente social, cuyas áreas productivas forman una unidad en gran escala, explotada con medios

[56] René Eyheralde, "Reasentamiento rural en aldeas agrícolas de América Latina", *La vivienda rural. Estudio de la situación mundial*, Nueva York, Naciones Unidas, 1970, p. 125.

[57] Herminio Pedregal, *Principios generales para la planificación física de aldeas agrícolas*, División de vivienda rural, Ministerio de Sanidad y Asistencia Social, Venezuela.

técnicos especializados y rodeado de escuelas secundarias básicas que implican la presencia de un grupo humano urbano, con un nivel de formación superior, antes inexistente en el medio agrícola.

Este proceso conlleva la desaparición del campesino tradicional. El paso de la explotación individual a la explotación social implica un cambio indispensable en el nivel cultural y técnico de los trabajadores: no es casual que en la actualidad el 75 % de los campesinos del país se hallan integrados en planes especializados de producción agropecuaria,[58] que las operaciones más duras, por ejemplo el alza de la caña de azúcar, se realicen por medios mecánicos. En la medida que aumenta la tecnificación del campo, se requieren especialistas, técnicos medios, profesionales universitarios, quienes habitan en los nuevos pueblos o en las áreas de influencia. Al vincularse la educación con la producción agrícola se vuelcan en el campo millares de jóvenes, que durante tres años radican en las 120 escuelas secundarias —de 500 alumnos cada una y con un área de producción de 500 hectáreas—, previéndose alcanzar para 1980 la cifra de 700-800 unidades educacionales para hacer frente al incremento de la población estudiantil.[59] La presencia de estos jóvenes en todas las regiones del país implica el aumento de la productividad y la aplicación de métodos científicos en los planes de cítricos, viandas, forestales, frutales, así como también la participación en los centros agroindustriales —los centrales azucareros— por medio de las escuelas politécnicas. Si a esto agregamos la mano de obra constituida por el Ejército Juvenil del Trabajo —versión local del servicio militar obligatorio— dirigido básicamente hacia las tareas agrícolas, el problema del despoblamiento del campo o la huida de los jóvenes del campo a la ciudad, se demuestra inexistente: en Cuba, por el contrario, nunca el agro poseyó antes de ahora una población juvenil tan numerosa y capacitada técnicamente.

Esta movilidad de vasos comunicantes entre la población rural y urbana, implica redefinir el concepto de lo urbano, siempre identificado con una trama de alta compacidad física y de población. Sin embargo, en términos de servicios o de alternativas culturales resulta evidente que en una articulación de núcleos poblacionales rurales, vinculados entre sí por un sistema de caminos de tránsito rápido, integrados por los diversos elementos citados —los pueblos especializados, las secundarias básicas, los centrales azucareros, etc.— existen mayores opciones que en cualquier suburbio marginal de un centro metropolitano del continente.

En la actualidad los planificadores regionales están centrados en la estructuración del *continuum* urbano y en la localización de los centros de población, servicios educacionales, etc. Al constituir una experiencia nueva, no sólo a nivel nacional sino también en América Latina, se trabaja por sucesivos ensayos y verificaciones de las experiencias. Es una tarea

---

58 Raúl Castro, Discurso en ocasión del xv aniversario del Congreso Campesino en armas. Provincia de Oriente, 1975.
59 Véase Max Figueroa, Abel Prieto, Raúl Gutiérrez, *La escuela secundaria básica en el campo: una innovación educativa en Cuba*, París, UNESCO, 1974.

que requiere la participación de grupos interdisciplinarios formados por urbanistas, sociólogos, educadores, ingenieros, médicos, tecnólogos, etc., centrados en el análisis de diversos aspectos fundamentales: la escala de los asentamientos en concordancia con las áreas de producción y su especialización —los pueblos ganaderos de 2 500 habitantes, los pueblos cañeros, previstos de 5/10 000 habitantes, etc.—, la distribución y escala de los servicios, partiendo no de la estricta rentabilidad sino de su función como promotores del desarrollo social y de las relaciones humanas y políticas creadas en dichos asentamientos para generar formas de participación social y cultural, de autogestión política, con el fin de alcanzar un nivel diferente de relaciones humanas y grados cada vez mayores de responsabilidad individual en las tareas colectivas.

No cabe duda que la ejemplaridad de esta experiencia cuestionará un sinnúmero de previsiones sobre el proceso inexorable de estructuración del territorio de los países de América Latina, condicionado por las contradicciones internas del sistema capitalista. Quedará una vez más demostrado que sólo el cambio radical de las relaciones sociales y de las relaciones de producción puede configurar un territorio humanizado concebido como una trama homogénea y coherente.

V

Ciudades creadas en el siglo xx. Brasilia

1. LA CONQUISTA DEL TERRITORIO BRASILEÑO

A partir de la conquista española de América, la ciudad *ex-novo* parece haber sido un empeño característico de la cultura iberoamericana.

A pesar de ello, los principales baluartes del poder hispánico en este continente se erigieron en el emplazamiento y sobre las ruinas de antiguas ciudades indias. En rigor, de verdad, las mayores metrópolis actuales de Centro y Sudamérica surgieron como resultado de un lento proceso de crecimiento a lo largo de cuatro siglos, que adquirió mayor intensidad en tiempos recientes.

La ciudad *ex-novo* contemporánea constituye un fenómeno enteramente diferente al de las ciudades *ex-novo* del período colonial tanto por su escala física y humana, como por su materialización en el tiempo. El caso de Brasilia requiere, por ende, una consideración especial encuadrada en los términos del desarrollo cultural, económico, técnico y político del presente.

Desde los comienzos de la colonización portuguesa el Brasil se desarrolló particularmente con relación al litoral marítimo atlántico, sin que las profundas penetraciones de los *bandeirantes* en el sector sur o el ocasional desarrollo de Manaos durante la era dorada del caucho contradigan este aserto. El vasto *hinterland* de la Amazonia, inexplotado e inexplorado, impedía todo intercambio entre el Pacífico y el Atlántico, característico de América del Norte y Central y también de Chile y Argentina. Por lo tanto, ninguna tensión económica o cultural podía activar espontáneamente el desarrollo del medio oeste brasileño. Siendo el área litoral la que concentraba la inmensa mayoría de la población, los recursos económicos y las inversiones, lógico era que el proceso de reinversión del capital y el consiguiente crecimiento y desarrollo adicional se concentrara en esta área originaria. Por otra parte, sin embargo, la conciencia de poseer una superficie territorial sólo inferior a la de Rusia y Canadá, y una población en rápido crecimiento y la mayor de Iberoamérica, no podía dejar de constituir una incitación a romper el cerco. Fantasías de la Amazonia ignota estuvieron siempre presentes en la mente brasileña, con casi tanta energía como aquella idea del Brasil, país del futuro, es decir, idea de modernidad.

Ya en el siglo xix habían surgido ciertas intenciones relativas al traslado de la capital desde Río al interior. La Constitución de 1890 preveía que en el altiplano del Brasil se erigiría una nueva capital. En 1922, bajo la presidencia de Epitacio Pessoa, habiéndose demarcado un área de 14 400 km², se procedió a colocar una piedra fundamental conmemorando el centenario de la Independencia nacional. A pesar de ello y de ciertas declaraciones y disposiciones legales ulteriores, la idea recién cobra cuerpo definitivo al asumir la Presidencia Juscelino Kubitschek.

Desde el momento de la unánime aprobación de la ley respectiva por las Cámaras, la decisión de trasladar la capital fue objeto de una animada controversia. Ésta se canalizó en dos direcciones: una, tendiente a esclarecer las ventajas e inconvenientes del proyecto de Lucio Costa, que preveía el traslado total e inmediato del gobierno nacional, *versus* los otros proyectos que contemplaban el traslado por etapas, y otra, tendiente a esclarecer la conveniencia del esfuerzo económico implícito, aun cuando en rigor de verdad ambos asuntos estaban vinculados bastante directamente. El planteamiento del traslado por etapas hubiera producido, a no dudarlo, una menor incidencia inflacionista, pero cabe preguntar si la empresa se habría llevado efectivamente adelante en las circunstancias históricas por las que atravesó el Brasil entre 1955 y 1965. Desde ya, el planteamiento por etapas hubiera creado a los organismos trasladados un sinnúmero de dificultades, en espera de la transferencia completa del gobierno ubicado en el ínterin en Río de Janeiro, a 940 km de distancia. Quienes conocen la realidad económica y social de Latinoamérica y del Brasil en particular, están convencidos de que, sin la prioridad otorgada a la empresa, los fondos se habrían disuelto entre múltiples solicitaciones económicas y financieras. La pregunta, por lo tanto, consiste en saber si era necesario contar con una nueva capital en el interior del país y si la presencia de la misma es un factor idóneo para promover el desarrollo del interior.

Un plan a largo plazo para la activación económica del interior, incluyendo la explotación de diversas áreas, la localización de nuevas industrias y el tendido de comunicaciones, hubiera quizás inducido un proceso económico más coherente y efectivo; es lo que, en general, proponen los planes de desarrollo recomendados por los técnicos de organismos internacionales. Planes de esa naturaleza presumen que, dadas ciertas facilidades impositivas y de crédito, el capital ha de orientar su actividad hacia las áreas promovidas, siempre y cuando el Estado realice las obras de infraestructura necesarias. Si bien esto puede considerarse como una hipótesis válida a largo plazo, lo cierto es que, en general, los resultados fueron de escasa relevancia, aun cuando se los observe en términos de lapsos de diez años. Además ha sido decisiva en todos los casos la participación del Estado en el establecimiento de complejos industriales. Esto implica necesariamente una estabilidad política, o mejor dicho, una persistencia en la acción política que no siempre es fácil encontrar en nuestros países y que, por cierto, no parecía probable en el panorama brasileño a la caída de Vargas. La impaciencia latinoamericana por percibir resultados sólo puede ser canalizada positivamente si una idea, un sentimiento, es capaz de movilizar la actividad de los hombres y convertirse en un elemento de orgullo. Más allá del debate, Brasilia es esa idea, ese sentimiento, y por lo tanto pareció el medio idóneo para comprometer al gobierno brasileño en una política de conquista real del interior. De todos modos el esfuerzo de penetración deja a Brasilia a 2 490 km de distancia de Boa Vista, en el límite con Venezuela, y a 2 250 km de Río Branco, en el límite con el Perú.

2. LA MATERIALIZACIÓN DEL PROYECTO DE LUCIO COSTA

A más de diez años del día de su inauguración, Brasilia constituye una realidad existencial, no ya un objeto de polémicas políticas. El plan presentado por Lucio Costa en el concurso de proyectos para Brasilia, y que obtuviera el triunfo en el mismo, pudo haberse aplicado en cualquier latitud o meridiano. De carácter universal, es en verdad la aplicación a un caso particular de una concepción ideal; es la culminación de toda una forma de pensar el urbanismo que, teniendo sus orígenes en el plan de Le Corbusier de 1922 para una ciudad de tres millones de habitantes, se desarrolló en el período entre las dos guerras mundiales. En la década de 1950 parecía a los círculos modernistas la única alternativa válida al caos de las megalópolis contemporáneas.

Básicamente este urbanismo presuponía que un plan racional que explicitara todos los aspectos de la ciudad, sería capaz de resolver de una vez para siempre los conflictos y contradicciones de la ciudad contemporánea. La antigua trama urbana de calles y manzanas, debería ser dejada de lado. "La calle del peatón milenario es una reliquia de los siglos, un órgano dislocado que no puede seguir funcionando": el automóvil había decretado su obsolescencia. En su lugar, debía adoptarse el *jardin anglais*, en el cual emergieran altos bloques erigidos sobre pilotes, separados unos de otros, con una elevada densidad poblacional.

El tráfico automotor debería ser segregado del plano peatonal mediante autopistas, preferiblemente sobreelevadas. El tránsito automotor debería tener prioridad; las grandes vías circulatorias penetrarían hasta el corazón mismo de la ciudad. La zonificación funcional contribuiría a eliminar el caos producido por la mezcla de actividades conflictivas, surgidas aquí y allá como resultado de una iniciativa privada carente de plan, concierto o responsabilidad. La propiedad social de la tierra sería el único medio de lograr un control planificado del desarrollo urbano y la única garantía contra la depredación del cinturón verde que debe rodear a la ciudad, y que asegura el aprovisionamiento de la misma. Una agencia gubernamental tendría a su cargo la ejecución y control del plan regulador. La tarea de remodelar o construir *ex-novo* resultaría altamente rentable, los beneficios económicos del desarrollo urbano irían a dar a manos de la sociedad en su conjunto y no a la de los propietarios o agentes inmobiliarios.

La experiencia de las *new towns* inglesas, iniciada en la inmediata posguerra, había confirmado el acierto de este último presupuesto, y el carácter oficial de la empresa, en el caso de Brasilia, presupone la propiedad gubernamental de la tierra. En cuanto a las demás premisas, la crítica de Brasilia permitirá concluir en qué medida pueden ser admitidas sin beneficio de inventario. La visión cataclísmica de la destrucción de las viejas áreas de la ciudad para dar lugar a la nueva solución, no formaba parte, en este caso, del panorama de acción: Brasilia era un hecho *ex-novo*.

El proyecto de Lucio Costa contiene sin duda connotaciones simbólicas relacionadas con esa idea o sentimiento capaz de movilizar la actividad de los hombres y convertirse en un elemento de orgullo. Este acto de pionerismo *bandeirante* constituyó un elemento inspirador a mediados del siglo xx. La forma del plan surge, como lo declara el propio Costa en la memoria de presentación, "de un gesto de quien señala o toma posesión de un lugar: dos ejes que se cruzan en ángulo recto formando una cruz". El proceso de elaboración subsiguiente asume por completo el punto de partida, el gesto arbitrario y lírico simbolizado en una abstracción. La ciudad concebida, implantada, terminada casi instantáneamente como un hecho consumado que comienza a vivir súbitamente se presenta como una totalidad conclusa en sí misma, siguiendo un plan cerrado. Semejante plan presume la construcción inmediata de la totalidad de los elementos esenciales, es formalmente rígido y debe prever una multiplicidad de detalles que casi no deja cuestiones libradas a la espontaneidad de la vida social, ni al crecimiento o cambios que el tiempo introduce inexorablemente.

Si observamos el planteamiento de Costa, veremos que es esencialmente abstracto, porque si bien el sistema de ejes ha sufrido desviaciones en sentido norte-sur para lograr mejor orientación, e inclusive uno de ellos ha sido curvado con el objeto de seguir la línea del lago, de modo que el resultado es un esquema en forma de arco y flecha, no ya de cruz, lo cierto es que la ciudad parece completamente ajena al paisaje circundante, en el cual se destaca el lago. Concretando materialmente, el gesto fundacional carece, en rigor de verdad, de toda connotación topográfica o paisajística; no resulta vinculado a un aquí y ahora sino a una simbología abstracta con evidente significación como se verá más adelante.

3. LA DIMENSIÓN MONUMENTAL DE BRASILIA

Al igual que en el proyecto ya mencionado de Le Corbusier o en los esquemas de Sant Elia, se ha ubicado en la intersección de los ejes, es decir, en el centro geométrico, un elemento circulatorio: la plataforma *rodoviaria*, suerte de nudo de intercambio vial a tres niveles que contiene la estación terminal de ómnibus. Sin embargo, no ostenta la fantasiosa grandilocuencia maquinística con que Le Corbusier presenta originariamente el tema, pues la pista de aterrizaje de aviones, por ejemplo, ha sido desplazada al aeropuerto local fuera de la ciudad, accediendo a los requerimientos de aparatos más veloces y ruidosos que los Farman Goliat o Caproni de 1922. La estación del ferrocarril, de escala reducida, y que no presume preste servicios suburbanos, ha sido ubicada en el extramuros norte.

La ausencia de un núcleo multicirculatorio a varios niveles, tipo *Grand Central Station*, que sin duda inspiró a Le Corbusier, no ha impedido a Costa y Niemeyer lograr una solución visualmente significativa.

Desde el nivel superior de la plataforma *rodoviaria* se abre una espectacular perspectiva, determinada por una serie de monobloques que albergan a los ministerios, colocados a ambos lados del eje este-oeste, o eje cívico, que culmina en el conjunto legislativo. Desde este punto crucial, al atardecer, las dos cúpulas de los recintos parlamentarios parecen flotar sobre el gran techo del Parlamento como artefactos interplanetarios, detrás de los cuales la torre dual del secretariado se alza como una plataforma de lanzamiento, proclamando que allí lejos se encuentra el corazón de una nueva ciudad hija de la tecnología: el centro del poder político, económico, social y cultural de una nueva nación.

El encantamiento de esta imagen, al igual que el del esquema urbanístico general, reside en su sentido utópico de un futuro visualizado en términos de Flash Gordon y su aventura interplanetaria, o en los de H. G. Wells, tal como se expresarán en *Times to come*, es decir, en los términos de una utopía tecnológica que concibe el orden humano a partir de un esquema de comportamiento simple y abstracto, y por lo tanto presumiblemente racional. A pesar de su apariencia modernista, el principio básico de esta organización espacial es barroco.

Para tener una idea de la escala monumental empleada, debemos mencionar que la longitud del semieje cívico descrito tiene unos 2 000 metros de largo, es decir, *grosso modo*, la distancia que media entre *Place de la Concorde* y *l'Etoile*, en París, o la mitad del largo del *Central Park* de Nueva York. Dicho eje cívico culmina detrás de la torre dual del secretariado del Parlamento en la plaza de los Tres Poderes, en tanto que hacia el oeste, es decir, en dirección opuesta a la plataforma *rodoviaria*, concluye en la plaza municipal. Este semieje occidental posee una longitud igual al oriental. Un elemento de referencia, la torre de radio y televisión, se alza en su punto medio, en forma de aguja. En consecuencia, los dos centros cívicos de poder se encuentran muy distantes del área de habitación que se desarrolla en bandas paralelas a lo largo del eje estructural curvo norte-sur.

La plaza de los Tres Poderes, de unos 400 metros de largo, no configura en rigor de verdad un ámbito urbano. El edificio del *Planalto*, o sede del Poder Ejecutivo, el Palacio de Justicia, el monumento inaugural y el conjunto del Parlamento sólo puntúan el espacio, no lo abrazan. Se yerguen como esculturas sueltas relacionadas sólo por líneas de fuerza y tensión, como si fueran una composición neoplástica. Sobre el dilatado pavimento inhóspito, los dos guerreros de Bruno Giorgi desafían a mediodía el cegador sol del trópico. Hacia el este, el ojo no encuentra límite alguno, la vista se pierde en las colinas distantes. Salvo un pequeño conjunto de palmeras ubicadas en proximidad del espejo de agua, en que se refleja la torre del secretariado, no existe vegetación o jardinería alguna. Por lo general la plaza está desierta, nadie la cruza o se encuentra en ella. Todo esto configura una atmósfera onírica que recuerda las plazas desiertas de De Chirico.

Se tiene súbitamente la clara sensación de que la plaza no ha sido utilizada nunca, salvo en el día de la inauguración, cuando el presidente, desde el balcón del *Planalto*, dio a conocer su histórico mensaje *Urbi et Orbi*.

El hecho cierto es que la plaza no ha sido concebida como una plaza clásica, lugar de reunión cotidiana y recinto de concentraciones cívicas espontáneas, sino como un ámbito de paradas militares y actos oficiales, según se colige de la memoria de Costa, que, por otra parte, trata al eje cívico como un elemento desglosado del resto. La plaza de los Tres Poderes es comparable con la plaza Roja de Moscú, o la plaza de la Concordia de París en el siglo XVIII, antes de que la aparición del intenso tránsito de carruajes y posteriormente de automóviles, introdujera el fárrago de actividad actual. Sin embargo, estos ejemplos ofrecen una configuración espacial bien definida y su proximidad al corazón de la ciudad hace que el acceso a ellos sea bastante más fácil que lo que resulta en el caso de la plaza de los Tres Poderes. La ausencia de otro ámbito de reunión pública en el resto de la ciudad —la plaza municipal aún inexistente estará igualmente alejada— hace pensar que el modelo de vida que se ha formulado recibe su fundamento de una concepción bastante autoritaria del Estado, que los hechos posteriores se han encargado de consolidar.

En Brasilia los órganos del Estado son entidades alejadas de la ciudadanía y el justificativo de esa determinación es, como en la mayor parte de los casos hoy día, de carácter técnico funcional, asimilable a la utopía tecnológica ya advertida.

Por supuesto, la intención de los utopistas pudo muy bien haber sido distinta de la que anima a los promotores de la *Realpolitik*, pero, si observamos las cosas con detenimiento, se verá que el aislamiento en que la utopía coloca a los centros del poder, presagia la caída del gobierno popular y abre la escenografía a un poder de élite, indiferente a la participación de la ciudadanía aunque sólo fuera ésta aparente e inclusive demagógica. No puede aducirse el hecho de que la mayor parte de la población originaria de la ciudad, en su carácter de empleados públicos, tenía ya suficiente contacto con el Estado para justificar la disposición urbana de las plazas principales aquí criticada. Obviamente, la ciudad debía estar preparada a recibir otros tipos humanos. Si no fuera así, el ensayo Brasilia estaría simplemente destinado a aislar los centros del poder de la totalidad del pueblo brasileño.

4. HÁBITAT Y ESTRUCTURAS CIRCULATORIAS

Perpendicularmente al eje cívico se desarrolla, describiendo un arco, el eje urbano en sentido norte-sur. Coincidiendo materialmente con dicho eje, Costa dispuso una supercarretera de tránsito rápido pasante, y a ambos lados de ésta, dos vías conectoras destinadas al tránsito local. Tréboles de intercambio situados cada 500 metros, conectan estos dos sistemas. Una red capilar de calzadas vincula, a su vez, los conectores laterales con las supercuadras que se desarrollan a ambos lados del eje vehicular y que alojan los conjuntos residenciales. Se determina así una cinta que tiene dos supercuadras de ancho a cada lado del eje. Esta cinta está dividida en dos ramas por el eje cívico, una norte y otra sur. En las proximidades del cruce con el eje cívico se han definido áreas para el centro comercial, el centro hotelero y el centro de diversiones. Hacia las puntas se han ubicado las zonas propiamente residenciales.

Dos avenidas de doble mano, paralelas a la autopista central definen los límites laterales de la banda continua así configurada. La del oeste W3, dedicada al tránsito pesado, separa la zona de supercuadras de un área destinada a viviendas individuales de bajos y medianos ingresos, la del este separa la cinta central de un área destinada a viviendas para sectores de altos ingresos y embajadas.

Queda así configurado un esquema de ciudad linear, sólo alterado por los elementos que configuran el eje cívico. La supercuadra es la unidad urbana fundamental, configurada por un cuadrado de 240 metros de lado; contiene entre ocho y once bloques de apartamentos de seis pisos de alto, sobre pilotes, una escuela primaria y un jardín de infantes-guardería. Cuatro supercuadras constituyen una unidad vecinal dotada de iglesia, cine, una escuela mayor y un centro comercial, definido en la forma de una doble tira de negocios.

El sistema capilar de calzadas para autos llega al centro de la unidad vecinal, habiéndose provisto áreas de estacionamiento en los bordes de cada unidad. El tráfico pasante queda así eliminado de la supercuadra. Minibuses y omnibuses provistos por las distintas agencias gubernamentales llevan a los empleados al trabajo, lo cual reduce considerablemente los problemas del tránsito. Esto, que puede ser una solución adecuada por el momento, puede dejar de serlo el día en que otros usuarios ocupen los departamentos, o aquel en que el creciente nivel de vida introduzca un número mayor de automóviles.

Los bloques de viviendas, separados unos de otros por un continuo *jardin anglais*, están dispuestos de acuerdo a unos pocos patrones de ordenamiento. Lo que puede parecer de una monotonía insoportable, resulta en la práctica bastante variado. La disposición, sin embargo, casi nunca permite la estructuración de perspectivas reunificadoras y cada unidad vecinal resulta subdividida en supercuadras. La mecánica inclusión de los edificios de uso social, o sea la infraestructura, no logra crear la sensación de pertenencia a un lugar específico.

Si el ordenamiento del conjunto en la supercuadra se salva de la monotonía, no podría decirse lo mismo de los bloques de departamentos en sí mismos. El resentimiento de los usuarios contra el diseño de las fachadas se hace patente en el uso que hacen de los "casetones" de hormigón parasolares, en los que se colocan desde macetas y bicicletas hasta ollas y sartenes, con lo que se logra alguna suerte de identidad. Los edificios de habitación resultan así incapaces de crear un orden significativo en el cual la iniciativa individual pudiera insertarse. Es de lamentar que Oscar Niemeyer, ya sobrecargado con el diseño de los más importantes edificios públicos, haya asumido la responsabilidad de la dirección del diseño de los bloques de vivienda. Esto hace ver las limitaciones que tiene el planeamiento instantáneo y la dirección dictatorial. Una ciudad no es, ni puede ser, el producto de un individuo, sino el resultado de la acción conjunta del público y de núcleos amplios de profesionales.

Dado que Brasilia no posee calles ni plazas en el sentido lato del término, el centro de negocios y el de diversiones debería ser el único capaz de suministrar una atmósfera urbana. El sector bancario, hotelero y de oficinas de comercio ha sido resuelto al igual que las supermanzanas a partir del *jardin anglais*. En estos sectores se hace aún más patente la incapacidad del esquema de la *Ville Radieuse* de suministrar una verdadera atmósfera urbana. El centro de diversiones queda así como único recurso final para otorgar esa atmósfera a lo *Piccadilly Circus, Times Square, rua do Ouvidor, calle Florida, etc.*, que Costa menciona en la memoria descriptiva.

La proximidad de ese sector a la terminal de ómnibus no parece de por sí un elemento coadyuvante a tal propósito. Pretender que un núcleo de estas características surja rodeado de un gran vacío, sin otra caracterización del contorno, parece por otra parte algo optimista. No existía, ni en el proyecto original de Costa, ni en la información gráfica posterior, indicación clara alguna del tratamiento de este sector que lo correlacionara con los ejemplos traídos a colación.

Las referencias que Costa hace de *Times Square* o de la *rua do Ouvidor* no parecen demasiado claras y entran, en todo caso en conflicto, como intención, con la idea de lograr *loggias* con vistas hacia los parques. Es evidente que Costa no se proponía crear una atmósfera similar a la de *Times Square, Piccadilly Circus* o *rua do Ouvidor*; no debemos olvidar que su principal inspirador, Le Corbusier, escribía en *L' Intransigeant* en mayo de 1929: "La calle está llena de gente, hay que mirar por dónde se camina... Está formada por mil casas diferentes: nos hemos acostumbrado a la belleza de lo feo... Los hombres y las mujeres están codo con codo, los negocios brillan, el drama de la vida hormiguea en todo. Si sabemos ver, nos divertimos mucho, en la calle se está mejor que en el teatro, más a gusto que en una novela: rostros y codicias... La calle puede llevar su drama humano, puede brillar bajo los destellos de nuevas luces, puede sonreír de su vistosidad abigarrada, es la calle del peatón milenario... La calle nos usa, nos da asco después de todo. Nada de todo eso exalta en nosotros la alegría que es el efecto de la arquitectura; ni el orgullo que es el efecto del orden, ni el espíritu de empresa que se encuentra a gusto en los grandes espacios... Sólo la piedad y la conmiseración frente al rostro de los demás... que el cielo nos preserve de los urbanistas balzacianos ávidos del drama de los rostros".

La calle ligazón a la escala del peatón, gran retorta social a la cual concurren los más variados registros de la experiencia individual y colectiva, es dejada de lado, y con ella todos los recintos cerrados. ¿Qué condena más patente puede haber de *Times Square, Piccadilly Circus, rua do Ouvidor*, etc., que la cita de Le Corbusier? La asepsia urbana proclamada por el urbanismo racionalista arrojó al niño con el agua sucia.

Independientemente del hecho de que no ha sido construido todavía, ni siquiera se presiente el centro de diversiones de Brasilia, corazón de la ciudad. Se puede intuir que el clima del centro, si algún día se lo completa, ha de ser muy parecido al de los supermercados que existen en las afueras de las ciudades norteamericanas, dotados de salas de espectáculos, *boîtes*, cinematógrafos, galerías de arte, etc. En el medio oeste, en California o hasta en el este, estos centros son la expresión de la prioridad otorgada al automóvil, son el resultado de la decadencia de las áreas centrales de las ciudades. En cambio en Brasilia pareciera querer introducírselos en el centro geométrico del conjunto como una alternativa válida del corazón de la ciudad. Aislado y separado físicamente de los sectores comerciales, hoteleros, y culturales, el centro de diversiones difícilmente podrá asumir el papel propuesto. Carecerá de la complejidad creadora que tienen los clásicos corazones de ciudad, en los cuales no existe la especialización de funciones que la zonificación racionalista impone. Por el contrario, en ellos se verifica una verdadera mezcla de funciones diversas, que les confiere esa atmósfera activa y vital.

5. CONTRADICCIONES GENERADAS POR LA VIDA COTIDIANA

Observando lo que sucede en nuestras viejas ciudades cada vez que surge una especialización en un sector cualquiera, podemos afirmar con Teo Crosby, "que una vez que se procede a dividir la ciudad por funciones, ésta se hace pedazos". El corazón de la ciudad no es una excepción, por el contrario, es el área más crítica, más sensible.

Liquidada la concepción de recinto y fragmentados los contenidos que le daban vida, la concepción urbanística racionalista resulta impotente para crear una atmósfera urbana. La mecánica división de la ciudad por áreas funcionales unida a la utopía automovilística y a la alegoría paisajística conduce inexorablemente a la eliminación del peatón, histórico protagonista de la ciudad. Con él muere la ciudad. El peatón no tiene cabida en Brasilia, salvo quizás en la rama sur de la avenida W3, que en los primeros tiempos debió acoger las actividades comerciales a la espera de la concreción del sector de oficinas y negocios a modo de una *main street*. Por el resto, el peatón es solamente un paseante distraído, caminando sin destino preciso. Si bien la ciudad debe poseer ámbitos de paseos, es evidente que la vivencia y la experiencia urbana no surgen mayormente de este tipo de actividad. El peatón tiene en la urbe ocupaciones y destinos abiertos pero más o menos precisos. Arrojado en medio de la supertrama automovilística, se lo aísla y aniquila. El automovilista toma su lugar, el contacto interpersonal que la calle provee se esfuma, y cada individuo se aísla en su islote de vida de un modo bastante similar al del habitante suburbano. Ir al trabajo, de una cita de negocios a otra, o de compras, es algo que en Brasilia carece de sentido hacer a pie, hasta cuando en ocasiones las distancias no excedan los quinientos metros. Desaparecido el peatón, desaparece el vendedor de periódicos, el florista, el kiosko de cigarrillos y golosinas, el café-bar y un sinnúmero de elementos que, aunque puedan estar vinculados a la unidad vecinal, viven en realidad de la fluida actividad continua y accidental del peatón, movilizado por la variedad y la compañía que encuentra en la calle. Esta ausencia del peatón es la causante de esa sensación de vacío y tedio que se percibe en Brasilia.

En la actualidad el marco de vida provisto se aviene a la modalidad-pionera de la existencia en la ciudad; falta saber cómo será absorbido por la evolución posterior. El esquema paisajístico, unido a la segregación de tránsito, constituye un elemento positivo para la vida de los menores; cada unidad de vivienda tiene al pie un área verde segura para la expansión infantil. Sin duda, la conservación del espacio verde requiere una consideración aparte, ya que es evidente que exige una creciente participación de los usuarios, si es que los actuales páramos se han de convertir alguna vez en esplendorosos jardines que recreen la visión lecorbusierana.

En este sentido, resulta curioso, por momentos incomprensible, que habiendo en Brasil paisajistas de primera fila, entre los cuales se destaca particularmente Burle Marx, no se haya recurrido a sus servicios sino en tiempos muy recientes, y aun así, de un modo bastante limitado.

En la imagen escenográfica de la *Ville Radieuse* el jardín juega un papel decisivo y pareciera inevitable pensar que el páramo no es un sustituto aceptable de las visiones a lo *Bois de Boulogne*, con los que Le Corbusier ilustrara su idea.

Obviamente, en la medida en que el nivel de los ingresos ascienda se incrementará el uso de automóviles, y el área de estacionamiento, bastante restringida en los planteamientos originarios, deberá crecer a expensas del parque. Si bien las arterias troncales parecieran poder absorber el incremento de tránsito previsible, no podría asegurarse lo mismo respecto del sistema capilar que penetra en las supercuadras.

El plano oficial de Brasilia, contrariamente al esquema original de Lucio Costa, presenta dos sectores residenciales de viviendas individuales, que avanzan por las penínsulas laterales que abrazan el lago. Este agregado contradice la concepción inicial, que siguiendo las premisas teóricas sobre las que se apoyaba, eliminaba el suburbio del conjunto. Ello constituía una ventaja, pues contrariamente a lo que sucede en nuestras megalópolis, Brasilia tenía límites precisos: el problema de la extensión infinita de la ciudad parecía resuelto. Cabe suponer que deben haberse ejercido presiones bastante potentes para lograr la alteración del esquema inicial. Aunque superficialmente este hecho no aparenta tener una gran importancia, se comienza a especular sobre las posibilidades que abre esta decisión y se comprueban los peligros implícitos en la misma. Ya Jorge Wilheim en un artículo introductorio escrito al tiempo de la inauguración, se preguntaba, qué habría de suceder si estas áreas, que ya rodean los accesos del eje de tránsito principal de la ciudad, pugnaran por expandirse más allá de sus actuales límites. El autor se preguntaba asimismo por las consecuencias que podía tener sobre la estructura global el tendido de un puente a través del lago, que conectara estos sectores residenciales suburbanos con el centro de la ciudad. Pensaba que ante esa eventualidad, se corría el riesgo de alterar el concepto básico de ciudad linear que se había adoptado como punto de partida, y que la consecuencia inevitable sería la transformación del esquema linear en uno radial, cuyas graves limitaciones hemos tenido la oportunidad de cotejar a lo largo de dos siglos. Oficiando de Casandra, y los hechos le están dando razón, pues el primer puente ya está en vías de ejecución, observaba Wilheim con alarma que en el plano inicial de Costa y en el plano oficial no se atribuía ninguna función específica al vasto sector que media entre la plaza de los Tres Poderes y el lago. De un modo vago, se consigna la ubicación de un club de golf y otro hípico, pero el área excede con mucho las necesidades de este tipo de instalaciones. Súbitamente surge el fantasma de la posible localización de nuevos loteos en esta zona. La sospecha recibe su confirmación al ver aparecer en el plano oficial, al norte del área cívica, un sector dedicado a viviendas individuales, lugar que anteriormente estaba destinado a zona verde.

Si se llegara a concretar este pronóstico, por vía de presiones diversas el esquema básico de Costa recibiría un golpe de gracia que desarticularía todo su funcionamiento. En tales condiciones la plataforma *rodoviaria* concentraría tal actividad de intercambio vehicular, que resultaría inutilizable y la eficiencia del modelo automovilístico se vería seriamente comprometida. Si este pronóstico llegara a cumplirse, resulta difícil de apreciar qué habría de acontecer con el centro comercial.

En las proximidades del acceso sur a la ciudad, surgió asimismo otro elemento imprevisto: el así llamado *núcleo bandeirante*. Se trata de un loteo provisional —"*C'est seulement le provisoire qui dure*"— organizado por la NOVACAP para alojar al personal de obras y al comercio necesario para su atención. Para describirlo sintéticamente, diremos que se trata de una *favela* estructurada a lo largo de una *main street*. Obviamente la realidad ha vuelto a entrar por la puerta de servicio en el aséptico escenario de la utopía. Pareciera que el planeamiento cerrado e instantáneo no ha tenido en cuenta en su programa abstracto estas crudas realidades brasileñas y, por qué no decirlo, de toda Iberoamérica.

A la hora de vencer los permisos provisionales, resultó imposible desalojar a los habitantes. Una vida de pioneros sin las formalidades de la ciudad había surgido allí y resultaba bastante más vital que la que se percibía en la nueva capital. Demasiado valiosa, no podía ser destruida. A lo sumo puede transferírsela más lejos, para evitar que sea vista por los turistas. Todo esto vuelve nuestra atención sobre otro problema que no parece planteado en la actividad planificadora, a saber, la relación de la ciudad y los núcleos satélites que de un modo incierto han sido previstos en el área. Al sur del núcleo *bandeirante* aparece en el plano regional un área de mansiones suburbanas, atravesada por la autopista Brasilia-Bello Horizonte-Río y contorneada por el ferrocarril central del Brasil.

Cuando la expansión poblacional de la ciudad alcance los límites previstos no parecería fácil impedir que esta área se transforme en un suburbio incontrolable. "El fracaso del proyecto abre las puertas al desorden del destino", ha escrito Giulio Carlo Argan. Mucho es de temer que, a menos que se plantee una dinámica y constante revisión del plan, el mismo quede desnaturalizado. El rígido control no es suficiente para enfrentar la presión de los hechos. Las respuestas dinámicas son la única alternativa viable. Esto nos lleva a concluir que el planeamiento sólo puede ser una "obra en progreso", para utilizar una expresión de Joyce, lo que significa organizar el proceso de cambio de acuerdo con un proyecto sujeto a patrones de acción, no a una forma predeterminada total. En la solución de este dilema se encuentran embarcados los urbanistas de todo el planeta; no se le puede achacar a Lucio Costa el no haber sabido plantear y resolver el problema.

El urbanismo se encontraba entonces en una etapa preliminar. Materializar el sueño de dos generaciones de arquitectos parecía, en 1956, un objetivo digno y legítimo.

Cualesquiera que sean las críticas que se le haga, Brasilia representa un esfuerzo inigualado. La experiencia que se extraerá de su construcción resultará de un valor incalculable y por ello es necesario seguir de cerca su evolución para forjarse una idea acabada de su comportamiento. Las líneas presentes sólo pretenden ser una contribución modesta a esta tarea.

II
La arquitectura

I

Significado presente de la arquitéctura del pasado

GRAZIANO GASPARINI

1. ESTRUCTURAS SOCIALES Y MANIFESTACIONES ARTÍSTICAS

Para entender el papel cultural de las ciudades coloniales, es imprescindible conocer el nivel cultural del "colonizador", y al respecto, hay que convenir que el nivel del pensamiento español del siglo XVII no fue el más indicado para propiciar influencias progresistas sobre sus colonias. España vive en su mundo apartado en el cual "ni los valores de la lógica intelectual y de esmerado análisis que han destacado a los franceses en su siglo XVII, ni el empirismo tan terrenal y concreto de los ingleses, sirven en este mundo un tanto mágico que levanta al cielo la laberíntica construcción de su teología. Para los demás pueblos de Europa ha comenzado el 'reino del hombre'; España aún quiere mantenerse como 'reino de Dios'." [1] Sin advertir la importancia de la ascensión del capitalismo europeo y con una estructura económica dedicada a mantener unas categorías sociales parasitarias, España, impulsada por el fanatismo religioso y "convencida de su misión salvadora, presidió la transfiguración cultural de América Latina, marcando profundamente su perfil y condenándola también al atraso. Es imposible, sin embargo, que sin los contenidos catequistas que la motivaron, la expansión ibérica no hubiese tenido la fuerza asimiladora que les permitió convivir y actuar frente a pueblos muy diferentes, a los que impuso su impronta cultural y religiosa". [2] En efecto, la acción "salvacionista" puede explicar la justificación que da España para acreditar su presencia en América: la misión evangelizadora orientada a ganar los indios para la fe católica. Desde luego, esto no es más que una simple racionalización del proceso de explotación de las materias primas y de la mano de obra. Acciones que no han llamado la atención de los historiadores del arte colonial y que casi no han sido tomadas en cuenta en el momento de analizar la huella profunda que ellas imprimieron a la sociedad colonial y, consecuentemente, en sus manifestaciones culturales. Tiene un sentido sustancial afirmar que "el Cristianismo, el Idioma y la Arquitectura son los tres grandes legados que España ha dejado en aquel vasto continente", [3] cuando ni siquiera se cita ese otro gran legado que ha

[1] Mariano Picón Salas, *De la conquista a la Independencia*, México, Fondo de Cultura Económica, 1965, p. 106.

[2] Darcy Ribeiro, *Las Américas y la civilización*, Buenos Aires, Centro Editor de América Latina, 1969, p. 74.

[3] Fernando Chueca Goitia, "Invariantes en la arquitectura hispanoamericana", en *Revista de Occidente*, núm. 38, Madrid, mayo, 1966.

[143]

sido la situación de atraso económico, social y cultural que a la postre ha facilitado la condición de subdesarrollo de América Latina. Los estudios socioantropológicos han puesto en evidencia las relaciones componentes de aquella sociedad y no han vacilado en demostrar las contrastantes condiciones de bienestar y de miseria, la arbitrariedad y sujeción que constituyeron norma de vida en aquellos tres siglos. En cambio, las interpretaciones de las artes plásticas y de la arquitectura del mismo período dan la impresión de que el "arte colonial" fue producido en un clima de apacible serenidad y bienestar que permitió la formación de una actividad artística libre, creativa, autónoma y casi desvinculada de las influencias europeas. Esta posición se vale de una tradicional e interesada metodología histórica basada en una erudición sin contenido que dificulta la comprensión viva y actual de los hechos culturales porque utiliza el arte colonial como medio de sublimación de aquel período. Es inquietante advertir que esa tendencia coexiste tanto entre algunos historiadores americanos, que miran al arte colonial como una expresión artística autónoma, como en España, donde ese mismo arte es considerado una extensión del sentir artístico español y, consecuentemente, analizado en términos de "hispanidad" y de "invariantes". Los historiadores españoles se han esforzado siempre en demostrar que la arquitectura española tiene una "unicidad" propia y diferente del resto de Europa porque consideran que tales "diferencias están constituidas por las invariantes castizas que se han dado a todo lo largo de la historia de la arquitectura española".[4] De la misma manera, la arquitectura colonial ha sido interpretada como hispanoamericana o como extensión provincial española. Angulo encuentra que la arquitectura barroca mexicana es tan sólo "una manifestación más, si bien importante, del barroco español".[5] La tesis autosuficiente de la autonomía estilística y expresiva de España acusa los mismos defectos que la de México cuando pretende demostrar "la mexicanidad" del arte colonial de aquel país. En ambos casos, el propulsor de dichas tesis es un pedante nacionalismo que deforma la realidad.

Tampoco es conveniente analizar la arquitectura colonial en términos de "invariantes". La teoría de los invariantes, más que valorar críticamente los elementos de cambio, se propone subrayar los elementos de permanencia. Analiza la obra de arte que en su suceder se mantiene siempre la misma y nunca lo mismo. Apela a esa "mismidad" para demostrar que la arquitectura latinoamericana es la misma de España y, cuando se refiere concretamente a España, es utilizada para demostrar la persistencia, autosuficiencia e indiferencia de lo hispánico frente a los movimientos arquitectónicos europeos.[6] La tesis de la "condición isleña" de España también sirve para apoyar la permanencia de los invariantes y

[4] Antonio Bonet Correa y Víctor Manuel Villegas, *El barroco en España y en México*, Guanajuato, México, Universidad de Guanajuato, 1967, p. 61.

[5] Justino Fernández, *El retablo de los reyes*, Instituto de Investigaciones Estéticas, México, UNAM, 1959, p. 263.

[6] Fernando Chueca Goitia, "El método de los invariantes", en *Boletín del* CIHE, núm. 9, Caracas, Universidad Central de Venezuela, abril, 1968, p. 104.

evitar de paso la más escabrosa tesis de condición retardataria y estatismo intelectual, que tiene sus raíces en la dificultad de deshacerse de los reconocimientos a lo tradicional.

Los invariantes pueden asociarse al concepto de indefinición o genericidad tipológica; no se basan en la invención de formas, sino que derivan de una serie de patrones. El concepto de invariante está condicionado a una analogía formal y funcional existente; es un esquema deducido de una suma de variantes formales-funcionales a una forma-función básica común. En consecuencia, aun cuando los invariantes proceden de experiencias de formas realizadas como artísticas, anulan el valor creativo originario mediante la repetición pasiva. Para la estética tienen un interés limitado por tratarse de una fase negativa e intencional vinculada a componentes populares y tradicionales. Además, con los invariantes se asocian las afinidades, las repeticiones y los rasgos comunes identificables visualmente; son asuntos no problemáticos que reúnen los caracteres más generales en lugar de desentrañar los rasgos únicos y diferenciales.

Es indiscutible el hecho de que algunas ciudades coloniales fueron centros que alcanzaron un cierto nivel artístico y que propiciaron, además, la divulgación normativa e imitativa de los modelos. Sin embargo, se trata de un nivel artístico de segunda mano, propio de las ciudades que reciben pautas culturales importadas y convenientemente adaptadas para el uso colonial. Parto de la premisa que sólo pueden ser considerados centros de irradiación cultural las ciudades en las cuales se han dado o se dan impulsos creadores autónomos y ejemplares. Por ejemplo, Roma y Florencia en el pasado, París, Londres y Nueva York en la actualidad fueron y son verdaderos centros de irradiación cultural; en cambio, las ciudades americanas del período colonial, por su misma condición de "coloniales", regidas por un sistema de inevitable dependencia, no tuvieron la posibilidad de producir expresiones artísticas autónomas y autóctonas. Hasta en las ciudades coloniales de una cierta jerarquía, como México y Lima, las actividades artísticas derivan siempre de los modelos europeos. Por eso, lo que irradia de ellas tiene un nivel artístico provincial que sufrirá ulteriores deformaciones toda vez que se propaga hacia los lugares periféricos. En consecuencia, la ciudad colonial, por carecer del nivel cultural necesario, en lugar de ser un centro de irradiación que promueve la formación de "escuelas" artísticas, es más bien un centro de difusión de formas y conceptos seleccionados, los cuales pasan por rigurosos controles antes de ser considerados aptos para la divulgación. A mi entender, la definición de "escuela" puede ser aplicada a la actividad artística que se distingue por acusar la influencia de un artista excepcional, o bien, a la que revela determinadas preferencias formales y conceptuales aceptadas y compartidas dentro de una determinada área o período. En ambos casos, la "escuela" deduce su expresión de una serie de experiencias y búsquedas. En el caso de las manifestaciones artísticas coloniales, en lugar de emplear el término de "escuelas", considero más apropiado emplear el de "expresiones regionales" porque cuan-

do una actividad artística está controlada por directrices y principios que
frenan el desarrollo de experiencias individuales y colectivas, no es posible el surgimiento de procesos críticos y búsquedas de experiencias directas. Es cierto que en la producción pictórica de alguna región americana
se ha logrado un sello unitario y característico en el conjunto de las obras
—como por ejemplo, en la llamada "escuela cuzqueña"—, pero esa peculiar similitud regional, más que derivar de unos principios de experiencia,
deriva de la aceptación, sin alternativas, de los principios de autoridad.
La experiencia individual y colectiva implica búsqueda, rechazo a la cultura de representación del sistema y rebelión contra la pasiva aceptación
de los esquemas que representan los principios de autoridad. Es evidente
que tales condiciones no se dan en el nivel cultural de la Colonia porque
el sistema autoritario impone una estructura del mundo como la revelada
por la suprema autoridad espiritual —en este caso, la Iglesia— que impide cualquier intento de descubrir la realidad y la verdad en el desarrollo de las experiencias. De ahí que la estructura aceptada *a priori* como
estructura inmutable de la verdad rige el pensamiento colonial a lo largo
de tres siglos.

También la diferencia entre las estructuras sociales de la América colonial y las de Europa ayuda a entender las diferencias entre las manifestaciones artísticas de ambos continentes. No sólo por su condición provincial logra el arte americano una especificidad diferencial, sino también
por la manera en que se aplican y actúan las ideas que se dejan entrar en
el Nuevo Mundo. A pesar de tener nexos comunes, esas ideas producen
actitudes distintas por la sencilla razón que es distinta la manera de en-
cauzarlas y, en consecuencia, también actúan diversamente sobre el hombre que vive en el mundo colonial. De ahí la importancia del estudio de
las ideas que respaldan todo pensamiento artístico y de las consecuencias
cambiantes que se dan en la producción artística cuando aparecen condiciones que alteran el carácter aparentemente unitario de esas ideas.

Las ciudades capitales de América colonial, como lo ha demostrado
Kubler,[7] pertenecen más al rango de capitales regionales que a la jerarquía
de capitales que concentran el poder, puesto que estaban sujetas a órdenes desde Europa. Aunque "la organización interior y las funciones se
hicieron americanas y coloniales más bien que europeas"[8] y "en los
aspectos prácticos actuaban como verdaderos centros metropolitanos, con
concentraciones de poder casi autónomos y facultades de decisión",[9] nunca se apartaron, en el campo cultural, de las influencias y antecedentes
europeos. El hecho que las ciudades capitales coloniales estaban sujetas
a disposiciones políticas y pautas culturales foráneas, permite afirmar
que las colonias americanas, por su misma condición de colonias, no

[7] George Kubler, "Ciudades y cultura en el período colonial de América Latina",
en *Boletín del* CIHE, núm. 1, Caracas, Universidad Central de Venezuela, enero, 1964,
p. 81.

[8] George Kubler, *op. cit.*

[9] George Kubler, *op. cit.*

contaron con verdaderas capitales. Cuando se dice que México y Lima fueron capitales de virreinato, debe interpretarse ese calificativo en un sentido simbólico limitado a una división territorial meramente administrativa porque, si por capital se entiende la sede del poder, es evidente que la capital de las posesiones españolas en América era Madrid. La arquitectura ha reflejado siempre la supremacía y posibilidades del poder a través de la monumentalidad. Ahora bien, la monumentalidad de la plaza principal de México, el Zócalo, es la que produce mayor sensación de la presencia y fuerza de los poderes; sin embargo, una comparación con los palacios europeos del siglo XVII deja entrever que la capital de México, además de ser la sede del *poder que controla*, es a la vez la sede del *poder controlado* desde la capital europea. Los palacios de América se construyen a una *escala humana* constituida por administradores, nunca por reyes y príncipes. Virreyes y gobernadores ocupan cargos muy altos en la burocracia colonial; no obstante, siguen perteneciendo a la categoría de quienes están "al servicio del rey" y quedan al frente de ese cargo hasta que el rey lo considere conveniente. Gastar sumas elevadas en las construcciones de palacios en territorio americano implica, en fin de cuentas, una disminución de las entradas en las cajas reales. El palacio virreinal de México es una construcción notable que, sin embargo, resulta modesta al lado de las residencias de cualquier príncipe elector del sur de Alemania.

La arquitectura religiosa, en cambio, goza de privilegios particulares porque sus construcciones deben demostrar el poder reconquistado por la Iglesia contrarreformista, visualizar el triunfo de la religión católica sobre las religiones idolátricas precolombinas, mantener activa la labor evangelizadora y catequística entre la población indígena, a la vez que deslumbrarla con la opulencia exuberante de los retablos dorados. Además, las fortunas acumuladas por la Iglesia permiten llevar a cabo una ingente actividad constructiva que fácilmente justifican las necesidades espirituales y la "dignidad del culto".

2. MANIFESTACIONES CULTURALES PERIFÉRICAS

El trazado de estas ciudades capitales coloniales nada tiene que ver con tradiciones locales o con la persistencia de conceptos urbanísticos precolombinos. Dejando a un lado los casos excepcionales de adaptación, como en el Cuzco y Cholula, la forma monótona del trazado cuadricular, importada de Europa, adquiere características americanas debido a la insistente repetición del esquema en la casi totalidad de las fundaciones. El trazado cuadricular aparece en las ciudades americanas desde las primeras fundaciones y se adelanta a las normas reguladoras que los legistas españoles dictan para la traza urbana. Las leyes de Indias recopilan los principios de una experiencia ya realizada y se expresan en un lenguaje

que tiene sus orígenes en fuentes teóricas, tales como el tratado de Vegecio, el *De regimene principium* de Santo Tomás, el *Crestià* del catalán
Eiximenis, el tratado de Alberti y el de Vitruvio. Considero que no existe
una diferencia esencial entre las opiniones de quienes interpretan el trazado en forma de damero como una herencia clásica y los que advierten
en él la aplicación de normas *modernas*, porque los dos conceptos tienen
entre sí una relación de continuidad y persistencia que, aunque aletar-
gada por momentos, nunca ha desaparecido totalmente de la cultura occidental. Se trata de un concepto que se afirma en la época clásica, que se
mantiene vivo en las ideas adormecidas de la Edad Media, a pesar de las
escasas experiencias, y que la cultura del Renacimiento actualiza y moderniza porque en ese mismo concepto encuentra cabida aquella voluntad
de orden y control de la razón que se identifica con la cultura renacentista. Ese modernismo, por lo tanto, más que representar la puesta en
práctica de ideas nuevas y originales, deriva más bien de unas ideas que
vuelven a ser vigentes. La aceptación del esquema y su invariable repetición en suelo americano contribuyen a su perfeccionamiento.

El nivel cultural de dependencia, propio de América colonial, imprime
a la arquitectura la ineludible condición de manifestación provincial. El
fenómeno de provincialización es un fenómeno de derivación, sumisión,
imitación y diferenciación de las actividades de los centros de desarrollo
creativo primario. En América se producen los mismos aspectos de provincialización que, sin superar la fase de variantes locales a veces ricas
en originalidad, se han dado y se dan en todas las manifestaciones culturales periféricas. El concepto de arte colonial está inevitablemente
vinculado al provincialismo y, en el caso de América, dicha provincialización la establece su condición de zona receptora relacionada con grandes
centros de influencia religiosa y cultural. Aunque la arquitectura colonial es una actividad esencialmente repetitiva, la suma de las diversas
expresiones regionales y los aportes de distinta procedencia establecen
una totalidad expresiva que alcanza un carácter diferencial específico y
unitario. El aluvión de aportes distintos no se integra en un orden cronológico, geográfico o sociológico. Se trata de una variabilidad que ha
facilitado el análisis parcelado en lugar de captar el significado unitario
de esa variabilidad. Son indiscutibles las diferencias a nivel de expresiones regionales, pero el carácter provincial es unitario. En consecuencia,
la "unidad de diversidades" permite formular un modelo teórico que hace
posible la comprensión del fenómeno.

Entre las distintas áreas culturales de América colonial es posible señalar la presencia de elementos similares para todas ellas y, a la vez, la
de elementos exclusivos de determinadas regiones. Por ejemplo, mientras la columna salomónica aparece en toda la América hispánica, el estípite es una peculiaridad epidémica de la Nueva España y una rareza en
Sudamérica. Las cúpulas sobre tambor o base octogonal también se repiten insistentemente en Nueva España, mientras que en Sudamérica predomina la forma circular. En general, las superficies decoradas de las

fachadas alcanzan en México una exuberancia más pronunciada y un carácter muy diferente a las de Sudamérica, en las cuales manifiesta una mayor parquedad en los entusiasmos decorativos y un mayor apego a las formas clasicistas. En los ejemplos periféricos se advierte una mayor semejanza y un nivel más unitario de las expresiones: el tipo popular de los monumentos de la zona Arequipa-Collao no difiere sustancialmente de los de Cajamarca, Guatemala y de varios lugares de México. En todas esas manifestaciones, a pesar de las distancias y de las diferencias, se respira el mismo aire de familia, dialectal, primitivo y propio de los lugares apartados de los centros artísticos más aventajados.

Las razones que explican las diferencias entre Nueva España y Sudamérica tienen sus orígenes en los contactos culturales con fuentes de diferentes procedencias y en el sucesivo grado de reelaboración de las formas recibidas. Sudamérica recibe aportes no ibéricos en una proporción mayor que Nueva España. Ésta, por el contrario, mantiene contactos más intensos con la metrópoli, y la presencia de artistas españoles como Gerónimo de Balbás y Lorenzo Rodríguez, facilita, en el siglo XVIII, la difusión y la reelaboración de las formas por ellos introducidas.

Foster ha señalado cómo la prioridad en la aceptación de una forma puede excluir la aceptación de otras, de tal manera que la sola procedencia de una forma importada y aceptada puede ser decisiva en el carácter formal de actividades posteriores.[10] Así, la expresión regional de un área acusa diferencias cuando es comparada con otra, porque en cada una de ellas se pone de manifiesto la aceptación preferencial de características consideradas como modelo. La repetición y difusión de ese modelo en la zona de su influencia, aunque sufra los cambios inevitables derivados de la reinterpretación y de los aportes locales, no pierde nunca la relación con la idea formal originaria: hace sentir su presencia en la región y fija las similitudes formales que contribuyen a connotar los rasgos comunes de la expresión regional. Las torres de la catedral del Cuzco se vuelven modelo regional, por más de un siglo, hasta más allá del lago Titicaca; la decoración "planiforme" deja sentir su influencia desde Arequipa hasta el lejano Potosí; los modelos clasicistas de Quito repercuten hasta Pasto, Popayán y Cali; los ornamentos de los yeseros poblanos también invaden la región, y las obras de Gerónimo Balbás y Lorenzo Rodríguez son los modelos que impulsan la descomposición de los retablos con estípites y la exuberancia de las fachadas-retablo. La descentralización, la distancia y los escasos contactos entre una zona de influencia y otra facilitan, además, la formación de las expresiones regionales.

En fin de cuentas, las expresiones regionales americanas son consecuencia de un proceso de transmisiones internas dentro de áreas limitadas, que se manifiestan con variantes formales derivadas de modelos que reciben prioridad de aceptación; lo esencial es señalar que se pro-

---

[10] George Foster, *Culture and Conquest*, Chicago, 1960.

ducen con la aceptación tardía de elementos formales que aparecieron primeramente en centros urbanos de importancia y en monumentos considerados como modelos y, por tanto, iniciadores de la serie formal.

Es evidente que los tipos arquitectónicos transmitidos reciben una mayor comprensión formal en los centros urbanos importantes, puesto que allí es donde se encuentran los artífices más expertos y la mano de obra más capacitada; en cambio, en la sucesiva irradiación hacia las zonas periféricas tales modelos pasan por disímiles procesos de transformación que pueden ser de simplificación, exageración, incomprensión formal, añadiduras de aportes locales mezcladas con elementos deformados por una interpretación deficiente y ejecución inexperta y tosca. El problema de la mano de obra indígena no constituye un factor de cambio en la arquitectura colonial y las diferencias atribuidas a los aportes de la "sensibilidad indígena" no son más que alteraciones y deformaciones del proceso de reelaboración de formas y conceptos importados. A un nivel artesanal, la mano de obra indígena se manifiesta con desiguales grados de habilidad: desde las obras de gran rusticidad hasta las que revelan un dominio del oficio en nada inferior al de la mano de obra europea.

No es éste el momento para volver a discutir sobre la desprestigiada definición de "arquitectura mestiza" o la más infeliz de "estilo mestizo". El descrédito de que gozan impide tomarlas en consideración. Estimo conveniente, sin embargo, exponer mi opinión acerca de la participación en el arte colonial de la llamada "sensibilidad indígena", puesto que con mucha frecuencia dicha sensibilidad se asocia a las manifestaciones de "arte mestizo" con el fin de subrayar el carácter distinto de las obras consideradas como el producto de esa sensibilidad. Conviene aclarar que, en la casi totalidad de los casos, se trata de una contribución dirigida que pasivamente ejecuta, con mayor o menor habilidad, los sistemas constructivos y los conceptos formales impuestos por la cultura dominante. El gran aporte autóctono que permitió llevar a cabo esa enorme actividad constructiva es, en fin de cuenta, la mano de obra.

Cuando un indio revela aptitud artística, ésta es aprovechada para aumentar la producción; más que apelar a su sensibilidad y libertad de expresión, se utiliza su habilidad y poco costo. Los artistas indígenas que actúan dentro de la sociedad colonial no son reconocidos como inventores, sino como "ejecutantes". Sus obras, más que expresar sentimientos respaldados por impulsos creativos, se limitan a reproducir y recombinar los motivos importados. A veces, en áreas con gran densidad de población indígena, se logra un sello unitario en la expresión regional y una similitud estética en el conjunto de las obras. Es una sensibilidad de grupo, propia de los ejecutantes de una determinada región, que frecuentemente acusa la pericia rudimentaria de la mano de obra. Sin embargo, lo que es más evidente en esas obras es —parafraseando a Palm— la distancia mental que media entre el modelo y su reproducción. La poca pericia y falta de dominio artesanal manifiesto en la mayoría de las obras de "mano indígena" más que ser rudimentaria por incapacidad lo es por inmadurez. Y, en este caso, la inmadurez debe considerarse como una consecuencia de las pautas culturales del sistema colonial.

Cuando un artista indígena o "mestizo" domina el oficio de una actividad artística, se quiebra el nexo entre su "sensibilidad" de indígena y su intencionalidad artística. Un claro ejemplo de ello lo brindan las tres iglesias cuzqueñas de fines del siglo XVII: la de San Sebastián con su fina fachada-retablo, la de San Pedro, derivada de experiencias aparecidas en la Catedral y la Compañía, y la de Belén, cuya portada revive, aumentándolo, el efecto del alfiz aplicado hacia 1651 en la portada lateral del convento de San Francisco. Los tres ejemplos adoptan el esquema de la fachada-retablo que se destaca entre las superficies lisas de los cuerpos inferiores de las torres; el prototipo es la catedral y su influjo se advierte también en el diseño de los cuerpos de campanas. Los nombres de los "arquitectos indios" Manuel de Sahuaraura y Juan Tomás Tuyuru Túpac están vinculados a las tres iglesias; Tuyuru Túpac proyecta la de San Pedro con un ojo puesto en la Catedral, de la cual interpreta la portada, y otro en la Compañía, de la cual repite las capillas entre los contrafuertes interiores. La presencia, no sólo de mano de obra, sino de "intelecto" indígena es una demostración evidente de que la supuesta "sensibilidad indígena" no se manifiesta en estos casos y, en cambio, confirma el aprovechamiento de los conocimientos y habilidad del artista indio cuando existe la seguridad de que su intencionalidad artística es totalmente europea. Nada sugiere la paternidad indígena en esas obras; la raza no modifica la voluntad arquitectónica europea del artífice indio. En cambio, cuanto más pobres sean sus conocimientos y burda su ejecución, tanto más "mestizo" será el resultado de la obra.

La homogeneidad de la "arquitectura mestiza" y de la "arquitectura popular" estriba en el carácter común de todas las manifestaciones periféricas. A pesar de existir matices diferenciales entre las expresiones artísticas en función de sus diferencias regionales, estos matices no logran apartarse del carácter que a todas las manifestaciones coloniales imprime el contacto con la cultura dominante. Después de todo, las diferencias no son esenciales y siempre se trata de manifestaciones de "arquitectura menor" que repiten tardíamente esquemas formales e iconográficos transmitidos de centros mayores. Nunca superan el nivel de la expresión dialectal.

3. VINCULACIÓN LUSO-BRASILEÑA

La situación de dependencia es análoga en el vasto territorio que Portugal ocupó en América: Brasil. A pesar de ser la cultura de dominación portuguesa menos opresiva que la española, la arquitectura colonial brasileña repite con mayor fidelidad los modelos portugueses; la transmisión es más directa y, sobre todo, no sufre las modificaciones que pueden ocasionar la intervención de religiosos no ibéricos los cuales, si bien comparten la misma religión, tienen una formación artística bien diferente. Además, las pautas arquitectónicas portuguesas tampoco pasan por las fases de reinterpretación que pueden producir la intervención de una mano de obra indígena como en los casos de México y Perú. Si se compara la actividad constructiva del siglo XVI en México con la realizada en Brasil durante el mismo siglo, es fácil entender las diferencias de intereses que impulsaron las acciones iniciales de España y Portugal hacia las colonias americanas. A principios del XVI, Portugal, que estaba absorbido en mantener el control de las rutas comerciales hacia África y Asia y fortalecer el dominio desde el océano Índico hacia la China, subestima las posibilidades del Brasil. "No es de extrañar que, durante la primera mitad del siglo XVI, los portugueses consideraran el descubrimiento del Brasil (1500) como un asunto de importancia secundaria. De hecho, los esfuerzos por consolidar el control de la costa de lo que ahora es Brasil, más o menos entre los actuales puertos de Santos y Recife, fueron primordialmente una acción refleja tomada para impedir que Francia e Inglaterra establecieran enclaves costeros competidores en la exportación del palo brasil utilizado en la manufactura de prendas de lana en los Países Bajos e Inglaterra. Únicamente el temor a la competencia en la costa brasileña llevó a la ocupación prolongada en la segunda mitad del siglo y al establecimiento de una economía de plantación. El desarrollo de haciendas azucareras en el margen costero entre Salvador y Recife emanó de los actos de un puñado de empresarios portugueses que esclavizaron a los amerindios para que trabajasen en sus plantaciones.[11] Una población indígena numéricamente inferior, su comparación con la de las regiones de las altas culturas mesoamericanas y andinas, la demanda siempre más apremiante de mano de obra y el progresivo aumento de las áreas destinadas a plantaciones de azúcar, motivaron la importación masiva de negros esclavos desde los puertos occidentales de África. El sistema imperial de Portugal en América presenta varias diferencias respecto del aplicado por España; sin embargo, tiene su similitud en el proceso colonial esclavista para la explotación de los recursos. "Sin esclavos no hay azúcar, sin azúcar no hay Brasil" fue el planteamiento justificatorio y, así, el azúcar brasileño fue para Portugal lo que la minería de México y Perú representó para los españoles.

El sistema imperial portugués es menos sistemático y rígido que el español, "pero también menos eficiente. Tarda en constituirse, sufre las consecuencias del interregno determinado por la dominación española sobre la metrópoli: (1580-1640), y luego de la creciente hegemonía británica sobre aquélla. La política mercantilista es comparativamente más flexible y abierta, con un mayor grado de penetración del comercio exterior, especialmente desde el siglo XVII, por la alianza de Portugal y

[11] Stanley y Barbara Stein, *La herencia colonial de América Latina*, México, Siglo XXI Editores, 1970, p. 25.

Gran Bretaña, y el sometimiento del primero hacia la segunda. La estratificación social es relativamente más informal y de hecho menos sistemática y legalizada. La Iglesia tiene un poder más reducido y no se establece un tribunal separado de la Inquisición. La motivación religiosa y evangelizadora tiene un papel menos importante y se adopta un mayor grado de tolerancia y de facilidades para la inmigración de extranjeros y de disidentes del credo oficial. A la inversa, la explotación de los indígenas no es retaceada por escrúpulos fideístas ni por preocupaciones políticas, y adquiere así un carácter más desembozado".[12] El ingenio brasileño (*a engenho do açúcar*) se transforma en el prototipo perfeccionado de la agricultura de plantación en América y en el instrumento portugués de efectiva ocupación y colonización. Seguramente, llegó a ser la herencia colonial más importante del país.[13] En 1570, había en Brasil 60 ingenios en actividad; en 1629 la cantidad alcanza los 346, y en 1710, el total es de 528. Sin embargo, aun cuando los ingenios pertenecen a los portugueses, son los holandeses quienes controlan las operaciones mercantiles y sacan de ellas el mejor provecho. Los portugueses, a fin de cuentas, no son más que unos intermediarios. "A finales del siglo XVI, los holandeses controlaban el 66 % de los embarques entre Brasil y Portugal, poseían una gran parte del azúcar exportada de la colonia y Amsterdam, no Lisboa, tenía alrededor de 25 refinerías que utilizaban azúcar brasileña semielaborada (1621)".[14] El atrasado sistema económico de Portugal no puede competir con las estructuras evolucionadas de Holanda, Inglaterra y Francia. Holanda es una formación capitalista mercantil que no basa sus economías en los sistemas del colonialismo esclavista ibérico; por el contrario, su política económica le permite movilizar "grandes recursos de mano de obra, capital y buques para seguir a los portugueses hasta la fuente de su comercio y expulsarlos.

"En los primeros cincuenta años del siglo XVII los holandeses obligaron a los portugueses a reducir sus operaciones en la periferia de Asia y en el Brasil se apoderaron de Recife y la retuvieron, controlando así el comercio del azúcar, si no su cultivo, entre 1630 y 1654. Tampoco la ocupación española de Portugal proporcionó recursos adecuados para proteger la cabeza de puente portuguesa en el Brasil. Anque los portugueses recuperan Recife en 1654, el monopolio azucarero del Brasil ya había sido roto por el desarrollo de plantaciones inglesas y holandesas en el Caribe."[15]

La política agrícola de plantaciones introducida por Portugal en Brasil, revela en su funcionamiento un sistema de dependencia y de obligado sometimiento a una economía capitalista evolucionada. En efecto, la plantación —a diferencia de la hacienda hispanoamericana— es una

[12] Marcos Kaplan, *Formación del Estado Nacional en América Latina*, Santiago de Chile, Editorial Universitaria, 1969, p. 78.
[13] Stanley y Barbara Stein, *op. cit.*, p. 43.
[14] Stanley y Barbara Stein, *op. cit.*, p. 26.
[15] Stanley y Barbara Stein, *op. cit.*, p. 26.

unidad económica independiente creada para producir artículos esenciales para el consumo externo, es decir, europeo. La hacienda, en cambio, es un fundo de grandes dimensiones donde se cultivan cereales o se cría ganado. Sus productos son consumidos localmente, en los centros mineros o en las grandes regiones urbanas como las ciudades de México o Lima.[16]

Durante todo el ciclo del azúcar, la ciudad de Bahía es el asentamiento más grande y próspero del Brasil. En 1763 Río de Janeiro sustituye a Bahía como capital, puesto que el oro y los diamantes remplazan al azúcar como principal fuente de ingresos. Sin embargo, también durante el ciclo de oro, a lo largo de todo el siglo XVIII, Portugal "era incapaz de proporcionar las principales importaciones de textiles y productos metalúrgicos para la colonia, e incapaz también de pagar las importaciones domésticas sin los productos coloniales. Al igual que España, Portugal ya era un apéndice de su colonia en América. En otros términos, a través de la temprana economía, sociedad y estructura política capitalista de Portugal, Brasil estaba vinculado a la economía de Europa occidental. Brasil era el centro económico de Portugal".[17] El hecho esencial, que no puede pasarse por alto, es "que en el período de 1500 a 1700 los iberoamericanos funcionaban como un segmento periférico de la economía europea en expansión".[18]

Durante el siglo XVI, los portugueses fundan en las costas del Brasil alrededor de diecisiete centros urbanos y aproximadamente otros cuarenta, muchos de ellos en el interior del país, en el siglo siguiente. En los centros costeros y donde la topografía lo permitía, las ciudades repiten la costumbre portuguesa de desarrollarse separadamente en *cidade baixa* y *cidade alta*. Salvador de Bahía y Río de Janeiro, las dos capitales coloniales, son las versiones americanas inspiradas por Lisboa y Oporto. Dice Robert C. Smith que las ciudades brasileñas son réplicas de las portuguesas por cuanto en ambas se trazaban las calles colocadas irregularmente alrededor de *terreiros* accidentados. Supongo, sin embargo, que se ha enfatizado demasiado la irregularidad del trazado de las ciudades brasileñas y que se ha convertido esa "irregularidad" en una de sus características urbanas coloniales. El trazado de Bahía, fundada en 1549, se adapta a la plataforma que le sirve de asiento con un criterio de ordenamiento evidente en las calles rectilíneas, las cuales, si bien no tienen la obsesiva repartición del damero cuadricular de las ciudades hispanoamericanas, revelan la preocupación de hacer las cosas con un cierto orden a pesar de los inconvenientes topográficos del lugar. Río de Janeiro, fundada en 1567, adopta también un patrón regular. San Luis de Marañón, fundada en 1615, tenía un trazado perfectamente ortogonal. Los holandeses aplican en Mauritzstadt-Recife normas de regularidad urbana muy avanzadas y en el siglo XVIII no faltan casos en los cuales

[16] Stanley y Barbara Stein, *op. cit.*, p. 42.
[17] Stanley y Barbara Stein, *op. cit.*, p. 27.
[18] Stanley y Barbara Stein, *op. cit.*, p. 45.

se aplica la perfección absoluta y monótona del trazado cuadricular, como en Vila Bela da Santísima Trinidade, Vila Nova de Mazagão, Vila de Macapá, Vila de Pinheiro, Vila Viçosa en Porto Seguro y en las *Aldeias* de indios trazadas por ingenieros militares. Las ciudades mineras de Minas Gerais tienen un trazado libre que se adapta a los movimientos de una topografía accidentada y esa "libertad" se parece mucho a la de las ciudades mineras mexicanas. Sin duda, el resultado de los espacios urbanos tiene aquí un mayor movimiento y ofrece sorpresas visuales a quienes caminan por sus calles. Al igual que en México, la "libertad" del trazado en los centros urbanos mineros se debe a una evolución muy rápida ocasionada por el asentamiento repentino de grandes contingentes humanos que se reúnen en comunidad sin planificación previa. En los comienzos, lo abrupto de la topografía es lo que menos interesa a los buscadores de oro y diamantes; el desplazamiento rutinario del hombre entre la casa, la bodega y la mina va estableciendo las bases de lo que luego serán las calles definitivas. En Sabará, por ejemplo, la fuente de riqueza está en el río; en consecuencia, la ciudad se desarrolla en una larga secuencia a lo largo de la orilla. Las disposiciones reglamentarias para poner un cierto orden se aplican en las ciudades mineras cuando el carácter urbano está prácticamente definido. Sin embargo, no deja de sorprender que en la ciudad de Mariana, fundada en 1710, se apliquen normas de trazado ortogonal cuando, hacia 1740, se quiere mejorar la traza urbana.

4. BAHÍA

Con la fundación de Bahía (1549) comienza una nueva fase del proceso de colonización portuguesa en Brasil. Después del fracaso del sistema de repartición territorial de las capitanías que aspiraba a realizar una colonización descentralizada, la fundación de Bahía instaura una nueva política que, en cambio, lo concentra todo en la recién fundada ciudad. Para repartir el control de la inmensa costa, se funda Río de Janeiro (1567), hacia el sur, y San Luis del Marañón (1615), hacia el norte. Estos tres centros fueron los que realmente iniciaron la dominación total del territorio.[19]

El trazado inicial de Bahía, inscrito dentro de un trapecio amurallado con balaustres esquineros, se debe a Luis Dias, quien acompañó a Tomé de Sousa con el cargo de "maestre das obras da fortaleza e cidade do Salvador". Los planos del incipiente asentamiento se han perdido, pero se sabe que el área originaria era bastante reducida y que muy pronto el recinto defensivo tuvo que ser ampliado. A ambos lados del *Terreiro de*

[19] Paulo F. Santos, *Formação de cidades no Brasil Colonial*, V Coloquio Internacional de Estudos Luso-Brasileiros, Coimbra, 1958, p. 78.

Jesus predomina el trazado de damero y si la regularidad no fue mayor —advierte Paulo F. Santos— "sería tal vez devido ao acidentado do terreno, a cujas dobras o plano se ajustou".[20] En varios planos holandeses y portugueses de principios del siglo xvii, la ciudad revela su fisonomía definitiva repartida en *cidade alta* con sus plazas principales, y en *cidade baixa* con todas las instalaciones portuarias y las casas de los comerciantes. El trazado de la parte alta de la ciudad tropezó con una topografía bastante accidentada, y, a pesar de ello, es evidente el esfuerzo por lograr la regularidad; sin embargo, cuando el progresivo crecimiento de la ciudad no puede limitarse a la meseta que sirvió de asiento al núcleo fundacional, se olvidan por completo todos los principios de regularidad y la ciudad invade poco a poco todas las colinas y quebradas circundantes. El trazado antiguo persiste en el contexto de la gran ciudad contemporánea y adquiere valor de elemento originario. La ciudad, a través del tiempo y de su evolución, es algo que permanece a pesar de sus transformaciones y funciones. Las calles del Barrio del Pelourinho, las que llegan al *Terreiro de Jesus* o a la plaza del Palacio, pueden ser la expresión que con mayor fuerza precise la vida misma del complejo organismo colectivo que es la ciudad, porque, en la base de este organismo, el conjunto de calles y plazas se identifica con la persistencia del plano fundacional. La significación de las permanencias podría ser la de un pasado que se sigue experimentando, bien sea a través de los monumentos o bien en la persistencia del trazado. El crecimiento de Bahía ha exigido en las últimas décadas el "sacrificio" y la desaparición de conjuntos ambientales y también de algún monumento significativo como la iglesia de la Sé. La ciudad tiende más a la evolución que a la conservación y, en la evolución, la conservación de los monumentos representa un hecho propulsor del desarrollo mismo. A pesar de algunas pérdidas, seguramente debidas al hecho de que la función del edificio estaba aislada de la realidad o era anacrónica respecto a la evolución técnica y social, Bahía conserva la mayoría de sus monumentos porque ellos mismos se han constituido en elementos primarios de la ciudad, por estar investidos de un carácter más estable, permanente y decisivo. Independientemente de su valor artístico, hay que considerar su presencia e historia y su calidad de hechos urbanos generadores de vida propia. El marco de esos monumentos, definido por el valor orquestal del ambiente de la antigua Bahía, las calles estrechas que suben y bajan, los palacios transformados en casas de vecindad, las casas insignificantes y al mismo tiempo indispensables para el valor del contexto y la vida tan viva del pueblo bahiano, hacen de Bahía un monumento total, mágico y hechizante.

Aunque quedan muy escasas muestras arquitectónicas pertenecientes a los años finales del siglo xvi, como la iglesia de N. S. de Gracia en Olinda, la arquitectura colonial del Brasil prácticamente no tiene en ese siglo monumentos que testimonien una actividad constructiva relevante y, en todo caso, comparable con las obras que España dejó en sus colonias

20 Paulo F. Santos, *op. cit.*, p. 82.

americanas. Basta recordar la impresionante cantidad y calidad de los conventos mexicanos para entender la diferente orientación y procedimientos de la colonización española y la portuguesa. La arquitectura colonial brasileña pertenece a los siglos XVII y XVIII y se manifiesta como una prolongación inalterada del sentir arquitectónico de la madre patria. Las nuevas combinaciones y reinterpretaciones de los modelos importados, que en las colonias hispanoamericanas producen con frecuencia una especificidad diferencial, faltan casi por completo en las réplicas brasileñas de los modelos metropolitanos. Las influencias centro-europeas y los italianismos que se advierten en varios monumentos del Brasil, son, a fin de cuentas, las mismas influencias que caracterizan la arquitectura de Portugal.[21]

Bahía, que mantuvo el rango de capital hasta 1763, cuenta con unos monumentos clave que permiten identificar a los modelos transmitidos y, al mismo tiempo, señalar la influencia que esos monumentos tuvieron en otras construcciones coloniales. Por ejemplo, la iglesia del colegio de los jesuítas y el convento de San Francisco, con su magnífico claustro, introducen características propias de la tipología arquitectónica portuguesa. La preferencia por la iglesia de una sola nave con el espacio tipo salón, los techos con falsas bóvedas de madera, la ausencia total de la cúpula, el presbiterio o *capela-mor* muy profundo, pero de dimensiones reducidas en comparación al ancho de la nave, la poca importancia espacial del crucero, la volumetría cúbica, las fachadas con esquemas derivados de la arquitectura civil y la falta de columnas salomónicas y estípites, son sólo algunas de las características de los templos luso-brasileños tan diferentes de los hispanoamericanos. Además, puede afirmarse que la iglesia del colegio de los jesuítas, hoy catedral de Bahía, es portuguesa no sólo desde el punto de vista conceptual sino también en el material. En efecto, las piedras de sus muros exteriores e interiores, arcos, portadas, molduras y tantos elementos más, vinieron como lastre en los barcos, listos para ser montados en la obra. Esta costumbre se repite en centenares de obras representativas de la colonia portuguesa y, además de revelar la escasez de una mano de obra local competente, explica el nivel de mayor dependencia con las formas y las ideas arquitectónicas de la madre patria. No es raro el caso del monumento que se construye por piezas separadas en Portugal para luego embarcarlo al Brasil donde será montado. Es evidente que ese procedimiento excluye cualquier posibilidad de eventuales "aportes locales".

El templo jesuítico de Bahía deriva de las iglesias jesuíticas del Espíritu Santo de Évora y de la de San Roque de Lisboa, construidas casi

---

[21] Cabe señalar en este punto, que el estudio de la arquitectura colonial del Brasil cuenta con una bien documentada y seria bibliografía que afortunadamente carece de juicios parcializados producidos por los entusiasmos nacionalistas. Las investigaciones de Lucio Costa, Paulo F. Santos, Augusto da Silva Telles, Rodrigo M. Franco de Andrade, las publicaciones de la Dirección del Patrimonio Histórico y Artístico Nacional, los trabajos de Robert Smith, Germain Bazin, J. B. Bury, Mario Buschiazzo y otros, constituyen una fuente de indispensable consulta.

simultáneamente por Alfonso Alvares desde 1567. La similitud se aproxima más a la iglesia del Espíritu Santo de Évora, pues en el templo de Bahía, al igual que en este modelo, el crucero se acentúa con arcos de mayores dimensiones que los de las capillas laterales; en San Roque de Lisboa, en cambio, los arcos de las capillas y los del crucero son iguales. La iglesia de Évora, aunque se adapta al programa jesuítico de lograr el máximo espacio para la congregación y se adelanta en un año al comienzo de los trabajos del templo que Viñola construye en Roma, acusa características regionales como la falta de cúpula, las galerías o tribunas sobre las capillas laterales y el nartex-vestíbulo de la entrada. En la propia ciudad de Évora, dichas características aparecen en la iglesia tardogótica de San Francisco (1460-1501) y no cabe duda —lo ha señalado Germain Bazin desde 1949— que fueron tomadas en cuenta por Alfonso Alvares para el proyecto de la iglesia del Espíritu Santo. La presencia en Lisboa de Felipe Terzi no logra alterar el carácter local de los templos que Alvares construye para los jesuítas. Felipe Terzi repite el esquema romano de Viñola en la iglesia de San Vicente de Fora, también en Lisboa, pero se evidencian concesiones al gusto local en la composición de la fachada.

Ahora bien, la gran diferencia entre el prototipo jesuítico romano viñolesco y los templos jesuíticos portugueses la establece el espacio interior. La costumbre de fijarse en la similitud de las plantas jesuíticas italianas, portuguesas, españolas, centroeuropeas y americanas hace olvidar con frecuencia que lo que determina los valores arquitectónicos es lo que se eleva sobre esas plantas y lo que define, a fin de cuentas, el valor espacial interior producido por esa elevación. Por eso, la similitud de las plantas puede tener una importancia relativa cuando los resultados espaciales son completamente distintos. El templo jesuítico del Espíritu Santo de Évora, al igual que el de Bahía, se cubre con una falsa bóveda de cañón a todo lo largo de la única nave: desde los pies hasta el presbiterio o *capela-mor*. Esta solución produce un espacio estático inscrito dentro de límites rectangulares en los cuales el crucero tiene una insignificante importancia espacial. En la iglesia de San Roque de Lisboa el espacio tipo salón lo acentúa aún más la falta de bóveda. Dichas iglesias tienen las plantas que revelan a las claras la adhesión y aceptación del programa jesuítico. Sin embargo, a pesar de esa similitud, el resultado espacial es totalmente distinto si se compara con el templo del Gesú de Viñola en Roma, la iglesia madre de la Compañía. El templo romano, el modelo que más influencia ejerció en las construcciones religiosas de la Orden, tiene en el crucero el punto de mayor impacto espacial; los cuatro arcos del crucero interrumpen la continuidad de la bóveda para recibir la gran cúpula en la cual se prolonga, sublimándose, el espacio. El efecto producido por la compenetración espacial de la nave con los brazos y la cúpula, falta en las iglesias jesuíticas portuguesas porque predomina en ellas la solución tipo salón de escaso interés espacial. Otro elemento que contribuye a la acentuación del espacio-salón en los templos luso-brasileños es la proporción del arco de *capela-mor* con relación al ancho y altura de la nave: es un arco reducido en el muro de la "cabecera" que da acceso a un presbiterio también de pequeñas dimensiones. No es comparable al majestuoso arco toral de las iglesias romanas que permite, sin interrupciones, la continuidad de las directrices visuales y espaciales hasta el ábside. En Bahía, se recibe la impresión de que hay "demasiado muro" donde se abre la *capela-mor*. Esta disposición, que seguramente llegó a Brasil con Francisco Dias, se remonta al tardo-gótico y es evidente también en el ya citado templo de San Francisco de Évora. Cabe recordar que la similitud entre el partido distributivo del templo de San Francisco y el del Espíritu Santo, ha permitido suponer el origen autóctono portugués del tipo de templo con nave única y capillas laterales monopolizado luego en las iglesias de los jesuitas. Soluciones similares se encuentran en el gótico español y es casi seguro que las capillas laterales del Gesú de Roma tienen antecedentes medievales. Si esta disposición se anticipa en Portugal en relación al Gesú de Roma es de importancia relativa porque la marcada diferencia entre la concepción espacial de los templos jesuíticos italianos y los portugueses es la que imprime el sello diferencial. En sus colonias americanas, España aplica en los templos la pomposidad romana, Portugal, en cambio, repite a la letra sus características locales.

La fachada de la iglesia del colegio de los jesuítas de Bahía, terminada hacia 1680, tiene más relación con el templo jesuítico portugués de Santarem (1676), que con las de Évora y Lisboa. Es una fachada plana y de gran sobriedad en los dos cuerpos inferiores; una sobriedad más bien palaciega que de iglesia, un compromiso entre arquitectura civil y religiosa que remata en un coronamiento algo recargado. En efecto, las volutas carecen de espacio y están comprimidas entre el imafronte y los pequeños cuerpos de las torres. Una solución no muy feliz que, si bien se relaciona con la fachada de Santarem, está muy lejos del prototipo jesuítico que Giacomo della Porta dio al Gesú de Viñola en Roma.

El otro monumento clave de Bahía es el convento de San Francisco. La fachada de la iglesia tiene proporciones más esbeltas y el sentido vertical lo acentúa el contorsionado imafronte que se eleva entre las dos torres aún más altas. La ubicación de esta fachada establece un valor espacial urbano bien definido: al mismo tiempo que fija el límite final de la plaza Anchieta para destacar visualmente la religiosidad de su volumen, logra integrarse también con el *Terreiro de Jesus* en una feliz solución urbana de espacios interrelacionados. Si bien la construcción del convento comienza a fines del siglo XVII, la casi totalidad de los trabajos se realizan en las primeras cuatro décadas del siglo XVIII. El punto de mayor valor arquitectónico se concentra en el claustro; es de pequeñas dimensiones, si comparado con los limeños y mexicanos, pero investido de una gran calidad y elegancia en las formas y proporciones derivadas del primer renacimiento toscano. Formas que no son extrañas en Portugal y que pueden verse también en el convento franciscano de Guimarães (1600). El claustro de Bahía es superior a los de Olinda y Recife construidos por la misma orden y no admite comparaciones con los de otras órdenes religiosas. El interior del templo de San Francisco se cubre con una profusa decoración que invade los muros del crucero, bóvedas y capillas; es el interior "más barroco" de las iglesias bahianas y los criterios que orientaron la realización de esa atmósfera ilusoria, deslumbrante e irreal, no se diferencian mucho de los que intervinieron en los retablos mexicanos. A pesar de las diferencias formales y cromáticas que existen entre los retablos hispánicos y los lusitanos, en ambas manifestaciones es evidente la tendencia a lo espectacular; los excesos del barroco mexicano son más impresionantes y dimensionalmente más imponentes; ello se debe en parte a la diferencia espacial de los presbiterios y cruceros de filiación hispánica con los de transmisión lusitana.

La diferencia entre la intensidad decorativa es aún más patente en las fachadas; no existen en Brasil excesos decorativos comparables con los hispanoamericanos. Prevalece el diseño arquitectónico claro, simétrico y sencillo sobre superficies lisas; las decoraciones tipo *horror-vacui*, no tienen aceptación y, por eso, destaca aún más la masa volumétrica cúbica, a veces pesada y de escasos movimientos. Es frecuente el contraste entre la sobriedad exterior y la riqueza decorativa interior: al igual que en Portugal y en Europa central. No obstante, es necesaria la excepción para poder confirmar la regla y ésta la brinda la fachada de la iglesia de la orden tercera de San Francisco arrimada al convento franciscano. Es una fachada "mexicana" que llama la atención más por su sabor exótico y por no encajar en el ambiente que por su originalidad. En México pasaría casi desapercibida. Según los documentos, fue terminada en 1703, es decir, cinco años antes de iniciarse la construcción del vecino templo del convento franciscano. A pesar de lo insólito de esa fachada, el esquema distributivo tradicional portugués no sufre alteración alguna.

Bahía, llamada también "el corazón católico" de Brasil, cuenta con aproximadamente 50 templos. La cuenta popular aumenta el número a 365 y esa generosidad tiene su similitud en México con las famosas e imaginarias 365 iglesias de Cholula.

Desde el siglo XVII hasta mitad del XIX, el tipo de iglesia portuguesa se repite con insistente monotonía. Hay variedad en el diseño de algunos detalles como el movimiento de los frontispicios o la forma de los chapiteles de las torres que de piramidales pasan a bulbiformes, mas, las características tradicionales de las plantas y los esquemas de las fachadas no se apartan de los patrones transmitidos de la madre patria. Los principios arquitectónicos que aparecen en Bahía a mitad del siglo XVII se siguen manteniendo en el XVIII y tampoco sufren alteraciones sustanciales en el XIX.

Las iglesias bahianas, como la del Carmen, del Rosario, del Pilar, del Bonfim, de la Concepción y tantas más, además de estar investidas de un valor histórico-arquitectónico individual, aportan una gran contribución a los valores ambientales y visuales del contexto urbano. La ubicación de las iglesias en la ondulada topografía, de las fachadas en las plazas y en los *largos* y de las torres que emergen de los tejados, parecen tener más una función estratégico-ambiental que religiosa. Cuando se llega al *largo de Pelourinho* bajando por la calle Alfredo Brito, la secuencia de fachadas, de torres y techos, establece una feliz integración ambiental llena de movimientos y pródiga en sorpresas visuales; las construcciones de un cierto valor arquitectónico se mezclan y alternan con las anónimas y modestas para componer un valor coral de gran armonía.

Entre las tantas iglesias que destacan su presencia en el perfil urbano, es preciso recordar —además de las ya citadas— a la de Santa Ana y a la de N. S. de la Concepción de la Playa. La primera por tener planta cruciforme y cúpula, casi excepcional no sólo en Bahía sino en todo Brasil, y la segunda, por la insólita colocación en diagonal de las torres. Construida en la *cidade baixa* entre 1739 y 1765, el templo de la Concepción de la Playa acusa la influencia de la arquitectura oficial que imperaba en Lisboa antes del terremoto de 1755. Es otra iglesia prefabricada en Portugal en piedra de *lioz* que llega a Brasil en piezas separadas y numeradas. El cantero portugués Eugenio da Mota es expresamente contratado para montar el "rompecabezas arquitectónico" y su permanencia en Bahía se prolonga hasta la terminación de los trabajos.

El procedimiento de preparar las piezas constructivas en la madre patria no se limita a los elementos que requieren la intervención de artesanos expertos, como en el caso, por ejemplo, de la portada de la iglesia del Carmen de Río de Janeiro, sino que comprende con frecuencia los simples sillares para levantar los muros. Esta transmisión más material que conceptual de las formas, se explica por la falta de mano de obra indígena para tales oficios y la escasez de artesanos portugueses en la colonia. También los proyectos se elaboran frecuentemente en la madre patria y, cuando se trazan en Brasil, no dejan de ser repeticiones de esquemas tradicionales; en esta actividad los ingenieros militares tuvieron la primacía. Todos esos vínculos contribuyeron al establecimiento de un alto grado de dependencia de la arquitectura colonial brasileña con Portugal. Una situación en algunos aspectos diferente se produce en la región aurífera de Minas Gerais en la segunda mitad del siglo XVIII. Esto se explica por el aislamiento de la zona, lo alejado de las costas, la imposibilidad de recibir piezas importadas pesadas y, principalmente, la formación de un ambiente cultural regional en el cual los artesanos mulatos sustituyen a los portugueses interviniendo activamente en obras de gran sensibilidad.

Sin embargo, considero conveniente destacar que el grado de réplica arquitectónica en la colonia hispanoamericana no es análogo al de la colonia lusobrasileña. No cabe duda de que la arquitectura colonial americana es portuguesa o española, extensión del sentir arquitectónico de las respectivas metrópolis; no obstante, la homogeneidad es más evidente en las obras lusobrasileñas que en las hispanoamericanas. Con eso no se quiere afirmar que en Hispanoamérica se produce una arquitectura colonial diferente en forma significativa de la de la madre patria, sino que no alcanza la homogeneidad que, en cambio, tiene la arquitectura del Brasil con la de Portugal. El hecho de que la arquitectura brasileña tenga un nivel de réplica más acentuado que la hispanoamericana supone la existencia de diferentes sistemas en la imposición y aplicación de la cultura dominante; diferentes procedimientos en la transmisión de formas y conceptos (España nunca mandó una iglesia prefabricada a sus colonias); diferencias entre el catolicismo portugués y el español. El catolicismo portugués es más social que religioso y, en todo caso, menos fanático y dramático; diferentes los canales de transmisión; diferente la variedad de aportes; diferente la formación de los ejecutantes. En fin, aunque se trate de diferencias marginales, las obras hispanoamericanas alcanzan una especificidad en la cual las nuevas combinaciones tienen un papel importante. Esto no sucede en las obras lusobrasileñas porque en lugar de nuevas combinaciones se trata más bien de reproducciones de las formas de la madre patria.

5. NI ORIGINALIDAD ABSOLUTA NI REPRODUCCIÓN TOTAL

Es un hecho inobjetable que la arquitectura colonial de América hispánica fue una actividad constructiva controlada por España. No obstante, se trataba de un control de índole política, administrativa y religiosa que aun cuando extendía su poder sobre todas las manifestaciones culturales, no controlaba los aportes artísticos de católicos flamencos, alemanes, franceses e italianos que en número mayor de lo que uno supone intervinieron en la actividad arquitectónica. La transmisión de pautas arquitectónicas europeas, no españolas, es un factor de diferenciación que, además, permite explicar la falta de relación existente entre varios monumentos americanos y los modelos españoles. Tampoco deja de tener su importancia la influencia ejercida por los libros de los tratadistas —principalmente italianos— que con frecuencia consultaban los propios españoles. Kubler ha señalado el problema de los aportes europeos no ibéricos en la arquitectura colonial latinoamericana y ha demostrado claramente que el conocimiento cada vez más amplio de esas fuentes va poniendo en tela de juicio el criterio de que la arquitectura latinoamericana sea una extensión del sentir arquitectónico hispanoportugués.

Además de señalar que los historiadores españoles siguen considerando los hechos americanos como extensiones provinciales de los acontecimientos españoles y, en consecuencia, más como una extensión de España que de Europa, Kubler indica las fallas metodológicas existentes en las historias de la arquitectura colonial latinoamericana que "se realizan y califican sin una relación estrecha con Europa y con frecuencia aun sin mencionar los vínculos con la arquitectura de la península".[22] Un estudio más

[22] George Kubler, "El problema de los aportes europeos no ibéricos en la arqui-

profundo de las influencias no ibéricas y "una amplia discusión de estas fuentes ampliamente extendidas de Alemania, Francia e Italia habría hecho surgir un conflicto con la tesis de los invariantes y autosuficiencia hispánica y, también, con la interpretación hispánica de la arquitectura española del mismo siglo XVII considerada como un estilo nacional que nada debe a fuentes externas a la península".[23]

Otro factor que contribuye a establecer diferencias lo produce la coexistencia, en la misma obra, de formas experimentadas en el pasado con formas que están más al día con los modismos en boga. Es decir, la frecuente situación de divorcio que existe entre expresiones formales pertenecientes a un pasado histórico remoto con otras de mayor actualidad y gusto diferente. Por ejemplo, un templo como la catedral de Puno se encasilla en el repertorio del "barroco andino"; sin embargo, sólo la modesta decoración de la fachada tiene un parentesco con ese estilo. Todo lo demás —lo más importante—, volumen, espacio y estructura, repite experiencias que se remontan a la Edad Media.

Acerca de la convivencia en la misma obra de características arquitectónicas de épocas distintas, tengo como supuesto que la explicación debe atribuirse al hecho de que en la colonia no se piensa en planteamientos novedosos y prevalece lo que los principios de autoridad del sistema han demostrado como útil y funcional. Por eso se repite con frecuencia la misma planta, el mismo volumen y el mismo espacio; sólo la decoración, la parte más vulnerable y voluble del cuerpo arquitectónico, es la que más cambia. La decoración no afecta la tradición espacial del edificio aun cuando puede producir gran variedad de efectos estéticos. Por su carácter superficial, la ornamentación se adapta a la parte epidérmica del edificio y eso le permite, además de una mayor variabilidad de formas, una adaptación de mayor actualidad al gusto del momento. Muchos templos levantados con principios constructivos medievales pasan hoy por barrocos, únicamente por ser barroca la decoración de la fachada o las yeserías y retablos del interior.

La variedad de los aportes europeos, el carácter provincial de la expresión arquitectónica colonial, las condiciones de dependencia, el disparejo nivel cultural entre la colonia y la metrópoli, la influencia ejercida por el medio ambiente —como las soluciones antisísmicas—, el uso de materiales diferentes y el empleo de una mano de obra muchas veces inexperta, son factores que inciden en determinar la especificidad de muchas obras coloniales. Para evitar malos entendidos, quiero aclarar que me propongo señalar lo específico de la arquitectura colonial y no afirmar que esa arquitectura es conceptualmente diferente. La arquitectura colonial es una actividad repetitiva; sin embargo, la suma de los factores señalados contribuye a conformar una especificidad que no se puede ignorar.

tectura colonial latinoamericana", en *Boletín del* CIHE, núm. 9, Caracas, Universidad Central de Venezuela, abril, 1968.
[23] George Kubler, *op. cit.*

Los tipos arquitectónicos que se transmiten a América introducen experiencias españolas y europeas, y aunque en el Nuevo Mundo se transforman y engendran variaciones, acusan el nivel de hechos dependientes de los centros de influencia cultural europea. Por su condición receptora, las colonias americanas tienen la propensión a aceptar elementos de diversas fuentes culturales y la tendencia a mezclar formas de distintos orígenes y diferentes épocas. De allí no puede extrañar que la arquitectura colonial, a pesar de ser una actividad esencialmente reproductiva y una extensión del sentir arquitectónico europeo, produzca algunos rasgos diferentes. Con esto se quiere asentar que la tradición constructiva se proyecta directamente del Viejo al Nuevo Mundo, pero que el producto de esa proyección no permanece inmutable. Las transformaciones no producen una expresión original como para llamarla "americana", pero tampoco puede interpretarse como una actividad reproductiva sin ninguna diferencia básica con las realizaciones europeas. Al respecto, existen dos posiciones bien definidas y opuestas entre los historiadores que tratan este tema: de un lado está el grupo que reclama la originalidad americana de la arquitectura colonial, del otro, el que no encuentra diferencia alguna entre la imagen arquitectónica europea y su proyección en América. A mi entender, ambas posiciones parecen inaceptables. Si la arquitectura colonial no constituye un fenómeno americano, tampoco es una extensión reproductiva que mantiene una similitud formal e inmutable con los modelos europeos. Es reproductiva, pero ocasiona unas variaciones en los modelos del arte dominante. Esas variaciones son propias de las manifestaciones provinciales, pero alcanzan una especificidad que justifica una explicación más meditada.

La transmisión de los tipos arquitectónicos ibéricos a América es un hecho indiscutible que se manifiesta desde las primeras construcciones del período de la conquista a comienzos del siglo XVI hasta el final de la época colonial. Con los conquistadores españoles llegan el gótico, el isabelino, el plateresco y el mudéjar; luego, y siempre con retardo, les siguen las expresiones que acompañan el gusto de tres siglos de dominación. Los ejemplos que repiten formas hispánicas son innumerables: van desde los ya citados sistemas constructivos tradicionales propios de la arquitectura menor, hasta las relaciones formales, significación simbólica y contenido ideológico del monumento que adquiere particular representación valorativa. Es el caso, por ejemplo —para citar uno entre tantos— de la catedral de Valladolid. Su influencia se advierte en México, Puebla, Esquipulas (Guatemala) y en Córdoba (Argentina), y a pesar del proceso de variantes formales producido en suelo americano, la relación con el templo hispánico es fácilmente identificable. Otras catedrales españolas como Jaén, Sevilla, Cádiz y también iglesias menores ejercen su influencia en las ambiciones constructivas religiosas americanas. Desde la planta de un templo hasta los detalles de alfices rehundidos es posible indicar el origen hispánico de muchos elementos arquitectónicos y, al mismo tiempo, encontrar la continuidad y pervivencia de expresiones artísticas deducidas de anteriores experiencias históricas y antiguas tradiciones formales. Es así como el mudéjar, que en España termina su ciclo con los Reyes Católicos, prolonga su existencia en América hasta el siglo XIX. Los alfarjes de San Francisco y Santo Domingo de Quito, hechos a fines del XVI, no desmejoran al ser comparados con los del Alcázar de Sevilla. Los techos de pares y nudillos, canes, tirantes y decoraciones de lacerías que a lo largo de los siglos XVII y XVIII repiten la experiencia de la carpintería mudéjar en un gran número de obras, no tienen ningún nexo cronológico con la vida de las formas. En Venezuela todos los templos construidos en la segunda mitad del siglo XVIII adoptan la técnica de coberturas mudéjares y, en 1830, después de la Independencia, aún se sigue empleando el mismo sistema. La presencia extemporánea del mudejarismo en América durante los siglos XVII y XVIII prolonga la vida de antiguas tradiciones formales y técnicas abandonadas en España desde el siglo XVI y plantea el problema fenoménico de la coexistencia de formas pertenecientes a épocas diversas en la misma obra. De ahí que, con frecuencia, la fachada barroca de un templo tiene por detrás un volumen que se levanta sobre una planta de concepción medieval y se cubre con techumbre mudéjar. El fenómeno de la coexistencia de formas extemporáneas con formas más actuales es habitual en las colonias americanas. La falta de contactos directos con los centros en los cuales se producen los movimientos culturales creativos prolonga la vida de las formas tradicionales. Si la arquitectura española del siglo XVII padece una situación de atraso en comparación con la de otros países europeos, es evidente que el atraso será aún mayor en las colonias y, en consecuencia, más marcada la persistencia de antiguas tradiciones formales. La preocupación de estar al día con los modismos estilísticos es más evidente en las obras representativas de las ciudades americanas de cierta importancia; en las obras de centros menores esa preocupación no tiene la posibilidad de manifestarse y por eso se siguen aplicando formas y técnicas desusadas que mantienen vivos los sistemas tradicionales.

La transmisión de formas pertenecientes al repertorio arquitectónico europeo no ibérico ha despertado escaso interés entre los investigadores, a pesar de ser uno de los aportes más decisivos en las obras principales de centros importantes y no en las manifestaciones populares. La indiferencia hacia el estudio de los aportes europeos no ibéricos se explica por el hecho de que desde que se despertó el interés hacia la arquitectura colonial, se ha venido señalando insistentemente su casi exclusiva filiación hispánica. La divulgación y repetición de esa conjetura ha originado una complaciente aceptación fundada en una superficial labor crítica, respaldada por investigadores preocupados en señalar la constante hispanidad de los acontecimientos. La historiografía española, empeñada en mirar a la arquitectura colonial latinoamericana como una extensión provincial de España, resulta parcializada cuando utiliza las relaciones comparativas que señalan los vínculos formales con los antecedentes de la península, porque no amplía ni profundiza la investigación que señala el origen del modelo. El hecho de conformarse con la similitud entre una obra americana y la existente en España, no es suficiente para conferir la paternidad hispánica a una determinada forma porque el modelo puede venir de más atrás y de otro lugar no ibérico. De los ejemplos góticos en América Latina se citan los antecedentes góticos de España y, de la misma manera, las formas renacentistas se interpretan como extensiones del plateresco español.

La transmisión de aportes no ibéricos es más numerosa e importante de lo que habitualmente ha reseñado la casi totalidad de la historiografía existente. Sólo pocos investigadores, como Palm, Kubler y recientemente Santiago Sebastián, han profundizado el estudio de esas relaciones. A pesar de la indiferencia, no se puede ignorar que a lo largo de tres siglos y a través de los canales más diversos, llegan a América contribuciones que no pertenecen a la península ibérica y contribuyen de manera decisiva a establecer la especificidad de la arquitectura del período colonial.

La influencia de los grabados y de los tratados de arquitectura es evidente en un sinnúmero de obras. Los grabados sirven para promover impulsos inspiradores, para excogitar variaciones y, principalmente, porque se miran con la seguridad de su insustituible validez. El diseño de una portada de Vignola o la influencia de formas de Palladio, Michelangelo, Alberti, Ricci, Delonne, Dietterlin, Bramante, Pozzo y sobre todo de Serlio, aparecen desde México hasta Argentina: unas veces de manera insegura y titubeante, otras, con una decisión imitativa que reproduce el modelo con innegable evidencia. El prestigio de que gozan esos modelos prolonga su vigencia en el tiempo. Serlio se copia desde el siglo XVI, como en Actopan, Tunja y Quito, hasta el siglo XVIII como en Antigua Guatemala y, casi al final de la colonia sugiere a Francisco Guerrero y Torres la planta del Pocito de Guadalupe.

Es preciso aclarar en este punto que el hecho de haber citado separadamente las transmisiones ibéricas de las no ibéricas no se basa en propósitos de clasificar los aportes en términos competitivos con el fin de averiguar cuánto le debe la arquitectura colonial a España y cuánto al resto de Europa. Aquí se sostiene el criterio de que la arquitectura colonial va definiendo su carácter con los aportes de las experiencias arquitectónicas europeas y, en consecuencia, no puede ser considerada sólo como una expresión hispanoamericana. Si se ha enfatizado la separación entre aportes ibéricos y no ibéricos esto se debe fundamentalmente a la intención de señalar las fallas metodológicas de la historiografía española y a la conveniencia de reconsiderar la desmesurada dimensión alcanzada por el término *hispanoamericano* cuando es aplicado a las manifestaciones arquitectónicas coloniales.

Igualmente negativas son las interpretaciones de carácter nacionalista. Acepto el nacionalismo cuando es entendido como el conjunto de aspiraciones nacionales orientadas a lograr el desarrollo y la independencia nacional, pero nacionalismo y crítica no pueden compaginarse. "El nacionalismo deforma la perspectiva y exige sacrificios a la inteligencia".[24] Es incompatible con los juicios objetivos y produce interpretaciones parcializadas.

La definición que da Justino Fernández del "arte mexicano" es de dudosa validez cuando considera que "todo el arte que se ha producido en nuestro país desde la época precolombina hasta hoy se reconoce hoy día como mexicano".[25] Aunque señala que "son indudables las relaciones que tiene el arte de la Nueva España con el europeo", la definición pretende reconocer como *mexicanas* todas las actividades artísticas que se han dado en el territorio que hoy delimitan las fronteras del mapa político de México. Analizar en términos de "nacionalidad" las manifestaciones artísticas realizadas dentro de los límites geográficos de cada una de las actuales repúblicas latinoamericanas, es lo mismo que analizar en términos de "francés", "español" o "libanés" las construcciones romanas levantadas durante el período del Imperio romano en los territorios que hoy son Francia, España y el Líbano. Un análisis de este tipo daría importancia a algo que no determina en forma alguna las características de las obras. Lo que en definitiva marca la fisonomía son las normas estéticas imperantes, y ésas son las mismas para toda la América hispana: las de Europa.

Existe, además, a mi entender, una peligrosa incoherencia en las interpretaciones del nacionalismo artístico mexicano con relación a las obras coloniales. El absurdo más evidente es el intento de "mexicanizar" la expresión cultural de un período de dominación anterior a la nacionalidad porque, quiérase o no, la nacionalidad es una categoría histórica que surge en el siglo XIX. Anteriormente, toda la América hispana era una unidad ideológica por el hecho de ser una colonia española; y esa unidad, y no las diferencias —innegables entre las regiones que la constituían— es la mayor determinante de sus manifestaciones artísticas.

Interpretar como "mexicana" la arquitertura colonial existente en México, significa asignarle el mismo carácter de expresión autónoma que le corresponde a las manifestaciones precolombinas. Y esto, en verdad, es injusto porque el período precolombino ha sido el único realmente autónomo e independiente.

El hecho de que el "barroco mexicano" sea distinto al "europeo" no tiene sus causas en impulsos creativos del "espíritu mexicano". Los impulsos "parten de un foco que se encuentra fuera del campo de la realización artística"[26] y las "diferencias" de México son consecuencia de la misma especificidad que produce en América la recepción y adaptación de pautas arquitectónicas trasmitidas de Europa.

El "barroco mexicano", además, no sólo es "distinto al europeo", sino también al de Sudamérica. La causa se explica por la diferente intensidad

[24] E. Rodríguez, "El nacionalismo", en *Life*, vol. 26, núm. 7, septiembre, 1965.

[25] Justino Fernández, *Arte mexicano de sus orígenes a nuestros días*, México, Editorial Porrúa, S. A., 1968, p. 1.

[26] Erwin Walter Palm, "Perspectivas de una historia de la arquitectura colonial hispanoamericana", en *Boletín del* CIHE, núm. 9, Caracas, Universidad Central de Venezuela, abril, 1968, p. 34.

de contactos, transmisiones e influencias de orígenes diversos en las dos partes de América. A pesar de tener México un número de construcciones religiosas coloniales más cuantioso que toda Sudamérica, no aparecen en ellas la variedad y cantidad de ecos flamencos e italianos existentes en la arquitectura sudamericana. En otras palabras, esto significa que el barroco de México tiene nexos más estrechos con las formas de España y, por eso mismo, cuenta con menor número de ejemplos deducidos de un repertorio más erudito. "El mapa por confeccionar del arte hispánico nos enseñará que vuelven a presentarse aquellos mismos factores que determinan el aspecto del arte en la península ibérica".[27]

Mientras la crítica mexicana reclama la legitimidad de "su barroco" por considerarlo un antecedente casi autónomo en la evolución del "arte mexicano", la crítica española lo considera como un subproducto de la hispanidad: "una manifestación más, si bien importante, del barroco español", al decir de Angulo. Es evidente que ambas posiciones son insostenibles porque la interpretación nacionalista no toma en cuenta el carácter espurio de las manifestaciones artísticas coloniales y, por su lado, la interpretación española —fundamentada en un autosuficiente hermetismo etnocéntrico— parece no darse cuenta que la geografía artística es diferente de la geografía política. La variedad cualitativa y cuantitativa de las expresiones arquitectónicas de México es tan ingente que cuesta trabajo concentrarse en una sola de ellas.

Los conjuntos precolombinos, los conventos del siglo XVI, las catedrales, los templos barrocos y las obras de Villagrán García, Ramírez Vázquez, Luis Barragán y Félix Candela, son sólo algunos eslabones de la larga cadena arquitectónica que hace sentir su incuestionable presencia en México. Presencia que no es entendida aquí como la persistente continuidad de un supuesto sentir arquitectónico mexicano o como la presencia de un espíritu que late desde la época prehispánica. Es considerada más bien como presencia del hombre en las distintas etapas históricas, como presencia de expresiones producidas en momentos de autonomía, de subyugación y de autodeterminación. La arquitectura precolombina nada tiene que ver con la colonial; buscarle una prolongación de conceptos y sobrevivencia del "espíritu" en el período colonial implica desconocer que la expresión precolombina surgió de un desarrollo independiente, el cual, por eso mismo, tiene una autenticidad autónoma. La conquista interrumpe el proceso arquitectónico precolombino y en su lugar impone formas derivadas de Europa. Desde ese momento la arquitectura americana pierde su autonomía y se vuelve una manifestación de dependencia. Además, los indígenas, sometidos a internalizar una visión del mundo que les era ajena, sufren "la degradación de asumir como imagen propia lo que no era más que un reflejo de la visión europea del mundo que los consideraba racialmente inferiores por ser negros, indígenas o mestizos".[28]

[27] Erwin Walter Palm, op. cit.
[28] Darcy Ribeiro, *Las Américas y la civilización*, Buenos Aires, Centro Editor de América Latina, S. A., 1969, p. 103.

La traumatización sufrida por las culturas indígenas impide hoy formular apreciaciones que pretenden explicar la persistencia de la creatividad precolombina en las obras coloniales. El hecho de que el patrimonio artístico prehispánico sea utilizado como un instrumento de autoafirmación nacional, coincide con la revaloración de un arte que nunca fue apreciado en el período colonial y que, a lo máximo, fue visto como una manifestación exótica digna de curiosidad. Hoy existe una conciencia definida acerca de los valores y potencialidad creativa del arte y de la arquitectura precolombina. Juntar tales manifestaciones a las coloniales a fin de justificar la *mexicanidad* de ambas, lleva a confusiones que impiden discernir la significativa desigualdad de dos expresiones producidas en momentos tan contradictorios.

Las emociones que se experimentan caminando por la "calle de los muertos" en Teotihuacan, por la plaza ceremonial de Monte Albán o por la de Chichén-Itzá, son muy diferentes a las que despiertan los espacios coloniales. La disposición espacial de los atrios conventuales del siglo XVI, desacertadamente relacionada con antecedentes precolombinos, no produce la impresión de majestuosidad que emana de la espacialidad de Teotihuacan, sabiamente ordenada al ritmo de volúmenes geométricos y formas de serena horizontalidad. Son conceptos no sólo distintos sino opuestos y no se crea que es el factor dimensional el que influye emotivamente en la percepción; el recinto de "la ciudadela", siempre en Teotihuacan, o el de la "casa de las monjas" en Uxmal están investidos de la misma monumentalidad y no hace falta allí de la magnitud física para reconocer "grandes" valores arquitectónicos y conceptos espaciales diferentes.

La arquitectura precolombina y la colonial del siglo XVI, integran los dos capítulos más importantes de la historia arquitectónica que aconteció en el territorio que hoy es México. Más importantes, a mi entender, que ese "ultrabarroco" sobrecargado de ornamentos, de propensión a lo efectístico y casi siempre de un gran desequilibrio y disociación entre estructura y decoración. Los conventos del siglo XVI tienen una fuerza volumétrica de sabor medieval que, si bien monótona en la repetición tipológica, evidencian una sinceridad estructural que se impone sin artificios.

II

Influencias externas y significado de la tradición

MAX CETTO

1. APORTE MEXICANO A LA ARQUITECTURA COLONIAL

Diez años después de la conquista y destrucción de Tenochtitlan por Cortés y sus soldados, al ir a misa en el pueblo de Tlatelolco, el indio Juan Diego tuvo la aparición de la Virgen María, quien le expresó el deseo de que se construyera una iglesia en un lugar cercano, el mismo, en efecto, donde más tarde fuera erigido el venerado Santuario de Guadalupe, algunas millas al norte de la nueva capital de México.

No obstante, en el lugar exacto de la aparición se alza la pequeña capilla del Pocito. Hay día, esta capilla se encuentra rodeada por un mar de casas que albergan a los diez millones de habitantes de la ciudad de México, y protegida hacia el norte, por la colina llamada Tepeyac, de la contaminación de las zonas industriales que se expanden con ritmo incesante.

Esta refinada capilla, cuya construcción no empezó hasta 1777, o sea 250 años después de las legendarias apariciones, no sólo está profundamente enraizada en la vida religiosa de la colonia, sino que también posee una gran significación en la historia de la arquitectura americana. Es sin duda alguna el caso más notable de influencia externa, que se extiende a través de más de milenio y medio.

Cuando se construyó la capilla, tanto hombres y mujeres del pueblo como de la alta sociedad, ganaban indulgencias con su trabajo manual. Entre los artesanos que contribuyeron con su trabajo como un acto de caridad, se cuenta el maestro don Francisco Guerrero y Torres, nacido en las cercanías, quien dirigió los trabajos de construcción durante 14 años. A él se debe también el diseño de la planta, tal como apareciera publicada en la *Gaceta de México* en 1791. Esta planta es sin duda la más articulada y sugestiva de la arquitectura colonial latinoamericana.

El arquitecto tomó como modelo, según lo ha demostrado Diego Angulo Iñíguez, la planta de un monumento de la antigüedad clásica, un templo anónimo cuyas ruinas aún existían en los alrededores de Roma a principios del siglo XVI. Serlio lo reprodujo en el Tratado de Arquitectura —traducido al español en 1552—, pero debido a la poca altura de los muros que se conservaban entonces, solamente pudo intentar la reconstrucción de las elevaciones, sin dar una idea exacta del techo.

Aquí es donde Guerrero y Torres tuvo que contar con sus propias fuerzas. Afortunadamente, su imaginación no solamente le permitió resolver el diseño de las fachadas y la volumetría del techo, sino, al mismo tiempo, crear una organización interior muy superior a la monotonía espacial de casi todos los templos mexicanos de la época.

Esta pequeña obra de arte se compone de una cámara mayor de forma oval rodeada de cuatro capillas, con otro círculo al frente y un octógono mixtilíneo en su parte posterior. El conjunto está coronado por espléndidas cúpulas recubiertas en su exterior de mosaico azul y blanco que llega hasta el poco funcional parapeto que oculta sus conexiones con los muros inferiores de rojo *tezontle* volcánico. Completa la armonía del monumento una excelente obra de sillería alrededor de las puertas y la forma estrellada de las ventanas, que constituye, según Mario J. Buschiazzo, "la expresión más acabada y audaz del barroco americano".[1] Me complace añadir que el siglo XX ha contribuido a la conservación futura de esta joya arquitectónica: debido a la desigualdad del subsuelo que circunda el pozo, la capilla se encontraba inclinada más de un metro, con gran peligro de derrumbamiento. Utilizando las técnicas de la ingeniería moderna se logró apuntalar recientemente los cimientos y elevar el piso de la capilla hasta nivelarlo.

Recorriendo el camino que Juan Diego tomaba para ir a misa, llamado ahora Calzada de los Misterios, llegamos hoy día a un complejo urbanístico formado por las ruinas de una pirámide, la iglesia de Santiago de Tlatelolco, del siglo XVI, y una serie de edificios elevados, entre ellos la nueva Secretaría de Relaciones Exteriores. Este conglomerado se llama Plaza de las Tres Culturas, dado que las construcciones representan a su vez la antigua época azteca, los siglos coloniales que le sucedieron y el presente de una civilización internacional que, especialmente después de los sucesos ocurridos en años recientes, más bien no debiéramos identificarlos con la cultura.

Si bien la pequeña capilla del Pocito es un notable ejemplo de influencia externa, se percibe que la Plaza de las tres Culturas, para bien o para mal, constituye una elocuente parábola del significado de la tradición. El hecho de que los primeros tópicos de nuestro estudio hayan sido tomados de tierra mexicana no quiere decir que otros países, como Guatemala, Colombia, Bolivia o Perú, ofrezcan una cosecha menos fructífera de testimonios históricos. Los que hemos escogido para representar son ejemplares por la gran amplitud de su alcance temporal en una circunscripta dimensión espacial.

2. PERSISTENCIA DE LA CUADRÍCULA URBANA

En este punto desearíamos señalar que las pocas páginas de que disponemos no invitan, ni permiten siquiera, elaborar este capítulo según los métodos establecidos, inductivos o deductivos, lo que significaría compi-

[1] Mario J. Buschiazzo, *Historia de la arquitectura colonial en Iberoamérica*, Buenos Aires, Emecé, 1961, p. 68.

lar todo el material posible en primer lugar, o, de otro modo, comenzar estableciendo unos cimientos teóricos amplios, sólidos y lo suficientemente fuertes como para soportar el incómodo peso de la superestructura cronológica, sociológica, geográfica, estética y tecnológica, la cual, a su vez, necesitaría ser integrada y fusionada con todos los testimonios arquitectónicos creados, para probar nuestra teoría. Ocurre entonces que, siendo el autor un arquitecto cuya breve experiencia de la realidad de América Latina fue adquirida durante un viaje efectuado por la mayoría de sus países en 1968, tendría que recurrir al saber de los historiadores, indispensable para tal empresa. Pero, al leer los informes del seminario internacional sobre el tema "Situación de la historiografía de la arquitectura latinoamericana" que tuvo lugar en Caracas en 1967, se descubre que prácticamente todos los documentos presentados en dicha ocasión comienzan con una *captatio benevolentiae* que deplora la carencia de material y utensilios necesarios para efectuar un trabajo científico.

Sólo un pequeño número de historiadores del arte procedentes del Nuevo y del Viejo Mundo se atrevieron a hacer declaraciones concluyentes sobre las relaciones arquitectónicas existentes entre los propios países latinoamericanos, entre dichos países en su totalidad y la península ibérica y, finalmente, la relación de España y Portugal con el mundo islámico, así como con el resto de Europa, sin olvidar el reflujo de influencias sobre el viejo continente, procedente de América.

Al Brasil se le concede generalmente una posición especial, debido tanto a la ausencia de arquitectura precolombina y a diferencias étnicas como al hecho de que las primeras influencias políticas y culturales emanaron de Portugal y no de España. La mayoría de los países, comparados a veces con "un archipiélago de culturas de origen similar y sin embargo aisladas, cercadas, casi incomunicadas entre sí", conservan muchos caracteres comunes durante cuatro siglos de historia arquitectónica y sus diferencias residen más en la cantidad de monumentos descollantes y en la medida o rapidez de su desarrollo que en su esencia.

Por todas estas razones y a fin de evitar repeticiones tediosas, no trataremos de agotar el tema en nuestro ensayo, sino que nos limitaremos a mostrar uno o dos de los ejemplos más característicos para establecer una relación arquitectónica, aun a riesgo de que se nos censure por aplicar un criterio bastante personal o una selección fortuita de documentación, obviando la mención de tantos otros ejemplos.

El Archivo de Indias de Sevilla conserva los planos de más de 100 ciudades fundadas en las colonias durante los primeros cincuenta años del siglo XVI. En esa época Europa ya poseía una literatura teórica bastante amplia sobre planificación urbana, aunque ofreciera pocas oportunidades de aplicar esas teorías, cristalizadas durante casi dos mil años de tradición urbanística. En América quedó invertida la relación entre la teoría y la práctica, y las oportunidades de realización, sin paralelo desde la colonización del Imperio romano, sobrepasaron en mucho cualquier conocimiento disponible, por lo menos al comienzo. No es extraño que las primeras ciudades fundadas por los colonizadores en las islas del Atlántico y en las Antillas fueran simples puertos fortificados de trazado casual. Una excepción es el plano de Santo Domingo, que data de las postrimerías del siglo y se asemeja al plano de Santa Fe de Granada, donde parece haber sido transformado en piedra el campamento militar de los Reyes Católicos.

Como es natural, Cortés, que al fin y al cabo era un soldado, aplicaría los mismos criterios al fundar las primeras ciudades del continente americano. Más que perderse en discusiones de eruditas teorías, tenían que resolverse con sus propias manos los problemas de la realidad, según relata Bernal Díaz del Castillo en la fundación de Villa Rica de la Vera Cruz: "Trazamos los planos de una iglesia, un mercado, los arsenales y todo lo necesario para una ciudad y construimos un fuerte... El mismo Cortés fue el primero que puso manos a la obra transportando tierra y piedras a la espalda y excavando cimientos; todos sus capitanes y soldados siguieron su ejemplo; laboramos sin cesar... algunos de nosotros cavando cimientos y otros levantando muros, trabajando en las caleras o fabricando ladrillos y baldosas... Otros trabajaban en la madera y los herreros hacían clavos".[2]

El nuevo trazado urbano en forma de damero, que luego se hiciera típico, con la iglesia y el mercado en la intersección rectangular de las dos calles principales, constituyó una mejora respecto al simple poblado de encrucijada derivado del *castrum romanum*.

Escasamente tres años después —en 1525— esta solución fue reconfirmada y exaltada, al iniciar los conquistadores la construcción de la capital de las nuevas provincias en la misma isla que ocupara la destruida capital de Moctezuma. Esta decisión fue discutida con vehemencia entre Cortés y sus oficiales, aceptándose finalmente por razones estratégicas y políticas. Como se sabe ahora, asentar la ciudad en el lago fue desastroso desde el punto de vista ecológico, en razón del subsuelo pantanoso y las dificultades crecientes de drenaje adecuado y suministro de agua potable.

Aunque las ventajas de tal elección parezcan dudosas hoy día, Tenochtitlan-ciudad de México continúa siendo la fusión más notable de influencia externa y tradición local del continente desde el día en que Alonso García Bravo, el reconocido topógrafo que elaboró el plano de Villa Rica de la Vera Cruz, inició el trazado de la nueva capital. La vieja ciudad había sido arrasada, aniquilada barrio por barrio según el diario avance de la sangrienta conquista. Sólo podía reconocerse la precisa cuadrícula de sus avenidas principales, los canales y los bloques de viviendas, generosamente entrelazados con las plazas. García Bravo fue lo suficientemente hábil como para ubicar la plaza mayor, junto con la catedral y el palacio de Cortés, en la antigua zona sagrada del centro, y adaptar todo el plano de la ciudad a los vestigios de la herencia indígena, la cual era sorprendentemente similar a la concepción del capitán. Tal concepción era

2 Bernal Díaz del Castillo, *Historia verdadera de la conquista de la Nueva España*, México, Ediciones Mexicanas, 1950, p. 92.

la de un soldado que probablemente sabía muy poco o nada del desarrollo que el urbanismo europeo había experimentado desde los tiempos de Hipódamo.

Pero en la corte imperial de Carlos V, donde Cortés informara con orgullo de los progresos de su campaña de construcción urbana, la poderosa élite mundana y eclesiástica era consciente de esa herencia. Desde los primeros tiempos de la Colonia, una corriente continua de asesoramiento procedente de la península apoyaba la disciplina de la cuadrícula con una plaza central. Cuando, finalmente, se recopilaron las reales ordenanzas en las Leyes de Indias de 1573, éstas reflejaban pocos cambios con respecto a las recomendaciones que habían sido enviadas con anterioridad, gradualmente y con efectos mucho más directos.

Durante más de 25 años se ha discutido y especulado entre historiadores si la aplicación general del damero como modelo normativo para el Nuevo Mundo se deriva de los teóricos del Renacimiento italiano, específicamente de L. B. Alberti y del maestro clásico Vitruvio, o si, por el contrario, se basa directamente en los planos tradicionales de la reconquista española precedidos, a su vez, por el diseño ortogonal de ciudades medievales inglesas, francesas y alemanas. Apoyado por la autoridad de Roma, el concepto ortogonal fue difundido por los escritos de Santo Tomás de Aquino, estando, por tanto, vinculado a Aristóteles y a sus referencias al urbanista griego Hipódamo, a quien se le atribuye usualmente la "invención" del plano de damero.

El término plano "hipodámico" es un calificativo muy superficial, por cuanto puede referirse a ciudades situadas en llano o en montañas, y a soluciones que varían entre la insípida monotonía de la villa natal de Hipódamo, Mileto, y la disposición esmeradamente variada y en terraplenes de Priene, y aun la de Alejandría, la soberbia creación del urbanista de Alejandro, Dinócrates, un siglo después. Soluciones de damero existieron ya dos mil años antes, tales como las poblaciones que albergaron a los constructores de las pirámides del valle del Nilo y poblados similares de las riberas del Indo y de sus afluentes.

Mi propósito al exponer la extensa proliferación del plano ortogonal no es el de reconstruir la más remota influencia de esta disciplina en el urbanismo latinoamericano sino, por el contrario, formular y responder al mismo tiempo la pregunta ¿por qué no podía surgir independientemente una cierta forma de creación humana en distintas partes del mundo, y por qué ello tiene que limitarse a formar parte de una tradición única?

La experiencia llevada a cabo en la capital de México promovió el plano en damero en otras ciudades fundadas durante las décadas que le sucedieron, tanto en tierra mexicana como en otras regiones de América Latina. En algunas de ellas, especialmente en el Perú, los conquistadores hallaron también una civilización urbana altamente desarrollada, que había organizado su asiento en disposición geométrica.

En el Cuzco, la capital inca, su resultado fue una estrecha fusión de las nuevas construcciones con los edificios de la época anterior a la conquista.

Existen ciudades con trazados irregulares debido a una topografía muy abrupta, característica de la ubicación de ciudades mineras, como Guanajuato y Taxco en México u Ouro Preto en el Brasil. En este último caso, al igual que en Salvador de Bahía, la primera capital del Brasil, la organización geomórfica también estimuló la preferencia innata de los portugueses por la irregularidad, de la cual puede ser reflejo la actitud negligente del gobierno respecto al urbanismo. Sin embargo, en las demás regiones, incluso donde no existían precedentes para ello, se aplicó el modelo de la cuadrícula prescindiendo del clima, la topografía y otras circunstancias ecológicas.

Muchos historiadores de arte celebran la imposición de este sistema por la Corona española como un indiscutible logro de la civilización occidental. La experiencia de cuatro siglos de desarrollo urbano nos hace discrepar de esta afirmación.

La rigidez autoritaria del damero, con la plaza mayor en el cruce del *cardo y decumanus* o, en su ausencia, en el centro mismo del conjunto urbano, la uniformidad de los bloques y la anchura de las calles ha demostrado ser, en más de una ocasión, un impedimento a la expansión económica urbana, además de ofrecer una calidad visual bastante dudosa.

Caracas, capital de Venezuela, y su puerto, La Guaira, constituyen dos polos ejemplares de dichas alternativas. La primera, surgida entre imponentes cordilleras, fue trazada en 1567 según un rígido modelo reticular, mientras que el flexible plano lineal del puerto resultó condicionado por la topografía del sitio, quién sabe por qué causa. La Guaira, fundada 33 años después, merecía no estar sujeta a la Ley de Indias.

Por lo general, no existió inmunidad contra la plaga de la cuadrícula, ya que después de recorrer las colonias españolas, no solamente volvió a Europa, donde proliferó bajo variadas condiciones económicas durante tres o cuatro siglos, sino que también apareció en el continente americano, determinando la configuración de la mayoría de sus nuevas ciudades, así como también su paisaje circundante.

3. LA INFLUENCIA DEL CIAM Y LA CIUDAD JARDÍN

La tendencia geomórfica del siglo XX, según propagaran los llamados regionalistas, los apóstoles de la ciudad jardín inglesa y los correspondientes movimientos reformistas de Europa central, apenas ejercieron efecto en el planeamiento de las ciudades latinoamericanas.

Sólo a fines de los años 20, el Congreso Internacional de Arquitectura Moderna (CIAM) recogió los cabos sueltos de la práctica y la teoría urbanas; un nuevo intercambio de ideas en todo el mundo comenzó a animar a quienes propugnaban la creación de un medio adecuado para el hombre.

El Congreso Internacional de Arquitectura Moderna, integrado por un grupo selecto de arquitectos de vanguardia, investigó el problema de manera metódica, comenzando por las mínimas unidades de habitación, los medios racionales de su fabricación y, finalmente, organizándolas en ciudades funcionales.

Al cabo de cinco años de investigaciones cuidadosas, de sesiones de trabajo y de congresos, los esfuerzos del CIAM culminaron en 1933 en la Carta de Atenas, declaración programática que ejerció una influencia decisiva en el trabajo de toda una generación de urbanistas. Los enunciados de la Carta se basaban en análisis previos de la vida urbana, estrictamente separados según sus cuatro funciones: habitar, trabajar, circular y recrearse.

Indudablemente el crucero mediterráneo del CIAM que precedió a la formulación de la Carta fue dominado por las teorías que Le Corbusier había desarrollado en varios escritos desde hacía una década. Pero no solamente eso; para dar vida a sus manifiestos teóricos, Le Corbusier diseñó contemporáneamente algunos proyectos, aunque utópicos, para diferentes ciudades: París, Buenos Aires, Río de Janeiro, San Pablo, todos ellos estrictamente organizados según coordenadas cartesianas, con edificios altos en el centro, donde las vías de tránsito se cruzaban a diferentes niveles. Dice Le Corbusier: "El hombre marcha de frente porque tiene un propósito... El camino sinuoso es el camino de los asnos"... (*Urbanisme*, 1925). Sobrevolando la pampa argentina, señala lleno de admiración: "A 1 200 m de altura he visto ciudades de colonización, poblados rectilíneos o trazas en damero" (*Précisions*, 1930).

Debido a los acontecimientos políticos que condujeron a la segunda guerra mundial, la Carta de Atenas no fue conocida más allá del círculo interno del CIAM hasta su publicación en 1942 como apéndice y conclusión de un libro titulado *Can our cities survive?*

Por aquel entonces, ya se conocían los puntos débiles de la Carta, derivados principalmente del aislamiento aséptico de las cuatro funciones de la vida ciudadana; pero su peor falla fue la ausencia de un centro cívico en cada ciudad, como núcleo de su identidad cultural. Es muy significativo para el intercambio fluctuante de las ideas urbanísticas a través de los siglos y de los continentes, y realmente no nos sorprende ver que el autor de dicho libro,[3] el español J. L. Sert, utiliza las palabras "una expresión visible de las más altas aspiraciones del hombre", para subrayar la importancia de semejante centro. Aquí introduce en el programa del CIAM, del cual era miembro, un concepto que va más allá de las necesidades utilitarias. Y precisamente, para confirmar la continuidad de dicha tradición, Sert cita en este punto, en pie de página, un párrafo relativo a la plaza mayor según las reales ordenanzas para nuevas ciudades (Leyes de Indias) promulgadas por Felipe II en 1573.

A los pocos años de esta publicación, la Carta de Atenas comenzó a

---

[3] José Luis Sert, *Can our cities survive?*, Cambridge, Harvard University Press, 1942, p. 230.

incidir en el urbanismo latinoamericano. En 1942, el propio Sert, junto con P. L. Wiener, emprendieron un proyecto para la *Cidade dos Motores* en Brasil, que no llegó a realizarse.[4] La siguiente aplicación de los principios del CIAM se produjo en un proyecto habitacional de C. F. Ferreira, en el Estado de San Pablo, el cual presentaba dos características muy lecorbusieranas: la eliminación de la calle como espacio delimitado por las fachadas de las viviendas y el uso de pilotes en el piso bajo para no interrumpir la zona de jardines y recreación. Entre tanto, se construían proyectos de habitación similares en Brasil, Chile, Colombia, México, algunos de los cuales lograron su propia expresión arquitectónica, como es el caso del ondulante conjunto residencial Pedregulho, de Reidy, en Río de Janeiro, realizado en los años 1950-52.

Un buen ejemplo de la rápida asimilación de influencias externas se verifica en la producción urbanística de Carlos Raúl Villanueva en Venezuela. Su primer proyecto de viviendas colectivas, El Silencio, en Caracas, elaborado en 1941 (probablemente la primera eliminación de barrios miserables patrocinada por un gobierno latinoamericano), con su plaza de arcadas, articulada por dos fuentes, todavía se basaba en motivos renacentistas. Un segundo proyecto, construido dos años más tarde en Maracaibo, constituye una de las raras aplicaciones del concepto de la ciudadjardín inglesa en América Latina. Viviendas unifamiliares y viviendas en hileras cortas de tres pisos rodean un centro comunitario con su mercado, su escuela y su iglesia.

En 1955-57, el Banco Obrero erigió, con un grupo de jóvenes arquitectos bajo la dirección de Villanueva, tres inmensos grupos de monobloques destinados a 160 000 ex campesinos y habitantes de los ranchos marginales. En estos elementos es indiscutible la influencia de la Carta del CIAM en general (incluso la falta de interés en centros comunitarios), así como la de las *Unités d'habitation* de Le Corbusier, que a la sazón estaban ampliamente reconocidas en toda América del Sur.

Prismáticas torres de habitación como las de Caracas se alzaron por doquier entre los años 50 y 60. Su aspecto presenta muy ligeras diferencias, según las mejoras tecnológicas, y, por lo general, constituyen hileras monótonas de bloques paralelos sin referencia al paisaje rural o urbano del cual forman parte. En el mejor de los casos, su orientación y la distancia entre una y otra se determinan por la exposición óptima al sol y al aire, o la protección contra ambos.

La mayor oportunidad de este período para aplicar de manera coherente los principios del urbanismo moderno al planeamiento de una nueva ciudad se presentó cuando el presidente Kubitschek decidió construir la nueva capital del Brasil en el altiplano del interior, a 1 000 km de la costa. Un jurado internacional otorgó el premio —en un concurso en el que participaron sólo profesionales brasileños— a Lucio Costa, maestro y conductor espiritual de la generación de arquitectos que trabajaron con Le Corbusier en el proyecto de la Secretaría de Educación Pública en Río.

4 J. L. Sert, *op. cit.*, p. 232.

El proyecto de Costa coincide exactamente con las teorías urbanas del CIAM, que estaban todavía en boga, y de cuyas fallas la nueva capital iba a constituir el mayor ejemplo. No obstante, la configuración de aeroplano de Brasilia presenta también nuevos elementos posteriores a la Carta de Atenas: el eje principal de circulación, una arteria que bordea los barrios residenciales y las calles paralelas a ella, están curvadas ligeramente para evitar la monotonía de los superbloques. Estas vías se cruzan, en el centro físico de la ciudad, con el eje monumental del fuselaje, una avenida de 360 m de ancho, flanqueada por edificios uniformes destinados a los ministerios, que desemboca en la Plaza de los tres Poderes, el centro cívico rodeado por todos los edificios representativos del gobierno. El conjunto urbano queda circundado en tres lados por los brazos de un lago artificial.

Este proyecto ha sido criticado por su escala inhumana y su monumentalidad autocrática; varios escritores lo han relacionado a la Roma imperial o al régimen de Luis XIV, especulando cuán parecidamente hubieran expresado su poder en términos urbanísticos Hitler o Mussolini, de habérseles dado la oportunidad de construir una nueva capital. Pero también existen otros precedentes de ese estilo, por ejemplo, el plan de L'Enfant para la ciudad de Washington, celebrado, al menos en su época, como símbolo de un gobierno del pueblo, por el pueblo y para el pueblo.

Hecho curioso, según nuestra información, todavía ningún crítico ha relacionado Brasilia con una creación urbana más reciente que constituye el precedente inmediato: el proyecto de Le Corbusier para la nueva capital del Punjab, Chandigarh, en la India, anterior en seis años al plan de Costa.

El viejo maestro presentaba los mismos superbloques, había curvado muy ligeramente las principales avenidas de los barrios residenciales, las había cruzado en su mitad por el monumental eje perpendicular dirigido hacia el Capitolio y la Asamblea, la Secretaría, el Palacio de Justicia y el Palacio del Gobernador (el cual ha sido remplazado, por un plan para la construcción de un museo). Completando la similitud, todo ello está rodeado por dos ríos.

Aquí termina la comparación, pues no habiendo visto Chandigarh en la realidad de su paisaje urbano, nos vemos obligados a dejar la pregunta sin contestación respecto a si su escala es en realidad tanto más humana. Quisiéramos poder confirmar que dicha escala es lo suficientemente equilibrada como para establecer una relación razonable entre las dos dimensiones horizontales y la tercera, o sea la vertical, relación de que carece Brasilia desgraciadamente. Estamos casi seguros de que en Chandigarh las proporciones de los edificios con relación a la plaza que delimitan y la disposición de elementos menores en el suelo bastan para que el hombre que se atreva a cruzar la plaza pueda sobreponerse a la amenaza de "agorafobia" y captar el ambiente circundante como una agradable experiencia espacial.

4. REELABORACIÓN INTERNA DE LAS TIPOLOGÍAS EUROPEAS

Hemos tratado extensivamente el tema del urbanismo porque en el ámbito urbano quedó transferido de manera primordial y enérgica el patrimonio de ideas y aspiraciones europeas dentro de la nueva realidad latinoamericana. Conocidos historiadores del arte han descrito el desarrollo de formas arquitectónicas y los cambios estilísticos que sufrieron al ser trasplantadas del Viejo al Nuevo continente.

Sería fascinante analizar el uso de la columna salomónica en la arquitectura civil y religiosa de las colonias, y observar la aparición y el florecimiento del *estípite* (pilastra en forma de pirámide truncada e invertida, que descansa en su base menor). No obstante, éstos son solamente elementos decorativos y su importancia en términos arquitectónicos —por ejemplo, en la organización de volúmenes y espacios— es muy limitada. Si bien la influencia europea fue decisiva en la formación de la imagen urbana en América Latina, vemos entre tanto que los nuevos programas de construcción impuestos por condiciones diversas condujeron a superar o modificar dicha influencia. Con respecto a determinadas construcciones, a veces la adopción de soluciones regionales inician una tradición *sui generis*.

Mario Buschiazzo define este poderoso y nuevo factor como "el drama del indio en su paso de una vida totalmente exterior a las concepciones occidentales del ámbito cerrado... el miedo al espacio interior".[5] Dicho estado de ánimo, que combina el desinterés innato por lo interior con una franca preferencia por los espacios abiertos, fue tomado en cuenta por los misioneros mexicanos; de ahí la razón del enorme éxito de las capillas abiertas del siglo XVI.

La capilla de los indios, como se la llamaba, era esencialmente un nexo de una iglesia o convento que permitía celebrar la misa al aire libre para un número ilimitado de indígenas. Si bien cabe suponer que existiera algún precedente en Europa, en Nueva España la capilla abierta encontró aplicación en algunas de las más funcionales y originales obras de arquitectura religiosa, como en San Juan Teposcolula, en el estado de Oaxaca.

Posteriormente la preferencia por el aspecto exterior de los edificios llegó a ser todavía más marcada. Manuel Toussaint, el gran admirador del barroco mexicano, describe el resultado con estas palabras: "Los grandes templos barrocos y churriguerescos... son esencialmente obras de escultura más que de arquitectura. La fachada es como un retablo que emerge de la nave y se levanta al frente de la iglesia convertido en piedra para resistir a los elementos. Las torres se cubren de esculturas que la cúpula ostenta, y a menudo el edificio entero parece la obra de un repostero, todo merengue y papel de color".[6]

Esta cita insinúa otra tradición latinoamericana: la pasión irresistible

---

[5] Mario Buschiazzo, *op. cit.*, p. 50.

[6] Manuel Toussaint, *Arte colonial en México*, México, Imprenta Universitaria, 1948, p. 357.

de cubrir las paredes con ornamentos, pinturas, mosaicos, esculturas, hierro forjado, u otras texturas fascinantes. Fernando Chueca Goitia observa: "Las más delirantes fantasías ornamentales barrocas se superpusieron a los más austeros y secos cuerpos..., con un íntimo contrasentido que fue la causa de que la decoración... comparara enteramente a sus anchas y olvidara su correspondencia a toda ley arquitectónica".[7]

Chueca Goitia se refiere en el citado párrafo principalmente a la arquitectura churrigueresca metropolitana, pero la observación queda igualmente válida respecto a la arquitectura barroca en las colonias españolas, donde en muchos casos, y no solamente en el siglo XVIII, las espléndidas decoraciones han ocultado el hecho de que los espacios que encierran, hablando en términos de arquitectura, son muy primitivos e insignificantes. Basta recordar solamente cualquiera de los trabajos de Borromini, Guarini o Balthasar Neumann, para representarnos el sofisticado nivel de creación espacial que podía lograrse con los conceptos y los recursos de su época.

Aunque pocas, afortunadamente existen en las colonias españolas excepciones como la del Pocito, mencionada al principio de este ensayo: en el Brasil son sensiblemente más numerosas. Cada manifestación, ya fuese económica, cultural o arquitectónica, parecía menos reglamentada y más abierta a la iniciativa privada en esa parte de América colonizada por Portugal. La huida de los indígenas al interior del territorio y la subsiguiente importación de esclavos negros condujo a una composición étnica muy diferente, acentuada además por el mayor influjo de europeos no iberos.

Las plantas curvilíneas de la llamada *arquitectura minera* no presentan ninguna relación con la planta regular de la iglesia hispanoamericana, sino que más bien parecen proceder de diseños italianos, bohemios o bávaros. El exterior del templo del Rosario, en Ouro Preto, es de una soberbia calidad escultórica, y si el arquitecto Manuel Francisco Araujo hubiera sabido resolver positivamente la cobertura, habría logrado un espacio interior perfecto, comparable al Monasterio de Wiess, de Dominikus Zimmerman, en Baviera. Las plantas de las dos iglesias son sorprendentemente parecidas. Se hallan separadas por un período de cuarenta años solamente y ambas representan el punto culminante de la evolución y liberación del espacio interior.

5. DE LOS ESTILOS HISTÓRICOS AL MOVIMIENTO MODERNO

Una generación más tarde, a fines del siglo XVIII, el neoclasicismo conquistó el mundo occidental. El triunfo de este movimiento en América se

[7] Fernando Chueca Goitia, "Desgracia y triunfo del barroco", en *Boletín del Centro de Investigaciones Históricas y Estéticas*, Caracas, Universidad Central de Venezuela, núm. 8, octubre, 1967, p. 117.

basó en el hecho de que su ideología se identificaba con la Revolución francesa y, en consecuencia, era bien acogido en todas las naciones que obtuvieron su independencia política de metrópolis europeas. En ese momento los pueblos latinoamericanos consideraban sus edificios barrocos nada más que como símbolos de la dominación española y portuguesa, y dirigieron su simpatía hacia componentes de fórmula neoclásica, sustituyendo así la influencia ibérica por la francesa.

Este proceso varió en carácter e intensidad de acuerdo con el mayor o menor desarrollo de las comunicaciones. En algunos países la creciente inmigración de italianos, franceses, ingleses, españoles y alemanes originó un período muy cosmopolita. De ahí resulta que el centro de Buenos Aires, por ejemplo, al carecer de arquitectura colonial, es muy semejante a París o Londres.

La llegada del *art nouveau*, otra importación europea introducida durante las dos primeras décadas del siglo xx, marca el final de esta evolución. Gaudí, el gran maestro solitario de este estilo, no tuvo ninguna influencia notable entre los arquitectos latinoamericanos (a excepción de Juan O'Gorman, cuya admirable casa de México, desgraciadamente, fue destruida en fecha reciente). Resultan escasos los edificios de esa tendencia que quedan en las principales ciudades. Es típico del cambio cíclico de valores que monumentos de la época en que este estilo florecía, como por ejemplo el Hospital español de Buenos Aires o el Palacio de Bellas Artes de México, no sean considerados hoy día de mal gusto como lo fueron durante cierto período anterior.

Aquellos que no están muy seguros de su buen gusto o de su cultura, pueden recurrir al andaluz colonial, al español californiano o a cualquier otro *revival* historicista que resurge periódicamente como reacción y paralelo a las olas de dependencia de movimientos internacionales. Los momentos álgidos de tales vaivenes pueden registrarse durante la década de 1910, así como durante los años 40 y de nuevo en nuestros días, de acuerdo con una revalorización del folclore bajo el patrocinio gubernamental. Todavía en 1943, la construcción del nuevo Palacio Nacional en la ciudad de Guatemala fue realizada en estilo colonial, así como el proyecto de 1947 para el edificio de la Sociedad de Arquitectos Peruanos de Lima.

Oscilaciones secundarias surgen en relación con las culturas precolombinas, aún más distantes de nuestros problemas contemporáneos. El resultado de tan anacrónicos diseños lo hallamos en casas que no corresponden a nuestro modo de vida ni a nuestras condiciones sociales; en museos carentes de iluminación adecuada; en hoteles decorados al estilo maya o azteca, en sorprendente contraste con sus modernos y lujosos equipos.

El negar el paso del tiempo no contribuye a resolver problemas funcionales, a hallar un estilo regional adecuado o a obtener éxito en la búsqueda de una auténtica expresión nacional. En la época de la primera guerra mundial, algunos arquitectos latinoamericanos ya se habían preocupado de estos problemas, pero sus voces aisladas no hallaron eco alguno. A mediados de los años 20 apareció el funcionalismo europeo como nueva fuente de inspiración, ayudando a liberar a la joven generación de arquitectos de las fórmulas estériles de sus academias nacionales o de la Academia de Bellas Artes de París.

Casi simultáneamente los alumnos de Villagrán, en México, proclamaron el lema de Le Corbusier *La maison est une machine à habiter* y Gregori Warchavchie publicó el Manifiesto de Arquitectura Funcional en San Pablo, en el cual declara su adhesión al mismo principio. Oportunamente se diseñaron los primeros edificios funcionales en esos dos países, aunque no encontraron aceptación general. En 1939 las páginas de un número de una revista de arquitectura alcanzaban para abarcar todas las obras de arquitectura moderna progresista construidas hasta entonces en México.

En el Brasil, la ruptura se produjo en 1936, cuando Le Corbusier, en su segundo viaje a América Latina, pasó un mes en Río de Janeiro invitado como consultor del proyecto para el Ministerio de Educación y Salud, a cargo de Lucio Costa y de un grupo de sus alumnos, entre los cuales se encontraban Oscar Niemeyer y Eduardo Reidy. Además de su activa colaboración en ese proyecto, Le Corbusier penetró en un público más amplio mediante una serie de seis conferencias, y su estancia en Río fue de un incalculable valor instructivo, así como de una duradera influencia más allá de las fronteras brasileñas.

Cuando después de la segunda guerra mundial las actividades de construcción aumentaron bruscamente en la mayoría de los países de América Latina, el alcance de la influencia de Le Corbusier se hizo evidente. La relación de todos los proyectos inspirados en la obra del gran maestro llenaría un libro; por tanto, mencionaremos solamente algunos de los ejemplos más sobresalientes.

En Brasil Reidy abre la serie con su ondulante bloque del conjunto residencial Pedregulho, inconcebible sin el precedente lecorbusierano de Argelia. En Venezuela, como mencionáramos anteriormente, Carlos Raúl Villanueva, cuya imaginación y originalidad arquitectónicas quedaron reflejadas en sus proyectos para la Ciudad Universitaria de Caracas, no pudo resistir la atracción de la *Unité d'Habitation* cuando participaba en el diseño de viviendas colectivas.

Por otra parte, en Chile, varios admiradores del maestro francés han adaptado con éxito sus propuestas a las condiciones técnicas, topográficas y climáticas de su país, encontrando, por tanto, de manera callada y discreta, su propia expresión arquitectónica. Esta observación no es solamente válida dentro del ámbito habitacional, como en el caso de la excelente unidad vecinal Portales, en Santiago de Chile, sino que también se aplica a determinadas creaciones como, por ejemplo, la iglesia del Monasterio Benedictino en los cerros que dominan la capital. Aun cuando algunos aspectos exteriores de esta iglesia nos recuerdan el convento La Tourette, de Le Corbusier, su articulación de espacios y volúmenes es totalmente original.

La obra más sobresaliente de arquitectura moderna de Chile es el edificio de la CEPAL en Vitacura. Su arquitecto, Emilio Duhart, estudió con Walter Gropius en Harvard, hecho que no parece haber ejercido una influencia muy marcada en la mentalidad de Duhart. Luego pasó a París a trabajar con Le Corbusier en el momento en que el famoso estudio de la *rue de Sèvres* estaba elaborando los diseños arquitectónicos de Chandigarh, en la India. No hay duda de que el tratamiento brutalista de la superficie y algunos detalles esculturales manifiestan la influencia de Le Corbusier y que el dominante "caracol" del edificio de la CEPAL es muy similar a la Asamblea de Chandigarh.

Al mismo tiempo esta forma particular puede relacionarse con el caracol de Chichén-Itzá o con la plasticidad cósmica de Machu Picchu. Si a esto se añade la indiscutible confrontación entre la introvertida reserva del edificio y los rígidos perfiles de la cordillera de los Andes, es evidente que la sede de la CEPAL en Santiago constituye un notable diálogo entre las actuales influencias internacionales y las invariantes intemporales del continente.

No existe fórmula de tal integración que pueda aplicarse de manera similar en otros países y condiciones. El principal arquitecto brasileño, Oscar Niemeyer, por ejemplo, creyó que debía efectuar una clara separación entre su estilo y la influencia de Le Corbusier, que, después de su colaboración en el edificio del Ministerio de Educación, adquirió un carácter abrumador.

Con algunas excepciones menores, tales como la capilla de Fátima en Brasilia, Niemeyer logró esa separación, a partir de su autodeclaración de heredero innato de los maestros del barroco brasileño del siglo XVIII. La investigación racional y las estrictas líneas del Funcionalismo Internacional serían remplazadas por curvas sensuales y una exuberante plasticidad. En algunos casos, por medio de una perforación horizontal, Niemeyer logra competir con la fluidez de espacios interiores, que fue el más significativo logro del *barroco minero*. Su talento y estilo particulares atrajeron fuertemente a la siguiente generación de arquitectos y al público en general más allá de las fronteras brasileñas.

La tendencia a favor de la calidad estructural y de los contornos mixtilíneos no dependió exclusivamente del prototipo brasileño, sino que también, de una forma menos espectacular, se originó en la trayectoria de maestros no latinoamericanos, tales como Frank Lloyd Wright y Alvar Aalto.

La región del Río de la Plata es principalmente la que más debe al genio norteamericano, cuya influencia encontramos en diversas casas de Punta del Este y otros lugares de veraneo, así como en el interior de la sede del Banco de Londres y América del Sur, en Buenos Aires. Existen otros ejemplos que nos recuerdan el nombre de Wright y de Aalto, aunque se hallan muy dispersos y por ello no parecen tan influyentes como debieran haber sido en realidad: El programa de la "Agrupación Espacio" peruana, los comedores de la planta Park & Davis, de H. Klumb's en

Puerto Rico, o el proyecto de Rogelio Salmona para la Sociedad de Arquitectos Colombianos. Salmona estudió con Le Corbusier y a pesar de ello
muestra en sus proyectos de viviendas en Bogotá una influencia indiscutible de la arquitectura escandinava.

El genio de Aalto parece haberse asociado a C. R. Villanueva cuando
éste diseñaba la maravillosa *Aula Magna* y los estadios de la Ciudad
Universitaria de Caracas, hallándose también presente en los imaginati-
vos detalles de ladrillo de las obras de Eladio Dieste, construidas en los
alrededores de Montevideo.

En un continente que valora la emoción por encima de la claridad
racional, la línea estricta y el ángulo recto del llamado Estilo Internacional, representados por Walter Gropius y el Bauhaus, nunca podían
alcanzar una profunda influencia. De existir alguna, el funcionalismo
encontró seguidores principalmente en la variedad formal desarrollada
por Mies van der Rohe durante su estancia en los Estados Unidos, y co-
mercializada por la firma de arquitectos Skidmore, Owings & Merril
(SOM).

La versión brasileña de esta escuela tiene por centro San Pablo, donde
arquitectos de la calidad de Eduardo Kneese de Mello, Henrique Mindlin,
Vilanova Artigas y otros constituyen el grupo "paulista", cercano al
movimiento internacional, en contraste con los arquitectos "cariocas",
dirigidos por Oscar Niemeyer.

Existen, desde luego, características regionales incluso en ese rígido
estilo; por ejemplo, en Buenos Aires, donde aparte de la proverbial sobriedad argentina, todavía puede sentirse el impacto de las conferencias
y los cursos dictados por los distinguidos italianos Bruno Zevi y Pier
Luigi Nervi durante los años 50.

6. EN BUSCA DE UNA TRADICIÓN PROPIA

Tales diferencias son secundarias y no oscurecen el hecho de que actualmente, como sucede en el resto del mundo occidental, cada país latinoamericano, según su tecnología más o menos avanzada, debiera tener ya
su propio SOM, con paredes cortina y todas las demás recetas neoacadé-
micas. Además, cuanto más pequeños son esos países, más parecen estar
sujetos a las tendencias eclécticas basadas en la obra de todos los arquitectos de prestigio juntos, inclusive los famosos latinoamericanos y los
más jóvenes como Eero Saarinen, Luis Kahn y algunos otros norteamericanos que no podemos mencionar por falta de espacio.

Este tipo de eclecticismo puede ser considerado como instrumental y,
por tanto, bastante útil al principio como método de aprendizaje. Pero
debe ser superado con el tiempo, y dar paso a un entendimiento directo
con las realidades del lugar, la ciudad y el país.

Tal como están las cosas actualmente, ocurren con frecuencia casos como éstos: los edificios del gobierno en una de las capitales estatales de México parecen copias reducidas a mitad de tamaño de los de la Plaza de los Tres Poderes de Brasilia; la casa de apartamentos de Niemeyer en Berlín es idéntica a un bloque de oficinas ministeriales en Brasil; una escuela de arquitectura de San Pablo utiliza la misma construcción y está cubierta de la misma forma volumétrica que el urnario del Cementerio Norte de Montevideo.

Países como Colombia, Perú, Guatemala, México y otros con tradición arquitectónica de casi dos mil años merecen tener sus ciudades protegidas contra la indiscriminada uniformidad mundial de los conceptos arquitectónicos y de su expresión visual.

En estos países, la inspiración prehispánica no se ha extinguido por completo durante los tres siglos de arte colonial, sino que ha sobrevivido por medio de la fusión y la penetración, de modo tal que su acervo común de tradiciones puede enriquecer el vocabulario arquitectónico de nuestro tiempo.

Sin aplicar ningún detalle ornamental de Uxmal, a su modelo, Pedro Ramírez Vázquez, el arquitecto del nuevo Museo de Antropología de la ciudad de México, ha logrado interpretar el lenguaje de la arquitectura maya solamente por medio de las proporciones que dio al patio interior de ese edificio.

La predilección por los colores vivos y las superficies con diversas texturas, la escala monumental de los espacios exteriores, e incluso otras características menos recomendables, hacen de la Ciudad Universitaria de México el ejemplo de un estilo arquitectónico que no pudo haber sido concebido bajo ninguna otra circunstancia histórica o geográfica.

Los dos edificios más famosos del recinto universitario, el estadio olímpico con los murales esculpidos de Diego Rivera y la Biblioteca de Juan O'Gorman, cuyo volumen del almacén de libros está totalmente cubierto de mosaicos pétreos policromados, son elocuentes testimonios de la continuidad de la tradición, que se remonta a tiempos precolombinos.

¿Será todavía válido para la generación futura este tipo de preocupación arquitectónica? Debemos comprender que dentro de otros treinta años las condiciones de vida del mundo, especialmente del llamado Tercer Mundo —del cual América Latina es parte considerable— habrán cambiado profundamente.

La prefabricación y la estandarización del proceso de la construcción tendrán que ser desarrolladas al máximo para satisfacer las necesidades de las masas crecientes de la futura sociedad, así como para elevar su nivel de vida hasta un nivel aceptable. Este desarrollo puede convertir muy pronto a la arquitectura en la rama subordinada de una empresa industrial gigante. Debemos reconocer que cuestiones tales como la influencia cultural externa y la importancia de la tradición en la arquitectura probablemente serán de poco interés para quienes tengan que afrontar los problemas del hábitat y la supervivencia del ser humano, en la dimensión que alcanzará a comienzos del siglo próximo.

III

La crisis actual de la arquitectura latinoamericana

RAMÓN VARGAS SALGUERO Y
RAFAEL LÓPEZ RANGEL

1. EL CUESTIONAMIENTO DE LOS VALORES TRADICIONALES

Fernando Salinas, en su obra *La arquitectura revolucionaria del Tercer Mundo* —que significa, junto con los trabajos de Roberto Segre, el inicio de un nuevo planteamiento de la problemática arquitectónica de nuestros países subdesarrollados— señala como características de la arquitectura de los países dependientes, las siguientes: 1] El contraste entre el lujo de las construcciones de las minorías y la pobreza de las mayorías. 2] La acumulación progresiva del déficit habitacional. 3] La diferencia del nivel de vida entre el campo y la ciudad. 4] La especulación con los terrenos. 5] La mínima contribución del Estado a la solución de la vivienda. 6] La coexistencia de la técnica artesanal con la avanzada para resolver problemas aislados. 7] La concentración de las inversiones de la construcción en las grandes ciudades. 8] El uso de materiales importados como consecuencia del subdesarrollo industrial. 9] La anarquía de tipos y dimensiones en el sector de las construcciones. 10] La pérdida del esfuerzo y talento de los arquitectos en los problemas aislados de la clase dominante. 11] El número reducido de técnicos. 12] La subordinación de las soluciones "estéticas" a las limitaciones de una técnica desigual.[1] Ahora bien, para poder continuar desarrollando esta importante línea de argumentación —la única, a nuestro juicio, que ofrece perspectivas de objetividad— se hace necesario *poner en crisis* las concepciones que sobre el desarrollo arquitectónico moderno se manejan en nuestros países, caracterizadas por sus enfoques parciales y meramente tecnicistas. Dicho de otra manera, es indispensable que se analice el surgimiento de la modernidad arquitectónica latinoamericana, a través de un estudio "integrado", que contempla a la arquitectura como *parte del proceso* histórico de nuestros países dependientes. Esto, a grandes rasgos y con las limitaciones que un trabajo como el presente nos imponen, es lo que trataremos de llevar a cabo aquí.

El movimiento funcionalista latinoamericano surge entre la tercera y la cuarta década del siglo, en esa etapa en la que América Latina se está integrando de una manera más dinámica al capitalismo mundial, caracterizado entonces —como ya esbozamos en líneas generales— por el surgimiento de Alemania y los Estados Unidos como potencias impe-

---

[1] Salinas, Fernando, *La arquitectura revolucionaria del Tercer Mundo*, La Habana, Cuba, Centro de Información Científica y Técnica. Tecnología, Serie 4, 1970.

rialistas y por su proyección hacia "el mundo colonial", desplazando, en el área nuestra, a Gran Bretaña. A partir de ese momento la configuración de los países latinoamericanos empieza a adquirir definitivas características de "modernidad", que les incorporan, si bien a la manera "subdesarrollada", al mundo de las denominadas sociedades de masas o sociedades de consumo occidentales.

En el campo de su esfera más cercana, la nueva arquitectura de América Latina surge también (como en el caso europeo), bajo la bandera de la lucha antiacadémica, que en nuestro continente se dirigió hacia la producción edilicia de las "repúblicas independientes" (siglos XIX y primeras décadas del XX), caracterizada por la imposición del neoclasicismo y su ulterior participación en el movimiento romántico, que a nivel mundial ofrecía un clima de ideología "historicista" y —al final de ese proceso— de "modernismos", ante la presencia de la problemática de la producción industrial capitalista y su irrupción en los procesos creativos.

2. ANTECEDENTES HISTÓRICOS DE LA ETAPA INDEPENDENTISTA

Contradictoriamente, los pueblos atrasados tienen el privilegio de observar en los más desarrollados su propio futuro. Pueden, y en algunos casos limitados así ha acontecido, recorrer más de prisa el trecho histórico que separa a la flecha del fusil, a la cooperación simple de la cooperación capitalista. No es extraño que la institucionalización del régimen burgués en Europa llevada al cabo por la Revolución francesa, haya influido tan notoriamente en el desarrollo de todos nuestros pueblos, quienes procuraron implantar aquí constituciones, preceptos legales e ideológicos similares, buscando alcanzar a su través el desarrollo que aquellos pueblos habían obtenido. La separación entre la Iglesia y el Estado, la desamortización y mercantilización de los latifundios de los grandes terratenientes y su subdivisión en pequeñas propiedades para alentar al agricultor independiente, la abolición de la esclavitud, la promulgación de los derechos del hombre, el respeto irrestricto al "sagrado derecho" de propiedad (Juárez) privada, no son sino una de las tantas relaciones de producción que nuestros pueblos adoptaron con la mira de acortar la brecha entre los imperialismos económicos y las burguesías nativas en proceso de maduración. Ideas tomadas de las revoluciones inglesa y francesa y que fueron implantadas en América en el momento en que España, la metrópoli, caía dominada por las botas de los húsares franceses. Momento que los incipientes burgueses latinoamericanos aprovecharon para independizarse de la metrópoli. Hay una coincidencia histórica en la aparición de Morelos, Hidalgo, Bolívar, O'Higgins y Sucre y una bien comprensible similitud en sus ideales latinoamericanos. Se iniciaba el 1800.

Si n el período colonial se habían combinado la música pentáfona y monódica de los pueblos indígenas con la polifonía europea; la metafísica teológica con las creencias mágicas; la liturgia cristiana con los ritos salvajes y los conventos y catedrales abovedados con las chozas de palma y barro; en la etapa independentista, junto con todos esos brotes hispanoindígenas, empiezan a florecer las influencias del centro revolucionario del mundo: Francia. La polifonía es sustituida por la armonía, la música religiosa por los valses, las polkas y las mazurkas; aparecen los periodistas y literatos políticos con magnitudes de tribunos jacobinos; los altares y fachadas barrocos serán sustituidos por portadas neoclásicas. En estos momentos de convulsiones sociales surge aquí y allá, entremezclándose tímidamente, un tono nacionalista de corte popular que empieza a matizar y darle color a nuestra literatura, a nuestra música, pintura y arquitectura. No existía público para conciertos, pero teníamos concertistas; los pueblos eran analfabetas pero aparece la novela truculenta por entregas; no dominábamos el corte de piedra ni el cálculo de los gremios medievales pero se erigían bóvedas... de barro y con cimbras de tierra.

No se contaba, históricamente, con la teoría científica necesaria para comprender que el desarrollo proviene sustancialmente del rendimiento medio del trabajo, del nivel de las fuerzas productivas y que en términos generales, los códigos y preceptos no pueden estar por encima del nivel alcanzado por la productividad del trabajo. Normas y constituciones propias de estadios más elevados de la cultura eran impuestos en los que la mayoría de la población vivía en estados de salvajismo, barbarie o dentro de la estructura del modo asiático de producción. Cuando esto acontece, la realidad cotidiana se encarga de mutilar y desvirtuar a las leyes que imaginaron poder ir más allá del derecho consuetudinario. Los altos vuelos arquitectónicos son lastrados por la técnica rudimentaria. Es sintomático que no se hayan edificado, más que excepcionalmente, bóvedas góticas, por ejemplo.

No obstante que todavía no había sido elaborado el materialismo histórico, de manera empírica se aplicaba una de las leyes dialécticas que esa ciencia estableció posteriormente: la de que si bien la superestructura jurídico-política e ideológica en última instancia depende del nivel alcanzado por las fuerzas productivas, constituyendo éstas el polo principal de la contradicción, en algunos casos puede acontecer que unas relaciones de producción más avanzadas y momentáneamente por encima de la productividad del trabajo, influyan sobre éste y lo hagan avanzar a una mayor celeridad de la que podría imprimirles el ritmo natural de los medios de producción y de la capacitación del trabajador. "Es verdad —dice Mao Tse-tung— que las fuerzas productivas, la práctica y la base económica desempeñan por regla general el papel principal y decisivo; quien niegue esto no es materialista. Pero hay que admitir también que, bajo ciertas condiciones, las relaciones de producción, la teoría y la superestructura desempeñan, a su vez, el papel principal y decisivo. Cuando el desarrollo de las fuerzas productivas se hace imposible sin un campo de las relaciones de producción, este cambio desempeña el papel principal y decisivo... evitamos (así) el materialismo mecanicista y defendemos firmemente el materialismo dialéctico".[2]

Esta posibilidad se ha convertido en una "invariante" de los pueblos dependientes, cuya historia revela en sus lineamientos más generales, el reiterado intento de las burguesías criollas de catalizar los procesos de desarrollo aplicando los "últimos gritos de la moda" en materia de organización, de tecnología y de doctrinas filosófico-económicas, en un desesperado esfuerzo históricamente frustrado de oponerse a las consecuencias necesarias de la organización capitalista mundial.

Un efecto indirecto de la Revolución francesa fue la independencia política de la casi totalidad de los países de América Latina. Esta independencia, sin embargo, abrió las puertas a otro tipo de imperialismo que se caracterizaba por la exportación de capitales y no solamente por el saqueo de las fuentes de recursos naturales, lo cual no lo hacía más benévolo, sino todo lo contrario, mucho más sutil y sanguinario. En el momento de la independencia, los escasos enclaves capitalistas que existían en América, básicamente localizados en las industrias extractivas que producían para el comercio exterior, toman conciencia de que las mismas leyes que han impuesto no podrán lograr su cometido si no es acelerando la productividad. Esta, como ya dijimos, se buscaba a través del desarrollo agrícola y del fortalecimiento del pequeño agricultor que, al hacer productivos los inmensos latifundios feudales ociosos crearon, al mismo tiempo, un mercado nacional. Simultáneamente, las comunidades indígenas, propietarias hasta este momento de las tierras que laboraban comunitariamente, son desposeídas de ellas para crear, igual que en Europa, una mano de obra libre que pueda servir de ejército de reserva a las industrias y al campo. Se empiezan a fundar los primeros bancos y a alentar las manufacturas y las contadas industrias de transformación. Pero hasta este momento la burguesía criolla no contaba con el capital necesario para avanzar hacia un proceso capitalista más o menos clásico. Creada artificialmente, llegaba a la adolescencia sin tener tras de sí una capa artesanal, manufacturas y acumulación de capital que le permitiera dar el salto histórico. Por ello, tiene que aceptar, en muchos casos aplaudiéndolo, la entrada del capital extranjero que, por una parte, contaba con los medios económicos y técnicos para desarrollar o implantar nuevas industrias y que, por la otra, impulsaba la diferenciación de las clases, la división del trabajo y la mercantilización de todos los productos. Pero todo ello logrado a través de empresas en las cuales era muy baja la composición orgánica del capital. La técnica que se importó y los medios de producción en general, no eran ni con mucho con los que el imperialismo trabajaba en su propio país. Sin embargo, había que igualar las tasas de ganancia, lo que sólo podía ser obtenido a través de una superexplotación del trabajo, de una reducción del precio de la fuerza

---

[2] Mao Tse-tung, *Sobre la contradicción*, Pekín, Obras escogidas de Mao Tse-tung, Ediciones en lenguas extranjeras, 1968, tomo i, p. 359.

de trabajo muy por debajo de su valor y extendiendo el tiempo de trabajo excedente hasta máximos inimaginables.

3. EL ACADEMISMO LATINOAMERICANO DEL SIGLO XIX

Efectivamente, los países latinoamericanos, independizados políticamente
de la Corona española y portuguesa, en un movimiento global que constituyó la ruptura del "pacto colonial" ibérico, ingresaron a su nueva
etapa en pleno desmoronamiento del barroco y surgimiento del neoclasicismo, propiciado en Europa por la burguesía triunfante y algunas mo-
narquías ilustradas. Las nuevas clases gobernantes de América Latina,
ligadas a los nuevos centros hegemónicos y compartiendo la idea de que
el desarrollo de nuestros países sólo era posible sobre la base de la exportación de sus materias primas y algunos alimentos, así como de la
importación de bienes de consumo no durables producidos por la industria europea, *al dejar así las puertas abiertas al capital del Viejo Continente, erigieron también como modelo, las formas de la cultura europea.*
Sin embargo, este hecho, ya apuntado anteriormente, no se realiza simplemente como una arbitraria e irracional imposición de valores. En
realidad, en el caso de la arquitectura, *el neoclasicismo vendría a ser la
expresión edilicia de aquellas élites de poder que a través de la ideología
racionalista-mecanicista de los cánones clásicos europeos, manifestaban
su concepción acerca del destino económico y cultural de nuestras sociedades.* El barroco que en los últimos años del virreinato había entrado
en agonía en virtud del criterio artístico de los Borbones, representaba
indudablemente el estilo de la "época colonial", es decir, de la opresión
y la dominación peninsular, de la que la nueva clase en el poder se sentía
liberadora; al mismo tiempo, el arte de la Contrarreforma expresaba un
tipo de relaciones entre la Iglesia y el Estado, que se estaba rompiendo
en el siglo XIX, al proclamarse las libertades burguesas e instaurarse "sociedades civiles". Por lo tanto, plantearse en esos años de liberación y de
construcción de nuevas sociedades, la adopción del barroco, hubiese significado una inadmisible "vuelta al pasado" (lo que no contradice el que
más adelante se busquen en las formas del virreinato, una inspiración
"nacional" para nuestras arquitecturas). Para las clases letradas del siglo XIX, el magnífico arte precolombino era grandemente desconocido y
subestimado, por lo que era imposible pensar en él —al menos en el nivel
de los "elevados" planteamientos estéticos— como respuesta a los nuevos
problemas formales que planteaba la edilicia republicana.[3] El neoclásico

[3] Lo que no impide tampoco que en la etapa romántica de los *revivals*, sobre
todo en los países que tuvieron una época precolombina de culturas avanzadas
—como México y Perú— se llegasen a utilizar elementos formales prehispánicos
en algunas obras (como el porfiriano monumento a Cuauhtémoc en el Paseo de la
Reforma de la ciudad de México).

era además, evidentemente, la forma de lenguaje arquitectónico que expresaba ese proceso de laicización de la cultura, de las universidades y de la educación en general, que se iniciaba en el Nuevo continente. Y tal laicización, como sabemos, revistió la forma de "europeísmo", al no contar América Latina con una tradición al respecto. De esa manera, por ejemplo, en el campo de la educación, se invitaron a los pedagogos europeos de "avanzada", como Joseph Lancaster, llevado a Caracas en 1824 por Bolívar; el escocés James Thompson, en Argentina, por invitación de Rivadavia (1826-1827); y en Chile, Perú y Colombia hasta 1831, difundiendo el método lancasteriano.[4] En el campo de la cultura arquitectónica, una legión de arquitectos franceses e italianos fueron traídos a América para que desarrollaran "las grandes formas del arte arquitectónico universal", en las ciudades principales, asiento de los nuevos centros de decisión política, o puntos clave de los enclaves económicos. En todas estas concentraciones se operaba ya la ruptura de las estructuras urbanas coloniales, para iniciar ese camino "de cien años" para la consecución de su fisonomía moderna.

Es evidente que en el contexto en el que nos encontramos, no nos es posible el ahondamiento total del problema en los países tratados, ni el abordaje de la problemática particular de los veintiún países latinoamericanos. Por razones metodológicas también, tomaremos una muestra de naciones, lo más representativas posible del conjunto, sin que esto signifique de ninguna manera, subestimación del resto. Todo lo contrario, creemos que debe abordarse la problemática total de nuestros países, como una tarea inmediata a ésta. Empero, al considerar que *en líneas generales* estamos unidos por un sólo proceso histórico, pensamos que nuestro tratamiento puede tener validez. Hay casos, por el momento especiales, no tanto porque se evadan del conjunto, sino porque se hallan en un estado por el cual aún no atraviesan los demás: nos referimos especialmente a Cuba (ya que la experiencia chilena por el momento ha sido frustrada), en donde cerca ya de tres lustros de edilicia socialista, implican necesariamente análisis específicos, los que por cierto se han iniciado ya en los trabajos mencionados de Segre y de Salinas.

En *Brasil*, en donde por excepción se lleva a cabo una intensa actividad edilicia —al contrario del resto de los países latinoamericanos en los que "el período de anarquía" impide su profusión—, en pleno período de transición de la Regencia a la Independencia, (1808-1821) es llamado por Juan VI el arquitecto francés Le Breton encabezando un grupo numeroso de escultores, pintores y naturalmente, arquitectos, entre los que sobresale Grandjean de Montigny, para que se llevase a cabo "la ingente tarea de *civilizar* el gusto criollo".[5] Más adelante, Louis Leger Vauthier

---

[4] Henríquez Ureña, P., *Historia de la cultura en la América Hispánica*, México-Buenos Aires, Fondo de Cultura Económica, 3ª ed., 1959, p. 75.

[5] Castedo, L., *Historia del arte y de la arquitectura latinoamericana*, Santiago de Chile, Buenos Aires, México, Quito, Bogotá, Madrid, Barcelona, Editorial Pomaire, 1970, p. 217.

construye el Teatro de Santa Isabel, en Recife, el Teatro de Bélen del Pará, y el de San Luis de Maranhao. Asimismo, en México, en 1843 se reorganiza la Academia de Bellas Artes, de tradición virreinal, con la línea de "proveerse en adelante de maestros europeos, escogidos entre los mejores".[6] Llega así, en 1856, el arquitecto italiano Javier Cavallari, quien da nuevos derroteros a la enseñanza de la arquitectura, acordes con las experiencias europeas. Empero ya en el país se contaba a la fecha con importante tradición neoclásica, a través de la obra del español Manuel Tolsá, constructor del Palacio de Minería, Damián Ortiz de Castro y Francisco Eduardo Tresguerras, autores de las torres de la Catedral Metropolitana y de la Iglesia del Carmen en Celaya, respectivamente. De todos modos, las modalidades impuestas a la Academia señalan de manera definitiva, el "europeísmo arquitectónico" mexicano. En Chile, el arquitecto francés Brunet de Baines funda por encargo del estado la primera escuela de arquitectura del país y el arquitecto italiano Joaquín Toesca, construye quizá la obra más importante de ese período, el Palacio de la Moneda en el centro de Santiago, hoy destruido por la Junta Militar. La propia capital reforma su traza de acuerdo al gusto francés, por obra del *Haussman chileno*, el intendente Benjamín Vicuña Mackenna. En Argentina, el neoclásico se afirma a lo largo de todo el siglo XIX y comienzos del XX, siguiendo asimismo una tradición de los últimos años del siglo XVIII, a través de la obra del jesuita Blanqui. A fines del siglo XIX Buenos Aires vive un apogeo edilicio que se prolonga varias décadas, y da a la ciudad una definitiva fisonomía, cuyos máximos "hacedores" fueron, quizás, Julio Dormal, constructor del Teatro Colón (1908) y Alejandro Christophensen, autor del Palacio San Martín.

De esa manera, la impronta neoclásica republicana se va imponiendo a la anterior fisonomía barroca de las ciudades latinoamericanas (y en algunas ocasiones a la precolombina, como es el caso extremo, especialísimo de Cuzco, Perú) y aunque la estructura fundamental del damero colonial se mantiene en casi todas ellas, el nuevo criterio haussmaniano se superpone y se evidencia en las zonas de crecimiento (como el Paseo de la Peforma en México, la Alameda de Santiago de Chile, la apertura de amplias avenidas como resultado de la demolición del amurallamiento colonial de Lima, etc.). Se erigen edificios, incluso en las zonas centrales de las ciudades, de tendencia monumental cuyo clasicismo culterano constituiría la expresión de la ideología de una oligarquía que se esforzaba, a través de la utilización de todos los medios, en mantener una precaria paz interna y que a través del *positivismo* se empeñó en otorgar una imagen de prosperidad y cultura, en un mundo de masas marginadas por el privilegio de la clase dominante. La arquitectura y el urbanismo juegan así su papel ideológico-político en nuestros países, representando ese equilibrio que los oligarcas quisieron mantener durante la llamada vida independiente de nuestras repúblicas.

[6] Fernández, J., *El arte moderno en México*, México, Antigua Librería Robredo, José Porrúa e Hijos, 1937, pp. 81-110.

El proceso demográfico constituye también una expresión de estos cambios. Como parte de la dinamización económica producida por la nueva forma de integración de los países del área latinoamericana al capitalismo mundial, se va produciendo una nueva estructura poblacional, iniciándose prácticamente, aunque a escala naturalmente incipiente, ese proceso que en el siglo xx desembocaría en una "hiperurbanización macrocefálica", que dura hasta nuestros días.[7] Este fenómeno se hace visible a fines del período colonial. Río de Janeiro, con menos de cincuenta mil habitantes antes de 1808, llega a tener, al convertirse en sede de la Corte Portuguesa en 1823, ciento treinta y cinco mil habitantes. Buenos Aires, que para 1778 tenía en su haber cerca de veinticinco mil habitantes, alcanza los cuarenta mil en 1801, y los cincuenta y cinco mil en 1810. Caracas, de diez y ocho mil seiscientos en 1772, llega hasta cincuenta mil en 1812. Para finales del siglo xix la población latinoamericana había aumentado con un ritmo mayor y pasa de 33 millones (1850) a 63 millones (1900), incrementándose al mismo tiempo su proceso de urbanización. San Pablo, que tenía en 1872 poco más de treinta mil habitantes, para 1890 contaba ya con cerca de sesenta y cinco mil, para 1900 cerca de doscientos cuarenta mil y para 1920, en forma por demás espectacular, más del medio millón. Buenos Aires pasa de ciento ochenta y siete mil habitantes en 1869 a seiscientos sesenta mil en 1895 para llegar al millón y medio en 1914.

4. SIGLO XX: CONSOLIDACIÓN DE LA DEPENDENCIA

Eran los albores de 1900, era la *Belle Epoque* y había que conmemorarla dignamente: se construyen los grandes teatros, las sedes gubernamentales, los palacios legislativos y las grandes residencias. Aturdidos por el festín, pletóricos de optimismo, su propia algarabía les impidió escuchar la llamada con que el proletariado mundial estaba cerrando históricamente, con la Revolución rusa de 1917, el período efímero del capitalismo. Pero el proceso no es mecánico sino dialéctico. La suntuosidad y el dispendio con que realizaban todas sus obras, la importación de arquitectos europeos, no marchaban acompasadamente ni con su propia ideología estética ni con las posibilidades técnicas. Así vemos aparecer un conjunto abigarrado y anárquico de formas en el que los frontispicios griegos se mezclaban indiscriminadamente con las bóvedas islámicas, en el que las líneas de ondulación acerada del *art nouveau* eran reproducidas con madera y argamasa y en el que se repetían una y otra vez las formas

[7] La tasa media de urbanización mundial, sin Latinoamérica, era de 27.8 % hacia 1950, en tanto que la de nuestra área fue de 32.9 %, con tendencia a incrementarse. Asimismo, América Latina se caracteriza por el dominio de las aglomeraciones principales (casi siempre las capitales de los países) sobre el resto de las poblaciones de cada país.

de un pretérito que, idealmente, les era ajeno. La dialéctica que existe entre la técnica y los contenidos ideológicos que se pretenden expresar por medio de aquella, les ponía momentáneamente un freno insalvable. Mientras se continuara construyendo con los materiales tradicionales y con las técnicas propias a ellos, no podían menos que caer, muy a su pesar, en la repetición de formas que habían sido ensayadas muchos siglos antes. El boato y la búsqueda de majestuosidad tenían que expresarse en las formas acuñadas en el pasado.[8]

En Europa ya era conocido el concreto armado y el acero había hecho su aparición en la arquitectura, pero todavía no se encontraban las formas lógicas que les correspondían, ni técnica ni ideológicamente. Tengamos presente al efecto, la contradicción que se aprecia en el *art nouveau* entre los materiales empleados y la forma adoptada. En este sentido, tendrá que darse una etapa de experimentación y de dominio progresivo en la técnica, para que madure la arquitectura propia de una burguesía desarrollada e imperialista. Este es el papel que le corresponde, históricamente, al Bauhaus. Por otra parte, también el propio desarrollo capitalista hace imperativa la racionalización en todos los órdenes de la producción, que no contradice sino reafirma la anarquía del sistema en su conjunto. Cada vez era más palpable que los nuevos géneros arquitectónicos que surgen, las nuevas necesidades que se imprimen a la vida cotidiana y los nuevos recursos técnicos producto del avance gigantesco de las fuerzas productivas, eran a todo punto incompatibles con las formas prestadas que la arquitectura había tomado en sus momentos de gestación. Poco a poco se hicieron más agrias y fundadas las críticas a los lineamientos estilísticos anteriores, para dejar el paso a una racionalización del diseño arquitectónico que concordara con los medios que, ahora, ya se dominan.

La anarquía económica estaba jugando un papel en todo lo anterior. Las crisis, que para el capitalismo son el termómetro de que dispone para comprobar la buena o mala marcha de sus intereses, les hace ver, con el crack del 29, que el liberalismo económico no podía subsistir a riesgo de devorarse a sí mismo. La necesidad de la racionalización de los procesos se hace impostergable a punto tal que aun los sectores sociales más retrógrados aceptaron de buen grado la aparición de gobiernos intervencionistas que regularan a todos los productores. Es el momento en que en América Latina se insiste una y otra vez en establecer la planeación de la economía (plan sexenal de Lázaro Cárdenas en México, 1934), es la oportunidad para que Marmaduke Grove decrete la República Socialista en Chile (1932) y en que se inicia el proceso nacionalista de Brasil.

Este momento coincide con la popularización de las nuevas tendencias racionalistas europeas, con el trasplante del funcionalismo de las tierras industriales a los trópicos atrasados de América. El funcionalis-

---

[8] Trotski, León, *Historia de la Revolución rusa*, Buenos Aires, Editorial Tilcara, tomo I, p. 24.

mo, además de los contenidos lingüísticos profundos, a los que habremos de referirnos posteriormente, representó la racionalización capitalista de la arquitectura apoyada en un extraordinario avance técnico. La majestuosidad de clase es expresada con formas propias emanadas del dominio del acero, del concreto, y en general, de la industrialización de todos los materiales de construcción. Estas formas, mucho más simples que las que históricamente le precedieron, de construcción expedita, de democratización del sentido de la vida, de conjunción de espacios, de ductilidad en su uso, estimuló a los arquitectos, quienes vieron en ellas el instrumento, el cauce que les permitiría dar, una vez más, el salto por sobre sus condiciones de atraso. Una vez más, ahora en los ámbitos de la arquitectura, se intentaba saltar el trecho que separa a la flecha del fusil. El funcionalismo era el espejo estilístico en el que la burguesía venía a sentirse expresada; les permitía la producción en volúmenes mucho más grandes que los construidos anteriormente y se adecuaba a los nuevos hábitos de vida simplificada que en todos los órdenes estaba impulsando el sistema mundial. Sin embargo, el funcionalismo tenía que sufrir una serie de adaptaciones sobre el terreno para poderlo adecuar al nivel de la técnica local. Y de la misma manera que muchos siglos antes se habían intentado copiar las formas pero con sistemas constructivos inadecuados, así también, ahora, el funcionalismo del acero, del concreto y de los materiales industrializados tenía que procrear, entre nosotros, un funcionalismo "subdesarrollado", expresión clara de las modalidades que las manifestaciones superestructurales tienen que sufrir frente a los condicionantes que les impone el nivel concreto de las fuerzas productivas.

El funcionalismo, que en Europa se dirigió preponderantemente a la solución de las necesidades de las clases medias y acomodadas, adquirió en nuestro caso un tono social indiscutible. La solución de la casa habitación mínima y de los conjuntos de vivienda popular fueron algunos de los temas más solicitados en esos momentos (1930 en adelante). Como todo este movimiento se emprendía bajo la influencia mundial de la revolución soviética, de la lucha contra el fascismo en España y Alemania, y como parecía palparse el advenimiento de la clase obrera a primer término, no faltaron elementos pequeñoburgueses "izquierdistas", que repudiando todo cuanto pareciera recordar lo "burgués reaccionario e individualista" se propusieron la realización de un funcionalismo "socialista" y premeditadamente "antiestético". El funcionalismo americano se diferenció de su antecesor por esos dos rasgos fundamentales: el bajo nivel técnico y su pretensión no sólo social, sino "socialista".

5. SIGNIFICACIÓN Y PARTICULARIDAD DEL FUNCIONALISMO

A finales del siglo XIX y en las primeras décadas del siglo XX, el neoclasicismo arquitectónico desembocaría —según empezamos a señalar— en la casi totalidad de los países del área, en esas manifestaciones del romanticismo arquitectónico europeo: el llamado historicismo, sobre todo en esa derivación de los *revivals*; el *art nouveau*, y diversas formas de "modernismo", que en realidad dieron a las ciudades una fisonomía cercana a la caoticidad (obviamente, entre los *revivals*, se contaban las referencias al barroco colonial —perdurado en diversas ciudades a través de las viviendas— y a las formas precolombinas). La disolución del neoclasicismo se vería precipitada asimismo por la aparición de las estructuras de las obras de ingeniería y la proliferación de la construcción comercial, propiciada por el proceso de urbanización y el sistema capitalista en pleno desarrollo, obras que se realizaban al margen de las "grandes" concepciones estéticas de los hombres cultos.

Si bien las primicias del movimiento funcionalista surgen como el fruto del planteamiento de élites intelectuales del vanguardismo artístico más o menos ligadas con los movimientos europeos, el hecho es que *la nueva arquitectura estaba llamada a ser la expresión de una sociedad caracterizada por la irrupción de las masas en todos los órdenes de la vida social y la aparición de políticas "populistas" de las nuevas élites del poder capitalista dependiente*, hechos que forman parte de esa nueva forma de integración al sistema mundial a que hemos hecho referencia, caracterizada fundamentalmente por el paso de nuestros países, a partir de una economía exportadora, hacia la creación —como lo señala Ruy Mauro Marini— de "una auténtica economía capitalista nacional", en la medida que se va configurando, como condición, a través del surgimiento de una "economía industrial", en nuestros países dada bajo el signo de la dependencia.[9]

Por lo tanto, nuestro movimiento contemporáneo nace ya con un doble signo de crisis, impuesto por la conflictiva problemática de la arquitectura racionalista en todo el mundo capitalista ya gravada su situación, y particularizada por ello mismo, en virtud de su pertenencia al capitalismo dependiente.

Ciertamente, la lucha antiacadémica, dirigida contra el estilismo, la ornamentación, la retórica figurativa, el monumentalismo, la obra de arte, la pieza única, etc., etc., que son consignas también de las vanguardias del centro de Europa (cuya culminación la representan el Bauhaus, la escuela de Le Corbusier y, con sus nada despreciables diferencias, el constructivismo soviético), en América Latina tiene carácter continental, a pesar de que en un principio no existiese vinculación orgánica entre los diversos grupos que pugnaban por el cambio. Pero hay una circunstancia: *para que la arquitectura en nuestros países pudiera desarrollarse, se necesitaba que los organismos estatales hicieran suyo el movimiento*, cosa que fue sucediendo paulatinamente. Es que, como lo señala Arnaldo Córdova refiriéndose a México: "...la verdad es que, como en todos los

[9] Marini, R. M., *Dialéctica de la dependencia*, México, Serie Popular Era, 1ª ed., 1973.

países subdesarrollados, el Estado se convierte a partir de un cierto momento en el principal promotor, si no es que en el único, del desarrollo social, debido, sobre todo, a la enorme dispersión de los factores productivos y a la debilidad de las relaciones económicas modernas".[10] Este hecho señala el entroncamiento del destino de la nueva arquitectura latinoamericana, al destino de nuestros estados, como todos sus vaivenes políticos e ideológicos. Pero además, le da a los planteamientos conceptuales de nuestros teóricos, esa impronta *social* que les es, en general, característica. Naturalmente no falta la influencia de la denominada iniciativa privada, pero —salvo contadísimas excepciones— no representan el aspecto más significativo.

De esa manera, en el primer momento de nuestra arquitectura contemporánea diversos grupos y personalidades aparecen como sus pioneros: en Brasil, que ha sido el país que indudablemente produjo el movimiento y las figuras de mayor vigor, incluso de primera línea a escala mundial —como es el caso de Oscar Niemeyer— se organiza en San Pablo, en 1925, la "Semana de Arte", uno de cuyos frutos sería el "Manifiesto de la arquitectura funcional", de Gregori Warchavchik, con una clara línea lecorbusierana. Ese hecho marca el primer episodio de la arquitectura contemporánea brasileña, junto con las primeras construcciones —casas habitación— del propio Warchavchik. La actividad de los vanguardistas continúa, y en 1936, en vísperas ya del "Estado Novo" de Getúlio Vargas, el estado brasileño se decide a desarrollar la nueva arquitectura. Es conocido el hecho de la invitación a Le Corbusier —quien ya había estado en 1929— para que participase en el proyecto del Ministerio de Educación y Salud, que sería llevado a cabo por un equipo de arquitectos avanzados: Carlos Leão, Jorge Moreira, Alfonso Eduardo Reidy, Oscar Niemeyer y Ernani Vasconcellos. Este edificio en el que la influencia del maestro francés, siendo evidente, se vio modificada ante la presencia de elementos que apuntaban la intención de constituir un lenguaje propio, local, representó el arranque de una intensa actividad edilicia, en la que el impulso de las élites del poder fue decisiva. Esa actividad constructora del Estado brasileño tuvo, como todos sabemos, una culminación espectacular, única en el mundo —aunque de tristes resultados— con la construcción de Brasilia.

La relación "idílica" de los arquitectos vanguardistas con el Estado, no constituye, como fácilmente se infiere, un acto simple de simpatía esteticista o intelectual. La nueva arquitectura brasileña surge como un hecho necesario para la burguesía industrial y comercial y sus representantes en el poder. Y al mismo tiempo deviene la expresión de ese poder de "conciliación de clases", en el que las concesiones sociales a los trabajadores se darían en el marco de su control por parte del "Estado Novo". De ahí el carácter social de las obras más significativas. La ideología burguesa del poder, con su carga idealista y reformista, da conte-

[10] Córdova, A., *La formación del poder político en México*, México, Serie Popular Era, 2ª ed., p. 9.

nido asimismo a esos postulados esteticistas, lecorbuserianos con modalidades nacionalistas, forma peculiar del populismo arquitectónico del país más extenso de América Latina.

El surgimiento de la corriente renovadora de la arquitectura en México, presenta grandes similitudes con el caso de Brasil. Sólo que aquí el populismo arquitectónico de la primera etapa se da con signo contrario al brasileño: pues si en el país de Warchavchik y Niemeyer emerge con la preocupación de la estética y la fantasía creadora, que iría a culminar con los refinamientos casi escultóricos de Brasilia, los planteamientos y las concepciones de los vanguardistas mexicanos conducirían, en un afán de "no meterse con la belleza" (Juan O'Gorman) y en aras del "servicio al pueblo" (Juan Legorreta), a un *pobrismo casi desolador*. Naturalmente que esto fue el resultado de las peculiaridades de las relaciones con el Estado, determinadas por la forma como éste utilizó a la arquitectura en la consecución de su política.

El Estado mexicano de la tercera década del siglo era, como se sabe, el resultado de un movimiento armado de tipo campesino, que bajo la dirección de las "capas medias urbanas" (burguesas) instauraban un sistema que despejaba el camino a esa integración al sistema capitalista mundial, de la que hemos hecho ya referencia múltiple. La participación de las masas rurales en la revolución, y de pequeños grupos sindicalistas, dio a la política del poder el imperativo de la conciliación de las clases sociales, bajo proclamas socializantes en las que las reivindicaciones populares —que no pasaron de bien dosificados repartos de tierras y de ciertas concesiones laborales a los obreros— eran esgrimidas como ratio suprema de la "revolución hecha gobierno". A la abolición del privilegio porfiriano (1877-1910) sucedió la implantación del derecho a la propiedad privada, para "todos los mexicanos". Y en un clima de nacionalismo redencionista se desenvuelve esa primera etapa del Estado posrevolucionario. Las obras públicas, necesarias para el desarrollo capitalista del país, se manejan con un agudo sentido político de manipulación de las masas, junto a las reformas sociales, de modo tal, que en una sociedad dividida en clases, y dominada por la burguesía, se llega a crear una verdadera *mística* del pueblo, del *indio*, e inclusive del *proletario*... La arquitectura juega un papel importante en ese proceso, a grado tal que ya para 1933 los vanguardistas, a unos cuantos años de sus primeros planteamientos, estaban absorbidos por el Estado y configuran sus concepciones y su consecuente aplicación edilicia, alrededor de aquella mística, que los conduciría a convertir la lucha antiacadémica y antiporfirista en una arremetida contra la *estética*, por considerarla "antisocial". De esa manera, Juan O'Gorman, Juan Legorreta, Álvaro Aburto y otros más, desarrollan programas de construcción gubernamental (escuelas, "casas mínimas" para obreros, etc.) con una ideología arquitectónica de gran *simpleza* constructiva llevada a su límite, haciendo gala de su desprecio hacia "la obra de arte". Y si en esta etapa la influencia de Le Corbusier se hace patente (se llegó a publicar su "Hacia una arquitectura", íntegra, en una de las primeras revistas de la especialidad de ese tiempo: *Edificación*), no lo es menos —aunque a través de una especial interpretación, acomodada a la ideología referida— la de Hannes Meyer, quien inclusive una década más tarde, estuvo colaborando con el movimiento arquitectónico mexicano. Sin embargo, el desenvolvimiento de la economía y de la ideología y de la política del Estado, conduciría a los arquitectos a su conciliación con la estética; tocaría a José Villagrán García el establecimiento teórico de la nueva posición, en un contexto irracionalista y fenomenológico, grato naturalmente a ciertos sectores de la clase gobernante. El movimiento iría a desembocar, ya en la década de los cincuentas, en una búsqueda de la "mexicanidad", a través de la inspiración en el pasado precolombino, actitud manifiesta sobre todo en la monumental Ciudad Universitaria de la ciudad de México, fijando así, en plena euforia desarrollista, una segunda variante del populismo arquitectónico mexicano en el que la burguesía gobernante quiso dejar impreso su afán —a la postre inútil— de establecer la grandeza del país, sobre la movediza base del desequilibrio social capitalista y de la dependencia económica.

Cuando Carlos Raúl Villanueva se establece en Venezuela a finales de la tercera década del siglo, una vez terminados sus estudios en la "École de Beaux Arts" de París, el petróleo había ya sustituido al café como principal producto de exportación y su explotación, por parte de las compañías transnacionales, se hallaba ya en su vertiginosa carrera. La historia del país de Bolívar se pergeñaba alrededor de los intereses del enclave petrolero y la lucha entre las diversas oligarquías regionales había culminado con la instauración de un verdadero "maximato" militar.[11] Éste había establecido el primer pacto con las compañías petrolíferas proporcionando al Estado ingresos que dinamizaron la tradicional economía y aceleraron, por tanto, las relaciones capitalistas, provocando el desarrollo de los sectores urbanos, la formación de la clase media y naturalmente de la clase obrera. La capital de la República impulsaba ya su gran crecimiento, con todos los problemas de las ciudades subdesarrolladas. Esta situación histórica propicia la labor de los pioneros de la arquitectura y el urbanismo, y Villanueva, figura central del movimiento, logra realizar dentro de la política de un régimen que ya para 1941 se abría hacia las clases medias y las concesiones laborales —sin abandonar la tradición dictatorial— importantes obras edilicias, al tiempo que se propicia la misma constitución de la Escuela de Arquitectura de la Universidad Central de Venezuela. En reciente trabajo presentado a la VI Conferencia Latinoamericana de Escuelas y Facultades de Arquitectura, Miguel Casas Armengol, de la Universidad del Zulia, afirma al respecto: "La arquitectura y la educación arquitectónica en Venezuela recibieron un ímpetu inicial de diversos trabajos públicos que demostraron las posibilidades y utilidad de esta profesión... varios desarrollos de viviendas a través del país fueron promovidos por el Banco Obrero (1937) así como por el Plan

---

11 Cardoso, H. y Faletto, E., *Dependencia y desarrollo en América Latina*, México, Siglo XXI, 1ª ed., 1969, p. 89.

Maestro para Caracas en 1939 y 'El Silencio' en Caracas, 1941... Por consiguiente, la arquitectura en Venezuela se originó principalmente debido a la demanda pública del sector gubernamental..." [12]

De esa manera se desarrolla el populismo arquitectónico venezolano, ante la presencia de agudos problemas masivos y la presión de las masas —sobre todo de la clase media— para su resolución. La arquitectura venezolana en su época de auge es en buena medida expresión de esa correlación de fuerzas de las diversas clases sociales, en la que el empuje de las clases medias en alianzas ocasionales con los obreros se hace patente en las decisiones gubernamentales, cuyo móvil fundamental es el control capitalista de los impuestos y regalías de las compañías petroleras extranjeras. Estos recursos puestos así en manos del Estado propician asimismo un esteticismo edilicio que —sin alcanzar a Brasilia— llegó al límite de lo suntuario, sobre todo en la erección de la Ciudad Universitaria de Caracas, en donde la concepción de "integración plástica", en la que se hizo participar a importantes artistas internacionales (Vasarely, Calder, Arp y otros), le proporciona, a pesar de sus elementos "regionalizantes" (como las celosías), una personalidad de cosmopolitismo estilístico que se antoja paradójica frente a la problemática general del país.

Argentina representa quizá un caso especial en el que el Estado, en la primera etapa del movimiento arquitectónico contemporáneo, no asume el papel de impulsor de sus vanguardistas, dándose el hecho, como lo señala Francisco Bullrich, de que los pioneros (León Durge, Prebisch, Vilar y muchos otros) al sentir el vacío de la indiferencia estatal, entran en crisis: "Y si en la Argentina el modernismo se había desarrollado con aparente vigor entre 1931 y 1939, la verdad es que para 1940 muchos de los que se habían adherido, aunque no fuera más que exteriormente, a esta nueva actitud comenzaron a defeccionar silenciosamente". [13]

En realidad, en esas primeras décadas del siglo, en que se está operando la transición de la economía agroexportadora a la industrial —sobre la base de la sustitución de importaciones, como ocurre con todos los países del área—, un gobierno como el argentino, que en ese proceso ofrece líneas dictatoriales ante el temor del predominio político de las masas urbanas ligadas en cierto sentido al movimiento radicalista de los dos primeros decenios, en el campo de la cultura arquitectónica se hallaba ligado aún a la vieja tradición europea, que tanto lustre habíale proporcionado a su capital y a sus ciudades de mayor importancia. Sin embargo, la dinámica misma que se operó en Latinoamérica y que en Argentina cobra forma con su industrialización, tuvo que exigir forzosamente su expresión edilicia, que se realiza, en tanto la clase en el poder permaneció en la indiferencia ante los nuevos planteamientos, bajo el

---

[12] Casas, A. M., *Un estudio exploratorio de la interacción de la educación superior, recursos humanos y desarrollo nacional en Venezuela*, en mimeógrafo, Maracaibo, Venezuela, 1972.

[13] Bullrich, F., *Arquitectura latinoamericana*, 1ª ed., Buenos Aires, Editorial Sudamericana, 1969, p. 46.

amparo de un sector privado minoritario y obviamente débil. No pasó mucho tiempo en verdad para que el nuevo tono populista del Estado —que se manifiesta abiertamente bajo el peronismo— tomase a la nueva arquitectura en sus manos, para utilizarla en la constitución de esa imagen moderna que hoy tienen sus ciudades y asimismo, en la manipulación de las demandas masivas, siempre crecientes.

Este hecho fundamental está en la base de la arquitectura argentina, que se desarrolla también en un juego de tensiones establecido por la tradición esteticista, el carácter privado de un gran número de construcciones importantes (como el edificio de la sede central del Banco de Londres y América del Sur en Buenos Aires, obra de Santiago Sánchez Elía, Federico Peralta Ramos, Alfredo Agostini y Clorindo Testa), las realizaciones monumentales (como los numerosos edificios de Correos y Telecomunicaciones, algunas escuelas de la Ciudad Universitaria de Caracas y muchos otros más), y la urgencia de las "soluciones sociales" que solamente puede afrontar el Estado.

6. LAS FALACIAS DEL DESARROLLO

La segunda conflagración imperialista mundial y su secuela expresada en el surgimiento de nuevos países socialistas, así como el desangramiento producido por la guerra de Corea, para no citar sino los hitos históricos, debilitó la tensión de los lazos de dependencia, brindó a los países de América mejores precios para sus productos agropecuarios y les abrió la posibilidad de incrementar la implantación de industrias medias, precisamente de aquellas de cuyos productos se habían visto privados por la guerra. De esta forma se le iría ganando mercado al capital extranjero en beneficio de los productores nativos. Lo anterior, aunado al temor de verse arrastrados por las crisis de las metrópolis y a la esperanza, siempre latente, de devenir autosuficientes, dio lugar a las tesis desarrollistas, para las cuales el futuro estaba al alcance de la mano y el éxito dependía únicamente de la mayor o menor habilidad (astucia) de los gobiernos para aprovechar las coyunturas.

Si bien la arquitectura en todas las sociedades clasistas ha estado destinada en términos generales a la solución de las necesidades de las clases privilegiadas económicamente, la depauperización acelerada de las clases trabajadoras, combinada con su gradual toma de conciencia ha hecho madurar la crisis del sistema en su totalidad así como en su manifestación edilicia. Esta crisis, que encuentra síntomas sociales e ideológicos, está expresada *cuantitativamente* por la incapacidad de dar techo y abrigo a la población mayoritaria de nuestros países, por el déficit de hospitales, escuelas, centros recreativos, así como por la desmesurada urbanización de nuestros países y la anarquía urbana consecuente con ello. Esos son los mejores testimonios a los que se puede acudir para demostrar la crisis del sistema y de la arquitectura dentro de él. "En América Latina —decía Salvador Allende— no puede seguir existiendo la diferencia brutal de una minoría dueña del poder y la riqueza y las grandes masas al margen de la cultura, de la salud, de la vivienda, de la alimentación, de la recreación, del descanso. Muchas veces lo hemos dicho y bastaría tan sólo citar una cifra: en América Latina hay más de 20 millones de seres humanos que viven al margen del conocimiento de la moneda como medio de intercambio. En América Latina hay 140 millones de semianalfabetos y de analfabetos. En América Latina faltan 19 millones de viviendas. El 53 % de los latinoamericanos se alimentan mal. En América Latina hay 17 millones de cesantes. Y, además, hay más de 60 millones de gente que sólo tiene trabajo ocasional. Por tanto, el régimen capitalista ha demostrado su ineficacia. La explotación del hombre por el hombre, como característica de eso, ha hecho crisis."[14]

7. CONCLUSIÓN. EL CAMINO DE LA CRISIS

En el curso de este ensayo, se ha mantenido constante una tesis central: la crisis de la arquitectura latinoamericana se opera en tres direcciones fundamentales: 1] En virtud de su pertenencia al movimiento mundial del racionalismo hoy bajo un proceso de descomposición en virtud de su funcionalización al sistema capitalista; 2] En virtud de su pertenencia al capitalismo dependiente de nuestra área subdesarrollada; 3] Consecuencia de la anterior, pero esencial, en base a que el destino del movimiento arquitectónico latinoamericano está íntimamente vinculado al destino histórico de las clases en el poder.

Estos hechos le señalan su signo. El fracaso de las políticas desarrollistas, que para la década de los cincuentas parecían ofrecer una perspectiva de desenvolvimiento capitalista, en continuo ascenso, dio al traste con los planes y las ilusiones de las oligarquías por fincar naciones prósperas. La inflación continua, la superexplotación del trabajo (Marini), la tendencia a esa "resurrección del modelo a la vieja economía exportadora" (señalada también por Marini en su obra citada), y que son las expresiones de la dependencia con respecto a los centros hegemónicos (los Estados Unidos, fundamentalmente) han precipitado a nuestros países a una crisis cuya salida no se vislumbra en los actuales marcos estructurales. Los estados llevan a la crisis no solamente sus decisiones económicas, sino también las culturales. La arquitectura va entre ambas, precipitándose vertiginosamente, a tal grado, que como respuesta se está produciendo un movimiento continental de las escuelas de arquitectura, en busca de explicaciones y soluciones objetivas: en realidad nuestros problemas son comunes, nuestra historia es común. Los puntos de Fer-

[14] Allende, Salvador y Castro, Fidel, "Allende y Castro dialogan sobre América Latina", México, *El Día*, 6 de octubre de 1973.

nando Salinas siguen siendo válidos, aunque quizás el referente a la intervención del Estado en la solución de los problemas de la vivienda deba sufrir modificación. En verdad, en cierto sentido, el Estado contribuye bien poco a ese problema. Pero en nuestros países esa vinculación de la arquitectura con el Estado, hace de éste, el único que de hecho ha afrontado la llamada "arquitectura social", en un sentido significativo. La cuestión radica en que la realización de ese tipo de arquitectura se opera dentro de la política populista de manipulación de las masas —tan agudamente descrita por Arnaldo Córdova para el caso de México—[15] que se diseña en función de los intereses de las clases en el poder y, por tanto, queda en segundo plano la profunda solución de las necesidades populares.

[15] Córdova, A., *La ideología de la Revolución mexicana*, México, Editorial Era, 1ª ed., 1973.

IV

Responsabilidad social del arquitecto

GERMAN SAMPER GNECCO

1. INTRODUCCIÓN

"En la arquitectura se refleja el hombre material y espiritualmente. La arquitectura es el reflejo del hombre mismo precisamente por la complejidad de las fuerzas que actúan sobre ella.

"La arquitectura es testimonio de la humanidad en sus más mínimos detalles. Es necesario un sexto sentido para apreciarla en todo su valor. La pintura llega a nosotros a través de la vista, la música a través del oído. La arquitectura en cambio nos envuelve en todo el alcance de la palabra, nos protege, nos abraza; no sólo necesitamos sentirla con todos los sentidos, sino vivirla. Nos es cómoda o incómoda.

"La arquitectura no se hizo para engalanar revistas y ensalzar arquitectos; necesita la prueba de fuego de quien la vive, la goza o la sufre. La arquitectura impresiona todo el ser, nos protege del frío o del calor; nos sobrecoge por sus grandes dimensiones o sus pequeños espacios; nos impresiona por su luminosidad o por su penumbra; nos hace conscientes de la relatividad de nuestras dimensiones corporales, nos incorpora a la naturaleza o nos separa, nos aísla del ruido exterior o es caja de resonancia del mismo; es un refugio de tranquilidad o es centro de algarabía, es delicada o es ruda, es fina o rústica, es sofisticada o natural.

"En ella deja el hombre que la crea y la vive, su orgullo, su soberbia; es lugar para el despilfarro, para la moderación: se manifiesta lo lógico y lo ilógico; es expresión de lo necesario y suficiente, o, buscando el recargo, con lo superfluo se llega hasta el absurdo.

"El medio en que vive el arquitecto es dinámico y cambiante. Desde la historia que cada día redescubrimos hasta las creaciones de hoy recargan la mente del arquitecto con temas visuales en forma peligrosa para la creación." He querido transcribir estas palabras, escritas hace algunos años para un artículo titulado "El proceso de la creación arquitectónica", porque me han parecido adecuadas para iniciar un ensayo sobre el tema de la responsabilidad social del arquitecto.

No cabe duda de que la arquitectura es el reflejo del hombre mismo, pero ¿podemos decir con la misma seguridad que la arquitectura es obra de los arquitectos? ¿Han participado conscientemente estos profesionales en el fenómeno arquitectónico, en el hecho de la creación de los espacios urbanos, de los espacios interiores, de su adecuación a la vida humana? Yo me atrevería a decir que son la obra de una sociedad entera. La arquitectura es el reflejo de un sistema político orientado por una clase dirigente que tiene sus gustos, sus necesidades, que crea o aspira a crear un status de vida, es el reflejo de una tecnología, es el reflejo de un medio geográfico rico en algunos materiales, pobre en otros.

El arquitecto de hecho no es el innovador político, el creador de una tecnología, el explotador de un medio físico. Pero ¿podemos decir que es únicamente el creador de espacios?; ¿se reduce su papel simplemente a ser el intérprete de un medio social y económico en una época y un momento dado?; ¿es solamente un fiel traductor, o puede ser un innovador?; ¿se debe limitar a su oficio exclusivamente o deberá intervenir con otros profesionales en los problemas generales de su época? He aquí una serie de interrogantes que hacen de gran interés el tema de la responsabilidad social del arquitecto.

Aún más, yo creo que el mismo papel del arquitecto ha cambiado a través de la historia. Creo que en las sociedades primitivas se hacía arquitectura sin arquitectos, es decir, sin la intervención de un especialista en construcciones. En la misma forma en que en estas culturas sedentarias la gente aprendía a cultivar la tierra, a cazar, a pescar, y aprendía los ritos y ceremonias propios de su cultura, aprendía a construir como un hecho natural sus viviendas, sus templos, sus poblados. Así sucede hoy todavía con la mayoría de las gentes del campo.

Pero si nos ponemos a pensar en el hombre urbano, que formó los primeros conglomerados, o en los pueblos y ciudades que han precedido a la época moderna, podremos comprobar que existe en cada región una manera de construir, una manera de conformar sus espacios, una manera de expresar sus gustos y sentimientos. Y es sorprendente la unidad existente en estos grupos. Se ha producido siempre en forma natural lo que la industria de hoy realiza a través de múltiples ensayos, para conformar un prototipo: un modelo de avión, de automóvil, una nevera, un televisor. En esa época, quizás con el tiempo, con la experiencia, con la acumulación de aciertos y la eliminación de errores, se fueron creando modelos de vivienda, de espacios públicos, de edificios especiales dedicados al culto, a las reuniones, etc. Y seguramente no existieron por entonces personas especializadas que pudieran asimilarse al arquitecto de hoy. Se construía con la misma naturalidad con que se concebían armas o se levantaban acueductos, o se ingeniaban sistemas amurallados para la defensa, o sistemas de transporte y comunicación; construir era un fenómeno corriente dentro de un patrón predeterminado como el lenguaje, como el vestido, como la costumbre de montar a caballo; la forma y el tipo de la vivienda fueron siempre un hecho ya conocido y aceptado por todos. La arquitectura y quienes la realizaron estaban plenamente identificados con su época.

Hoy, dada la complejidad del mundo moderno y de nuestra época debemos preguntarnos cuál es la responsabilidad social del arquitecto. El hecho mismo de hacernos la pregunta indica que nuestro papel no es natural, que no es obvia nuestra función, que, por tanto, no estamos integrados, que no estamos confundidos con la sociedad.

Pero adentrándonos en el problema contemporáneo, vemos también cómo es diferente el papel del arquitecto según el país y el lugar donde lo ubiquemos. Si se trata de un país de economía libre, el arquitecto estará sometido al principio de la oferta y la demanda. Ejercerá una profesión libremente si lo desea, y entrará en franca competencia para ofrecer en el mercado su producto. Éste podrá llegar a ser más exitoso en la medida en que satisfaga las necesidades de una sociedad individualista. El producto más original, más novedoso, más personal, más destacado es el que se impone. Este profesional se va convirtiendo en un intérprete de una élite y se va transformando él mismo en un intelectual apto solamente para convivir con esas minorías a las que sirve. Se aleja así del hombre común que poco a poco forma las mayorías; y la tarea de construir para estas nuevas clases, la toman otros profesionales. Surge así el productor industrial, el contratista de viviendas prefabricadas en las cuales el arquitecto ha perdido el liderato, o el Estado debe encargarse de esta función, con el trabajo de profesionales que no siempre son los que toman las decisiones.

En los países de economía socialista, el arquitecto cumple una función muy diferente. Es un funcionario del Estado como cualquier otro. Trabaja en forma masiva, cumpliendo generalmente instrucciones sobre orientación y expresión dictadas por las necesidades sociales. Hay que interpretar el querer popular, sea lógico o ilógico. La construcción masiva adquiere toda su importancia. La producción en serie, la industrialización de la construcción se convierte en el instrumento de producción. Al estar la propiedad de la tierra en manos del Estado, los problemas de desarrollo urbano se simplifican, el problema de la arquitectura y el del urbanismo se confunden en uno solo. La arquitectura se despersonaliza, el edificio individual cede el paso al edificio que se repite en serie. El arquitecto debe trabajar con el cliente anónimo, pero también debe ser un fiel intérprete de una doctrina oficial. Estas comprobaciones, superficialmente expresadas, nos están mostrando que el arquitecto es un profesional cuyas actividades se mueven dentro de un marco social, económico, político, en el que, con mayor o menor fuerza, lo amarran, lo envuelven, y consciente o inconscientemente le están marcando el camino. La libertad del arquitecto aun en los países democráticos es algo que está, quiéranlo o no, condicionado al medio en que éste trabaja.

El arte de gobernar, decía alguien, es el arte de canalizar realidades y no de transformar realidades. Si este principio lo aplicamos a la arquitectura podríamos decir que ella tendrá éxito en la medida en que se confunda, se compenetre con su tiempo, y con la sociedad a la cual sirve.

2. LA SITUACIÓN SOCIAL DEL ARQUITECTO

Para una mayor comprensión, y para poder visualizar el campo en el que se mueve el arquitecto podríamos imaginarnos un esquema gráfico en el cual se explica la estructura de la sociedad actual, sus problemas, y la ubicación actual de los profesionales dentro de este marco esquemático. Se trata de un triángulo que representa la pirámide social con una amplia base formada por los grupos marginados urbanos y una cúspide compuesta por las diferentes clases sociales que integran la población participante. Supongamos una línea que representa el mínimo nivel de vida necesario para llevar una existencia decorosa. Sobre ésta se ubica el 30 % de la población, por debajo de ella el 70 %. La situación parece ser tal, que las metas del desarrollo sólo aspiran a colocar a ese alto porcentaje de la población que vive en condiciones miserables en una situación que apenas alcance ese mínimo vital.

Sin embargo, al profesional en general, y entre ellos al arquitecto, que debe su subsistencia al cobro de honorarios, sólo le es posible trabajar para aquellos que pueden pagar su proyecto. El arquitecto trabaja en principio para esa élite. En consecuencia, ejerce su profesión dentro de un medio social que tiene alto nivel cultural, a la altura de grupos similares en los países más avanzados del mundo. No es de extrañar entonces que exista una arquitectura latinoamericana de nivel tecnológico y estético internacional, en donde se reciben las influencias de los grandes maestros europeos y se siente el influjo de la tecnología norteamericana. Los arquitectos son profesionales que en su mayoría han viajado y poseen una amplia visión del mundo contemporáneo. Los medios modernos de comunicación visual, la fotografía, el cine, numerosas revistas especializadas y los libros les permiten tener en su propio taller de trabajo ejemplos de las principales obras construidas en cualquier parte del globo. El arquitecto tiende a mirar más hacia afuera, porque su fuente de inspiración es externa, y porque el nivel de su clientela le exige modelos extranjeros, sean o no adaptables a cada país.

Pero miremos hacia dentro, hacia el país mismo, para ver cuál es la situación del arquitecto. En Colombia, por ejemplo, de cada 1 000 niños en edad escolar sólo ingresan en la escuela primaria 770; apenas 119 ingresan a la escuela secundaria, 37 terminan bachillerato, 25 ingresan a la universidad y se gradúan 11 solamente. Dato muy elocuente éste, demostrativo que sólo el once por mil de la población tiene nivel universitario. El profesional es, por tanto, un privilegiado, constituye un sector mínimo de la élite, en medio de una inmensa mayoría sin ninguna preparación. Se deducen dos hechos: el arquitecto que forma ese grupo no solamente sobrepasa el nivel cultural en mucho, sino que su clientela potencial es muy limitada, porque la gran mayoría de la población no solamente carece de la capacidad económica para solicitar sus servicios, sino que, además, no tiene el nivel cultural que se requeriría para solicitarlos. Esto explica ampliamente el escapismo de los arquitectos hacia soluciones individualistas sin ninguna repercusión social, y en búsqueda de soluciones de tipo esteticista, que satisfacen una reducida clientela de nivel internacional. También explica la frustración de muchos arquitectos al intentar resolver los problemas de los grupos de menores recursos económicos que no llegan a comprender las soluciones que les ofrecen inconsultas, y las transforman a la medida de sus necesidades y su nivel cultural. En consecuencia, a la luz de los grandes problemas nacionales, el arquitecto, salvo excepciones, es un marginado. Su labor es muy limitada porque sólo está dirigida a una élite. Es marginado porque su principal preocupación es mantener un nivel de tipo internacional, importando una arquitectura generalmente inadecuada para el medio. Es marginado porque no está integrado a la sociedad, no forma parte de los grupos que buscan solución eficaz a los problemas del país. Es marginado porque la población resuelve los problemas a su manera sin su intervención.

Pero sería injusto generalizar este fenómeno, y declarar a todos los arquitectos como desentendidos de los problemas de sus propios países. Es evidente que este hecho es más aplicable a quienes están ejerciendo su profesión en forma privada. El profesional que debe vivir de su trabajo está por fuerza en manos de una clientela adinerada y exigente que le impone una manera de actuar. Éste debe limitarse a dar soluciones al gusto de esta clientela culta, ya sea en la vivienda individual o de especulación, ya sea en los trabajos para las grandes empresas económicas, los bancos, las compañías de seguros, las grandes industrias. Todas estas tareas están controladas por esa élite que exige una alta calidad en el producto del arquitecto, quien está perfectamente preparado para este trabajo. Ante estos fenómenos y frente a los principales problemas que afrontan los grandes centros urbanos en Latinoamérica, como son la vivienda y la educación, han surgido empresas estatales con la finalidad de producir las soluciones necesarias.

Dichas instituciones, especialmente en el caso de la vivienda, se han visto abocadas a acometer las llamadas soluciones no financiables, es decir, aquellas que no pueden ser realizadas por la empresa privada, porque sus costos y la baja capacidad de sus ocupantes no permite rendimientos a las empresas que pudieran ser promotoras. Así surge el término de la "vivienda de interés social", que en una u otra forma constituye siempre una vivienda subsidiada.

En México, Venezuela, Colombia, Perú, Chile, Argentina, Brasil, se han intentado soluciones a estos problemas, siendo un proceso similar que es síntoma de la gravedad y la evolución del problema. Si bien los esfuerzos realizados en los primeros años de la década de los cincuentas se canalizaron hacia la vivienda de población de altos ingresos, en 1965 se comenzó a hablar en términos de vivienda de interés social y los planes se dirigieron a grupos de ingresos más bajos, aunque siempre con disponibilidad económica. En 1970, se define una nueva prioridad con los llamados asentamientos no controlados y se acepta como solución al problema, no ya la construcción de unidades de vivienda, sino el mejoramiento de las viviendas deficientes.

En esta forma, Latinoamérica ha entrado poco a poco a plantear el problema de la arquitectura social, caracterizada por una sociedad de masas. Al comienzo se desarrollaron grandes conjuntos de multifamiliares. Las tesis arquitectónicas del CIAM (Congresos internacionales de arquitectura moderna) y los principios de las unidades vecinales, hicieron su aparición. Modelos extranjeros fueron trasplantados al territorio de América Latina. La ciudad jardín inglesa, ciudad verde horizontal, y la ciudad jardín francesa, ciudad verde vertical, preconizada por Le Corbusier, hicieron oportunamente su aparición. Son conocidos los experimentos de los superbloques en Caracas, que sirvieron para erradicar tugurios, con resultados completamente negativos. En todo caso, todos los países han pasado con mayor o menor éxito por ese proceso de los grandes conjuntos multifamiliares, unidades unas veces periféricas, y otras en áreas centrales. Siempre dando soluciones diseñadas para una clase social y ocupadas generalmente por grupos sociales de ingresos más altos, siempre confirmando el principio de que la población urbana no tiene los ingresos para adquirir la vivienda a que aspira.

En una palabra, si el arquitecto se dedica al ejercicio privado de la profesión, su orientación fatalmente tomará el camino de las realizaciones individuales y aisladas, dando a sus proyectos un carácter de arquitectura internacional, no solamente por su gusto y formación, sino por exigencia de la clientela a la que sirve. Si desea poner su profesión al servicio de una población de bajos recursos, no hay otra alternativa que el empleo oficial, posición generalmente burocratizada, con oportunidades de encontrar soluciones de interés social, pero en la mayoría de los casos tomada por el arquitecto como de paso o transición hacia el logro de sus aspiraciones, que son el ejercicio independiente. Esta doble posibilidad evidencia una de las más claras contradicciones del ejercicio profesional del arquitecto en Latinoamérica, ya que en muchos casos ocurre que mientras, por una parte, para un edificio independiente de alguna importante empresa privada se realizan concursos entre las mejores firmas, y se ocupan durante largo tiempo numerosos profesionales para hallar una solución original, por otra, para resolver problemas de unidades complejas de habitación se están utilizando unos pocos profesionales, generalmente recién graduados, que en cualquier momento, con poco sentido de su responsabilidad, podrán abandonar sus cargos, ya sea por presiones políticas o por desinterés.

3. POSIBILIDADES A DIVERSOS NIVELES

Quisiera ahora mostrar las inmensas posibilidades que tiene el arquitecto latinoamericano de hoy.

Es cierto que el arquitecto, como todos los profesionales, constituye una minoría y, por tanto, es un ser privilegiado, situación que le da derechos, pero también obligaciones. El título universitario hace de hecho al profesional un dirigente. El problema está en que sea capaz de devolver a la sociedad, en servicios, lo que ésta le dio al formarlo. El ejercicio privado de la profesión es un derecho que tiene como todo ciudadano para proporcionarse su subsistencia, pero en países pobres, de economía en desarrollo, sería faltar a una obligación sagrada el limitarse a este reducido trabajo. Sería como el sastre de lujo en un país de desnudos, o como las ediciones de gran lujo en un país de analfabetos. Es evidente que no puede limitarse a dedicarle meses y a veces años al diseño de una vivienda individual, en la búsqueda de hallazgos estéticos o formales. La formación universitaria le exige algo más. Es necesario que, sin dejar su profesión sino al contrario a través de ella, abandone su torre de marfil e ingrese en equipos interdisciplinarios a formar los grupos dirigentes que intentan solucionar los grandes problemas nacionales. Allí la disciplina y los conocimientos del arquitecto son indispensables.

Es evidente que existen varios niveles de la acción del profesional en los que su trabajo tiene mayor trascendencia. Nos los podemos imaginar así: el primero es el nivel propiamente profesional, en el cual se perciben grados: *a*] el auxiliar, *b*] el arquitecto jefe de una agencia y *c*] el profesional que por su obra puede influir sobre obras de sus colegas, ya sea nacional o internacionalmente, es decir, que su trabajo tiene efectos multiplicadores. Se llega a la cúspide de ese nivel, pero está inscrito en él. El segundo más alto es el nivel de los organismos oficiales de carácter ejecutivo, la administración municipal, las agencias oficiales de promoción de vivienda, escuelas, hospitales y demás construcciones de carácter social. Allí se toman decisiones de gran importancia; cualquiera de ellas, la menor, podrá en muchos casos tener mayor repercusión, mayor trascendencia que la obra más espectacular de un arquitecto independiente. Allí también hay grados. El arquitecto auxiliar, el arquitecto jefe de un departamento. El director de una entidad. Una norma urbana, una reglamentación, tienen siempre, así sea una mala medida, una influencia trascendente para toda una ciudad, así como una excelente obra individual puede pasar perfectamente desapercibida. El tercer grado es el que podemos llamar el nivel legislativo. Está por encima del ejecutivo; son los Concejos municipales, las Asambleas de provincia, el Congreso Nacional. Allí se toman las grandes decisiones que afectan los destinos de una nación. La presencia de un arquitecto en estos organismos públicos puede ser, en un momento dado, definitiva para el desarrollo de un país y su influencia es mucho mayor.

No podemos imaginarnos al arquitecto de hoy dedicado solamente a los descubrimientos formales, siendo simplemente un seguidor de corrientes internacionales mientras permanece como mudo espectador de acontecimientos que están sucediendo a su alrededor, y en los cuales él podría participar. El arquitecto latinoamericano de hoy debe estar, como otros profesionistas, junto a los políticos, a los administradores, a los dirigentes, en aquellos puestos de comando en donde se toman las grandes decisiones.

El arquitecto latinoamericano debe tomar, por tanto, conciencia de los grandes programas que requieren sus respectivos países. Mejor oportunidad no se puede esperar; a los grandes problemas, grandes soluciones. En Latinoamérica la juventud tiene mayores oportunidades que en otros países. Un continente que está en proceso de cambio acelerado, exigirá respuestas rápidas y eficaces. No se podrán importar soluciones de fuera porque fracasarán, en la medida en que éstas no den solución a la realidad actual.

4. CAMPOS DE ACCIÓN PROFESIONAL

La responsabilidad del arquitecto, en los países en vías de desarrollo, implica que el sentido de servicio es un trabajo que se hace desde luego para obtener una satisfacción personal, pero ante todo para servir a la sociedad en la cual vivimos. A medida que se asciende en la escala intelectual, el trabajo que se realiza adquiere una mayor trascendencia, o, en otras palabras, se abarca un más amplio campo de influencia, lo que le da a quien lo realiza una mayor responsabilidad. Si bien la universidad, que tiene como objetivo abrir la mente del estudiante a nuestro mundo, mostrarle la sociedad con un sentido de totalidad, expide títulos especializados —arquitecto, ingeniero, médico— y que dichas especializaciones encierran en sí el peligro del ejercicio cerrado, es decir, de quien sólo llega a ver los problemas desde su propio ángulo, peligro que se manifiesta con mucha frecuencia en la existencia de profesionales desubicados y ausentes de los problemas generales que los rodean y que con seguridad no son problemas solucionables con la especialidad que practican.

Es entonces necesario el análisis frecuente de la situación real del país, a fin de buscar la manera de ofrecer servicios no sólo a través del diseño, sino a través de la acción en otros campos, en otros niveles de acción en los que la formación del profesional de arquitectura es valiosa. Finalmente, la situación social de hoy nos obliga a algo más que al ejercicio profesional a un nivel intelectual muy alto para una minoría y resulta necesaria nuestra participación en otros campos y otros niveles en donde, si vemos bien las cosas, hay ilimitadas fuentes de trabajo de investigación y de satisfacción profesional.

Campos de acción profesional: así titulé este capítulo, y me parece importante resumir aquellos en los que el arquitecto está obligado en Latinoamérica a actuar, como actividad complementaria y fundamentalmente sin dejar su labor de proyectista:

a] *Enseñanza*

Tal vez sea el campo más fecundo y de mayor responsabilidad. Enseñar no sólo con la asistencia a las aulas universitarias, sino con todos los medios existentes hoy para transmitir el conocimiento. La enseñanza intramural de la universidad está hoy sobrepasada. El ejercicio mismo de la profesión es enseñanza. Cuánto mal o cuánto bien pueden hacer para la profesión los profesionales que nunca han pisado un aula. Las obras están a la vista de todo el mundo, y quedan allí expuestas por generaciones. La arquitectura no necesita hablar para quien sabe ver, lo que ella expresa, no solamente por su lenguaje plástico, que como toda forma expresa apenas su época, sino por lo que la obra es en sí como fondo, como contenido. Una lujosa vivienda individual, en amplísimo terreno, puede en un momento dado traernos hallazgos formales, dignos de figurar en ciertas revistas de arquitectura internacional, pero pueden ser una ofensa para un país que tiene un alto porcentaje de la población en trance de supervivencia; por más derecho que tengan sus propietarios a usar lo que han obtenido honestamente, y por más que esto sea la expresión de una democracia. Por eso, algunos países, como la mayor parte de los europeos, han dado pasos fundamentales para controlar el área máxima de las viviendas, con fuertes impuestos a las viviendas suntuarias.

b] *Publicaciones*

Si se enseña con las propias obras, se enseña también en la labor de escribir, uno de los medios más necesarios y más eficaces para aclarar el pensamiento. Un buen escrito queda por mucho tiempo cumpliendo su eficaz labor de transmitir. A través de los escritos se orienta, se dirige. Cuántas veces todo un movimiento arquitectónico se ha nutrido de una idea, de una frase bien estructurada.

c] *Investigación*

No está, desgraciadamente, muy extendida la costumbre de la investigación entre los arquitectos. El ejercicio profesional independiente atrofia esta rama de la profesión. Se adquiere la costumbre de acometer sólo aquellos trabajos solicitados por clientes que van a pagar un honorario. Hay tantos y tan fascinantes campos de investigación vírgenes. La investigación histórica, que descubre las raíces de una nacionalidad, la vivienda popular en el campo, en los pequeños poblados surgida sin arquitectos que puede darnos tantas lecciones vivas, el análisis del impacto del proceso de urbanización sobre el hábitat urbano, la investigación sociológica, para descubrir el medio en que vivimos y debemos trabajar. La investigación, además, se puede hacer ya sea como oficio permanente del cual se derive además un *modus vivendi*, ya sea como actividad adicional o como simple curiosidad científica o cultural, o como goce espiritual, y se puede realizar entonces en forma intermitente en la medida del tiempo disponible.

d] *Administración pública y la política*

Se trata de dos actividades afines, en diferentes niveles. Hay quienes llegan a una posición administrativa como técnicos, y salen de ella como técnicos, sin comprender que la técnica está al servicio de la política. Pero es raro el funcionario público que no adquiere un sentido de responsabilidad y no ve los problemas desde un ángulo nuevo, que le hace entrever las posibilidades que se tienen desde lugares en donde se maneja la política, la política de vivienda, la política de desarrollo urbano. Y la política vista no como un camino de ascensos a posiciones burocráticas, sino como un canal a través del cual, en países democráticos, como son con sus pausas ocasionales todos los países latinoamericanos, se pueden lograr los grandes cambios, en donde se pueden tomar las medidas necesarias para ajustarse a la estructura de la sociedad latinoamericana en permanente cambio. En la mayoría de los casos el descrédito de la política por parte de los profesionales está precisamente en su ausencia de ella, en la falta de participación de quienes por formación están obligados a intervenir.

La política activa es la gran escuela de formación profesional, porque en ella se pulsan no solamente las necesidades de una sociedad sino porque se conoce el elemento humano con que esta sociedad cuenta para resolver sus problemas.

En muchos casos los arquitectos abogan por que les sean respetados determinados puestos burocráticos, pensando quizás que con ello están alcanzando las posiciones claves para la profesión. Si bien desde allí ejercen una labor eficaz, debemos darnos cuenta que dichas posiciones son apenas de francotiradores, que sólo pueden disparar en una sola dirección. Las batallas necesitan de equipos de hombres coordinados, así como las sociedades necesitan del trabajo en equipo de todos sus especialistas. Los arquitectos deberán acceder a todos los campos de la actividad dirigente para participar conjuntamente con otros especialistas, en el gobierno de los países hacia metas mejores.

5. LOS TEMAS DEL FUTURO

Latinoamérica es el sector de un continente con una dinámica de cambio excepcional. Sin pretender entrar en el campo del futuro es posible aventurarse a plantear los posibles cambios que se pueden pronosticar:

1. Estos países van hacia un proceso acelerado de urbanización.

2. Salvo las excepciones ya conocidas, la población urbana se concentraría en una gran ciudad.

3. El desarrollo económico y social no se hace al ritmo de su crecimiento demográfico.

4. Los grupos marginales aumentan día a día la proporción con los grupos incorporados al desarrollo.

5. Han de preverse cambios fundamentales en la estructura social. Y éstos tendrán repercusiones en el papel que deberán desempeñar los arquitectos.

En las clases de altos ingresos que hoy están acostumbradas a viviendas individuales, lujosas residencias con todas las comodidades realizadas a la medida, es posible imaginar su paulatina tendencia hacia viviendas más compactas, y hacia viviendas todavía de lujo pero de producción en serie. Es la clase que puede pagar la vivienda en altura, y este tipo de arquitectura aumentará seguramente.

Las clases de ingresos medios aun con capacidad de financiación de vivienda serán los clientes del futuro. Serán los habitantes de los grandes conjuntos financiados oficialmente o por iniciativa particular; especialmente, esta última cada vez más tomará a su cargo este tipo de viviendas.

Las clases de ingresos bajos, y los marginados, formando una gama cada vez más numerosa de la población será el grupo de presión que requerirá la atención de los gobiernos. Por razones de justicia social, y por razones numéricas, los grandes temas de la arquitectura se concentrarán en este sector.

La educación, problema principal, conducirá, como ya está sucediendo en varios países, al desarrollo de una arquitectura escolar y universitaria. Tema en plena vigencia, en plena evolución y apenas en los comienzos de investigación.

La vivienda o más precisamente el hábitat de estos grupos emergentes, no se podrá resolver por los procedimientos tradicionales. Mientras subsistan los bajos ingresos, la vivienda no será autofinanciable, y el mejoramiento del ingreso, la estabilidad del trabajo, la salud, la educación tendrá prioridad sobre ésta. Es de esperarse entonces que el tugurio y la vivienda incompleta serán las formas normales del hábitat, pero no como una solución estática y permanente, sino como un proceso de evolución, como un estado de transición. Si la vivienda será deficiente, deberán surgir, como de hecho están surgiendo, instituciones complementarias, que suplan estas deficiencias. Varias formas de centros sociales, con lavanderías colectivas, salones de reuniones, zona de cuidado de los niños, centros de capacitación, asesorías jurídicas, etc. Es posible que estas edificaciones colectivas tengan que ser construidas con usos múltiples, que se vayan adaptando a las necesidades cambiantes de la comunidad. El tipo de escuela clásico, el centro de salud clásico, los centros comunales clásicos tendrán que desaparecer para dar paso a conjuntos de carácter evolutivo que podrán ajustarse a cada etapa de desarrollo en que se encuentra la comunidad. Tendremos que ver si es posible que estos asentamientos, como sucede con algunas especies animales, podrán crecer a través del proceso de la metamorfosis. No es imposible que esto suceda dado el dinamismo de muchas de estas comunidades surgidas espontáneamente. Aquí está el reto a los arquitectos, no del futuro sino del presente. La arquitectura individual, de los descubrimientos formales, dará pronto paso a una arquitectura social. La arquitectura escultórica se convertirá en una arquitectura de sentido urbano. El diseño urbano resurgirá. Aparecerán los prototipos repetitivos; tendrá éxito la arquitectura con efectos multiplicadores sobre la pieza única. Se deberá librar la batalla de la ciudad, de la arquitectura urbana contra la arquitectura suburbana. Los suburbios de hoy serán la ciudad de mañana; será necesario revisar los métodos sobre el uso del suelo urbano para aumentar fuertemente las densidades y evitar la dispersión. Los cinturones de miseria deberán transformarse gradualmente en agrupaciones dinámicas que puedan evolucionar por sí mismas. En todo este proceso deberá estar el arquitecto luchando a través de la enseñanza en las aulas universitarias, a través de los laboratorios de investigación, a través de la acción social, incorporado a los equipos dirigentes, y en grupos interdisciplinarios colaborando en la toma de las grandes decisiones del presente y del futuro.

III
La arquitectura y sus relaciones

I

El diseño industrial: una realidad ambigua

GUI BONSIEPE

1. PROYECTACIÓN, AUTODETERMINACIÓN, CAMBIO SOCIAL

Difusas son las transiciones entre arquitectura y diseño industrial, entre la actividad proyectual edilicia y la actividad proyectual dirigida a productos. Este hecho no debe causar sorpresa ya que existe una doble afinidad intrínseca entre estos dos campos del diseño. Ambos caen en la categoría antropológica del proyectar y, además, ambos se manifiestan en la creación de estructuras físicas tangibles y percibibles que nos rodean. Este mundo circundante —el ambiente— constituye el área de intervención —entre otros— de arquitectos y diseñadores industriales, realidad que presenta un caso de autorrealización colectiva de una sociedad.

Se ha expresado hasta la saciedad que el subcontinente latinoamericano —con pocas heroicas excepciones— forma una realidad dilacerada, una realidad que no es la suya, una realidad a veces impuesta, prestada, importada, teledirigida y heterodeterminada por intereses externos. Esta condición humana de vivir en la no identidad, fuera de sí, separado de su propia identidad, objeto en vez de sujeto de su propia historia, caracteriza la alienación como una de las tantas formas de la dependencia.[1]

[1] Utilizamos el término "dependencia", conscientes de sus connotaciones negativas, en estricto sentido descriptivo indicando una relación asimétrica de poder, que implica para el dependiente en general una limitación en el campo de las decisiones alternativas. Consideramos necesario añadir a las diferentes manifestaciones de la dependencia determinados calificativos. La dependencia tecnológica denota desigualdad respecto a los recursos tecnológicos, y sobre todo, ausencia de capacidad interna o de condiciones propicias para generar tecnología propia. La dependencia cultural se caracteriza por una interiorización acrítica de valores de la metrópoli, un desprecio hacia el potencial de creación propio y una sobrevaluación de todo lo que viene del centro, tomado como polo de orientación. Esta variante de dependencia es especialmente perniciosa porque es difícil de detectar y contrarrestar.

Hacemos la salvedad de que varios países latinoamericanos están decididamente en vías de superar la dependencia.

Cabe señalar que dependencia no implia necesariamente explotación, aunque muchas veces una acompaña a la otra: "La dependencia se presenta de dos maneras: heterodeterminación y explotación. Explotación (en sentido restringido) se manifiesta en todas las formas de cambio desigual en el cual en una manera más o menos abierta o velada ocurre una transferencia de valores del explotado hacia el explotador... Mientras explotación presupone la transferencia de valores, es decir, aparte de la expropiación también apropiación, la dependencia lleva consigo la pérdida de alternativas de comportamiento sin proporcionar a la parte dominante una ventaja directa". Schlupp, F., Nour, S., Junne, G., *Zur Theorie und Ideologie internationaler Interdependenz.* (Manuscrito por publicarse.)

Un aporte, aunque modesto, para liberarse del estado de dependencia está dado en la proyección: comenzar a proyectar la propia realidad en vez de seguir viviendo inmersos en una realidad extraña proyectada desde afuera. Si uno se propone diseñar productos, tales como utensilios, artefactos, bienes de producción, equipo de uso colectivo, cabe preguntarse con cuál enfoque se diseña; porque no existe una definición universalmente válida y aceptable para cualquier sistema político-social.

De antemano puede descartarse la proyectación grandilocuente, nacida del acto voluntarista y misionario del individuo que se considera como nada menos que el salvador del mundo. Más aún, hay que desechar la falsa esperanza —resultante de la sobrestimación de sus propias posibilidades— de que a través del diseño de productos se puede ejercer una influencia gravitante en el cambio de la estructura social. El diseño es corolario, pero no protagonista del cambio social. Pero de esta aserción no debe concluirse que la tarea del diseño sea postergable hasta una fecha lejana después de la transformación de una realidad que permite a la mayoría de la población apenas sobrevivir.

2. LA VARIANTE CULTURALISTA DEL DISEÑO INDUSTRIAL

El diseño industrial aparece en Latinoamérica a través de dos variantes principales. En la interpretación europea dominan las tendencias culturalistas, asignando al diseñador industrial un papel de "humanizador de la tecnología". Detrás de esta interpretación se esconde una costumbre bastante difundida de demonizar la tecnología y de culparla como si ella, por sí misma, fuera un centro de amenazas y de males para la humanidad, y no la organización social dentro de la cual la tecnología se realiza. La versión culturalista empaquetada en frases altisonantes y llenas de buenas intenciones perfeccionistas, está entrelazada con el movimiento del "buen diseño", que trata de educar al consumidor común a través de productos seleccionados por sus reales o supuestas cualidades de diseño. Aparte de su tinte elitista y del énfasis puesto en los aspectos epidérmicos de los productos industriales, el buen diseño degenera subrepticiamente en contra de las intenciones de sus propulsores —en otro vehículo de promoción de ventas. Mirado desde el punto de vista social-psicológico, se trata, en el fondo, de un procedimiento para canonizar el gusto de un sector de la clase media que asume un papel de "opinion leader". Se moldean preferencias y hábitos de consumo a través de un grupo reducido de personas que funcionan como árbitros de la estética de productos, filtrando lo que es visualmente recomendable o deseable de lo que no corresponde al código del grupo. Se adhiere a una concepción muy vaga de "calidad" y otorga demasiada importancia a los rasgos formales del producto. Al final las necesidades de la vista triunfan sobre las de la vida. El buen diseño obedece al deseo de origen europeo de reconciliar beneficio y cultura.

3. LA VARIANTE PROMOCIONALISTA DEL DISEÑO INDUSTRIAL

Estas preocupaciones no asedian en forma especial a la versión de corte norteamericano. Sin vacilaciones se somete el diseño industrial a los intereses comerciales: aumentar las ganancias a través de un alto ritmo de innovación formal. Para denominar esta variante del diseño industrial se ha generalizado la palabra *styling* cuyo exponente indiscutido es el automóvil, sobre todo el detroitosaurio. *Styling* significa un diseño que sugiere un nuevo producto mejorado —impresión creada a través de cambios en la cáscara—, mientras la estructura del producto queda igual. *Styling*, entonces, es la continuación de lo idéntico con nuevo ropaje. Si se asigna al diseñador industrial como función principal, acelerar la circulación de mercancía a través de mecanismos de obsolescencia psicológica, bien puede comprenderse su subordinación al *marketing*, similar a la publicidad.

Las contradicciones del diseño industrial brotan virulentas en el *styling*. Presenciamos aquí el conflicto entre los intereses del valor de uso y los intereses del valor de cambio. Mientras el valor de uso de un producto está ligado a la satisfacción de necesidades del usuario, el valor de cambio, a su vez, se encuentra en el foco de interés del vendedor. Estos dos conceptos de la economía política clásica han sido ahora complementados por un tercer concepto: "Promesa de valor de uso." Éste apunta a la médula del *styling*: su hipertrofia de innovación formal o estética.

A propósito de esto, escribe un crítico de la sociedad contemporánea: "Desde el momento en que el valor de cambio se impone como finalidad impulsora de la producción de mercaderías se produce en esta última un desdoblamiento: no sólo la producción del valor de uso —como concesión—, sino además (con ayuda de técnicas específicas y a través de esfuerzos separados) la producción de la apariencia del valor de uso, la promesa estética del valor de uso." [2]

La independización de la estética culmina en el *styling* como actividad proyectual especializada en la preparación de atavíos llamativos para los productos industriales. El diseño industrial, en tanto pertenece parcialmente, quiérase o no, a la dimensión estética, no está inmunizado contra el *styling* y su tendencia delirante de fomentar el carnaval de mercancías con renovados fuegos artificiales. La estética presenta un carácter intrínsecamente ambiguo, pues la apariencia puede también fomentar la ilusión y el engaño, ofreciendo, por ende, una herramienta de manipulación. [3]

Han sido lanzadas duras y justificadas críticas contra un diseño industrial concebido en términos de *styling*, partícipe en la creación de fal-

[2] Haug, W. F., "Die Rolle des Ästhetischen bei der Scheinlösung von Grundwidersprüchen der kapitalistischen Gesellschaft", en *Das Argument*, 64, 1971, p. 196.

[3] Haug, W. F., "Zur Kritik der Warenästhetik", en *Warenästhetik, Sexualität und Herrschaft*, Editorial Fischer, Frankfurt, 1972, p. 11. "Por manipulación entendemos el control no terrorístico de la conciencia y del comportamiento a través de medios lingüísticos y estéticos."

sas necesidades. Sin embargo, sería demasiado simplista —y en el fondo, entreguista— reducir el diseño industrial al *styling* y negar que pese a las limitaciones impuestas por el tipo de organización social y económica, el diseño industrial puede ayudar en la solución de problemas que afectan a la mayoría de la población de una sociedad. Algunas opciones generales del diseño industrial han sido descritas por un diseñador en la siguiente forma: "Nosotros podemos asumir el papel del artista, encontrar clientes y exponer nuestros triunfos formalistas en el Museo de Arte Moderno; podemos vendernos y hacer sonar las cajas registradoras en Macy's; o podemos resolver problemas." [4]

Pero los problemas en los países dependientes son tan diferentes de los que agobian a la metrópoli y además son tan distintas las restricciones económicas, tecnológicas y culturales, que cabe cuestionar la validez de las definiciones existentes y de las experiencias hechas en los países céntricos e industrializados.

4. INTENTO DE ESCLARECIMIENTO

Antes de analizar las diferencias profundas entre el diseño industrial de la metrópoli y del *hinterland*, conviene preparar el terreno para una clarificación del concepto diseño industrial, ya que no es despreciable la confusión que lo envuelve. [5]

Entendemos por diseño industrial una actividad profesional en el amplio campo de la innovación tecnológica. Como disciplina participante en el desarrollo de productos se preocupa de cuestiones de uso, función, producción, mercado, beneficios y calidad estética de productos industriales.

Las cuestiones de uso se refieren a la interacción directa entre hombre y producto y son determinadas por consideraciones tales como: conveniencia, practicidad, seguridad, versatilidad, mantenimiento y reparación. Se incluyen también factores ergonómicos.

Las cuestiones de función se refieren a los principios físico-técnicos del diseño y son determinadas por consideraciones tales como: factibilidad técnica, confiabilidad, transmisión de fuerzas, etcétera.

Las cuestiones de producción se refieren a los medios y métodos de manufacturar un diseño. Influyen en esto factores tales como: maquinaria disponible, nivel de trabajo calificado, tolerancias factibles, estandarización, montaje, etcétera.

Las cuestiones de mercado se refieren a la demanda potencial por parte de compradores individuales o institucionales. Intervienen conside-

[4] Doblin, J., en *Design Quarterly, 88*, 1973.
[5] Para este fin hemos recurrido a un informe, elaborado por la Comisión "Países en Desarrollo" del ICSID (International Council of Societies of Industrial Design), 1973.

raciones respecto a: necesidades y preferencias, prioridades, fijación de precios, canales de distribución, diversificación de productos, etcétera.

Las cuestiones de beneficio se refieren al excedente creado a través de una actividad productiva, cuya apropiación —según el tipo de economía— será privada o colectiva. El beneficio puede ser expresado en términos monetarios o en términos de relevancia social general. En este caso no es cuantificable por métodos de contabilidad.

Al terminar esta clasificación somera mencionamos cuestiones de calidad estética, en otras palabras, las características formales de un producto. Allí juegan un papel decisivo factores tales como: coherencia, tratamiento de detalles, color, textura, gráfica de productos, configuración tridimensional, terminaciones.

Puede resumirse lo esencial del diseño industrial en la siguiente forma:

☐ El diseñador industrial se preocupa sobre todo, aunque no exclusivamente, del mejoramiento de las cualidades de uso de productos industriales. Desde el punto de vista del diseño, un producto es, en primer lugar, un objeto que ofrece un servicio y, por tanto, satisface las necesidades de un usuario.

☐ El diseñador industrial se preocupa de la determinación de las cualidades formales, es decir, de la creación de la fisonomía de los productos y sistemas de productos que forman un componente del ambiente artificial del hombre.

☐ El diseño industrial es una actividad innovativa, insertada en el marco general de la innovación tecnológica.

En la opinión pública, el diseño industrial está fuertemente identificado con el sector de los bienes de consumo. Cabe señalar, sin embargo, que el diseñador industrial es activo también en el sector de los bienes de capital, de los productos de uso colectivo (por ejemplo, equipamiento para hospitales), y de los envases de consumo y de uso industrial. Por cierto no todos los productos industriales se benefician de la capacidad proyectual del diseñador industrial, sino aquellos productos tipo *intérfase* con los cuales el usuario entra en interacción directa, manipulándolos o percibiéndolos. Por eso, las áreas de productos del ingeniero mecánico y del diseñador industrial no coinciden completamente. El diseño de un rodamiento no es un problema de diseño industrial. Tal como sucede con relación a la arquitectura, las transiciones entre diseño mecánico y diseño industrial no están bien marcadas. Por esta razón surgen fácilmente los temores territorialistas como reacción de defensa contra un supuesto intruso.

Pero estos temores injustificados son también sintomáticos de un estilo de trabajo obsoleto: el trabajo monodisciplinario. El diseño de un producto, sobre todo en el caso de productos de mayor complejidad, resulta de un trabajo en equipo. En él participan no solamente disciplinas propiamente proyectuales tales como diseño industrial e ingeniería mecánica, sino también disciplinas no proyectuales tales como mercadotecnia, economía, ingeniería industrial, psicología social, etc., que influyen en el diseño final del producto.

De lo expuesto se desprende lo que el diseño industrial no es, o no debería ser. No es un barniz artístico para el diseño "crudo". No es una operación de cirugía estética. No es envolver productos supuestamente feos con formas nuevas, bellas, atractivas e imaginativas. Por cierto, el diseño industrial puede ser practicado en esa forma; pero esta práctica tiene efectos nefastos para los países dependientes, por el despilfarro de los recursos económicos escasos y sus consecuencias alienantes. Es errónea, además, la división entre el diseñador de "vísceras" y el diseñador de "epidermis", ya que no existe una línea de separación bien definida entre el interior y el exterior de un producto. Estructura y forma deberían representar un todo coherente, y no un conglomerado de componentes a menudo incompatibles.

Puede considerarse ya resuelta o superada la cuestión de si el diseño industrial es o no arte; porque esta problemática reviste hoy en día tan poca relevancia como los debates sofisticados en la Edad Media sobre el sexo de los ángeles. Sí, en cambio, constituye un capítulo importante en la historia del diseño industrial durante la fase de los protodiseñadores cuando se intentaba integrar al artista en la producción industrial de la cual había sido completamente marginado. Esta integración no debía ser malentendida como si se hubiera tratado de "aplicar" la forma al objeto o introducir "belleza" a un producto. Más bien el arte industrial, sinónimo de diseño industrial a comienzos de los años 20 en la URSS, aparecía como una superación del arte prerrevolucionario. No se veía en la introducción del arte en la industria un medio de salvación del arte, de estetización del producto, sino de mejoramiento de la misma producción. Con claridad ejemplar, uno de los representantes del LEF escribía: "La funcionalidad social y técnica es la única ley, el único criterio para medir una actividad artística, o sea, para inventar formas".[6] A casi medio siglo de distancia puede mirarse con simpatía esta integración apasionada del artista a la producción de la cultura material; pero mientras tanto, se han comprobado las insuficiencias de la interpretación según la cual el diseño industrial es la continuación del arte con otros medios y en otro medio.

5. DISEÑO INDUSTRIAL Y POLÍTICA TECNOLÓGICA

El diseño industrial depende de la existencia de dos tecnologías: una tecnología de producción, más precisamente una industria manufacturera, y una tecnología de distribución. Sin esta base, el diseño industrial queda condenado a un mero juego sobrestructural.

La formulación e implementación de una política tecnológica autóno-

---

[6] Arvatov, B., *Arte y producción*, Alberto Corazón, editor, Madrid, 1973, p. 78.

ma —incluyendo el diseño industrial— se ve puesta en peligro por una tendencia hacia una nueva división internacional del trabajo promovida por las corporaciones multi o supranacionales: el trasladar ciertos procesos productivos a la periferia y concentrar las actividades de investigación y desarrollo, es decir, la innovación tecnológica, en la metrópoli. De tal manera los países poco industrializados pueden esperar la tan anhelada ola de industrialización; pero ella sólo se limitará, en gran parte, a la producción de bienes de consumo con un grado de elaboración relativamente bajo; así también a industrias que requieren mucha mano de obra y que no presuponen un alto —y costoso— nivel de educación; y por fin, a industrias "sucias" (mineras, siderúrgicas y químicas) para evitar la adicional contaminación del ambiente de los países céntricos y evadir así el pago de los costos derivados de las medidas gubernamentales respecto a la protección del ambiente, tratando de frenar el proceso alarmante de erosión del marco biótico que tanta notoriedad ha ganado en los últimos años.

Con pocas excepciones, los países latinoamericanos continuarían, así, bajo "el viejo estatuto de proletariado externo de economías céntricas",[7] por supuesto en nuevo ropaje más "moderno" y "dinámico". Las formas de cambio desigual se agudizarán y el precio de esta industrialización refleja será altísimo para los países dependientes: no solamente el agotamiento previsible de sus recursos naturales —tan sistemáticamente inventariados en los catastros hechos con ayuda de satélites—, sino más aún, los efectos negativos de la producción industrial, tales como montones de escorias, erosión, contaminación y reducción de las napas subterráneas del agua, salinización y desalinización del suelo, acumulación de desechos y residuos tóxicos.

Frente a este posible —y probable— futuro, las aserciones en el sentido de que los países poco industrializados se encuentran en una situación privilegiada en tanto que pueden aprender de los errores de los países céntricos tienen un tinte de hipocresía o de ingenuidad. Es cierto que se puede aprender de los errores de otros, pero quedan serias dudas sobre la posibilidad real que tendrán los países dependientes de aplicar estos conocimientos en el proceso de su industrialización.

Hemos señalado el esquema general de la industrialización refleja, según el cual se fomenta en los países periféricos el desarrollo de una capacidad tecnológica reproductora, pero no innovativa. Aparentemente la capacidad de poder reproducir diseños de la metrópoli, sobre todo bienes de consumo durables, indica un mayor nivel tecnológico; pero no por eso se supera la dependencia tecnológica y cultural. Si un país posee un *stock* tecnológico para producir bienes no importa cuál sea su complejidad, pero sigue reproduciendo los modelos de la metrópoli, aumenta su dependencia cultural y se fortalece su estado de país filial.

El desarrollo de diseños propios se encuadra en el marco general de la

---

7 Ribeiro, D., *La universidad nueva*, Buenos Aires, Editorial Ciencia Nueva, 1973, p. 15.

política de sustitución de importaciones acuñada y oficializada en los años 50 en Latinoamérica. Según observaciones de los especialistas, esta política no ha llevado, en general, a los resultados económicos esperados. Ha favorecido especialmente los productos manufacturados por la industria ligera en desmedro de bienes de capital ya que los inversionistas nacionales y extranjeros prefieren inversiones en sectores que no implican un compromiso a mayor plazo y que permiten una estimación más fácil de la demanda.

Respecto al diseño, podemos distinguir dos variantes en la política de sustitución de importaciones: repetición de diseños extranjeros y sustitución de ellos por diseños elaborados en el país mismo. En concordancia con el carácter de la política de sustitución de importaciones, los diseños se refieren en su mayoría a artefactos hogareños (heladeras, cocinas, calefones, planchas, licuadoras, televisores), es decir, productos de baja y hasta mediana complejidad y de tecnología conocida. En una heladera o una silla de material plástico no está incorporado especial *know how* que justificaría el pago de regalías. No obstante, hay países latinoamericanos que siguen pagando por ese tipo de ficción. Cuando ya no hay *know how* patentable, las empresas extranjeras recurren con considerable habilidad a un sustituto del *know how* monopolizable: la marca. Como una imagen, ella representa una realidad elusiva, una realidad fantasmal, un sucedáneo del conocimiento "duro" y real para el cual valdría la pena pagar (si uno ya considera obsoleto el comercio de conocimientos en forma de patentes, que es un concepto jurídico y no un concepto tecnológico).

Los mecanismos —en el fondo simples— de la marca, se pueden ilustrar con ayuda de un ejemplo del sector de los envases para bebidas gaseosas controladas por los consorcios internacionales. Los secretos tecnológicos de estas bebidas ("negras", anaranjadas y de "fantasía") se reducen a agua azucarada, colorada y provista de un cierto gusto. Las sustancias químicas básicas utilizadas para sintetizar estas bebidas son conocidas y no presentan mayores dificultades técnicas. Para diferenciar lo idéntico, las empresas utilizan el envase, la botella —tanto su forma como su textura y gráfica. A través del diseño específico del envase, protegido como modelo y establecido como producto de "marca", se diversifican las aguas coloreadas y se permite a los consumidores del subdesarrollo consumir una bebida internacional. Por sus cáscaras los reconoceréis. El derecho a usar una determinada fórmula para la bebida está concatenado con la obligación de llenar el líquido en botellas de determinado diseño, carnet de identidad para una marca determinada. Pero la historia no se acaba aquí. Supongamos el caso corriente que el país dispone de empresas productoras de botellas. Comienza entonces la producción de millones y millones de envases "marca" —una inversión hecha con recursos internos del país. Después de haber logrado que circulen grandes cantidades de botellas en el mercado, el consorcio extranjero posee un arma poderosa de chantaje económico. Sube el precio de la "fórmula" y al país no le queda otra salida que aceptarlo, para no perder la inversión autofinanciada en forma de botellas de "marca".

6. TRANSFERENCIA DE DISEÑO

El ejemplo del diseño del envase para bebidas gaseosas documenta una de las formas en las cuales se efectúa la transferencia de diseños.[8] Pero hay otras estrategias para ejercerla. Aparte de la transferencia reproductiva de diseño —pagando o no regalías— puede seguirse la estrategia de transferencia adaptativa. Se distingue entre dos tipos:

☐ Adaptación tecnológica de diseños.

En este caso se adapta el diseño extranjero a las posibilidades tecnológicas reinantes en el país, lo que en general requiere un rediseño, tomando en cuenta recursos y parámetros tecnológico-industriales tales como: maquinaria y materiales disponibles, calidad de ejecución, fuerza de trabajo, volumen de producción, etcétera.

El objetivo consiste en reproducir un valor de uso extranjero en concordancia con recursos internos. Este trabajo implica a veces la introducción de terminantes modificaciones del diseño original. Las dificultades del rediseño no deberían subestimarse porque el monto de trabajo de innovación necesario puede ser grande.

☐ Adaptación funcional de diseños.

En este caso se adapta el diseño extranjero a los requerimientos y necesidades específicas del contexto del país adaptador. Al someter el diseño extranjero a un análisis riguroso, se hace necesaria la formulación de nuevas especificaciones que correspondan al contexto. Este enfoque implica un gran número de modificaciones —a veces fundamentales— e incluso puede llevar al desarrollo de un nuevo producto.

Es importante notar que en los dos casos, el diseño extranjero sirve como punto de partida y no —como en el caso de copias— como punto terminal.

Por último, debe mencionarse la transferencia de diseño tipo *software*, especialmente de conocimientos respecto a la metodología de dise-

---

[8] Como se ha indicado con razón, sería más adecuado hablar de "comercio de tecnología" en vez de "transferencia de tecnología", pues la tecnología es una mercadería entre otras (Wionczek, M. S., conferencia en ocasión del seminario internacional "Aplicación y adaptación de tecnología extranjera en América Latina" organizado por ILDIS/CONICYT, Santiago de Chile, 28 de mayo-1 de junio, 1973). Sin embargo, existen canales de transferencia de tecnología no cubiertos por el concepto de "comercio". Nos referimos a la copia o casi copia de diseños de la metrópoli y a las sutiles influencias culturales que penetran en los países dependientes.

ño. Conviene, no obstante, conservar una sana precaución para que las experiencias metodológicas de los países céntricos no sean cultivadas como verdades inquebrantables, sobre todo ahora que la ola del "furor metodológico" de los años 60 ya ha pasado y se está propagando un clima de desencanto respecto al valor instrumental de la metodología proyectual —al menos en su forma actual.

7. ENSEÑANZA DE DISEÑO INDUSTRIAL

En lo que a la formación de diseñadores industriales se refiere, Latinoamérica ofrece un panorama tan variado como aquellos países en los cuales el diseño industrial ya es una actividad reconocida como profesión. Frecuentemente está vegetando en las facultades de arquitectura y funcionando ahí como válvula de escape para la presión creada por la sobreproducción de profesionales en el campo de la arquitectura. Ya se ha señalado la proximidad entre estos dos tipos de actividad proyectual y, por ende, la conveniencia de coordinar la formación de arquitectos y diseñadores industriales; pero esta proximidad no debería servir como argumento para interpretar la formación del arquitecto como etapa previa para acceder al diseño industrial, que no es una continuación de la arquitectura a otra escala, sino un campo autónomo que requiere una preparación técnica correspondiente.

En otros casos encontramos el diseño industrial asociado con la enseñanza de comunicación visual en un departamento denominado con el término genérico "Departamento de Diseño". Durante sus 5 o 6 años de estudios, el alumno pasa por una secuencia de cursos que abarca diseño gráfico, diseño de envases y diseño de productos. Las ventajas de una visión amplia sobre las especialidades proyectuales no compensan, sin embargo, los riesgos de obtener un versátil improvisador, que sufre el llamado "Síndrome de Leonardo da Vinci". En caso de un mayor nivel de madurez y especialización el alumno entra en una de las dos ramas (diseño gráfico o diseño industrial) después de un año común.

El vagabundeo de los diseñadores industriales por las facultades, escuelas o departamentos de arquitectura, artes aplicadas, bellas artes e incluso ingeniería, revela su condición de disciplina errante. Al mismo tiempo, la inseguridad institucional de la enseñanza del diseño industrial indica una cualidad característica del mismo: ni arte, ni ciencia, ni tecnología, aunque relacionado con todas, el diseño industrial no encuentra su ubicación en la división académica tradicional de la universidad. En la búsqueda de un albergue queda expuesto al azar de condiciones locales y cualquier intento de solución que trate de encajar el diseño industrial en este andamiaje tradicional es sólo un paliativo, un espejismo.

Frente a estas limitaciones puede optarse por el camino extra o parauniversitario, buscando un domicilio propio e independiente. Ya que se trata de una actividad relativamente joven cuya enseñanza favorece una actitud abierta y experimental difícilmente viable en una estructura rígida y obsoleta como la universidad latinoamericana —sin diferencias, en este aspecto, de las universidades europeas y norteamericanas—, la opción de crear una escuela de diseño autónoma lleva consigo la liberación del peso de la institucionalidad académica. El carácter prometedor de este camino está demostrado por dos ejemplos que han tenido y tienen todavía una cierta gravitación sobre la enseñanza de diseño (arquitectura, diseño industrial y comunicación visual). Nos referimos al Bauhaus en los años 20 y la escuela de ULM (HfG) de los años 50 y 60. Sus aportes innovadores en contenido y método de enseñanza del diseño han sido factibles gracias al carácter independiente de la institución, fuera del marco universitario. Pero este modelo del "gran solitario" muestra también las debilidades y la falta de perdurabilidad del camino extrauniversitario : el peligro de la asfixia por falta de interacción directa y permanente con otras disciplinas. Esta falta de interacción no puede subsanarse a través de cursos de visita, sumando diversas materias relacionadas con el quehacer proyectual. En vez de lograr una integración efectiva entre ciencias y quehacer proyectual, queda sólo un barniz cubriendo las insuficiencias del diseño, pero no eliminándolas. No obstante, como solución provisoria puede ser lo más viable. Mientras en la mayoría de las universidades latinoamericanas la formación de los diseñadores industriales se realiza en el contexto de una de las cuatro variantes mencionadas anteriormente, en Cuba se ha creado en el año 1970 una escuela de diseño autónoma, relacionada con los centros de producción.

Como esquema didáctico se ha difundido el curso básico, también llamado curso común o curso preparatorio, creado en el Bauhaus, de uno o dos años de duración. Como indica el nombre, el objetivo de este curso consiste en otorgar al estudiante un fundamento sobre el cual se construye en los años posteriores la especialidad. Este curso básico constituye hoy en día una práctica universal en la didáctica del diseño, aunque se ha señalado ya hace años el peligro inherente al concepto de "curso básico": la tendencia de amputarlo de los cursos posteriores y tomarlo como una realidad cerrada en sí y autosuficiente, la tendencia de ensanchar la brecha entre ejercicios "libres" o "no aplicados" y los proyectos ligados al concepto de la función.[9] El objetivo didáctico del curso básico puede resumirse en la sensibilización de la capacidad perceptiva y proyectual, contrarrestando y corrigiendo el analfabetismo visual —rasgo dominante de la enseñanza media y preuniversitaria. El curso básico descansa sobre la hipótesis de que durante la fase de iniciación al proyecto, los trabajos deben limitarse a un conjunto de problemas, del cual se excluye deliberadamente la intervención de las variables "función", "métodos de fabri-

---

[9] "El primer año debe ser considerado parte de la formación total del diseñador industrial y no separado artificialmente como 'año básico'. Debería tener un carácter tan lógico y controlado como el resto de los cursos", *The Education of Industrial Designers*, Informe publicado por UNESCO/ICSID, 1965, p. 9.

cación" y "costos", ya que la presencia de estas variables de la realidad industrial aumenta demasiado la complejidad del problema a resolver. La falta de un cúmulo de experiencias respecto a número y tipo de ejercicios propedéuticos en el curso básico lo convierte en un campo preferido para experimentos didácticos, sobre todo cuando estos trabajos no requieren conocimientos tecnológicos acerca de procesos de fabricación y características de materiales.

Ahí tocamos un punto muy débil de la actual enseñanza de diseño: la escasez de personal docente con una suficiente experiencia práctica en la proyectual actividad. Es previsible una explosión demográfica de departamentos de diseño en las universidades, tal como ocurrió en otras partes del mundo. El dudoso atractivo y el brillo de modernidad que aparentemente rodean al concepto de diseño industrial estimulan un fenómeno que se ha llamado metafóricamente "paracaidismo". Este fenómeno es muy frecuente y no tiene nada de sorprendente en la fase inicial de una actividad, en la fase de los primeros. Sin embargo, el entusiasmo que se vuelca hacia la formación de los diseñadores industriales no debe hacer olvidar un hecho: la proliferación de instituciones para la enseñanza de diseño obedece también a la dificultad y, a veces, hasta la imposibilidad de practicar el diseño industrial fuera de la universidad. Al crear nuevas carreras, se crean también nuevos cargos. De tal manera, la universidad ofrece a una parte de sus egresados una base de subsistencia cumpliendo con una de sus funciones inoficiales, que refleja las contradicciones del medio en el cual está insertada: absorber el desempleo disfrazado.

La formación de docentes con experiencia en la materia que van a enseñar puede realizarse en institutos agregados a la universidad. Es el caso, por ejemplo, en el Instituto de Diseño Industrial de la Universidad del Litoral (Rosario, Argentina), fundado en el año 1960.

En varios encuentros, tanto a nivel regional como nacional (1968 y 1972 en Buenos Aires, 1970 en Valparaíso, 1972 en México) se ha tratado en relación con la enseñanza de diseño industrial, entre otros, la conveniencia y no conveniencia de crear escuelas regionales de diseño y la necesidad de coordinar los esfuerzos. Como una de las iniciativas surgió el plan de organizar un intercambio sistemático de experiencias. Pero este plan hasta la fecha ha quedado más bien en estado de proyecto.

8. LA INSTITUCIONALIZACIÓN DEL DISEÑO INDUSTRIAL

Con relación a la industria, el diseño industrial está flotando en una situación precaria. Las empresas que recurren al diseñador industrial y que, más aún, mantienen unidades de desarrollo de productos, son una excepción y eso por razones obvias: parece más fácil y barato copiar un diseño extranjero que invertir en el diseño propio elaborado con recursos propios. Además, el trabajo de desarrollo de productos presupone un comportamiento con un "horizonte de tiempo" más amplio, es decir, pensar en plazos que van desde 18 a 36 meses. Mientras prevalece la idea de que el diseñador industrial es una especie de malabarista brillante en el manejo de formas y dibujos elegantes, esta actividad queda excluida de la posibilidad de intervenir seriamente en la formación de la cultura material.

Corregir esta imagen es una de las funciones de los centros de diseño cuyo patrón guía se creó en Londres bajo la responsabilidad del Consejo de Diseño Industrial, que a su vez perseguía un fin muy específico: aumentar el potencial competitivo de los productos ingleses en los mercados internacionales. Pues hay tres instrumentos para competir en los mercados de exportación: por medio del precio, de la novedad tecnológica, o del diseño. Por esta razón el diseño industrial atrae el interés de las instituciones que se dedican a la promoción de exportaciones. Al considerarse al diseño industrial como un factor, entre otros, de promoción de exportaciones, los aspectos visuales gozan de trato preferencial. Ellos se imponen porque son más fácilmente accesibles. Para averiguar el real valor de uso de un producto se necesita someter al "candidato" a pruebas comparativas hechas en laboratorios dotados con instrumentos correspondientes. Además, el concepto valor de uso no sólo comprende los aspectos técnico-físicos, sino también su expresión tridimensional y sus cualidades semióticas. Asimismo, debe incluirse en la evaluación del valor de uso su condicionamiento histórico concreto: por un lado, las necesidades que forman contraparte dialéctica del valor de uso, y por otro, los recursos disponibles para satisfacer estas necesidades. De este contexto derivan los criterios de evaluación (y no de un reino platónico de valores universales). Sin exagerar, puede afirmarse que no existe una metodología coherente de evaluación para diseños; y que por lo tanto, los procedimientos actuales para asignar a un producto el calificativo "buen diseño" se mueven sobre un terreno muy movedizo y, en el fondo, se limitan a un juicio de gusto personal.

Basta una mirada al parque de productos expuestos en las muestras de diseño para comprobar el carácter predominantemente exclusivista de las obras destinadas en su mayoría al estrato social con mayor poder adquisitivo. Las exquisiteces de diseño sirven en primer lugar, para el arreglo del microambiente individual: sillones, sofás, lámparas, alfombras, porcelana, cristalería. Los materiales preferidos: acero cromado y cuero, como estrellas de la semántica de la riqueza.

En 1964 se inauguró en Buenos Aires el primer centro de diseño en Latinoamérica, que se dedica a la promoción y difusión del diseño industrial a través de la organización de concursos, exposiciones temáticas, muestras permanentes o rotativas de productos seleccionados, y seminarios. Asimismo, se crearon en varios países, agrupaciones de profesionales (Argentina, Brasil, México); pero pese a estos diversos empeños, el grado de institucionalización del diseño industrial en los tres países con mayor desarrollo tecnológico es muy bajo. Las razones son obvias: en las economías de ganancia, la iniciativa de generar diseños propios se toma de manera aleatoria, dependiendo del comportamiento inversionista de las empresas. En cambio, en las economías de la necesidad, la innovación tecnológica puede apoyarse sobre los planes generales de industrialización y realizarse —con perspectiva amplia— en instituciones del Estado. Ése es el caso de dos pequeños países de Latinoamérica, que han optado por una organización de su economía según principios igualitarios: Cuba y Chile.[10]

En Cuba los trabajos realizados hasta el momento se refieren sobre todo al equipamiento individual y colectivo (escuelas), basados en detallados estudios ergonómicos, y al diseño de envases.

En Chile los proyectos desarrollados en el Comité de Investigaciones Tecnológicas (INTEC/CORFO) abarcan bienes de consumo popular, productos electrónicos, envases para alimentos y maquinaria agrícola.

9. DIFERENCIAS DE ENFOQUE ENTRE METRÓPOLI Y PERIFERIA

El desarrollo de productos en los países poco industrializados difiere esencialmente del diseño de las metrópolis. Resaltan a la vista las diferencias a nivel tecnológico; en la metrópoli: una tecnología sofisticada con gran variedad de materiales, procesos de fabricación y mano de obra especializada; además, un alto ritmo de innovación tecnológica. Contrastando con la riqueza de medios, gran parte de la capacidad proyectual del diseñador industrial se gasta en la innovación formal frenética, haciéndose cómplice del deterioro del ambiente, despilfarro de recursos y la alienación en forma del hiperconsumo. Este papel ha sido denunciado incluso por los representantes mismos de la profesión, a tal punto, que se ha extendido un clima de desaliento y de renuncia al proyecto, especialmente en la nueva generación. Pero la diferencia más importante yace en la proporción entre medios y necesidades. En los países periféricos el volumen de las necesidades sobrepasa en medida astronómica la capacidad de las fuerzas productivas y el volumen de los recursos económicos, mientras que en la metrópoli la capacidad de las fuerzas productivas y el volumen de los recursos económicos sofocan las necesidades, por lo menos aquellas que pueden ser satisfechas con productos por consumidores individuales. El subdesarrollo de la metrópoli respecto al sector público y la satisfacción de necesidades colectivas ha sido desenmascarado hace años, aunque los canales de información controlados por la metrópoli tiendan a filtrar estas imágenes negativas que hieren el tan

[10] Este texto fue terminado poco antes de la intervención militar en contra del gobierno popular, efectuada el día 11 de septiembre de 1973. Las observaciones sobre el diseño industrial chileno se limitan a los 3 años de duración del gobierno de Salvador Allende Gossens.

intensamente publicitario sueño feliz del hombre unidimensional nadando en el mar de la hiperoferta.

Precisamente esta proliferación de tipos de productos debe ser cuestionada —paso previo indispensable para comenzar a plantear y crear una alternativa de diseño. El parque de productos de consumo de la metrópoli está acuñado —en manera subliminal— por un principio de organización microsocial: la parcelación de la sociedad en familias adquisitivas, compuestas por consumidores individuales de productos individuales. Si ubicamos, en cambio, una necesidad (por ejemplo, almacenar alimentos) en un espectro entre dos polos —uno individual y otro colectivo— con transiciones, y la relacionamos con los recursos limitados disponibles, podemos estimar alternativas: cuánta gente puede contar con la satisfacción de la necesidad a nivel individual, de grupo pequeño, de grupo mayor, o a nivel colectivo. Pues no hay una necesidad natural del hombre de conservar alimentos en heladeras individuales, tan poco como movilizarse en una caja de acero sobre cuatro ruedas y una tonelada de peso. Estas necesidades y su perpetuación corresponden más bien a las necesidades de crecimiento de los productores de acero, neumáticos y combustible.

Por cierto, tal enfoque de cuestionamiento pierde su carácter utópico cuando está insertado en una política de redistribución de ingresos que incluye a los sectores marginados y subprivilegiados de la sociedad, en particular la población rural. Para el diseño industrial fijado en las comodidades de la ciudad industrial, esto implica una vuelta copernicana hacia el campo. Además, mientras el hambre no es un fantasma apocalíptico, sino una realidad para millones de seres humanos, y una amenaza para muchos millones más, la capacidad proyectual encuentra un desafío de primer orden en el diseño de productos, instalaciones y sistemas para la producción, conservación y distribución de alimentos.

Aparte del trabajo de proyecto en el sentido restringido, el diseñador puede aportar a la racionalización de surtidos de productos, al trazado de una política de productos menos anárquica e irracional, a la estandarización de componentes con el fin de aumentar la productividad. En el caso de que un país deba importar productos terminados, el diseñador puede participar en la evaluación de ofertas alternativas cuyos antecedentes sirven para la toma de decisiones de las instituciones encargadas de la importación.

Éstas son algunas de las tareas centrales —por cierto prosaicas y no aptas para el exitismo, pero no menos urgentes— que el proyectista debe enfrentar haciendo su aporte concreto para que el futuro de la periferia sea una real alternativa y no una pobre réplica de un modelo tomado de un mundo sin salida.

II

El medio ambiente natural

ENRICO TEDESCHI

Alexander Pope, dirigiendo sus consejos sobre arquitectura a Richard Boyle, conde de Burlington, le amonestaba: "Consult the genius of the place in all." El *genius loci*, de clásica inspiración, era el guía infalible para realizar una obra de arquitectura lograda; siglos de tradición respaldaban sus consejos. Tradición principalmente clásica, desde luego, en el caso del ensayista que escribía en momentos del clasicismo renacentista británico, recordando tal vez los templos corintios arraigados en las cálidas rocas de los valles de Grecia y de Sicilia o anclados entre los olivos sagrados en las arenas de las playas mediterráneas. Vincent Scully ha ahondado su investigación de las relaciones entre la arquitectura de Grecia y los paisajes naturales que la rodeaban, insistiendo en el carácter místico y ritual del sitio, que produce luego la construcción de los templos y a ellos se transfiere.[1] Mas la tradición puede indicar una relación igualmente fuerte en la arquitectura de la Edad Media, en los castillos, conventos, aldeas y hasta ciudades moldeados sobre las colinas, recostados en los valles, formando islas en los ríos y cerca de las costas marinas, e inclusive en todas las arquitecturas de culturas ajenas a la occidental, que presentan ejemplos muy caracterizados de una identificación del ambiente natural con la arquitectura. Esto sucede en los casos extremos de las viviendas vegetales de África, de las islas de Oceanía o del Japón, y de las que se siguen dando, en América, por herencia cultural de la época precolombina, y también en las arquitecturas menores de Persia o de Pakistán, con sus casas dominadas por torrecillas abiertas y orientadas para conducir los vientos al interior de la vivienda; en los templos abisinios e hindúes formados cavando el terreno rocoso; en los edificios de la India perforados para recibir las brisas refrescantes así como en las casas cerradas al exterior y abiertas sobre un patio interno, para defenderse de los vientos cálidos y cargados de arena, comunes en el norte de África y en el Medio Oriente; en las calles y mercados cubiertos de esas mismas regiones, como en las aldeas compuestas de viviendas cavadas en paredes rocosas, frescas y abrigadas, que se han dado en el sur de Europa y norte de África.

Muy a menudo el *genius loci* ha sido el *genius urbis*, revestido de atributos místicos y religiosos, simbolizado en un ser trascendente, pero finalmente reconocible en ese conjunto de calidades que caracterizan un

---

[1] Ésta es la tesis fundamental y original presentada en "The earth, the temple and the gods".

paisaje natural, su terreno, su clima, su vegetación y que influyen profundamente sobre el destino de la ciudad y de sus habitantes. ¡Cuántas ciudades fundadas en lugares mal elegidos por sus deficientes condiciones naturales han debido ser trasladadas una o más veces! La historia de la colonización española de América está repleta de estas situaciones. Asimismo, son incontables las viviendas que han sido abandonadas, o han procurado a sus habitantes males y penurias, por su ubicación desacertada con respecto al terreno o a los factores climáticos.

No cabe duda de que el medio ambiente natural —o paisaje natural, como más propiamente dicen los geógrafos— es el *genius loci* y de que su relación con la arquitectura es muy importante para el destino de ésta. Alexander Pope estaba acertado en sus consejos a lord Burlington, culto mecenas y arquitecto palladiano. En el sentido geográfico, y de acuerdo con la definición del geógrafo Karl Sauer, paisaje es "una asociación de formas que se localizan en la superficie terrestre" y su morfología puede representarse mediante el diagrama siguiente:

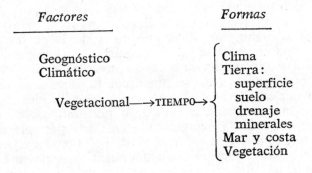

Factores	*Formas*
Geognóstico	Clima
Climático	Tierra:
	superficie
Vegetacional⟶TIEMPO⟶	suelo
	drenaje
	minerales
	Mar y costa
	Vegetación

1. TERRENO, VEGETACIÓN, CLIMA

Tres elementos del paisaje natural interesan especialmente a la arquitectura: el terreno, el clima y la vegetación. Su importancia se evidencia de igual manera si se trata de un edificio o de una ciudad; la vida humana, desde sus formas primarias hasta las más complejas, está influida por ellos.

El *terreno* interesa por su constitución y por su forma. La constitución tiene importancia a los fines de la producción de los materiales que se utilizan en las construcciones, ya sea en su estado natural (las piedras, las arenas, las gravas y especialmente la misma tierra o arcilla que, cruda o cocida, constituye la materia más universal para construir) o elaborados para producir ligantes (cales, cementos) y otros materiales industrializados. También importa considerar los terrenos como asiento de los edificios, y por tanto adaptar éstos a la resistencia de aquéllos; pero más influye el terreno por su forma: en una colina, sobre una costa, al borde de un río o de un lago, el diálogo entre edificio y terreno puede hacerse más intenso y vital, las formas construidas pueden componerse, en continuidad o contraste, con las naturales. Más aún, la relación formal entre arquitectura y terreno es algo característico de diferentes culturas y, en una misma cultura, de distintos momentos de la historia de la arquitectura.

Podría reconocerse en esta relación un aspecto de otra más amplia, entre esas culturas y la naturaleza, en un sentido más general; aparte de eso, hay situaciones inconfundibles: la oposición entre edificio y terreno en un templo renacentista de planta central y la fusión entre ambos en las casas de una aldea en una isla del Mediterráneo; San Biagio di Montepulciano y Mikonos, por ejemplo, e igualmente contrastantes, el aislamiento de una pirámide sobre la llanura de Teotihuacan y el plasmarse sobre el peñasco de las construcciones de Machu Picchu. Muchos notables edificios contemporáneos se caracterizan por una especial situación con respecto al terreno; algunos hasta reciben un nombre que describe esta situación, como la Casa de la Cascada, de Frank Lloyd Wright, una de las obras más conocidas y significativas del maestro, en la que lo construido se arraiga en el terreno, lo continúa en las formas verticales de piedra y lo enfatiza en el contraste con los grandes planos en voladizo. En Taliesin West y en la Casa Pauson, en el desierto de Arizona, Wright dio otras pruebas de su amor por la naturaleza uniendo estrechamente arquitectura y paisaje, en oposición a la idea racionalista en que la arquitectura domina al paisaje o tiene al terreno como simple plano de apoyo, según la expresión de Le Corbusier referida a la Villa Savoye: un objeto apoyado sobre el verde de la pradera. Ambas tendencias se dan en la arquitectura contemporánea de América Latina, y otra se ha agregado recientemente, como se verá más adelante.

En la relación entre edificio y terreno desempeña un papel importante la *vegetación*, otro elemento del paisaje natural y resultado de la acción combinada del terreno y del clima. La vegetación, con su forma, puede modificar visualmente la del terreno, puede componerse con la del edificio, acompañándolo, y contribuye a la formación del microclima en que vive, especialmente en los climas cálidos, o templados con tendencia a cálidos, que son los climas dominantes en América Latina. En los climas fríos se limita más bien a procurar una protección contra los vientos. Los árboles de hoja caduca son los mejores reguladores del asoleamiento, en el caso de los edificios bajos, pues permiten la penetración del sol en invierno y la excluyen en verano; el verde de la vegetación disminuye en general la temperatura por efecto de la absorción de las radiaciones solares, especialmente sensible en el caso de los suelos que están cerca de las casas. Además, los árboles refrescan la atmósfera por medio de la evaporación que se produce a través de las hojas. A todo esto se agrega el gran valor psicológico y visual de la vegetación.

La estrecha relación entre arquitectura y vegetación se manifiesta desde tiempos antiguos. En culturas relativamente primitivas se la nota directamente en la construcción de edificios por medio de elementos vegetales, todavía comunes en gran parte del tercer mundo, inclusive en América Latina; en culturas más desarrolladas y florecientes, por la creación de parques y jardínes, públicos y privados, y por un sensible aprovechamiento, por parte de los arquitectos, de las ventajas ofrecidas por la vegetación natural, tanto físicas como visuales. Debe notarse que el interés por la vegetación, y en general por la naturaleza, es un producto de la cultura urbana, que nace como reacción y compensación a las condiciones de vida y de trabajo en las concentraciones urbanas, más alejadas del paisaje natural. Los habitantes del campo tenderán más bien a destruir la vegetación natural para dar lugar a los cultivos, si pertenecen a culturas de escasa evolución tecnológica, o a considerarla principalmente como un recurso de explotación económica y por tanto a reproducirla en forma industrializada, si han entrado en una etapa de mayor desarrollo productivo.

Tanto el terreno como la vegetación están muy influidos por el *clima*, que también constituye un elemento fundamental para el desarrollo de la vida humana. La población humana está distribuida sobre la superficie terrestre en lugares extremadamente diferentes en cuanto a clima —y esto se reconoce fácilmente en América Latina— y en todos se hace necesario construir abrigos eficientes que la protejan de los agentes atmosféricos e incluso los aprovechen para el bienestar de los habitantes. Por esto, y sin caer en un determinismo superficial, debe reconocerse que el clima ha influido profundamente sobre la arquitectura. No sólo ha planteado requerimientos diferentes de acuerdo a los diversos paisajes —imponiendo por tanto soluciones funcionales, técnicas y formales diversas— sino también ha contribuido, de un modo más directo, a la formación de las tipologías tanto generales como particulares, tanto funcionales y constructivas como formales. Si consideramos, por ejemplo, el caso de las cubiertas, es evidente que éstas se deben principalmente a la necesidad de dar protección climática, de las lluvias y del sol. Esta necesidad ha sido solucionada en diferentes maneras, a través del tiempo y cada una de estas soluciones está en el origen de tipologías muy definidas. Es el caso del techo inclinado de dos aguas, que llega hasta nosotros desde los templos griegos preclásicos con una trayectoria de extraordinaria riqueza y con una autoridad tan manifiesta que se lo utilizará aun cuando el espacio interno está cubierto por bóvedas, en edificios románicos, góticos y renacentistas; del techo en forma de impluvium, que nace de una necesidad del clima pero queda como hecho tipológico para expresar la vida concentrada de un espacio que se cierra hacia el exterior; de la cubierta mediterránea plana, o en cupulitas y en bóvedas, sin duda favorecida por el uso de materiales fáciles de trabajar, pero también por las condiciones del clima seco y por la necesidad de recoger la escasa agua de lluvia, y que sugiere la posibilidad de un modo nuevo de conformar al espacio; de la cubierta vegetal de hojas de palmera o de paja, tan común en la arquitectura precolombina que su forma pasa a los monumentos pétreos, a pesar del contraste de los materiales.

Consideraciones análogas podrían hacerse acerca de las aberturas. En un comienzo existió solamente la puerta, y así se da todavía en las viviendas más primarias en áreas culturales poco desarrolladas, comunes en Centroamérica, como simple paso del exterior al interior; a veces, en climas fríos, se le agrega una abertura en el techo, para dar salida al humo del hogar más que para iluminar. Luego la ventana fue tomando un significado particular en la tipología del palacio y de la iglesia. Concentra en sí el valor esencial de dar entrada a la luz y al sol, y extrae de esta función una dignidad que le da una significación de privilegio en la decoración, ya sea ésta distribuida alrededor de la abertura o vaya cubriendo la vidriera que la cierra. Aquí se ha agregado un nuevo elemento del léxico: la superficie vidriada protegida por un sistema de parasoles que —corbusierano o brasileño— ha tenido una gran difusión en la arquitectura corriente de muchos países, de clima tropical o no. Las "loggias", las recovas, el "pronaos", el balcón abierto o cerrado, el mirador, las terrazas... muchos elementos tipológicos tienen relación con el clima.

Entre los fenómenos climáticos, tienen más importancia para la arquitectura los que pueden influir en el diseño, o sea la temperatura, la humedad, las precipitaciones atmosféricas, los vientos y principalmente el asoleamiento, por sus efectos constantes y previsibles. El microclima del ambiente natural en que se sitúa un edificio es más importante que el clima de la región en general; temperatura, humedad, precipitaciones atmosféricas influyen sobre todo en la técnica de la construcción —elección de los materiales, de los tipos de cerramientos, de las instalaciones— pero el asoleamiento, tiene efectos más directos sobre las condiciones de vida en un edificio.

Esto vale especialmente para las zonas cálidas o templadas con tendencia a cálidas, que son las más pobladas en América Latina; en realidad una correcta consideración del asoleamiento depende de la situación climática del lugar, variando desde un máximo de aprovechamiento del sol hasta un máximo de defensa y pasando por las situaciones intermedias. Se busca el máximo de aprovechamiento en las zonas árticas, subárticas y partes extremas de las templadas, y la máxima defensa en las tropicales. Tampoco debe olvidarse que es común, en las zonas tropicales de América Latina, la presencia de poblaciones importantes hasta alturas de tres mil y más metros, donde el sol es deseable también en verano; son esas típicas regiones "frías donde el sol calienta mucho", según una expresión corriente. En las zonas restantes se trata de recibir el sol en invierno y excluirlo en verano, aprovechando las diferencias de azimut y de altura que se registran en su recorrido aparente en las distintas estaciones. Esto conduce en primer término a buscar la mejor orientación y luego a utilizar elementos especiales de regulación de la entrada del sol. Los efectos climáticos de la temperatura y humedad a menudo se combinan con los de los vientos, a veces para disminuir calor y humedad por medio de brisas frescas, lo que produce tipos de edificios abiertos como filtros a las corrientes de aire —comunes en Mesoamérica y otras regiones tropicales— y a veces para empeorar esas condiciones. Así sucede con los vientos cálidos de las regiones áridas y calientes que se extienden en muchas partes de América Latina, o con los vientos helados que azotan las inmensas llanuras patagónicas y la cordillera, obligando a cerrar herméticamente los edificios y hasta a arraigarlos y construirlos firmemente a fin de que los vientos no los destruyan.

2. ARQUITECTURA RURAL Y URBANA

La característica más destacable del ambiente natural de América Latina parece ser su gran variedad, distribuida en enormes extensiones que no tienen comparación posible con las de los paisajes europeos, a los cuales estamos acostumbrados a referirnos al hablar de arquitectura.

Los geógrafos distinguen unos treinta y cinco o cuarenta grandes paisajes [2] en este inmenso territorio que se extiende desde 30° latitud norte hasta casi 60° de latitud sur, en que se dan montañas, llanuras, ríos, lagos y cascadas de las más grandes del mundo, con un desarrollo amplísimo de costas sobre dos océanos; pero esta diferenciación resulta sumamente esquemática si se considera el paisaje en la escala que puede interesar a la arquitectura.

Cuando se define como un gran paisaje al conjunto de los Andes centrales, por ejemplo, que se extiende de Colombia a Chile, sobre 25° de latitud y con diferencias de altura de hasta 6 000 metros, se incluyen en él una cantidad de paisajes particulares tan diferentes como la árida meseta boliviana y los fértiles valles longitudinales que permitieron el desarrollo de varias culturas, culminando en la incaica. Aun en espacios menos extensos, como en la región llamada Noroeste de Argentina, hay paisajes de alta montaña, áridas punas, desiertos arenosos y culturas de oasis, a la par de regiones de llanura con abundantes precipitaciones atmosféricas, donde prosperan la caña de azúcar, el tabaco y las plantaciones de citrus. Frente a tan inimaginable variedad de paisajes naturales, parece lógico preguntarse de qué manera se manifiesta en la arquitectura contemporánea esta situación de América Latina.[3] Aquí se pre-

[2] Así los plantea Oscar Schmieder en su *Geografía de América.*

[3] Esta extraordinaria variedad, que se produce no sólo por las grandes diferencias de latitud del área en estudio sino también en una misma latitud, así como lo mostraría un corte transversal del continente hecho cerca del Ecuador, constituye sin duda la principal dificultad para tratar el tema de este capítulo en el espacio que le corresponde. Por este motivo se hace inevitable una esquematización y simplificación, que el autor espera no resultará excesiva. Asimismo es probable que se hayan omitido situaciones que hubiesen merecido una referencia especial, omisión que corresponde atribuir al espacio reducido de este capítulo y al

senta un problema inmediato: la dicotomía ciudad-campo, que caracteriza tan profundamente la cultura contemporánea de esta parte del mundo. La eclosión urbana es un fenómeno llamativo de este siglo; en pocas décadas se han formado metrópolis inmensas, como el monstruo urbano de Buenos Aires, ciudad de México, San Pablo, Caracas... en las que se reúne una parte importante de la población de muchos países, contribuyendo a despoblar las ciudades pequeñas y el campo. A pesar de que éste permanece como la fuente principal de recursos económicos.

De manera que corresponde hacer una distinción neta entre la arquitectura urbana y la rural. También se opone a la aquitectura urbana la de los centros mineros, frecuentes en la zona centroandina, generalmente compuestos de viviendas de construcción precaria o infradesarrolladas, sin caracterización de conjuntos organizados, dispuestas en dependencia de la explotación industrial. En ellas no hay inquietudes de aprovechamiento de clima o de la forma del terreno; la vegetación, también por la altura, no existe. Hay, por lo general, una sola vinculación al paisaje: el color. Es el color grisáceo de la tierra andina, o el rojizo de las tierras brasileñas; los pueblos mineros están cubiertos por ellas. Se confunden así terreno y construcciones; en la altiplanicie boliviana resulta a veces difícil distinguir de lejos un poblado, que se presenta a la vista tan solo como una variación de sombra y textura en la inmensidad indiferenciada del paisaje.

Por cierto, era distinta la situación en la época colonial, cuando la explotación de las minas era el motivo principal de la fundación de ciudades. Algunas de las más hermosas ciudades coloniales pertenecen al grupo de las ciudades mineras; desde México —bastará recordar Guanajuato y Taxco— a Perú y Bolivia —Arequipa y Potosí— y a las ciudades brasileñas de Minas Gerais-Ouro Preto, Congonhas. En todas hubo obras notables de arquitectura, y a menudo la ciudad misma se conformaba sobre los terrenos serranos, adquiriendo un carácter pintoresco y una libertad formal que la diferenciaba de las ciudades cuadriculadas fundadas en esa misma época, frecuentemente sin tener en cuenta la forma del terreno contrastante con la regularidad del trazado impuesto por las Leyes de Indias. La Paz ofrece un ejemplo bien claro de esta indiferencia con respecto al paisaje natural.

La distinción entre arquitectura urbana y rural es básica; sin embargo, se requiere alguna mayor diferenciación dentro de cada categoría, debido a ese factor de extensión y variedad del paisaje que ya se ha enunciado, y también a diferencias de orden histórico, social y económico.

a] *Arquitectura rural*

Veamos la vivienda rural en las zonas tropicales y subtropicales de

hecho de que el autor tiene experiencia personal de una parte relativamente limitada de este inmenso y cautivante mundo que es América Latina.

Mesoamérica y de Sudamérica. En sus formas espontáneas, encontraremos una tipología ligada al paisaje cultural sobre todo por dos aspectos: el material de construcción y el clima. No faltan tampoco caracteres debidos a la morfología del terreno, como muestran, con toda evidencia, las viviendas palafíticas de las lagunas venezolanas en Zulia y las del golfo pantanoso de Guayaquil, o las que en distintos lugares de las costas oceánicas, en el continente y en las islas, se moldean sobre las laderas escarpadas, hasta el punto de llegar a configurar centros urbanos, en su multiplicarse, tan caracterizados como Valparaíso, recostada sobre sus colinas.

Corresponde recordar que la continuidad terreno-arquitectura ha sido un rasgo dominante de una de las mayores arquitecturas autóctonas: la incaica. Sacsahuaman, Ollantaytambo, Machu Picchu, fortalezas, santuarios y ciudades a un tiempo, nacen de las rocas y de ellas se forman afirmando una continuidad de naturaleza y arquitectura que no tiene expresiones tan absolutas en ninguna otra cultura.[4] El conjunto teatral —o ceremonial— de Muyu-uray, a mitad de camino entre Cuzco y Machu Picchu, muestra, en una asombrosa similitud con los teatros griegos, la mayor identidad imaginable entre terreno y forma arquitectónica. Se asienta en las cavidades naturales de la cordillera, a 3 600 metros de altura, con una geometría de refinadas uniones y graduales ensanches que modela rigurosamente el terreno. Una arquitectura de escala realmente natural, que utiliza en modo admirable la naturaleza como materia prima.

Pues bien, una relación morfológica de la arquitectura con el paisaje natural que presente valores estéticos se manifiesta lógicamente en edificios de mayor importancia y en conjuntos de edificios a escala urbana; pero una investigación sobre este tema debería conducir a análisis numerosos y detallados, que no son compatibles con el carácter y el espacio de este capítulo. Partir de ese enfoque particular significaría finalmente recorrer gran parte de la arquitectura más valiosa de América Latina, para tratar de definir en cada caso una relación, extrayendo en lo posible algunos criterios tipológicos de los análisis particulares.

Aparecerían por cierto obras admiradas y conocidas, en el marco de paisajes significativos por su condición americana de grandes dimensiones, contrastes dramáticos, fuerza primitiva de la naturaleza. Aparecería la iglesia de Santiago de Pomata, toda de piedra rojiza, tendida sobre el promontorio de rocas grises que penetra en las aguas sombrías del inmenso lago Titicaca, a casi 4 000 metros de altura, rodeado por las cumbres nevadas de la cordillera; los blancos templos de Arequipa dominados por el cono perfecto y majestuoso del Misti; el Bom Jesus de Congonhas do Campo, que corona la colina con el rico movimiento de las escalinatas y de las estatuas que conducen a la clara fachada; la estancia

---

[4] Este sentimiento se transmite a la arquitectura colonial cuando ésta se asienta sobre la incaica, como sucedió en el Cuzco. He tratado este aspecto en *La Plaza de Armas del Cuzco.*

y capilla jesuítica de Santa Catalina, recostada en la suave campiña de las sierras cordobesas; Nuestra Señora de los Remedios, que se encumbra sobre la gran pirámide de Cholula, ya devuelta a la naturaleza; San Cayetano de Valenciana enmarcada en las colinas que rodean Guanajuato... y otros edificios innumerables, grandes y pequeños, relacionados con el ambiente natural por contraste, unión, continuidad, en situaciones constantemente renovadas por la variedad y diferencia de los paisajes y de las obras. Si se quisiera extender el estudio de este tipo de relación a los poblados, la tarea resultaría interminable e incluiría ciudades importantes como el Cuzco o Quito y pequeñas aldeas perdidas en las altas punas andinas o en las selvas, al borde de los grandes ríos.

Desde luego, la presencia del paisaje natural en las viviendas rurales espontáneas de hoy se da mucho más modestamente. Se ha dicho que los materiales la manifiestan; en principio, se trata de dos materiales básicos: los vegetales y la tierra. Todavía hoy se siguen construyendo viviendas totalmente vegetales, de formas distintas y a veces sorprendentes, como la "churuata", casa colectiva de los indios Piaroa, del Alto Orinoco, descrita por Graziano Gasparini.[5] Tiene planta circular con un diámetro aproximado de diecisiete metros, y está formada por una estructura vegetal en forma de cúpula, que termina en punta cónica, de hasta doce metros de alto. Estos sistemas constructivos son de herencia precolombina, y se mantienen en las zonas de menor evolución cultural y de clima más adecuado —cálido con brisas, por ejemplo— por su economía y por responder a técnicas tradicionales bien conocidas por los pobladores. En general, la parte resistente está formada por palos verticales plantados en el suelo, a veces terminados en horqueta y unidos entre sí por otros palos o ramas, que constituyen un envigado sobre el cual se apoya el material de techo, hoja de palmera, totora, paja u otros vegetales disponibles en la región. Los cierres horizontales suelen estar igualmente formados por ramas entretejidas, dejadas tal cual en los sitios de clima más cálido a fin de permitir una ventilación transversal del interior, que queda así en penumbra y algo refrescado por las brisas, en beneficio de los habitantes, que suelen usar hamacas para dormir. En las situaciones culturales más primarias la vivienda sirve en realidad tan sólo como refugio nocturno o contra la intemperie, pues las actividades de la vida se desarrollan al exterior; por esto su conformación es sumamente sencilla. Aun cuando a las ramas que forman paredes se agrega el barro, formando tapiales cerrados, permanece como única abertura la puerta, y oscuro el interior; la presencia de ventanas u otras aberturas ya denota un nivel cultural más alto.

Con pequeñas variantes de forma y en el uso de los materiales disponibles en cada región, este tipo de vivienda se encuentra en todas las tierras bajas de América Latina. Tal vez la variante más interesante sea la constituida por una especie de híbrido entre la casa lacustre palafítica y

[5] En su excelente libro *La arquitectura colonial en Venezuela*.

la común, que se presenta especialmente en regiones de Mesoamérica, muy húmedas, y muy infestadas por reptiles y otras alimañas y también en zonas del Brasil de características similares. En este tipo, la vivienda se encuentra levantada sobre el suelo por medio de postes o pilotes, debiéndose construir un piso, con los sistemas vegetales ya indicados. A veces el piso sobresale hacia el exterior formando un balcón cubierto, que presenta afinidad con un elemento tipológico común en las zonas más meridionales, también ligado a situaciones climáticas y a caracteres de uso, y que es la galería al frente de la casa. En general, la galería se presenta más bien en regiones de clima templado, como un espacio intermedio entre el encierro total de la casa y la total ausencia de protección constituida por el paisaje circundante. En todo el sector sur de América Latina la casa con galería indica ya un modo de vida menos primario, en que las tareas del campo se diversifican y se combinan con la ganadería, siendo la galería el lugar en que se depositan aperos y útiles de labranza, se trabaja en los muchos productos derivados de la ganadería, se descansa y se realiza la vida de relación familiar y social.

La galería tomó mayor importancia y jerarquía en las grandes casas de campo que constituyen el casco principal de la hacienda, estancia o *fazenda*; rodea a todo o casi todo el dificio, levantando sus columnas o pilastras de mampostería sobre un basamento, que da al mismo tiempo protección climática y prestigio a la casona. Menos frecuente es el uso de galerías sobre el frente de viviendas urbanas, pero se encuentra en algunas ciudades de México y Cuba; en otras del sur, como Asunción del Paraguay y Santa Cruz de la Sierra en Bolivia. Asimismo, era común encontrarlas en las misiones jesuíticas, no sólo delante de las viviendas de los indios sino también prolongándose al costado de las iglesias y al frente de los locales ocupados por los religiosos. Actuaban así de galerías de circulación, protegidas de las lluvias frecuentes, rasgos éstos que han llegado hasta nosotros en pueblos como Salada, en la provincia argentina de Corrientes, donde todos los frentes de las viviendas se abren sobre un portal continuo que forma galería. Los patios interiores también están rodeados por galerías. Aparte de la afinidad señalada, es más lógico pensar que la galería sea el producto de una influencia hispánica, en que el tipo de portal urbano se mezcla con el del patio a *impluvium* grecorromano.

En la vivienda rural de tierras altas cambian fundamentalmente los materiales de sustentación y de cerramiento, dominando la tierra —ya sea apisonada para formar tapias, ya sea moldeada y empastada con ligantes vegetales u orgánicos para formar adobes, que son ladrillos secados al sol, de grandes dimensiones— a veces en combinación con la piedra, o totalmente sustituida por ésta en las regiones montañosas más altas donde la tierra escasea. Los techos siguen siendo vegetales; en esto también continúan una tradición muy antigua, pues hasta las perfectas construcciones pétreas de los incas llevaban los techos de paja. Es curioso observar que el techo de paja, o de otras hojas vegetales, es un rasgo común a toda la vivienda en América Latina; hasta en algunos de los grandes monumentos pétreos de culturas evolucionadas como la de los mayas y de los aztecas se conserva, en los techos construidos como falsas bóvedas con sillares en voladizo, la forma de los techos vegetales de las casas comunes. Obsérvese esto en Palenque.

Por cierto el techo plano o casi plano, que es frecuente en los monumentos pétreos y se realiza con el mismo sistema de falsa bóveda, no era desconocido y se usaba en viviendas del antiguo México, tal vez denotando un nivel social algo superior. Su construcción debía ser parecida a la que todavía se acostumbra en zonas áridas de Latinoamérica, donde se utilizan palos como vigas, con un entramado superior de cañas, o ramas de forma regular, bien tupido, sobre el cual se coloca una capa de mezcla de tierra con cal u otros ligantes. Sabemos que la producción de cal era conocida por las culturas precolombinas de México. Hoy el techo plano es común en zonas de lluvias escasas o nulas, como en la costa del Pacífico entre Perú y Chile. Hasta en una ciudad importante como Lima las casas de techo plano o azotea se construyen comúnmente sin protección contra las lluvias, casi inexistentes.

Esta breve reseña de la vivienda rural espontánea de América Latina muestra un cuadro caracterizado sobre todo por la precariedad, en que los elementos naturales están utilizados en modo directo, con un mínimo de elaboración si bien a veces con hábil artesanía. Las causas de esta precariedad pueden encontrarse en parte en el mismo medio ambiente natural, donde dominan los climas cálidos y la vegetación abundante que hacen menos necesario construir abrigos más eficaces, pero también y principalmente en condiciones ecológicas y sociales.

La tradición de cultivos superficiales itinerantes, muy antigua y todavía presente en áreas importantes de América Latina, es sin duda una causa de la precariedad de la vivienda, que no tiene el carácter de permanencia que se encuentra en los pueblos no nómadas de otras áreas culturales, inclusive en regiones no desarrolladas. Mucho pesa también el hecho de que generalmente el campesino no es propietario de la tierra que ocupa, y por tanto no se siente realmente afincado en ella como para dedicar más esfuerzo y cuidado en procurarse una vivienda mejor.[6] Problema éste de fondo en el desarrollo de América Latina, que se ve todavía frenado por la herencia hispánica del régimen de encomiendas. Una prueba se tiene en las condiciones de las viviendas rurales en las áreas que han visto modificada su economía por el aporte de la inmigración europea, desde fines del siglo XIX hasta hoy, como sucedió en el sur. Allí el campesino, aún sin lograr la tenencia de la tierra, ha conformado su vivienda con las características de permanencia tradicionales de su lugar de

---

[6] Recuerdo una conversación con un campesino del noroeste argentino, en que le pregunté por qué no plantaba algunos árboles cerca de su rancho, muy expuesto al sol intenso de la zona; me contestó que no lo hacía porque la tierra no era de su propiedad. Sin embargo, su familia ocupaba ese lugar desde hacía más de veinte años, tiempo más que suficiente para que la sombra de los árboles lo hubiese beneficiado.

origen, aun cuando esto pudiese producir formas de arquitectura poco acordes con el paisaje natural. Hay ejemplos claros en las casas de los colonos italianos en los países del Río de la Plata, o de los alemanes en Chile. Los primeros han construido viviendas que imitan las del sur de Italia, donde es tradicional que los campesinos habiten en aldeas, separados de los campos que cultivan; de allí que estas casas, aun cuando se encuentran aisladas en el campo, muestren un esquema de derivación urbana, como si fueran construidas entre otras viviendas al borde de una calle. Los alemanes han traído a Chile formas típicas de viviendas de madera, favorecidos por la afinidad de clima y disponibilidad de materiales que encontraron en el sur chileno. Corresponde recordar, aunque será brevemente, que la inserción de tipos derivados de culturas europeas no ibéricas es común en territorios de América Latina que han pertenecido o pertenecen políticamente a esas culturas, y que esto ha producido contrastes pintorescos, si bien absurdos desde el punto de vista del paisaje natural, como sucede en las Guyanas, Curazao o Barbados.

En conclusión, al hablar de vivienda rural debe distinguirse, dentro de la tipología de las viviendas espontáneas, las de tierras bajas y de tierras altas, generalmente precarias, ligadas al paisaje natural por los materiales que se utilizan en su construcción y sólo secundariamente, por el clima y la morfología del terreno. Luego, conviene considerar las viviendas nacidas de inmigraciones recientes, influidas más bien por los paisajes de origen de sus moradores, sólo circunstancialmente asimilables a los americanos. Inclusive, muchas veces éstos utilizan materiales poco apropiados; es el caso de las chapas metálicas introducidas en gran cantidad por los ingleses en las áreas de su influencia económica, donde también se encuentran edificios, como los de los ferrocarriles en la Argentina, construidos en ladrillo y hierro, de aspecto típicamente británico.

b] *Arquitectura urbana*

La arquitectura de origen hispánico o portugués, proveniente de esta península mediterránea como árabe, tuvo más posibilidades de adaptarse al paisaje natural de diversas regiones americanas; ello se hace evidente al examinar la vivienda urbana. También en este caso cabe diferenciar entre las viviendas de las ciudades que, por uno u otro motivo, no han tenido desarrollo en épocas recientes y conservan caracteres de antaño en la edificación antigua y en la nueva, y las viviendas producidas por la masificación de las grandes ciudades.

En el primer caso puede resultar interesante la relación de los paisajes de la península hispánica con los americanos y sus arquitecturas. La península se caracteriza por una variedad muy grande de paisajes, aparentemente desproporcionada a la extensión del territorio, y que se asemejan a algunos de los americanos. Mesetas áridas, con alternación de calor y frío intensos; llanos y valles de vegetación subtropical; costas de muy variadas formas y climas; sierras nevadas y desiertos castigados por un sol muy intenso; lluvias torrenciales alternadas con largas sequías. Con la sola importante excepción del paisaje de selvas húmedas y cálidas, los paisajes principales de América Latina tienen alguna correspondencia en los ibéricos, salvando desde luego las dimensiones.

Con bastante simplificación, podría decirse que los conquistadores utilizaron en América la arquitectura del sur de España en los lugares cálidos y la del norte en los fríos, oponiendo las formas más blandas, llegadas a través del Mediterráneo, y el adobe, a las más recias de la arquitectura pétrea traída del norte por los visigodos. Por supuesto, también se hizo sentir la influencia de la arquitectura autóctona y de los materiales disponibles en cada lugar, especialmente donde el desarrollo cultural era más notable, como en México y Perú.

Es muy conocido el caso de las construcciones coloniales en el Cuzco, apoyadas directamente sobre las bases incaicas de muros pétreos. El material se mantiene igual pero cambia totalmente el modo de usarlo: a las piedras de grandes dimensiones, labradas hasta conseguir una unión análoga a la de un conjunto de rocas naturales, se superpone el aparejo de piedras pequeñas y más fácilmente manejables, fruto de una actitud racional y pragmática.

En general, en la vivienda urbana domina la manera mediterránea de la casa baja con patio circundado por galerías; si bien hay construcciones de ladrillo, más se usa el adobe, inclusive en zonas donde las lluvias frecuentes deberían aconsejar otro material más resistente. Hay un ejemplo, muy interesante, de la utilización de una técnica constructiva totalmente diferente de las anteriores y que se debe a una situación especial del paisaje: la arquitectura liviana y elástica de *quincha*, o sea de maderas, cañas y revoque de barro y yeso que se ha utilizado en Lima para resistir los temblores de tierra. De este sistema constructivo hay aplicaciones también en otras zonas sísmicas; se usó en Mendoza, Argentina, en el siglo pasado y ha influido sobre técnicas más recientes, donde la caña está sustituida por mallas metálicas y el barro por mezcla de cal y cemento.

De manera que las viviendas actualmente existentes en las ciudades menores, y a menudo en partes importantes de las grandes ciudades, responden al tipo hispánico de la casa con patio, abierta hacia la calle tan sólo con ventanas de dimensiones reducidas, muy espaciadas debido al gran tamaño de las habitaciones y al grosor de los muros de adobes, techadas con vigas de madera y cubiertas, según la situación económica, los hábitos y las condiciones climáticas, por caña y barro, o por tejas curvas o, más recientemente, por chapas de hierro galvanizado. Las bóvedas de ladrillo son menos comunes y corresponden a viviendas de mayor jerarquía, a verdaderos palacios o palacetes. La casa con patio, si bien se cierra al paisaje urbano, mantiene en su espacio interior, enriquecido por plantas, una agradable conexión con el paisaje natural, especialmente cuando a un primer patio se suma otro o un jardín. Esta conexión se pierde cuando la presión económica del desarrollo urbano corta en dos la casa, transformando un patio completo en dos medios patios, con dos galerías separadas que enfrentan a un muro medianero. El corte al que se alude se ha dado como realidad física en muchos casos, y en otros ha sido aceptado como premisa, al construir las viviendas sobre lotes angostos, que sólo permiten situar una fila de habitaciones, a menudo mal orientadas, con una galería al frente, mirando a un patio estrecho.

El problema de la orientación, de menor importancia en las viviendas aisladas en el campo o en las de patio completo, que acompañan el sol en todo su recorrido y lo moderan con la vegetación, se torna angustioso en las viviendas de medio patio en medianera. Si se recuerda la disposición de los lotes en una manzana tradicional cuadrada, es fácil ver que tan sólo un 25 % de las casas de medio patio puede gozar de la mejor orientación —que en general es la única realmente conveniente, en las condiciones de latitud de muchos países latinoamericanos— y que las demás se encuentran afectadas por los rigores del sol del este y del oeste con una intensidad particular, debido a la estrechez del patio, donde el calor se concentra y refleja, y a la falta de ventilación transversal. Igualmente ingrata resulta, en esas condiciones, la escasa radiación solar en el invierno, producida por una orientación defectuosa.

En las casas construidas por arquitectos, en tiempos más recientes, se evitan estos errores, y en cada caso se busca la solución que permita un mejor aprovechamiento del clima; pero gran cantidad de viviendas individuales están construidas por prácticos o técnicos menores, con indiferencia total respecto de las condiciones naturales del paisaje, y no solamente en las poblaciones o ciudades pequeñas.

Además existe, especialmente en los países de mayor desarrollo, un proceso histórico que pesa mucho sobre la formación de la arquitectura que sigue a la época colonial, y que está claramente ilustrado en todos los textos que se ocupan de la arquitectura de los países latinoamericanos, tanto en los que fueron ya antes focos culturales principales —México, Perú, Brasil— como en los que tomaron nuevo impulso después de la independencia, como Argentina, Uruguay, Chile, Colombia y Venezuela.

La época colonial había sido marcada por una dependencia directa de la arquitectura latinoamericana con respecto a la ibérica, siguiendo las variaciones estilísticas que se dieron en la península en esos siglos, y hasta incorporando formas de momentos anteriores. De allí que encontremos en los templos más antiguos formas no sólo herrerianas sino de influencia medieval, como sucede en la Catedral de Santo Domingo o en la del Cuzco, para llegar, después del riquísimo florecimiento barroco de Brasil y México, al clasicismo del siglo XVIII.

La independencia, al cortar los lazos políticos, abrió las puertas a nuevas influencias culturales. El rechazo de lo hispánico favoreció la introducción del neoclasicismo italiano y francés, también por la presencia de arquitectos de ese origen [7] y por los proyectos preparados en Europa y

[7] Por ejemplo el italiano Alejandro Ravizza, quien a mediados del siglo XIX proyectó los principales edificios públicos, civiles y religiosos, de Asunción del Paraguay.

realizados en América;[8] en breve, los países latinoamericanos entraron a participar, como secuaces más que como protagonistas, de la situación mundial de la arquitectura. Sin embargo, la distancia desde los focos culturales principales, y el carácter conservador de las clases dirigentes que encargaban las obras, hicieron que los cambios y las nuevas corrientes llegaran con atraso o directamente no se aceptaran, prefiriéndose las formas de la arquitectura académica y oficialista. En los años sucesivos a la primera guerra mundial no faltaron intentos de liberación hacia arquitecturas menos obsecuentes a esos dictados, y algunos de ellos buscaron inspiración en lo que expresa Héctor Velarde: "La honda verdad de las formas arquitectónicas en relación con el medio ambiente y con los factores que las constituyen estaba allí como una inmensa herencia del arte, cuyo poder telúrico hacía artificial toda arquitectura extraña que no respetase su espíritu o que emplease su milenaria arcilla para disfrazarse. El renacimiento de la arquitectura peruana se estableció definitivamente en esa época con la construcción de muchas obras de un estilo que se podría llamar 'neocolonial peruano' ".[9]

El mismo autor reconoce, más adelante, que en ese movimiento se aprovechó bastante la milenaria arcilla para disfrazarse y dice que "la escuela puramente colonial tomó una actitud de absoluto tradicionalismo hispano que le quitó realidad y vida. Se llegó, en algunos casos, al "pastiche" arqueológico puramente decorativo". Esto no le impide, escribiendo en 1946, expresar su esperanza en una arquitectura que interprete modernamente los valores de la tradición, tanto hispánica como indígena. Anhelos parecidos se manifestaron en muchos países americanos, pero sin posibilidad de prosperar, pues apuntaban todos a la imitación formal de las arquitecturas del pasado, indígenas —que pertenecen a culturas desaparecidas— o coloniales —que representan una cultura de imitación, ella también pretérita. No había más posibilidades en estos movimientos que en cualquier *revival* y fracasaron, como fracasó el contemporáneo intento de neo-barroco en Italia.[10]

[8] Los efectos de esta práctica, y la influencia de las formas francesas de ella derivadas, pueden observarse en centros tan alejados entre sí como Buenos Aires y Mérida, en Yucatán.

[9] Héctor Velarde, *Arquitectura peruana*, pp. 168 *ss*.

[10] "Si insistiéramos, entonces, en formular la pregunta: ¿hay una arquitectura moderna peruana?, la contestación podría ser: No interesa que haya o no una arquitectura peruana. Lo que interesa es que hoy, en el Perú, nos empeñamos —y no sólo los arquitectos —en hacer y en que se haga buena arquitectura. Al ser buena, esta arquitectura se adecuará al sitio y a la época en forma espontánea y natural, sin necesidad de recurrir a un criterio de peruanismo establecido *a priori*, que fue el equívoco romántico". Estas palabras de José García Bryce en *150 años de arquitectura peruana*, en *Boletín núm. 3*, Centro de Investigaciones Históricas y Estéticas de la Facultad de Arquitectura y Urbanismo de la Universidad Central de Venezuela, expresan con la mayor claridad un serio criterio crítico con respecto a la posibilidad de una arquitectura nacional, y responden también a los que hablan de "colonialismo", al considerar la influencia de los movimientos modernos, nacidos en Europa, sobre la arquitectura latinoamericana contemporánea. Pues, si se aceptara este punto de vista, debería también hablarse de colonialismo para referirse a

La década de 1930 abre un nuevo período en los países más intensamente urbanizados, cuando se inicia el vuelco hacia las formas arquitectónicas del movimiento moderno. No cambia por esto el proceso cultural, sólo que ahora son las formas creadas en el Bauhaus o por Le Corbusier las que sirven de modelo. Además este período coincide con la aceleración del crecimiento urbano y con la introducción de técnicas modernas en la edificación, también importadas.

Dado que eran las formas las que interesaban, y las técnicas necesarias para realizarlas, y dado que ambas llegaban de los países centro-europeos, cuyos paisajes naturales poco y nada tienen en común con los de América Latina, la consecuencia lógica pareciera ser que las nuevas arquitecturas —mejor deberíamos decir la nueva arquitectura, pues tiene rasgos comunes, no importa cuál sea el país americano en que se realiza— no tengan una relación activa y positiva con los paisajes naturales en que se construyen.

Aquí también hace falta algún distingo. Si observamos los grandes bloques de vivienda o los barrios de casitas en que la especulación financiera hacina los millones de personas que viven en las ciudades de América Latina, nos inclinaríamos a pensar que esa conclusión es cierta. Si recordamos la insana destrucción del paisaje en mar del Plata, o los rascacielos que forman una pared frente a la playa de Copacabana, negando la continuidad del paisaje natural e impidiendo la ventilación mientras que a espaldas de ellos las "favelas" se distribuyen libremente sobre los cerros, nos confirmaríamos en nuestra conclusión. Mas, ¿son éstos los frutos de los movimientos contemporáneos en arquitectura o de la incompetencia, de la falta de planificación y sobre todo de una ciega y desenfrenada especulación comercial? Sin duda alguna, éstas son las causas de las lamentables condiciones en que viven los habitantes de esos edificios, en que no existe el menor cuidado para lograr una orientación correcta, ventilación natural eficaz, protección térmica en los materiales y solar en los cerramientos vidriados, en que las visuales ignoran los ríos y los cerros para recluirse en los llamados patios, o mejor dicho pozos de aire y luz. Y también son éstas las causas que producen las innumerables casitas hacinadas en barrios sin forma, trazados por loteadores —que se autotitulan "urbanizadores"— con la complicidad de algún técnico, todas iguales e igualmente mal diseñadas y mal construidas, dispuestas a cualquier rumbo, sin espacios verdes públicos ni privados.

¿Puede afirmarse que, en oposición con este cuadro bastante desalentador —también porque incluye un porcentaje muy elevado de la edificación actual— las obras de los arquitectos más preparados muestran una especial inquietud para poner en relación el paisaje natural y la arquitectura? Aquí también se deben hacer algunas distinciones.

Si se quisiera indicar cuáles han sido los anhelos más evidentes de

la arquitectura de todos los países europeos en que no se generó el movimiento moderno, de Inglaterra a Grecia. Pero la arquitectura es creación de hombres y no de países.

las generaciones de arquitectos del movimiento moderno en América Latina, dos parecerían dominar: la búsqueda formal, especialmente orientada hacia el manierismo corbusierano en un comienzo y luego extendida al miesiano en su etapa purista norteamericana, y la voluntad de utilizar materiales y técnicas de avanzada en la realización de grandes obras, que pudieran competir con las de los países más desarrollados. Asimismo, la mayoría de los arquitectos actúan en los grandes centros, cuyo estado urbanístico y normas de edificación dejan poco lugar para reflexiones sobre los valores naturales del medio ambiente. Se le agrega un fuerte interés, sobre todo en los más jóvenes, por los problemas políticos y sociales que afectan a muchos países y se traducen para la arquitectura en problemas específicos, como los de la vivienda y del planeamiento urbano, difíciles de resolver sobre un plano meramente técnico por sus fundamentos sociales y económicos. Muchos arquitectos estiman más importante actuar en ese campo que en el del proyecto y de la construcción, menospreciando la necesidad de una buena solución de los problemas de diseño, que en realidad son privativos de la labor del arquitecto, cualquiera que sea el tipo de sociedad en que actúa. Además, si bien existen grupos, no muy numerosos, que se declaran en favor de una arquitectura de características locales y representativa de las respectivas nacionalidades, de nuevo se repite el fenómeno de que la búsqueda es esencialmente formal e historicista. No se puede tal vez hablar, como hizo Velarde por los intentos de hace unas décadas, de "pastiche" arqueológico puramente decorativo —si bien algunas obras mexicanas son muy tentadoras, en este sentido— pero sí de vueltas nostálgicas que tratan de justificar las formas por medio de modos de vida desusados, como les sucede a algunos arquitectos argentinos. Es curioso, por cierto, que estos grupos no busquen en el paisaje natural el hilo de Ariadna que les ayude a salir del laberinto de un "telurismo", según la expresión que les complace, que resulta ser meramente retórico y nacionalista, y que, a la manera de los neoclásicos, no busquen la naturaleza directamente, sino por intermedio de los antiguos.

3. INTEGRACIÓN DE PAISAJE Y ARQUITECTURA

a] *Motivaciones específicas*

A pesar del panorama general que se perfila en las consideraciones anteriores, resultaría apresurada la conclusión de que los arquitectos latinoamericanos se desentienden del medio ambiente natural. Pues aquí como en otras partes del mundo, por encima de generalizaciones y tendencias masivas inevitables en el nivel contemporáneo de las comunicaciones, aparecen arquitectos más conscientes del significado total de su tarea y que saben interpretar con sensibilidad e inteligencia todos los datos de ella, incluyendo los del paisaje natural.

Ello aparece en un nivel individual, pero existen también valoraciones a nivel colectivo de la importancia del paisaje para dar vida a una arquitectura de motivaciones más firmes y específicas que las de un mero modernismo formal. Podemos leer en un libro sobre arquitectura de Colombia: "La arquitectura moderna colombiana nació en Bogotá, y aquí ha seguido prosperando. Este medio de cielos grises, de continuos días frecuentados por vientos fríos portadores de lluvias y de tardes precozmente oscuras, puso bridas a lo que hubiera podido ser una exaltación de entusiasmos líricos, propios de los climas tropicales..."[11] Y en un libro sobre arquitectura de Brasil, luego de extenderse en la crónica de las luchas de tendencias entre tradicionalistas y modernos, estos últimos guiados por la enseñanza corbusierana, se afirma que se deben evidenciar dos factores decisivos para la formación de la arquitectura brasileña de hoy. El primero es la investigación de la función del asoleamiento, y el segundo el desarrollo de la tecnología del hormigón armado que permite el uso del "pilotis", cuyo principio encuentra real aplicación en Brasil porque el clima permite utilizar efectivamente el terreno debajo de los edificios y hasta tener allí vegetación.[12] No caben dudas, por cierto, sobre la comprensión del papel del paisaje natural por parte de los arquitectos más preparados. Las obras arquitectónicas individuales de valor que con más evidencia muestran su vinculación con el paisaje se presentan, como es de suponer, en los sitios donde éste es más significativo. Así sucede, por ejemplo, en las costas de Chile, donde también se destacan algunos conjuntos de viviendas realizadas por la Corporación de la Vivienda, en Valparaíso —por ejemplo, la población Ignacio Zenteno— y en Antofagasta, donde se encuentra muy bien ambientada la población Salar del Carmen. También debería recordarse la feliz integración de tratamiento paisajístico y arquitectura constituida por la franja costera del Uruguay sobre el estuario del Río de la Plata, hasta el Atlántico; pero es precisamente en Brasil donde el factor paisaje ha alcanzado a dar una caracterización más general, puede decirse nacional.

b] *El aporte del Brasil*

La trayectoria de la arquitectura contemporánea en Brasil es generalmente conocida. Será suficiente recordar que en 1937 se inicia una fecunda etapa de la historia de la arquitectura de ese país, con la construcción del Ministerio de Salud Pública en Río de Janeiro, obra realizada por un grupo de discípulos de Le Corbusier sobre esbozos del maestro. De ese edificio, y de ese grupo de arquitectos, parte una corriente francamente arrasadora, que transforma las anticipaciones aisladas de los años anteriores en

11 Carlos Martínez, *Arquitectura en Colombia*, p. 22.
12 Henrique E. Mindlin, *Modern architecture in Brasil*, p. 10.

una total y constante creación de obras modernas en todo el país, en coincidencia con un período de expansión económica y cultural. Si bien en la base del movimiento se encuentra, como en todo el continente, la enseñanza de las corrientes contemporáneas del racionalismo europeo, la arquitectura brasileña se destaca muy pronto por una gran riqueza formal, plástica más que espacial, derivada esencialmente de la interpretación sensible del paisaje natural. Ésta se evidencia sobre todo por la introducción en gran escala de un elemento tipológico de protección solar, el "quebra-sol" directa y claramente derivado del "brise soleil" corbusierano. Pero se lo utiliza ahora con una variedad de formas y situaciones que se aparta totalmente del rigorismo funcional y plástico de los proyectos para Argel, transformando en exuberancia y alegría las formas monumentales y severas propuestas por Le Corbusier. Además, la búsqueda de expresividad formal ligada al paisaje enriqueció la gama de los elementos tamizadores de la luz solar, inclusive revalorizando formas, como la de la "muxarabis", que de lejanos orígenes orientales habían llegado a la arquitectura colonial hispanoamericana, si bien con finalidades de orden social más que climáticas, puesto que se las utilizó en gran escala en los balcones limeños, para resguardar de las miradas de la calle a las bellas que allí moraban. Los bloques de apartamentos de Lucio Costa frente al Parque Guinle, en Río de Janeiro, interpretan admirablemente este tema; el arquitecto no se limita allí a usar el "quebra-sol" como forma plástica para dar una textura variada e imaginativa a las fachadas, sino que integra el motivo formal con una racional disposición de defensa climática, al separar los parasoles de las ventanas, dando lugar a terrazas-balcones en que se expande el espacio interior, evitando la sensación de encierro que es el efecto menos grato del parasol. Pero el interés por el factor climático, y el éxito alcanzado en su interpretación, hizo que también se delineara más claramente para los arquitectos de Brasil la importancia de vincular más sus obras a las condiciones del paisaje. De allí un florecimiento de casas individuales en que la calidad formal se liga directamente al terreno y al clima y los materiales reflejan esta orgánica naturalidad, como en la obra coherente de Sergio Bernardes, y también una interpretación de la vivienda colectiva, planteada en gran escala, en que el paisaje está presente como morfología del terreno y como clima, conduciendo a soluciones muy diferentes de la amorfa geometría común en edificios de este tipo. Lo prueban Affonso Eduardo Reidy en el conjunto de Pedregulho, y Lucio Costa en su idea de la supermanzana de Brasilia, donde la edificación lineal se enriquece por el estudio paisajístico de los espacios que la estructuran.

Ha habido, en la obra de un artista brasileño, un intento de renovación de la relación formal con el paisaje que merece ser destacado, por cuanto sale de ese marco romántico de asimilación a las formas naturales que es lo más común en este campo. Roberto Burle Marx, en sus proyectos de parques y jardines, mira al paisaje como si fuese esencialmente forma plástica proyectada sobre un plano, a la manera cubista o de Hans Arp, y por tanto se vale de este mismo léxico formal para insertar sus obras en el paisaje. Estas formas, y así parece sentirlas el artista,[13] tienen una afinidad evidente con el aspecto de la selva brasileña vista desde el aire, en que verde y agua se limitan y recortan recíprocamente. En realidad, en sus primeras obras el tratamiento paisajístico es más naturalista a la manera romántica, si bien ya se vislumbra un modo original de aprovechar la calidad de la vegetación tropical propia de la región; luego la forma va adquiriendo una coherencia y vigor cada vez mayores, hasta alcanzar en las obras más recientes un dominio de los recursos técnicos y formales que le permite trabajar con absoluta libertad y extraordinaria riqueza plástica. En un campo como el de la búsqueda paisajística, que ha quedado algo relegado en la arquitectura de nuestro tiempo, Burle Marx se presenta como un artista de gran creatividad, tal vez el primer paisajista que haya aparecido después de los que dieron forma al jardín romántico inglés en el siglo XVIII, y no parece casual que esto suceda en un país en que los arquitectos muestran un especial interés hacia el ambiente natural. Uno de los más conocidos entre ellos, Oscar Niemeyer, en su casa de las colinas de Gavea, del año 1953, pareció inclinarse hacia el mismo tipo de visión pictórica y plana que utiliza Burle Marx; pero, luego de un período de vacilación y búsqueda en el área corbusierana, claramente expresada en las obras de Pampulha, adopta decididamente la forma geométrica escultórica, que marca los edificios de Brasilia y su obra más reciente.

La experiencia de los arquitectos brasileños, que por el camino de la interpretación del paisaje natural han logrado dar un carácter propio y distinto a sus edificios, se torna aún más significativa si se la compara con la de otros, por ejemplo de los mexicanos.

En México, como se ha dicho, el propósito de lograr una arquitectura de carácter regional ha llevado a una búsqueda orientada hacia la utilización de formas tradicionales, sobre todo precolombinas, interpretadas modernamente. Los resultados no han sido muy alentadores y los edificios creados sobre la base de estas fórmulas se presentan de un modo algo retórico y desligado de una realidad actual, de vida y de paisaje, como sucede en obras conocidas de la Ciudad Universitaria de México. Peor todavía cuando se utiliza la forma tradicional como un disfraz de la realidad, por ejemplo en el barrio Pedregal de San Ángel, donde las calles, de corte tradicional, están limitadas por muros continuos de inspiración prehispánica, que ocultan mansiones de lujo hollywoodiano.

Parece clara la enseñanza: ni las nostalgias arqueológicas y nacionalistas ni el prevalecer de lo económico —sea éste necesidad de gobierno en un régimen socialista o incontrolada especulación en uno capitalista— pueden sustituir las motivaciones concretas del hecho arquitectónico, que es interpretación funcional y sensible de la vida de los seres humanos a quienes se destina y del paisaje natural en el cual viven. La arquitectura cumple con su misión sólo si realiza esta tarea mediadora, aún más en

[13] P. M. Bardi, "I giardini tropicali di Burle Marx", p. 14.

una época como la contemporánea, en que las seducciones de una tecnología en rápido avance inducen a muchos arquitectos a creer que sea posible la existencia humana en un medio artificial, como si hubiera un conflicto hombre-naturaleza en que el hombre puede triunfar anulando la naturaleza. Pero el hombre pertenece a la naturaleza, es natural, vive y muere con ella.

III

La tecnología

EMILIO ESCOBAR LORET DE MOLA

Si bien la arquitectura es la resultante de un juego de componentes cada vez más complejo en su síntesis, por cuanto éstas aumentan en número a la vez que en complejidad propia, la tecnología, fiel e inseparable acompañante de la primera, es a veces ignorada, a ratos subestimada y casi siempre más o menos rebajada como determinante y posibilitadora del diseño arquitectónico. Precisamente los aspectos tecnológicos son quienes han sufrido mayor cambio cualitativo y cuantitativo en las últimas tres décadas.

Hemos de hacer la salvedad de que al hablar de la tecnología en relación con la arquitectura, nos referimos no solamente a las técnicas de construcción, sino que consideramos ese campo en su aspecto más amplio, desde el dominio de la física de la construcción, contemplando el equipamiento del edificio, hasta los métodos matemáticos de matrices y redes, incluyendo el uso de las computadoras en el diseño, programación y ejecución de obra. Pues es un hecho cierto que la incidencia de estas nuevas herramientas en la arquitectura determina posibilidades insospechadas en la solución de problemas sociales presionantes. Esto último lo expresamos con un sentido condicional, pues a nadie se ocultan las circunstancias socioeconómicas que deben prevalecer para que pueda llevarse a efecto en la medida requerida la gestión arquitectónica de creación del medio o marco físico de la sociedad.

Podemos decir que la tecnología en la arquitectura constituye tanto una suma de factores técnicos objetivos como una actitud por parte del diseñador y aun del usuario; y este último aspecto, si bien subjetivo, constituye un elemento de capital importancia en el enfoque resultante. Todo esto es válido para un estudio, ya retrospectivo, ya actual, o, lo que es más importante, para una evaluación de las posibilidades futuras de nuestro continente.

1. PERÍODO PRECOLOMBINO

En la América nuestra, una vez estabilizados territorialmente los nómadas asiáticos que la poblaron mediante inmigraciones sucesivas hace varios milenios, empezó —tras el asentamiento paulatino en la tierra y el paso de sociedades basadas en la caza a estructuras socioeconómicas de base

[255]

agropecuaria— el desarrollo de culturas sucesivas que en lo geográfico cubrían gran parte del área habitable del continente. Valga aclarar que a la llegada de los conquistadores españoles y portugueses aún subsistían pueblos nómadas, principalmente en Norteamérica y el cono sur latino-americano. Por su peculiar forma de vida llegaron a dominar pocas técnicas en profundidad y mucho menos, como es natural, la arquitectura, si bien son interesantes algunas soluciones de tiendas desmontables, que sin ser obras arquitectónicas propiamente dichas satisfacían los parámetros que fijaba aquel régimen económico.

Por otra parte las culturas asentadas en la tierra no presentaban en forma alguna homogeneidad de nivel de desarrollo, sino por el contrario se puede afirmar que el aspecto cultural variaba extraordinariamente, desde las primitivas tribus agrícolas del Caribe y Venezuela —cuyos bohíos y caneyes subsisten aún como habitación en varias agrupaciones sociales de indígenas venezolanos— y en las Antillas —donde son utilizados aún por los actuales campesinos—, hasta llegar a los avanzados sistemas de organización humana que fueron los pueblos incaico, azteca y maya, dentro de los cuales se alcanzaron altos niveles técnicos en la construcción en general y en forma específica en la arquitectura.

Si bien este capítulo se concreta básicamente al campo de la tecnología, no podemos menos que hacer referencia a factores que influyen en ésta en forma determinante, o sea al medio físico, tanto en su aspecto climático, como a los materiales que se presentan al alcance del hombre y que posibilitan la obra arquitectónica. De igual manera hacemos mención de las relaciones de producción que indudablemente generan necesidades en la conformación del marco físico de la sociedad y por tanto influyen determinantemente en el desarrollo de la tecnología. Esto se hace evidente al comparar culturas como la taína, asentada en Cuba y Santo Domingo, agrícola-cinegética, con un medio climatológico favorable, subtropical, de tierra fértil y mares ricos en pesca fácil; con una estructura social de comunismo primitivo y cuya transformación del medio para adecuarlo a la vida era sólo necesario en medida reducida y cuyas características reflejadas en una arquitectura ligera, de troncos de árboles, tablas, fibras y hojas de palma, contrastan con la elaborada cultura azteca, de régimen económico esclavista, enclavada en la templada meseta del Anáhuac sujeta a un clima que, si bien moderado, exigía un acondicionamiento más profundo del medio, con una estructura social muy compleja en donde temas edilicios *sui generis*, como templos, pirámides, palacios, etcétera, hallaban amplio campo de desarrollo y en donde una piedra volcánica bellísima y fácilmente laborable permitió y exigió el desarrollo de técnicas constructivas adecuadas a las necesidades que se planteaban.

Nos referimos, por ser la protohistoria de nuestra tecnología contemporánea, a los sistemas constructivos preponderantes en esta etapa; partiendo de la arquitectura antillana podemos acercarnos al continente sur por su extremo septentrional y hallar, con pocas variantes, soluciones semejantes en los territorios subtropicales y tropicales del mismo.

Otra cosa muy diferente se advierte en el área centro occidental de Sudamérica. El florecimiento de sucesivas culturas tales como la Muchik y Nazca, Chavin, Tiahuanaco y por último esa especie de síntesis político-cultural que fue el imperio incaico no dejan lugar a dudas, aun tras el más somero examen de sus restos arquitectónicos, en cuanto al alto nivel alcanzado en las técnicas constructivas, en el trazado del plan, el labrado de la piedra, su transporte y montaje (o casi diríamos engarce).

Sociedades de base económica agrícola, con una estructura colectivista en lo que a la producción se refiere, cuya vida, comenzando por el trabajo, se hallaba conformada teocráticamente y era dirigida por una casta gobernante aristocrática con atribuidos orígenes divinos, generaron una rica temática arquitectónica: palacios, fortalezas, conventos de la casta sacerdotal o Akllawasis, pirwas o almacenes, tambos u hospedajes, etcétera, brindaron la oportunidad y obligaron, por otra parte, al desarrollo de una arquitectura, que si bien en lo ornamental no alcanzó los niveles mayas, teotihuacanos o aztecas, en lo técnico-constructivo lo hizo sobradamente. Muros de adobe cocido al sol o al fuego en la edilicia menor, y piedra labrada y machihembrada en la obra mayor, como puede ser hallada en las fortalezas de Ollantaytambo, Machu Picchu y Sacsahuamán, en palacios como el de Chanchán, etc., o mixtos de piedra y ladrillo como en el santuario de Huiracocha, definían las plantas y sostenían la techumbre de vigas de madera labrada y losas de barro o piedra.

Se realizaba el abasto de agua por medio de canalizaciones y depósitos integrados a la construcción. La iluminación y ventilación natural se efectuaba por vanos trapezoidales las más de las veces. Cabe señalar la ausencia de mortero en el asentamiento de las piedras en muros y terrazas. Es interesante hacer notar que el peso de algunos de los silleros alcanzaba a veces las 30 toneladas, cuestión que plantea haber resuelto problemas de transporte y montaje superiores a los realizados por los egipcios en las pirámides, pues hay que tener en cuenta que lo abrupto del terreno aumentaba las dificultades enormemente, como es el caso de la propia Machu Picchu en el Cuzco. Los incas, como es sabido, dominaron una extensa porción de Sudamérica; los actuales territorios del Perú, Ecuador y Bolivia, así como zonas de Chile, Colombia y Argentina, aún conservan las huellas de una civilización poseedora de una tecnología que, si bien carecía de multilateralidad al faltarle animales de tiro y por consiguiente la rueda, bastó para lograr obras de gran monumentalidad y envergadura.

Las arquitecturas prehispánicas en América carecían del arco y la bóveda, limitante tecnológica de gran peso en su desarrollo y que da una medida aproximada del nivel alcanzado por las arquitecturas tolteca, maya, teotihuacana y azteca; éstas en sus etapas de mayor esplendor llegaron a ser, sobre todo la maya, sociedades agrourbanas muy desarrolladas con una arquitectura que en su expresión plástico-morfológica en general, ejecución, etc., superaron a la incaica, si bien ésta resolvió problemas constructivos más complejos que aquéllas. La característica riqueza del tratamiento de los parámetros, terrazas y demás elementos de los edificios demandaron un gran desarrollo, entre los mayas, de las técnicas del revestimiento. Primero fue el estuco, utilizado en bajorrelieves de relativa sencillez, como aparece con especial calidad en forma de mascarones en las pirámides de Uaxactun, o en Palenque donde los relieves muestran innegable dominio de la técnica. Posteriormente la piedra caliza labrada, en forma de pilastras, columnas y grecas y más tarde, ya en el período maya-mexicano, en Chichen Itzá, podemos apreciar en los bellos ejemplos de las características serpientes emplumadas, la evolución de una artesanía que enriquecía la arquitectura, aun a costa de empobrecer la escultura, que poco a poco fue pasando a ser complemento de aquélla. Estos muros, estructurados en piedra, tan profusamente decorados, se construían inclinados la mayoría de las veces, careciendo de ventanas y quedando coronados por techos de viga y cal. Estas últimas en algunos casos acusan en sus formas el antecedente vegetal de aquella arquitectura. Los conjuntos edilicios, en su disposición sobre plataformas escalonadas, demuestran los logros en movimientos de tierra y adaptación a la topografía y las pirámides reflejan la capacidad de estructurar y revestir elevados volúmenes erigidos para resolver temas arquitectónicos religiosos.

Los aztecas, que formaban el imperio dominante a la llegada de los españoles, habían logrado un gran desarrollo en cuanto a organización social, si bien su estructura era esclavista y clasista en grado sumo. Tenochtitlan, su capital, la actual ciudad de México, quedaba enclavada en una laguna y, al igual que Venecia, era cruzada por canales en toda su extensión. Este pueblo realizó obras de canalización y drenaje urbano con gran perfección, y la construcción de edificios en ese medio lodoso exigió un dominio grande de las técnicas constructivas, sobre todo en cuanto a cimentaciones, así como en los edificios en sí, en las cuales desplegaron, en el caso de los palacios y templos, una gran capacidad de ejecución estructural y decorativa, usando sillares de piedra en los muros propiamente dichos, unidos con argamasa de cal y arena y revestidos con piedra labrada —tezontle— o bajorrelieves integrales. Poseyeron la escritura jeroglífica y esto naturalmente coadyuvó al desenvolvimiento tecnológico, pues si bien está claro que la construcción u otras técnicas no eran consideradas científicamente, el conocimiento de éstas se afincaba en parte en el asentamiento escrito del mismo y en su trasmisión no solamente verbal o práctica.

Como material de construcción se usó básicamente lava o piedra pómez, que en esta región es de un color rojo siena profundo y muy práctico para la edificación, pues poseyendo la resistencia y durabilidad requeridas, es de peso ligero. Fue muy empleada la teja de barro cocido en las techumbres, aunque se apeló en muchos casos a la solución de cubierta plana de vigas y losas recubiertas, formando terrazas y jardines.

El pueblo habitaba en chozas de adobe o de embarrado y caña con techos de tejas, y tanto estos "macehuales", como los nobles o "pillis", prescindían de ventanas en sus viviendas.

Podemos resumir este período histórico de América Latina en cuanto a la tecnología, al afirmar que existía un desarrollo cultural muy desigual en toda su extensión; que indudablemente, las cumbres de civilización del nuevo continente estuvieron enclavadas en el macizo andino, la meseta del Anáhuac y el área de la actual Guatemala y Yucatán; que su desarrollo era incuestionable; que poseían una tecnología de la arquitectura relativamente primitiva, pero que de no haber sido cortado su desenvolvimiento por las conquistas, hubiera proseguido su marcha ascendente; esto queda comprobado por las evidencias de continuado progreso que se conservan actualmente.

2. ÉPOCA COLONIAL

El advenimiento del dominio europeo en el continente, que tan profundamente afectó a las culturas autóctonas llevándolas a su casi desaparición como tales, tuvo, en la arquitectura y por ende en su tecnología, una trasposición de etapas y niveles que correspondieron lógicamente a los cambios político-económicos y a las nuevas estructuras sociales. La organización de los territorios, ahora dependientes de una metrópoli lejana, en áreas inicialmente productoras de oro y plata, y posteriormente de otros productos y derivados de la minería o de la agricultura, se concretó con la sustitución, en lo filosófico, de las religiones politeístas por la religión católica; en lo político, de los gobiernos nativos por los virreinatos y capitanías generales; en lo social, de las superestructuras existentes por el status colonial de clases. En suma, dirigentes extranjeros, y nativos sometidos al trabajo obligatorio. Estas profundas modificaciones trajeron como consecuencia que los temas arquitectónicos correspondieran a los nuevos esquemas del Estado, e iglesias, fortalezas, palacios, edificios administrativos, etc., se alzaron literalmente sobre las construcciones que habían albergado a las desposeídas razas americanas.

Como la mano de obra era nativa, los materiales eran los existentes en el lugar, y en algunos casos (Puebla, Cuzco) los muros precolombinos servían de cimiento o pedestal a los nuevos edificios, se obliga un cierto mestizaje entre la tecnología europea —más avanzada, poseedora del arco y la bóveda, conocedora de los principios de la estática, utilizadora de instrumentos de medida y ejecución más desarrollados y con elementos como la polea y el polipasto, etc.— y la tecnología nativa, conocedora del material, de las características climáticas y geológicas del país y que traspuso su habilidad y capacidad en el labrado o elaboración de la piedra y la madera a las nuevas órdenes y estilos exóticos. De esta manera surgió en Latinoamérica una arquitectura que, siendo muy diferente a la original autóctona, no llegaba a ser igual a su contraparte europea. A veces más esquemática, otras de una riqueza y elaboración extraordinarias, quedó marcada por un sello inconfundible americano. Es cierto que si bien en un comienzo esto se produjo por incapacidad para lograr los modelos españoles y portugueses, luego, ya criollos los alarifes y maestros de obra, cultivaron a sabiendas y a gusto una expresión plástica rica unas veces, modesta otras, pero derivada en gran parte de modalidades en la tecnología ya desarrollada en colonial. Así vemos alzarse la casa de Cristóbal Colón en Santo Domingo, el palacio de Cortés en Cuernavaca, las catedrales de México y el Cuzco. Masivamente en las ciudades americanas —Bahía, Lima, Quito, México, etc.— prolifera primero tímidamente y luego con exuberancia extraeuropea el producto del maridaje de la bóveda y el bajorrelieve, del arco y el jeroglífico, del orden clasico y el tezontle.

Nuestras regiones se desarrollaron desigualmente, eso es un hecho: México y el Perú, virreinatos, atrajeron a los portadores del conocimiento técnico en mayor medida que otras, carentes o menos poseedoras de metales preciosos. Otro factor determinante fue la posición geográfica, y naturalmente la salubridad del clima y la docilidad de la población, etc. Así, La Habana debe su relativo desarrollo en los inicios de la Colonia al constituir obligada estación de la flota de Indias, lugar de reunión de las naves de Tierra Firme y México. En ella, la piedra coralina o sedimentaria, con sus características oquedades, dio limitación y a la vez oportunidad de obtener un esquemático barroco fácilmente apreciable en la Catedral de La Habana; por otra parte, la riqueza de los bosques y el dominio de la técnica de la construcción naval permitieron ejecutar extraordinarios techos labrados, principalmente en iglesias y palacios. La presencia de maestros y arquitectos españoles en viaje al continente, en espera a veces durante 6 u 8 meses de la llegada de la flota, influyó de manera determinante en la tecnología de la construcción en el país. La técnica de rasilla y losa de barro, usada profusamente en bóvedas, arcos, escaleras, etc., es debida a maestros catalanes, inicialmente de paso en el país.

3. LA ERA INDEPENDIENTE

Las guerras de independencia, a comienzos del ochocientos, trajeron, junto con la ansiada libertad política, un gran impulso a la arquitectura, que en las nuevas repúblicas debía satisfacer las necesidades que planteaba el nuevo orden. Así, Buenos Aires, que en la Colonia había sido humilde puerto de poco tráfico, vio elevarse dentro de sí numerosos edificios que llevaban ahora el sello no sólo de los estilos de moda —primero el barroco y luego el neoclásico—, sino del aporte de maestrías ya no siempre españolas o criollas. Junto a ella, Santiago, Caracas, Bogotá, crecieron en su arquitectura y en Lima y México, junto a virreinales palacios, surgieron casas de gobierno, iglesias y residencias que acusaban un más desarrollado modo de construcción. La inestabilidad política y económica marca las primeras décadas de las jóvenes repúblicas y a la penetración de intereses europeos y norteamericanos sigue una concentración en las capitales de las inversiones estatales de tipo suntuario que son características del período. Arquitectos franceses, ingleses, italianos, inciden en la materialización de estas inversiones. Las exposiciones de París y Londres y sus contrapartes americanas influyen decisivamente en la arquitectura de nuestro continente.

El hierro comienza a ser manejado como material de construcción. Bóvedas de armadura de ese material entran a formar parte de los edificios comprendidos dentro del eclecticismo imperante. El palacio de Bellas Artes de la ciudad de México, un exponente de lo antedicho, se muestra a nosotros como testigo de una época en la que las técnicas constructivas de Occidente comenzaban, sin mestizaje alguno, a ser empleadas en nuestros países. Se abandona el sillar estructural, si bien se mantiene como revestimiento, y en esta última solución encuentran aplicación infinidad de técnicas: estucos, betunes, enchapes revisten la arquitectura de fines del ochocientos; bajo los mismos, comienzan el acero y el hormigón a realizar su aún oculto trabajo. La madera cae en desuso y con ello se pierde la habilidad de la talla y el machihembrado en las cubiertas, y sólo se aprecia como elemento de decoración interior en artesanados u otros recubrimientos.

El ladrillo se industrializa, al igual que la teja y otros elementos cerámicos, y el cemento sustituye a fines de siglo a la argamasa de cal en la constitución de morteros de asentamiento y revestimiento; de igual forma se lo emplea en cimentaciones y elementos estructurales de hormigón, aunque el hormigón armado tarda un poco, desfasado en el tiempo con respecto a Europa en ser aplicado en Latinoamérica. Con el tiempo, hallará en nuestros países un medio muy favorable para su utilización masiva.

4. SITUACIÓN ACTUAL

a] *Arquitectura culta y arquitectura popular*

Llegados a este punto, debemos hacer notar un fenómeno característico latinoamericano: la superposición de tecnologías en lo que a la construcción se refiere. Esta superposición consiste en la coexistencia de niveles muy disímiles en la ejecución de obras arquitectónicas. Iniciado este desfasaje en la colonia, se aprecia una marcada diferencia entre la arquitectura "oficial" y la de las clases acomodadas, por una parte, y de la mayoría de la población urbana o campesina, por otra. Si bien las primeras no presentan una gran distancia con referencia a las técnicas más avanzadas del momento dado, las últimas se despliegan en una especie de muestrario de tecnologías primitivas en las que se advierten claramente las raíces culturales y económicas en cada caso. Chozas de adobe embarrado de lodo y cañas, cabañas de tablas y hojas de palma, etc., atestiguan el origen quechua, maya, amazónico o taíno de sus habitantes. Este dualismo de una arquitectura culta y una arquitectura popular, que se extiende hasta nuestros días, enraizado en la colonia, será base de un folklorismo romántico, constituirá la llamada arquitectura espontánea, pero es, además de todo eso, algo perfectamente cuantificable, medible, especificable, y lo que es más importante, explicable: existe, de hecho, una falta de integración de la sociedad en una sola clase o en un todo; hay una dicotomía desde el Río Bravo a la Patagonia que determina una solución de esa sociedad en dos medios físicos, contrapuestos y antagónicos; de alta tecnología y terminación cuidadosa, uno; de primitivos recursos y pobre nivel, el otro.

En otras épocas, la ciencia de la construcción consistía a lo sumo en algunos elementales conocimientos de los materiales, de su resistencia, de las propiedades, de la forma, etc., que a veces eran celosamente guardadas por los gremios de arquitectos, pero que en un último examen eran fácilmente empleados una vez que eran dominados por los técnicos o artistas. Esta situación ha cambiado radicalmente en las últimas décadas. Es un hecho objetivo que una sociedad contemporánea, conociendo la tecnología arquitectónica, manejando inclusive todos los conocimientos de la misma, no se puede servir de ella en la medida necesaria para la solución de sus problemas sociales más perentorios. Y ello es desconcertante por cuanto esta sociedad está en plena capacidad de hacerlo. Sin lugar a dudas, la explicación a esto reside menos en la complejidad de dicha tecnología, que en la dificultad de obtener las condiciones económicas necesarias sin llegar a una reestructuración total de la sociedad.

b] *Función de la tecnología*

En sus niveles más altos ¿en qué consiste y qué permite obtener la tecnología moderna de la construcción, una vez asegurada la base económica necesaria?

En primer lugar permite un inventario de necesidades de la sociedad y una propuesta de plan maestro de desarrollo. Este plan, en sus aspectos arquitectónicos permite establecer un orden de prioridades respecto a la ejecución de obras, y éstas, a su vez, pueden ser llevadas a cabo según los sistemas constructivos más racionales en cada caso. Interviene, desde luego, la planificación detallada de la industria de la construcción, teniendo en cuenta sus radios de influencia y su relación con las fuentes de materias primas. El diseño de los objetos de obra puede ser sometido, al igual que los proyectos urbanos y el plan maestro mismo al cálculo matemático moderno de sistemas y a la computación electrónica, obteniéndose en consecuencia soluciones óptimas casuísticamente. Igualmente, la programación de obra se puede realizar por los mismos medios y tanto aquél como éste se logran en un mínimo de tiempo, trabajando en equipo el arquitecto y el programador electrónico, el técnico en equipos y el operador de computadoras. El concurso de los equipos automotores de construcción como motoniveladoras, retroexcavadoras y grúas acelera el proceso de ejecución de las obras.

La conjugación de todos estos factores con la adopción de un amplio criterio de industrialización de la construcción dentro del concepto de la prefabricación abierta asegura la consecución de los planes de desarrollo más ambiciosos, tanto en la medida requerida como en la calidad y variedad de soluciones.

Una serie de ciencias y disciplinas coadyuvan a la obtención de mejores resultados: la física de la construcción, con su análisis cuidadoso del acondicionamiento climatológico de los espacios habitables; el estudio del hombre como ser social y su comportamiento como tal dentro del contexto físico; la investigación de la plástica, determinante en la expresión arquitectónica, constituyen campos en plena expansión y cada vez más incidentes en la arquitectura o mejor dicho, en el medio ambiental del hombre, pues desde la señalización y el objeto hasta el territorio existe una unidad aleatoria (fácilmente apreciable) con respecto al ser humano, determinada en su diferenciación solamente por la escala. Este cuadro no obedece a un vuelo de imaginación, es la exposición objetiva de posibilidades contemporáneas en desenvolvimiento en muchos países desarrollados, en la medida que estas naciones lo demandan. América Latina, con la excepción de Cuba, no se encuentra aún en este camino. La tecnología del resto de la arquitectura latinoamericana sigue presentando el cuadro dicotómico de siempre, si bien cada vez se hace mayor la diferencia entre las dos arquitecturas a que antes hacíamos referencia.

La "explosión demográfica" (así, entre comillas) se traduce en un mayor requerimiento de soluciones masivas en el campo de la vivienda, la educación, la salud, etc. La reestructuración económica que facilitaría una necesaria industrialización de la construcción brilla por su ausencia y sólo tímidamente algunos de nuestros países, frenados por la imposibilidad económica, emprenden planes de vivienda o escolares que, si bien traen algún alivio, no resuelven a la larga el problema, pues cuantificado éste se observa que sólo se satisface a lo sumo el incremento de dicha necesidad, pero queda sin resolver la masa del déficit, y aun aquél se resuelve a medias, con soluciones técnicas incompletas, ejecutadas con materiales perecederos, dejando insatisfechos requerimientos básicos tales como la incorporación de las áreas sanitarias a la vivienda, etcétera.

Observamos así el desarrollo tecnológico de nuestros países realizado al paso de su desarrollo económico. Vemos cómo se mantiene en grandes masas de población la construcción artesanal en función de los materiales de la región y dentro de las limitadas posibilidades económicas existentes. Así, la técnica del adobe en muros con cubierta de varas y tejas o paja sigue viva en gran parte de nuestra América y es el refugio casi obligado en amplias zonas de la costa del Pacífico y en extensas zonas de México. También la piedra sustituye a veces el adobe en las construcciones contemporáneas de nuestras poblaciones. El simple embarrado sobre cañas es empleado también. La choza vegetal, de madera o corteza de palma y techado con hojas o paja abunda y alberga al campesino o aborigen en las zonas amazónicas y subtropicales del continente así como en las Antillas. Otra forma de construcción es usada ampliamente en los alrededores de nuestras ciudades, desde Santo Domingo a Brasilia, y es la que utiliza todo tipo de desechos metálicos, de madera, cartón, etc., en la erección de las conocidas villas miseria o favelas y que albergan a la enorme población marginal de las urbes latinoamericanas. El uso del ladrillo cocido y el bloque de hormigón está muy difundido y se lo observa en uso desde modestas construcciones suburbanas hasta lujosas residencias, variando ampliamente la calidad de los mismos, así como la de la mano de obra. Este material es completado a menudo por el hormigón armado utilizado en losas o apoyos aislados.

El hormigón armado constituye el factor básico de la construcción convencional en nuestros países y en los últimos años se han perfeccionado en gran medida las técnicas de acabado del mismo, pues cada vez se emplea más sin revestimiento, expuesto con diferentes texturas y además se aprovechan al máximo las posibilidades de la forma en elementos estructurales y cubiertas. Ejemplo de lo primero es el Banco de Londres de la ciudad de Buenos Aires, donde tanto al exterior como al interior se lo ha empleado con gran éxito plástico. Ejemplo de lo segundo son los magníficos trabajos de Félix Candela en México, donde con variadas soluciones de superficies alabeadas ha resuelto almacenes, mercados, iglesias, etc., con gran fuerza expresiva y economía de material.

Debemos mencionar también dentro de los sistemas convencionales, aunque constituye una excepción, el trabajo del uruguayo Eladio Dieste, quien tomando como material primordial el barro cocido, ya sea en ladrillos o losas, y basando las soluciones estructurales en cálculos apropiados, ha logrado desarrollar una técnica óptima para ese material.

El acero, siendo materia de importación en América Latina en gran proporción, es usado principalmente en estructuras industriales en general, almacenes, etc., y por excepción se utiliza en algunos programas de menor envergadura. México y Chile en sus programas de construcciones educacionales han adoptado soluciones a base de este material. El primero lo ha empleado inclusive en construcciones de la talla del Instituto Politécnico Nacional y ha extendido actualmente ese sistema a edificios de enseñanza media y primaria. En estos casos se trata ya del empleo de técnicas industriales en la construcción, pues cerchas, losas, columnas y paneles metálicos provenientes de la fábrica son montados en la misma obra.

Podemos exponer seguidamente las técnicas más avanzadas de construcción en uso en Latinoamérica. Haremos mención primero de los sistemas convencionales de construcción altamente tecnificados, que sin constituir una verdadera industrialización de la arquitectura, consisten en la incorporación de técnicas de vertido del hormigón, encofrado, uso de los equipos de montaje, etc., de tal forma que toman características totalmente distintas a la tradicional construcción *in-situ*. El sistema de losa izada (o *lift slab*) es uno de los más característicos, y consiste en el hormigonado o colado de las losas en forma acumulativa alrededor de las columnas previamente erigidas y generalmente de origen prefabricado; posteriormente se procede al izado de las losas mediante gatos hidráulicos fijados sobre las columnas; la acción de éstos lleva a las primeras a su posición definitiva, quedando asegurados generalmente por medio de la soldadura. En Cuba ha sido usado repetidas veces, primero en frigoríficos y posteriormente en la Facultad de Tecnología de la Universidad de La Habana "José A. Echevarría", donde constituyen las áreas docentes y administrativas con una extensión aproximada de 40 000 m².

Otro sistema que debe ser mencionado es el de moldes deslizantes, en el cual las paredes son hormigonadas empleando cofres, que accionados por gatos hidráulicos van elevándose, y con ellos el edificio. Las losas pueden ser colocadas *a posteriori*, ya prefabricadas o mientras se eleva el mismo, produciéndolas mediante cofres desplazables.

En la ciudad de La Habana se ha construido el primer edificio experimental de este tipo, con 17 plantas de altura. Este sistema se ha empleado frecuentemente en la construcción de silos y tanques de agua en años anteriores en varios de nuestros países.

En cuanto a la tecnología del prefabricado o industrialización de la construcción se hacen hoy en nuestra América algunos esfuerzos encaminados a su desarrollo. Durante varios años en los distintos países que la componen se han ensayado, ya estatalmente o por gestión privada, distintos sistemas con éxito variable. En Chile se emplean diferentes variantes de prefabricación ligera en viviendas de una planta en los planes de erradicación de los barrios marginales. Se pueden mencionar como ejemplos el sistema Prensomat de muros y tabiques realizados en aluminio estabilizado de 5 cm de grueso, revestido en ambas caras con cholguan impregnado. El techo consiste en cerchas de ulmo cubiertas por planchas de asbesto cemento. Este sistema emplea aislamiento térmico de poliespuma en planchas de 10 mm. Otro sistema es el Betonit: muros constituidos por dos planchas prefabricadas de hormigón vibrado que quedan unidas al hormigonar pilares y dinteles en las cavidades previstas, empleando como techumbre cerchas de pino y planchas acanaladas. En escuelas, en el mismo país, se han usado sistemas de prefabricación consistentes en pilares de hormigón entre los cuales quedan alojadas placas de 0.08 m de espesor compuestas por un núcleo de aislante entre dos capas de hormigón. La techumbre está constituida por planchas estructurales de "pizarreño" o mezcla asbéstica sobre una viga central de acero. Estas iniciativas alcanzaron un fuerte impulso durante el gobierno de la Unidad Popular al intentar resolver masivamente los déficits heredados en la vivienda y los servicios.

En Guatemala se ha usado en una escuela un sistema prefabricado de losas y vigas pretensadas. Ecuador puede mostrar un sistema parcial de prefabricación, utilizado también en escuelas, que consiste en el empleo de estructura y fenestración metálica industrial, complementado por elementos constructivos tradicionales.

En las grandes ciudades de América Latina se observan algunos ejemplos de edificios de muros-cortina, en los cuales prácticamente todo el cierre exterior y panelería interior es metálica o plástica, aunque la estructura es de factura tradicional. En varias ocasiones se observan elementos prefabricados de hormigón en las fachadas de estos edificios.

De una forma o de otra, en uno u otro tema es acometida la prefabricación. Dificultades originadas en la estructura económica y condición de subdesarrollo de nuestros países hacen difícil por no decir imposible desarrollarlo en la medida necesaria, así como el sentar las bases previas para hacerlo posible: organización económica integral; planificación física total del territorio.

c] *La industrialización de la arquitectura*

Cuba ha decidido, posteriormente a la toma del poder por la revolución, seguir el camino de la industrialización de la construcción e ir al desarrollo máximo posible de la tecnología en ese campo. Después de comenzar en 1959 por la prefabricación a pie de obra en viviendas para el sector agrícola, se ha dirigido el esfuerzo posteriormente a la elaboración de los elementos en planta industrial. Varios sistemas constructivos a base de prefabricación cerrada se han desarrollado, principalmente para obras habitacionales, industriales y agropecuarias. Entre las primeras podemos citar el gran panel 4, que consiste en muros y losas de hormigón armado fabricadas en plantas a cielo abierto. Con este sistema se están construyendo varios conjuntos urbanos en toda la isla, pues ya están instaladas 17 plantas productoras. Otro ejemplo es el sistema gran panel, producido en planta cerrada muy mecanizada, de fundición vertical y horizontal con curado al vapor; esta planta, que produce 1 700 viviendas anuales, se encuentra ubicada en la ciudad de Santiago de Cuba, donde está dedicada a construir el Distrito "José Martí". El proyecto de vivienda, adaptado al clima y costumbres cubanas, fue elaborado en el país. En forma experimental se han erigido algunos edificios según el sistema IMS, con proyecto cubano, que consiste en columnas y losas prefabricadas y postensionadas en obra posteriormente.

Estos sistemas se aplican actualmente según el criterio de la prefabricación cerrada, aunque la tendencia general es ya la de encarar la prefabricación abierta, o sea, la posibilidad de intercambiar elementos de distintos proyectos e inclusive de sistemas diferentes. En el sector de la vivienda se emplean también los sistemas tradicionales de muros portantes de ladrillo y bloques de mortero con losas *in-situ* o prefabricados a pie de obra, ejecutados por microbrigadas de trabajadores, procedentes de todos los centros laborales del país, aunque la tendencia es ir pasando a los sistemas más industrializados.

Actualmente se ejecutan prácticamente todas las obras industriales y agropecuarias empleando columnas, vigas, paneles, losas e inclusive cimientos producidos en planta. Tiene mucha aplicación el asbesto-cemento en las techumbres de estas construcciones, en forma de losas acanaladas o teja infinita. También se emplea en losas y tabiques el hormigón gaseoso, que con patente Siporex se elabora en una planta que sirve elementos principalmente para el occidente de la isla. Se ha establecido un sistema modular uniforme para todos los proyectos arquitectónicos (salvo, claro está, los de tipo especial o turístico) que regula el dimensionamiento de elementos y asegura una mejor utilización de posibilidades de aplicación. Funciona además un organismo de normas y tipificación que determina mediante el diálogo con los organismos de proyecto todo lo referente a la fijación de normas de diseño, buscando una optimización de soluciones. Por medio de la tipificación de los elementos se da coherencia a la economía en la construcción.

En distintos temas arquitectónicos se emplean también los elementos prefabricados, en Cuba. Así, en construcciones escolares se construyen ahora los internados de montaña y agropecuarios, así como las escuelas urbanas, mediante estos sistemas. Las escuelas secundarias básicas rurales se ejecutan totalmente prefabricadas en hormigón armado, con columnas y vigas prefabricadas con losas de piso y techo de sección doble T pretensados, además de paneles de antepecho en los exteriores. Su estructura ha servido para desarrollar hace poco el programa de los albergues de la Escuela de Ciencias Médicas, al incorporársele paneles exteriores e interiores de piso a techo con carpintería e instalaciones integrales.

Tanto el Sector de la Construcción como la Universidad de La Habana llevan a cabo investigaciones en el campo de la tecnología de la construcción y del diseño arquitectónico. La Universidad, como parte de sus actividades docentes, incorpora a estudiantes de la Escuela de Arquitectura a la investigación y desarrollo desde el 2º año de estudios. Se está prestando especial interés al campo de la física de la construcción, es decir, a todo lo referente a ventilación, iluminación y acondicionamiento de espacios, así como a la incorporación de la ingeniería de sistemas como herramienta de trabajo del arquitecto. Se comienza por último a emplear computadoras digitales en el proceso del diseño.

Habiendo brindado una visión breve de la tecnología en la arquitectura a través del tiempo y del espacio latinoamericano, hemos visto cómo se hallan presentes uno junto al otro los dos extremos del conocimiento humano en ese campo. Se experimenta con los nuevos polímeros aplicados a la construcción o con paneles de aglomerados de madera y de acero y paralelamente se erigen cantegriles y cabañas de adobe, expresando que una sola es la arquitectura, como una sola es nuestra América.

De las cifras de nuestras necesidades sociales se desprende que solamente con una acertada política de industrialización y desarrollo tecnológico de los temas básicos de la construcción, vivienda, agricultura e industria se pueden resolver aquéllas, pues aunque los métodos tradi-

cionales tienen eficacia en proyectos modestos o de reducidas proporciones, no es así cuando el volumen a ejecutar requiere cantidades impo-
sibles de mano de obra, transporte y tiempo.

Por otra parte las arquitecturas típicas, espontáneas, etc., deben con-
servarse como valores de nuestra cultura, pero no se puede estructurar
una sociedad desarrollada enmascarándola en medios físicos subdesarrollados, pues sobradamente hemos observado la inmediata correspondencia entre el verdadero desarrollo económicosocial de una comunidad y
el nivel tecnológico de su arquitectura, correspondencia que no obedece
a intenciones formalistas, sino que es reflejo de una situación dada, económica, política y social.

IV

Comunicación y participación social

ROBERTO SEGRE

1. INTRODUCCIÓN

a] *Metodología y crítica*

La historiografía de la arquitectura de América Latina no ha logrado superar ciertos esquemas tradicionales coincidentes con una valoración crítica, esencialmente estética, de las obras significativas en términos formales.[1] La persistencia y primacía de los valores estéticos proviene de la esquematización del proceso evolutivo de la cultura artística, cuyas transformaciones se consideran determinadas por una dinámica propia expresada por la sucesiva diversidad estilística que, proyectada hasta nuestros días, integra las realizaciones del Movimiento Moderno.

Si bien la cultura arquitectónica contemporánea surge en contraposición a los principios ancestrales del clasicismo, no abandona aún hoy ciertos enunciados provenientes de la herencia histórico-arquitectónica rechazada; por ejemplo, la persistencia de una autonomía formal y espacial de las obras individuales, concebidas como "monumentos",[2] representativa de la "alta" tradición cultural, identificada con los signos asimilados por una "élite" que aspira a mantener valores figurativos incontaminados, caracterizadores de una codificación arquitectónica cuyos elementos constitutivos ya no corresponden a la actual inversión radical de los contenidos acaecida en nuestro siglo. Aceptando la premisa de que los "monumentos" constituyen el testimonio de nuestra herencia histórica, no se trata de asumir una actitud iconoclasta ni de renunciar a ese pasado sino, por el contrario, de revalorizar esta herencia insertándola

[1] Juan Pedro Posani, "Por una historia latinoamericana de la arquitectura moderna latinoamericana", *Boletín del Centro de Investigaciones Históricas y Estéticas*, núm. 9, Caracas, abril, 1968, p. 184. El recuento de los análisis realizados sobre la arquitectura moderna de América Latina, que lleva a cabo Posani en su artículo, corrobora nuestra tesis. Cabe agregar dentro de esta tendencia, el último libro aparecido sobre este tema: Francisco Bullrich, *Nuevos caminos de la arquitectura latinoamericana*, Blume, Barcelona, 1969.

[2] Aldo Rossi, *L'architettura della città*, Marsilio, Padova, 1966, p. 53: "Justamente tiendo a creer que los hechos urbanos persistentes se identifican con los monumentos; y que los monumentos son persistentes en la ciudad y efectivamente ellos persisten también físicamente. Esta persistencia y permanencia está determinada por su valor constitutivo; de la historia y del arte, del ser y de la memoria". Sobre este tema, ver también: Guido Canella, "Mausolées contre Computers", *L'Architecture d'Aujourd'hui*, núm. 139, septiembre, 1968, p. 5.

[269]

dentro de un contexto más amplio, en un ambiente global que como conjunto refleje y represente la significación asimilada no sólo por una "élite" productora y consumidora de las "obras maestras", sino por la totalidad social —coincidente con la praxis social— en sus diversos niveles: social, político, económico, ideológico y cultural.[3]

En ciertos períodos de la historia las obras monumentales alcanzaron una significación basada en un sistema de valores cuya legibilidad comprendía los diferentes grupos sociales. Los edificios identificados con las funciones socialmente trascendentes, reunían en sí los elementos constitutivos de un código válido comunitariamente. Esto se debe a los vínculos más estrechos que existían entre las clases sociales; el sentimiento directo de los dominados a la clase dominante, expresado en las funciones, significados y atributos implícitos en las codificaciones culturales: a la nítida supeditación social le corresponde una clara intencionalidad de los atributos simbólicos valorizados por la élite dominante y dirigidos al condicionamiento de todo el cuerpo social.

En la sociedad contemporánea desaparece dicha universalidad, por la mayor complejidad de las relaciones sociales y el proceso acelerado de consumo y renovación de las formas. La persistencia de la cultura popular urbana —de herencia rural— es sustituida por el dinamismo de la cultura de masas [4] que se apropia de los valores emanados de la "alta" cultura, cuestionando su indiscutida hegemonía. Para mantener su validez y autonomía, la clase dominante manipula el nivel cultural que se manifiesta a través de la "cotidianidad",[5] como proyección de los valores emanados de la sociedad industrial de consumo: es el *kitsch* comercializado, disfrazado de nueva cultura popular —según Reyner Banham y Robert Venturi— que responde a la manipulación psicológica y consumística de las masas, transformando la cultura en otro de los factores utilizados al servicio de los intereses económicos de la burguesía monopolista. Ésta defiende su cultura, identificada con las pretendidas expresiones figurativas incontaminadas —los "monumentos"— cuya trascendencia comunicativa alcanza un grupo reducido dentro del cuerpo social.[6]

Este proceso ha incidido en forma terminante en la crítica arquitectónica actual, en los intentos recuperativos de una nueva escala de valores

[3] Louis Althusser, *Por Marx*, Edición Revolucionaria, La Habana, 1966, p. 157.

[4] Entendemos por esta sustitución, tal como lo explica Hauser, el pasaje de la cultura popular rural a la cultura generada en los centros urbanos por los medios masivos de comunicación. Arnold Hauser, *Introducción a la historia del arte*, Guadarrama, Madrid, 1961, p. 429. Véase también Mac Donald y otros, *La industria de la cultura*, Madrid, Alberto Corazón, 1969.

[5] Henri Lefebvre, *La vie quotidienne dans le monde moderne*, París, Gallimard, 1968, p. 149.

[6] Un ejemplo representativo de la antítesis entre valores estético-simbólicos emanados de obras temáticamente intrascendentes en la sociedad actual —difundidas por la crítica y la historiografía— y su significación real dentro de la sociedad global, lo encontramos en las viviendas individuales de lujo, diseñadas por los arquitectos contemporáneos, contradicción que se hace aún más evidente en América Latina.

basada en una jerarquización que incluye los significados marginados a la comprensibilidad social de la arquitectura. La valorización de los "monumentos" se contrapone a la concepción de la arquitectura como *mass-media*;[7] los enunciados estilísticos autónomos —contenidos en la arquitectura de "exclusión"[8]— se oponen a la asimilación de los productos surgidos de la cultura de masas —arquitectura de "inclusión"—; la persistencia de las obras individuales se enfrenta a la trama integrativa de la arquitectura-sistema.[9]

Dichas formulaciones corresponden en su mayor parte, a las hipótesis de futuro del hacer arquitectónico en los países industrialmente desarrollados. ¿Ello significa que poseen un contenido antitético con las proposiciones válidas en el mundo subdesarrollado? ¿Implican acaso conceptos que no pueden ser asimilados en el Tercer Mundo? Creemos que asumiendo las condicionantes locales las tesis anunciadas no se invalidan si se las transcribe al análisis de la arquitectura de América Latina. Por el contrario, la mayor adherencia a una realidad social compleja y el enfoque de una codificación arquitectónica basada en una estricta caracterización de los términos comunicativos y su recepción en los diversos niveles culturales permiten una comprensión más objetiva de la realidad arquitectónica latinoamericana que la otorgada hasta el presente por la historiografía crítica;[10] comprensión obtenida a través de un enfoque interdisciplinario dentro del cual los valores estéticos asumirían su justo valor. Sin embargo, resulta evidente que la materialización de dichas ideas —la "arquitectura-sistema", por ejemplo— requerirá condiciones estructurales, sólo presentes en Cuba a través de la construcción del socialismo, e iniciadas en Chile y Perú, pero no generalizadas en América

[7] Renato de Fusco, *L'architettura come mass-media, Note per una semiología architettonica*, Dedalo, Bari, 1967.

[8] Terminología con la cual se desea contraponer la tradicional arquitectura de "élite" a la elaboración de una síntesis actual que asimile los valores de la cultura popular. Véase: Charles Moore, "Plug it in Rameses, and see if it lights up...", *L'Architecture d'Aujourd'hui*, núm. 135, París, diciembre, 1967, p. LIX.

[9] En esta concepción tienen cabida diversas interpretaciones que analizaremos en el curso del presente ensayo. La diversidad de criterios implícitos en los análisis y propuestas de Reyner Banham, Robert Venturi, Christopher Alexander, Yona Friedman o el Grupo Archigram, poseen entre sí puntos de contacto, entre los cuales el más importante es la concepción integrativa y totalizadora de la arquitectura, o sea, su identificación con el diseño ambiental, con la configuración global del entorno. La persistencia de los valores tradicionales de la arquitectura es defendida aún hoy por algunos críticos, entre los cuales sobresale Sybil Moholy-Nagy. Véase SMN, "En los límites del entorno", *Summa*, núm. 16, Buenos Aires, abril, 1969, p. 71.

[10] Constituye un intento positivo en esta dirección, la monumental obra *Caracas a través de su arquitectura*, de Graziano Gasparini y Juan Pedro Posani, Fundación Fina Gómez, Caracas, 1969. Aunque no se refiere con particular énfasis a los problemas de América Latina, un reciente libro de teoría de la arquitectura publicado en la Argentina, demuestra la preocupación por aspectos más cercanos a la realidad cotidiana: importancia del proceso de producción, la actividad comercial o las formas arquitectónicas de la cultura popular: Marina Waisman, *La estructura histórica del entorno*, Nueva Visión, Buenos Aires, 1972.

Latina. Son aquellas que fundamentan la homogeneidad del "colectivo" social, esencia de una arquitectura concebida en términos de trama unitaria, delimitadora espacial de una vida social coherente.

b] *Arquitectura y lenguaje*

El enfoque lingüístico de la arquitectura no constituye un fenómeno reciente. La tratadística clásica, de Vitruvio a Guadet, representa un intento por codificar un vocabulario, sistematizar los componentes formales vinculados con las tipologías funcionales identificando socialmente los temas arquitectónicos. Sin embargo, es reciente el análisis de la arquitectura basado en la transcripción de la metodología aplicada por la lingüística contemporánea —en particular por la semiótica o teoría de los signos—,[11] intento con el cual se trató de otorgar una fundamentación científica a una teoría que agonizaba anquilosada dentro de los cánones impuestos por la tradición clásica. A su vez el desarrollo de la antropología estructural permitió establecer una vinculación más estricta entre los fenómenos culturales y la sociedad que los genera. Al integrarse estos elementos se abrió una nueva etapa en las investigaciones teóricas sobre la arquitectura, caracterizada por el rigor científico del análisis semiológico, aclaratorio de los significados implícitos en los signos arquitectónicos partiendo de las denotaciones funcionales generadas por la vida social, e indicador de las conexiones existentes entre los signos pertenecientes a diversos sistemas lingüísticos.

¿Cuál es el origen de la transformación acaecida en el método de análisis crítico de la arquitectura contemporánea? 1] Fundamentación de la práctica proyectual en una metodología científica, sustituyendo la tra-

---

[11] El ordenamiento de los conceptos que rigen el análisis semiológico, elaborado por Ferdinand de Saussure, precisado por Charles Morris y otros, fue transcrito en términos arquitectónicos por un grupo de autores europeos con el fin de sentar las bases de una nueva teoría de la arquitectura. Véase Gillo Dorflles, *Símbolo, comunicación y consumo*, Lumen, Barcelona, 1967; Giovanni Klaus Koenig, *Analisi del linguaggio architettonico* (I), Librería Editrice Fiorentina, 1964; Umberto Eco, *Appunti per una semiologia delle comunicazioni visive*, Bompiani, Milano, 1966; Christian Norberg-Schulz, *Intenzioni in architettura*, Lerici, Milano, 1967; Manfredo Tafuri, *Teoria e storia dell'architettura*, Laterza, Bari, 1973; Renato de Fusco, *Segni, storia e progetto dell'architettura*, Laterza, Bari, 1973; J. M. Rodríguez y otros, "Arquitectura como semiótica", *Nueva Visión*, Buenos Aires, 1972; Tomás Maldonado, "Ambiente humano e ideología", *Nueva Visión*, Buenos Aires, 1972; Charles Jencks & George Baird, *Il significato in architettura*, Dedalo, Bari, 1974; Umberto Eco, *La struttura assente* (1968) y *Le forme del contenuto* (1971), Bompiani, Milano. A esta bibliografía europea se deben agregar los aportes surgidos en Latinoamérica, en particular en Argentina, donde fue creada en 1969 una cátedra de semiología arquitectónica en la Facultad de Arquitectura y Urbanismo de la Universidad de Buenos Aires. Deben señalarse los trabajos teóricos de M. Gandelsonas, R. Doberti y J. P. Bonta. Véase "Arquitectura, historia y teoría de los signos" (mimeo), ponencia de J. P. Bonta al Simposio de Castelldefels, Barcelona, 1972; J. P. Bonta, *Sistemas de significación en arquitectura*, G. Gili, Barcelona, 1974.

dicional manualística *Beaux Arts* por las computadoras, para resolver los complejos problemas funcionales y de programación; [12] 2] La incidencia de la teoría de la comunicación en los códigos visuales; 3] La visible contradicción entre el hipotético valor de la arquitectura tradicional "culta" y su escasa significación y asimilación en el seno de la sociedad, así como también el peso cada vez mayor de una arquitectura espontánea, "sin forma", no controlada por los arquitectos en su intencionalidad formal, que inserta un universo de signos y símbolos ajenos y contradictorios respecto a aquellos comprendidos en los cánones de la cultura arquitectónica; [13] 4] La complejidad funcional de la sociedad contemporánea y la dimensión alcanzada por los centros urbanos, que obligan a sistematizar los signos arquitectónicos —simbólicos o funcionales— para cumplir la función de mediadores formales y espaciales entre la funcionalidad individual y la funcionalidad social, sumidas hoy en un caos referencial.

Si bien el análisis semiológico de la arquitectura detectó la creciente complejidad de los factores incidentes en la caracterización de los signos lingüísticos, el mayor énfasis de las investigaciones fue concentrado en las dimensiones semánticas y sintácticas, es decir, en el estudio del significado de los signos y símbolos a partir de sus denotaciones, así como también en el estudio de las relaciones existentes entre los componentes formales que constituyen un vocabulario dado. Limitados a estos aspectos nos encontramos nuevamente ante el predominio de la forma arquitectónica y de su valoración estética, ajenas a la particularidad social que la determina. Pero si nos interesa el valor comunicativo de la arquitectura en relación con los receptores, debemos integrarla dentro del sistema superior de las programaciones sociales, que comprenden: a] los modos de producción; b] las ideologías; c] los programas de comunicación. Todo sistema sígnico encierra programas de comportamiento definidos social y culturalmente, pero al mismo tiempo está vinculado a los procesos productivos. Los individuos realizan un trabajo en el sentido de que "erogan fuerza de tipo sígnico", cuya finalidad última, los productos, alcance un sentido y un valor social: o sea, la comunicación forma parte del proceso de la reproducción social.[14]

12 Un grupo de diseñadores y científicos, entre los que podemos citar a Alexander, Gregory, Broadbent, Jones, Moles, etc., crearon las bases esenciales de la nueva metodología de diseño. Sobre este punto, véase Christopher Alexander, *Ensayo sobre la síntesis de la forma*, Infinito, Buenos Aires, 1969; Giuseppe Susani, *Scienza e progette*, Marsilio, Padua, 1967; S. A. Gregory, *Progettazione razionale*, Marsilio, Padua, 1970; G. Broadbent, *Metodología del diseño arquitectónico*, Gili, Barcelona, 1971; G. Broadbent, *Design in architecture*, J. Wiley, Londres, 1973.

13 Erwin Panofsky, *Il significato nelle arti visive*, Einaudi, Torino, 1962. No se trata de la existencia o inexistencia de *intentio*, que separaría a las obras vivenciadas estéticamente y las obras "prácticas", concebidas como vehículos de comunicación, utensilios o aparatos (o sea, artefactos arquitectónicos). Tanto en el nivel "culto" como en el "espontáneo", existe una *intentio* que posee diferente valor estético, caracterizada en cada caso por el contexto cultural y social específico.

14 Ferruccio Rossi-Landi, "Programación social y comunicación", *Casa de las Américas*, núm. 71, marzo-abril, 1972, p. 29.

Si la arquitectura satisface las necesidades esenciales del hombre, y constituye la envoltura de todas sus actividades básicas —sociales e individuales—, la profundización de este aspecto constituye el fundamento indispensable para comprender la asimilación social de los signos arquitectónicos, la receptividad comunicativa y la participación comunitaria en la elaboración y materialización de los códigos, no sólo concebidos en términos de valores culturales, sino también en sus implicaciones técnicas, funcionales, económicas, etc. Las contradicciones entre los niveles de vida en la ciudad y entre ciudad y campo, la diferenciación de los servicios, del hábitat, de los valores culturales, y las divergencias existentes en los contenidos ideológicos —conscientes o heterodirigidos— constituyen factores componentes de las programaciones culturales, cuyo conocimiento es indispensable para asimilar la diversidad de significados que alcanzan las expresiones arquitectónicas, como partes componentes de las programaciones sociales, complejas y contradictorias, que caracterizan la sociedad latinoamericana, producto de la férrea división en clases y de la dependencia económica de los centros del poder imperial del capital monopolista.

Toda significación o simbolización formal y espacial proviene de una jerarquía de funciones, de un contenido ideológico, de una instrumentalización de la técnica basada en ciertas relaciones económicas, en la existencia de una estrategia de clase, o en las proposiciones económico-culturales condicionadas por los intereses de un grupo social determinado: la arquitectura-producto, resultante de la incidencia de estos factores, se sitúa en un nivel específico de la praxis social.[15] Ellos circunscriben *dialécticamente* el contenido comunicativo que posee una determinada obra, asimilado por la sociedad como conjunto —la pretendida universalidad del lenguaje utilizado por las obras del Estado, en su función de mediador dentro de la comunidad— o por un núcleo parcial de la misma. La receptibilidad de los mensajes se basa en la existencia de un código socialmente aceptado. La arquitectura implica una codificación de elementos formales y espaciales, que a la vez comprende los valores otorgados a las funciones y las representaciones culturales de los diversos grupos sociales; elementos que constituyen el marco visible del contexto urbano. En una sociedad existen —en términos arquitectónicos— diferentes códigos coincidentes con los niveles sociales; formas y significados pueden contraponerse o asimilarse a través de las influencias recíprocas de los modelos elaborados en cada grupo.

La comprensión del desarrollo arquitectónico de América Latina impone el esclarecimiento de los factores citados, determinando el peso de cada uno de ellos en la caracterización de los diversos niveles de la prác-

---

[15] La arquitectura como "práctica" específica dentro de la praxis social, posee diversos niveles de concreción determinados por las estructuras ideológicas, sociales y económicas vigentes. Un análisis exhaustivo del quehacer arquitectónico en la actual sociedad europea ha sido desarrollado por Jean Aubert, Jean-Paul Jungmann, Arnauld Suger, Hubert Tonka, *Des raisons de l'architecture* (*l'architecture comme problème théorique dans la lutte de classes*), París, Utopie, 1968.

tica arquitectónica. En ésta inciden con violencia las contradicciones internas —sociales y culturales—, así como también la experiencia cultural del mundo desarrollado. La multiformidad de la imagen hace difícil la caracterización de una arquitectura "nacional", o de particularidades "continentales". En cierto sentido la coherencia significativa de una arquitectura latinoamericana —si ella existiera— se produciría por estratos horizontales que reflejarían las identidades sociales, económicas, ideológicas y culturales, representando los diversos niveles de la praxis social latinoamericana,[16] hasta tanto la superación de las contradicciones permitiera alcanzar la cultura global, generadora de signos arquitectónicos homogéneamente significativos para toda la comunidad continental.

c] *Comunicación y participación*

Antes de entrar en el análisis concreto de la comunicación y la participación social en América Latina, definamos la interrelación existente entre ambos fenómenos socioculturales. Si aceptamos que la comunicación arquitectónica se produce a partir de tres papeles esenciales —social, funcional y simbólico— éstos adquieren significación unitaria a base de la homogeneidad del grupo social, que implica una aceptación de los papeles funcionales vigentes en la comunidad y una cultura que posibilita la comprensión del sistema de signos.[17] La coherencia entre los diferentes niveles de comunicación arquitectónica es máxima cuando el "colectivo" social alcanza un alto grado de participación, que comprende el conjunto de las decisiones incidentes en la vida social. Sin embargo existe una variación participacional comprendida entre los extremos polares: desde el proceso creativo-productivo realizado colectivamente hasta la arquitectura heterodirigida, impuesta por un grupo o élite a la totalidad social.

A partir de la revolución industrial los métodos de producción y las relaciones sociales tendieron a reducir la participación social en el quehacer arquitectónico, hasta reducirla —en el caso del hábitat— a la caracterización del espacio individual mínimo, sobre todo en los grupos de escasos recursos. A la cultura de "élite" se contrapuso la cultura de masas impulsada por los medios masivos de comunicación, que alcanzando gran-

---

[16] La historiografía de la arquitectura ha intentado definir repetidamente la existencia de constantes a escala continental o nacional que caractericen una arquitectura latinoamericana sin lograr hasta el presente ningún resultado positivo. Cuando se llega a la conclusión de que la incidencia de las corrientes estilísticas internacionales permea la figuración arquitectónica de los centros urbanos, la única salida factible para recuperar los valores nacionales o continentales es la regresión hacia la arquitectura popular, hacia los modelos rurales, considerados "incontaminados" de influencias externas. Es una concepción romántica que no parte de un análisis científico de la relación entre la práctica arquitectónica y la praxis social en América Latina. Sobre este tema, véase Enrique Neuhauser, Marcelo Vergara, *Arquitectura nacional latinoamericana*, Tesis de Título, Facultad de Arquitectura y Urbanismo, Universidad de Chile, 1969.

[17] Christian Norberg-Schulz, *Intenzioni in architettura*, Milano, Lerici, 1967, p. 46.

des estratos de población hacía suponer una nueva vigencia de la participación social. Sin embargo los intereses de los "grupos económicos" que manipularon dichos medios negaron toda posibilidad de participación creativa socialitaria, fijando los falsos mitos y las falsas libertades generadoras de la enajenación del hombre contemporáneo y de su extrañamiento frente al ambiente circundante.

Es evidente que la participación —a nivel productivo y de decisión— sería recuperada en una sociedad homogénea, sin contradicciones antagónicas internas. Sobre este principio se fundan las hipótesis de futuro propuestas en los países industrializados partiendo del principio de la "obsolescencia forzada" de las estructuras urbanas y de la posibilidad de transformación del ambiente interior (individual) y exterior (social) por el conjunto de habitantes, comprendido el hábitat, las estructuras de servicios, etc.[18] ¿Es posible asimilar estas ideas en América Latina? Analizaremos cómo la participación social es un factor de importancia en las proposiciones que enfocan las soluciones para superar la precaria condición del subdesarrollo, pero que por ahora no trascienden de la participación productiva y no alcanzan la etapa superior —de decisión— en la cual la heterodirección quedaría en manos del "colectivo" social.[19]

2. ARQUITECTURA Y COMUNICACIÓN

a] *Análisis histórico*

No cabe en el presente ensayo profundizar sobre el significado de la comunicación y la participación en la historia de la arquitectura latinoamericana, sino señalar esquemáticamente algunos aspectos esenciales partiendo de los factores señalados anteriormente.

Las sociedades primitivas se caracterizan por la posesión de una cultura integrativa, que implica un alto grado de participación social en los procesos productivos y en la comprensión de los símbolos establecidos. Condición vigente en las comunidades de América precolombina, en las cuales el ambiente arquitectónico-urbanístico, si bien jerarquizado material, funcional y simbólicamente en concordancia con la existencia de

---

[18] Es evidente que aún la mayoría de las propuestas están más cercanas de la utopía que de una concreción inmediata. Me refiero a las ideas de construir los ambientes a base de las necesidades de cada individuo que proponen Yona Friedman o el Grupo Archigram en el *control and choice living*. Sin embargo, más cercanas a la realidad se encuentran las proposiciones de lograr estructuras dinámicas para el tiempo libre, que impliquen participación social: el proyecto del "Fun Palace" de Cedric Price encuentra una primera y tímida materialización en el "Ágora" de Dronten, recientemente construido en Holanda.

[19] Silvio Grichener, "Diseño de vivienda y desarrollo", *Summa*, núm. 9, agosto, 1967, p. 82.

grupos o castas sociales, establecía un marco referencial comprensible para toda la comunidad. Aun cuando la figuración pictórica o escultórica de los pueblos mayas o aztecas resultase más fácilmente asimilable por la casta militar o sacerdotal, los espacios conmemorativos definidos por la arquitectura monumental eran utilizados colectivamente en las festividades religiosas. La cualificación ambiental —de la ciudad al objeto decorativo— queda definida por la diversidad de niveles técnico-económicos, y no por una diferente intencionalidad formal o estética, cuya coherencia justamente señala la unidad de cultura que permite colocar en un mismo plano figurativo las obras de arte de la "alta" tradición intelectual y las estatuillas o cerámicas populares.

La irrupción del colonizador español en el continente americano destruye la autonomía y la coherencia estética de las civilizaciones precolombinas. La arquitectura de origen europeo fijará los nuevos cánones formales, los nuevos símbolos, en coincidencia con la cultura hispánica impuesta sobre el territorio dominado. Desde el punto de vista comunicativo la arquitectura colonial se subdivide en: 1] La repetición directa de los códigos europeos traídos por el colonizador, aplicados en sus diversos niveles: a] la experiencia proyectual y tecnológica que permite erigir las primeras catedrales —Santo Domingo, México, Puebla, etc.—; b] el ideal abstracto, visible en la cuadrícula urbana difundida por el continente; c] la experiencia práctica y cultural de los colonizadores, aplicada directamente por ellos en la construcción de ciudades y edificios, que se manifiesta en un nivel más espontáneo y popular. 2] La adecuación a los materiales, técnicas o las condiciones ecológicas locales, aun conservando la codificación externa, que determina una caracterización formal a escala regional; ésta, según Gasparini, le otorga el carácter provincial que define la especificidad de la arquitectura colonial.[20] 3] La intencionalidad comunicativa —ideológica— motivada por la necesidad de adscribir los pobladores locales a las creencias y valores culturales hispánicos, sintetizada en el mestizaje arquitectónico.[21] 4] La reelaboración de los elementos

[20] Graziano Gasparini, *América, barroco y arquitectura*, Caracas, Armitano, 1972, p. 22.

[21] Gasparini se opone a la utilización del término "arquitectura mestiza", afirmando que en América Latina no existió una cultura mestiza incidente en las manifestaciones de origen hispánico, resultando más acertado hablar de un proceso de aculturación, en vez de mestizaje. Creemos que el término puede ser utilizado —sin connotaciones raciales ni de subvalorización cultural o técnica— para caracterizar la participación y comunicación a nivel regional, desde la respuesta a funciones que integran costumbres o valores de los pobladores originarios —las capillas abiertas mexicanas— hasta la aplicación de motivos decorativos y temas locales sobre las estructuras arquitectónicas de ascendencia hispánica. Este "mestizaje" arquitectónico que resulta de la participación y la comunicación a nivel local, no se identifica obligatoriamente con la arquitectura popular o espontánea —referida en general al ámbito rural —que consideramos ubicada en otro nivel de la producción arquitectónica. Véase Graziano Gasparini, "Análisis crítico de las definiciones 'arquitectura popular' y 'arquitectura mestiza'", *Boletín del Centro de Investigaciones Históricas y Estéticas*, núm. 3, Caracas, Venezuela, p. 51.

externos en una nueva síntesis mantenida a nivel popular, que caracteriza la arquitectura rural o "espontánea".

A pesar de la disparidad de tendencias enunciadas creemos que durante el período colonial la arquitectura latinoamericana logró una homogeneidad continental que nos permite hablar, a escala del territorio, de un "diseño ambiental". La élite dominante organiza su sistema de signos en los centros urbanos, desde los cuales se irradian los códigos asimilados en el ambiente rural. Dichos elementos simbólicos hacen visible el poder político, económico y religioso, a través de formas y espacios identificables y diferenciables dentro de la estructura urbana, cuya trama está constituida por el hábitat. Existe un equilibrio funcional y formal en la ciudad, dentro del cual quedan asimilados los grupos sociales bajo la orientación impuesta por la escala de valores —formales, funcionales e ideológicos— de la clase dominante. A la particularidad monumental y simbólica de las iglesias, palacios y edificios públicos, se contrapone el estándar arquitectónico, fijado por las persistencias funcionales —el hábitat como introversión familiar—, la recurrencia técnica —los muros de mampostería, los techos de madera y tejas, los revoques de cal, etc.— y la interpretación popular —estilística— de los elementos funcionales básicos de la arquitectura. Homogeneidad de un código establecido a escala continental, a través de la repetición de centros urbanos con rasgos comunes: el trazado de las calles, la organización de los espacios abiertos —las plazas—, las superficies continuas de los muros de fachada, las escasas aberturas hacia el exterior, los valores cromáticos; factores que sintetizan la unidad urbanística de la arquitectura colonial. Carácter unitario que a su vez se proyecta sobre las construcciones rurales, tanto a nivel elaborado —las haciendas— como a nivel popular, construcciones que, carentes de limitaciones ambientales, logran una configuración creativa, espontánea, motivada por la participación colectiva en el proceso configurativo: las construcciones del altiplano boliviano constituyen un claro ejemplo de lo dicho.

La liberación de la dependencia colonial y la formación de las nacionalidades latinoamericanas tienen como consecuencia la pérdida de homogeneidad del código elaborado internamente por la cultura local. Los modelos hispánicos se sustituyen con los provenientes de los países industrializados —Inglaterra, Francia y después Estados Unidos— como consecuencia de la sustitución de la dependencia colonial por la neocolonial; es el predominio de las burguesías locales que patrocinan el desarrollo comercial e industrial —supeditado a los intereses de las naciones europeas— y promueven la consolidación de los centros urbanos ya netamente diferenciados del marco rural. La fuerte inmigración europea de fines del siglo XIX, así como la progresiva especialización y diversificación de las actividades productivas condicionan una estratificación social más compleja que destruye el equilibrio mantenido anteriormente. El ambiente urbano se transforma asimilando la nueva escala de valores impuesta por los temas y su representación formal y simbólica, identificada con la individualidad de los edificios eclécticos sobre el contexto urbano. Constituye una excepción a este enunciado el desarrollo de la ciudad de La Habana, donde la inserción del neoclasicismo logra prolongar la coherencia figurativa a través de un código asimilado por diversos niveles sociales, caracterizando papeles arquitectónicos diferenciados: desde los palacios céntricos —proyectados por los arquitectos en un lenguaje erudito— hasta los portales de las viviendas espontáneas surgidas a lo largo de las Calzadas Reales.[22]

La arquitectura ecléctica de América Latina expresa la dependencia cultural de los modelos elaborados por la burguesía europea, impuesta por diseñadores extranjeros, sin asimilación alguna de las tradiciones locales, y cuyo código figurativo, empleado en la construcción de edificios públicos, corresponde a la identidad Estado-clase dominante. A su vez, aplicado a las mansiones burguesas, indica la obsolescencia semántica del repertorio colonial, su deterioro, no sólo por las paulatinas contaminaciones de clase —la ocupación del casco colonial por grupos de escasos recursos— sino por la acentuación de "lo urbano" sobre la cultura real, considerada como subcultura frente al sistema de valores provenientes de Europa. Por otra parte, individualizando el hábitat burgués, esta arquitectura exterioriza la riqueza personal del continente al diferenciar los palacetes dentro de la trama urbana.

A fines del siglo XIX las ciudades capitales latinoamericanas poseen ya diversos niveles de caracterización espacial: el centro, monumentalizado por la presencia de los edificios públicos; los nuevos barrios de la burguesía adinerada; las zonas homogéneas y continuas del hábitat de la pequeña burguesía. Éstas se caracterizan por la transcripción del lenguaje ecléctico que realizan los constructores o la particularización estilística identificadora de su existencia como grupo social: es la presencia en América Latina del *art nouveau*, postrer intento de cualificar unitariamente el marco de vida de la clase media. La aparición del proletariado y la presencia incontrolada de las estructuras productivas —puertos, depósitos, industrias, etc.—, implican el deterioro formal de los márgenes urbanos y de una parte del casco colonial, cerrándose el nuevo ciclo de configuración de las funciones urbanas.

La sustitución del valor de uso por el valor de cambio [23] en la realidad urbana corresponde a la desaparición del código unitario preexistente. La configuración arquitectónica de la ciudad —y su estructura funcional-simbólico-comunicativa— se fragmenta emitiendo una pluralidad de mensajes en correspondencia con los diferentes grupos sociales. Sin embargo cada grupo no elabora los elementos del código, pues éstos resultan hete-

---

[22] Esta particularidad, representada por Cuba en el siglo XIX, se debe en parte a la liberación tardía del dominio colonial español que impide a la burguesía local el desarrollo de papeles arquitectónicos nuevos. Por otra parte, la elementariedad de la tipología figurativa que compone el estilo, condicionada por la incidencia de las determinantes ecológicas, hacía factible su interpretación por diferentes niveles de cultura, sin por ello afectar el contenido semántico de los signos lingüísticos.

[23] Henri Lefebre, *Le droit à la ville*, París, Editions Anthropos, 1968, p. 5.

rodirigidos por la burguesía en su estrategia de clase, condicionando así el marco de vida del resto de la sociedad. Esta acción se materializa a través de diversos niveles de la realidad arquitectónica: la promoción y control del Estado (actividad arquitectónica); los profesionales y la iniciativa económica privada (práctica arquitectónica); las fuerzas espontáneas surgidas en el desarrollo de la praxis social (práctica arquitectural) que integran la arquitectura a la vida cotidiana.[24]

Veremos en detalle la incidencia de estos niveles en el desarrollo de la actual arquitectura latinoamericana, luego de analizar el significado del racionalismo.

La generación de arquitectos de los años 20 reaccionó contra el eclecticismo y el deterioro de la estructura urbana, asimilando las proposiciones de vanguardia provenientes de Europa y coincidiendo con el fermento político y cultural suscitado en diversos países del continente. Si las ciudades de América Latina habían perdido los rasgos peculiares de la cultura colonial, convertidas en urbes "modernas", ¿por qué entonces, no aceptar las proposiciones revolucionarias nacidas en el mundo industrializado, asimilándolas dentro del contexto local como expresión de renovación y de modernidad en el plano político y en el plano figurativo?[25]

El fracaso del racionalismo —en Europa y en América— como movimiento arquitectónico revolucionario, es un hecho convalidado por la crítica contemporánea.[26] Sin embargo, a pesar de los escasos logros obtenidos, sus impulsores pretendieron establecer un orden arquitectónico-urbanístico carente de las connotaciones de clase implícitas en las obras precedentes. Operantes dentro de las estructuras del Estado, a través de las obras del contenido social, los diseñadores aspiraban a recuperar un lenguaje que, en su estricta representación de la función, fuera comprensible a toda la comunidad, en el acto mismo del cumplimiento de la función. Intentos asimilados por algunos sectores progresistas de las pequeñas burguesías nacionales, que, partícipes del poder político, deseaban mejorar las condiciones de vida de la población, atenuando así las agudas

[24] Jean Aubert y otros, op. cit.

[25] Escribía Juan O'Gorman en 1936: "Noble arquitectura técnica, arquitectura que es la verdadera expresión de la vida y que es también la manifestación de los medios científicos del hombre actual... La arquitectura tendrá que hacerse internacional por la simple razón de que el hombre cada día se universaliza, se colectiviza y se educa para el mundo..." Raquel Tibol, "Juan O'Gorman en varios tiempos", Calli Internacional, núm. 28, julio-agosto, 1967, México.

[26] Francisco Bullrich, op. cit., p. 18: "Es cierto que el funcionalismo constituía una nueva fuente de inspiración que liberaba las concepciones del arquitecto de fórmulas estilísticas estériles y comprometía a sus seguidores en una búsqueda sincera de una nueva expresión arquitectónica basada en una valoración objetiva de las necesidades del hombre moderno y en los nuevos medios técnicos a su disposición. Pero las circunstancias socioeconómicas y culturales locales diferían de las de Europa de la época. Inevitablemente las primeras tentativas racionalistas eran expresiones de una progresiva, aislada inteligentsia, más que productos arraigados sólidamente en el suelo latinoamericano".

contradicciones sociales existentes en los centros urbanos.[27] Una arquitectura erigida en diversos sectores de la ciudad, no identificada con un "sitio" privilegiado, expresión simbólica de la coherencia social, que por lo menos idealmente se pretendía configurar. Se pecaba de utopismo al suponer que a través de algunos servicios comunitarios se regeneraría una situación nacida de la fisura insalvable impuesta por las contradicciones sociales y económicas, cuya dinámica acelerada —no alterada por transformaciones radicales— constituía la verdadera motivación configuradora del ambiente urbano. El Hospital de Clínicas de Montevideo, el monobloque de viviendas colectivas "Solaire" de Buenos Aires, el Hospital del Niño, en México o el conjunto residencial "El Silencio" en Caracas, testimonian la voluntad de los diseñadores de recuperar la coherencia formal del medio ambiente hipotetizando una nueva sociedad, no materializada. Tergiversada la fundamentación ideológica de este intento su herencia quedó reducida a la comercialización de las formas "puras", convertidas en coartada de la modernidad y de la monotonía de la arquitectura como valor de cambio. Veamos cómo este camino caracteriza la configuración arquitectónico-urbanística actual y cuál es el significado que asumen los mensajes transmitidos en los diversos niveles sociales.

b] *Caracterización del hábitat*

En el diseño del ambiente urbano el hábitat juega un papel predominante; su caracterización particular expresa los modos de vida de la sociedad. La pretendida recuperación conceptuada de la coherencia del hábitat colonial a través del racionalismo se contrapone a la dinámica establecida por los siguientes factores: el crecimiento incontrolado de las ciudades capitales, el empuje producido por la inmigración exterior e interior, la densa concentración de las actividades comerciales e industriales, la extensión infinita de la cuadrícula urbana y el incremento constante del valor de la tierra. Veamos cómo definen el hábitat los tres niveles de la realidad arquitectónica: la iniciativa del Estado, las motivaciones económicas y la acción espontánea.

El Estado asume la doble función de mediador y promotor en el desarrollo del hábitat. La enunciación de normas y reglamentos urbanísticos establece de por sí una prefiguración formal. Las normas tienen una amplitud que les permite soslayar la contradicción con los intereses privados facilitando la sectorialización territorial de los diversos grupos sociales, o sea, en las zonas correspondientes a las residencias de lujo

---

[27] Israel Katzman, *Arquitectura contemporánea mexicana*, Instituto Nacional de Antropología e Historia. México, 1965, p. 150: "En la cuarta década no hubo más que tres funcionalistas: Juan O'Gorman, Juan Legorreta y Álvaro Aburto. Los tres tenían puestos gubernamentales e identificaban el funcionalismo con ideas socialistas y con una glorificación de la arquitectura pobre, que correspondía al conflicto entre los deseos del gobierno de solucionar problemas colectivos de habitación, enseñanza y salubridad y los escasos recursos económicos disponibles para ello...".

se fija una ocupación espacial de trama abierta y desarrollo horizontal, diferente de las normas que permiten la compacta verticalidad del centro, o la ocupación continua del territorio en la periferia no cualificada. Sin embargo el carácter diferenciado de la arquitectura no queda establecido claramente por las normas, cuya aplicación estricta genera contradicciones dentro del medio ambiente: es un ejemplo típico la aparición de torres residenciales en barrios-jardín suburbanos.[28] Además las normas no organizan funcionalmente el territorio —fuera del trazado vial— indicando una relación equilibrada entre el hábitat y los servicios, inexistente en la ilimitada extensión de las zonas "dormitorio".

La acción del Estado caracteriza diferentes configuraciones del hábitat que transmiten contenidos ideológicos y simbólicos específicos. El primer grado de acción corresponde a la solución inmediata de los problemas de salubridad planteados por situaciones extremas surgidas en las "villas miseria". La solución arquitectónica aplicada se basa en una simple mejora material de la "célula" que sustituye, o sea, sin propuestas nuevas, desde el punto de vista del diseño de las unidades o del conjunto urbanístico, partiendo del carácter "provisorio" que poseen estas iniciativas: el plan de viviendas "operación techo" en Santiago de Chile es un ejemplo de esta orientación. Una mayor elaboración, fundamentada en motivaciones ideológicas y políticas —la exteriorización del carácter "benefactor" del Estado —se manifiesta en los núcleos de viviendas diseñados a partir de modelos foráneos—, las viviendas típicas de la "ciudad-jardín" inglesa —o materializando los valores pequeñoburgueses contenidos en la "casa-sueño",[29] o sea, el "cottage" o "chalet", signo simbólico de la mitificación del hábitat y la propiedad privada, que asume una ejemplaridad trascendente, proyectada sobre la comunidad. Constituye una orientación demagógica llevada a cabo por diversos regímenes de América Latina —el primer período presidencial de Perón en la Argentina o durante la dictadura de Batista en Cuba— cuyas obras, supuestamente identificadas con un proyecto nacional de ascendencia populista, disfrazan las necesidades y aspiraciones del proletariado con los ideales de la pequeña burguesía. El tercer grado de la iniciativa estatal corresponde a la inserción en la trama urbana de modelos del hábitat contemporáneo tomados de las realizaciones significativas del mundo desarrollado —conceptual o formalmente— indicando pautas concretas al problema de la vivienda y generando una nueva estructura urbana contrapuesta a los valores obso-

[28] Es un fenómeno que se ha verificado en la última década en la zona del "Gran Buenos Aires", a pesar de las premoniciones planteadas hace cuarenta años por el urbanista alemán Werner Hegemann: "Como el reglamento de construcciones de Buenos Aires permite en todas las zonas de la ciudad una construcción innecesariamente alta, todo propietario de terreno cree tener el derecho de hacer especulaciones, esperando construcciones desmesuradas y de altura fantástica...", *Revista del Centro de Arquitectos, Constructores de Obras y Anexos*, Buenos Aires, noviembre, 1931, p. 135.

[29] P. Parat y Ch. H. Arguillère, "L'individuel, rêve, cauchemar; tendences", *L'Architecture d'Aujourd'hui*, núm. 136, febrero-marzo, 1968, p. 7.

letos, a los intereses de clase predominantes en la ciudad. Las iniciativas materializadas han coincidido, en la mayoría de los casos, con un elevado nivel de diseño, factor positivo acompañado por la polaridad antagónica negativa, o sea, la escasa trascendencia dentro del contexto social ante el carácter aislado y fragmentario de los conjuntos. Si bien algunos de los ejemplos válidos —el barrio Portales en Chile, el Presidente Alemán en México, la unidad Pedregulho en Brasil, el conjunto habitacional 23 de Enero en Venezuela o la Unidad Vecinal La Habana del Este en Cuba— fueron proyectados por los diseñadores más destacados operantes en cada país, el análisis crítico de los resultados señaló dos aspectos negativos básicos: el alto costo de los edificios, que contradijo la finalidad originaria —destinados al proletariado, algunos de los conjuntos fueron ocupados por la clase media— y un esquema del hábitat antitético a las formas de vida y tradiciones culturales de los pobladores. O sea, más que una acción arquitectónica promovida por la sociedad, una acción impuesta sobre la sociedad, configurando el llamado "urbanismo autoritario".[30]

La construcción de los superbloques constituye una premonición idealizada, una hipótesis de estructura urbana, planteada por los arquitectos jóvenes. Evidentemente, se cometen dos errores conceptuales: el primero consiste en atribuir excesiva importancia a los valores estéticos, a una coherencia purista del diseño, hasta alcanzar el límite de las abstracciones formales que caracterizan el hábitat de Brasilia, eliminando toda posibilidad de exteriorización personal por parte de los moradores. El segundo consiste en suponer que la simple construcción de las viviendas pueda actuar como factor regenerante del tejido social urbano. Las formas del habitar cambian, pero las condiciones infraestructurales —inexistencia de servicios— o las contradicciones económicas y sociales —desempleo o subempleo— permanecen constantes, invalidando la efectividad de las propuestas. Sin embargo no compartimos el criterio de quienes niegan estas experiencias —consideradas coercitivas frente al supuesto camino positivo del hábitat espontáneo— en las cuales se han materializado indicaciones válidas, desde un punto de vista ideológico y conceptual, para el desarrollo de la vida social urbana, aun dentro de los límites establecidos por el idealismo y el esteticismo que caracterizan algunos ejemplos.

Si aplicamos al hábitat el segundo nivel de la *realidad arquitectónica* —la práctica arquitectónica— nos enfrentamos al marco de acción establecido por las estructuras económico-profesionales insertadas en la sociedad burguesa. Surge la arquitectura-producto, caracterizada por la respuesta a dos polaridades fundamentales: estetización y amorfismo y el proceso de implosión y explosión del hábitat; dinámica configurada por el sistema de signos, cuyo código proviene de las condicionantes culturales y económicas fijadas por la burguesía.

El deterioro ambiental de los centros urbanos, el caos funcional y

30 John Turner, "Problèmes d'habitat: solutions administratives et solutions populaires", *L'Architecture d'Aujourd'hui*, núm. 140, octubre-noviembre, 1968, p. 1.

estético, la imposibilidad de ejercer un control global regenerante, han promovido, como contrapartida,[31] cualificación de los contenedores de la vida privada: es la "poetización del habitar", la vivienda concebida en términos de evasión o de *loisir*. El arquitecto asume un papel fundamental como creador de la categoría de "lo estético" sacralizando la función "habitar" a través de los atributos formales —externos e internos— que se manifiestan en las viviendas individuales y colectivas. El carácter estilístico, el grado de coherencia formal, varía de acuerdo con los niveles culturales y económicos, desde la sobria asimilación de la poética de los maestros del Movimiento Moderno hasta las caricaturas arquitectónicas generadas por el gusto *kitsch*.[32] Es una arquitectura definida en gran medida por el comitente iluminado que conserva la significación otorgada por el "valor de uso", fijando el estándar elevado de una autonomía formal visible en ciertas zonas céntricas o en las residencias suburbanas. Constituye además la válvula de escape, la concreción de una libre creatividad que permite a los arquitectos la exteriorización del talento, desinhibido por la carencia de estrictas limitaciones materiales: la vivienda individual mantiene aún, en América Latina, una significación fundamental, caracterizadora de los caminos de la arquitectura "culta".

Sin embargo gran parte del hábitat burgués corresponde a la tónica determinada por el mecanismo especulativo, o sea, la arquitectura concebida como "valor de cambio". Es el amorfismo, o como lo define De Fusco, la "función sin forma" que cubre anónimamente los barrios urbanos con las lisas fachadas continuas —triste obsolescencia semántica del purismo racionalista— que encajonan la cuadrícula vial. Si se acepta la legitimidad de la configuración exterior —legitimización económica, en la cual se acepta la renuncia a "lo estético"— se establece el equilibrio compensatorio en la esfera de lo arbitrario,[33] o sea, en el espacio interior de la célula habitacional, campo de acción del libre desahogo "participacional" del morador.

Los aspectos tratados, referentes a la valorización estética, pueden aplicarse a dos movimientos antagónicos que caracterizan las formas del habitar: la explosión y la implosión. Durante este siglo la ciudad se ha desarrollado en un continuo movimiento centrífugo del centro hacia los bordes; dinámica identificada con la persistencia del habitat *pavillonaire* —el principio de vivir en las afueras— basada en la autonomía e intro-

[31] Henri Lefebvre, Prefacio del libro *L'habitat pavillonnaire*, H. Raymond, N. Haumont, M. G. Raymond, A. Haumont, Centre de Recherche d'Urbanisme, París, 1966, p. 15.

[32] Vittorio Gregotti, "Kitsch e Arquitettura", en *Il Kitsch, antología del cattivo gusto*, Gillo Dorfles, Mazzotta, Milano, 1968, p. 268. "La vivienda en propiedad horizontal, el palacete, la vivienda unifamiliar suburbana, en las cuales se halla obstinadamente presente un mísero residuo del sentido de la propiedad privada, de posesión como valor, son tipologías *kitsch*, directamente a nivel de la relación entre comportamiento y objeto".

[33] Pierre Bordieu, "Campo intelectual y proyecto creador", en *Problemas del estructuralismo*, Siglo XXI, México, 1967, p. 163.

versión familiar dentro del cuerpo social. Si desde el punto de vista ideológico esta actitud responde al principio de la incontaminación social —la "ghettoización" al revés— sustentado por la burguesía, por otra parte el alejamiento del centro simbólico monumental significaba la pérdida de los servicios cualificados y de la vivencia de "lo urbano". En reacción a este proceso —la explosión— se produce el movimiento contrario —la implosión—, fenómeno característico de las ciudades latinoamericanas en las últimas décadas, representado en la construcción de altas torres de viviendas de lujo en las zonas más próximas a la "city". Sin embargo las torres residenciales asumen el papel de islas autónomas dentro del tejido urbano, que mantienen la incontaminación social y funcional, promovida, en algunos de los ejemplos existentes, por la inclusión de ciertos servicios colectivos. El hábitat queda así integrado al centro de consumo y al centro de decisión, compactando el "sitio" urbano jerarquizado por los grupos de poder.

A la práctica arquitectural corresponde una acción asimilada dentro de un contexto social amplio, diferenciado, coincidente con una materialización espontánea, que abarca diversas actitudes comprendidas entre la "voluntarística" —proyectual— y la "participacional" —constructiva. La mayor parte del territorio urbano en América Latina está ocupado por esta arquitectura, identificada socialmente con la pequeña burguesía, el proletariado y los grupos marginales, cuya segregación del centro y de las zonas urbanas cualificadas es promovida por los mecanismos económico-especulativos. Los tres niveles sociales definen tres respuestas al modo de habitar que gradualmente pierden el sentido de "lo estético" cuyos atributos se establecen a través de la contaminación ideológica y estilística proveniente de los modelos de la "alta" cultura —los ornamentos "clásicos" en las fachadas— o del *kitsch* pequeñoburgués—, elementos plásticos que expresan la asimilación de la codificación arquitectónica contemporánea. Factores formales que son adicionados a la estructura tipológica funcional, en la cual persisten aún los esquemas provenientes de la tradición colonial —las viviendas en tira con los patios interiores—, fijando una ocupación del suelo paulatinamente raleada, en un deterioro de "lo urbano", dispersa en el ámbito rural a través de los límites dinámicos formados por los barrios marginales, cuya configuración proviene del pasaje de la "cultura" a la "subcultura", a la precariedad de la arquitectura y del contorno material.

c] *Presencia de la centralidad*

La historia de los centros urbanos expresa la dualidad significativa que los caracteriza: coexisten la representación simbólica y la participación social, correspondiendo a la arquitectura la valorización del "sitio", al exteriorizar los contenidos funcionales, ideológicos y simbólicos aceptados por la comunidad. Por una parte los edificios-símbolos —iglesia, ayuntamiento, palacio— se identifican con las estructuras de poder dominantes, por otra los espacios equilibran la presencia simbólico-formal con la incitación participacional, o sea, el "uso" comunitario del centro. Este equilibrio, conservado a través de la historia, fue roto en el siglo XIX, cuando la burguesía erige los nuevos símbolos —los monumentos eclécticos— representativos de las funciones del Estado, supeditando los espacios de uso al necesario acompañamiento prospéctico impuesto por los monumentos, alcanzando el centro una hipotética simbolización global de la comunidad, identificada con el Estado.

El cambio de la sociedad rural-artesanal a la sociedad urbano-industrial está acompañado por un fuerte desarrollo de las actividades económicas concentradas en la ciudad capital, que, además del papel de centro de decisión política, asume el de centro de decisión económica. El capital financiero, la banca, las centrales de control industrial y comercial, requieren sus estructuras simbólico-funcionales que supeditan y marginan las simbolizaciones del Estado: la presencia de la "fiesta" y la falsa ideología contenida en la imagen del Estado como síntesis de la comunidad quedan barridas del centro, cuyos nuevos signos arquitectónicos exaltan el poder económico de la clase dominante.[34]

En términos de arquitectura el centro se identifica con la "modernidad", estilística y técnica, coincidente con la figuración determinada por un alto estándar de vida que ritualiza las funciones —trabajo, comercio, esparcimiento— representativas de la eficiencia del "sistema" en el cual participa la sociedad "integrada". El aspecto más característico de las capitales contemporáneas es su valor terciario y su papel de centro de consumo, motivados por la alta concentración de población y de riqueza. De allí el peso que alcanza el comercio en el centro, una de las pocas funciones que logra alterar la trama vial —la proliferación de las galerías comerciales libremente introducidas sobre la cuadrícula ortogonal— definiendo la máxima cualificación estética del ambiente, que contrasta con el escaso significado de la misma función en las zonas periféricas, salvo en las islas comerciales creadas en zonas residenciales burguesas, que repiten los signos referenciales existentes en el centro.

Caóticamente —porque la férrea ley del valor de la tierra no permite el control planificado del centro— se contraponen y compiten entre sí las torres de acero, hormigón, aluminio y cristal o los conjuntos monumentales diseñados por la vanguardia figurativa local que oponen la creatividad de la cultura nacional —idealizando su proyección sobre las condiciones objetivas vigentes en la sociedad—[35] a la reproducción imitativa

[34] Henri Lefebvre, op. cit., p. 45: "Al agrupar los centros de decisión, la ciudad moderna intensifica y organiza la explotación de toda la sociedad", o sea, no es el lugar pasivo de la producción o de la concentración de los capitales, sino que lo "urbano" interviene como tal en la producción (en los medios de producción).

[35] El Banco de Londres y América del Sur en Buenos Aires es una de las obras que ilustra lo afirmado, ampliamente difundida por todas las publicaciones internacionales como expresión de la arquitectura latinoamericana. Dice el autor, Clorindo Testa: "El concurso tuvo lugar en 1960. Hemos elaborado los planos de eje-

de los modelos provenientes de los países desarrollados. El Banco de Londres y América del Sur en Búenos Aires o el Centro Comercial de la Roca Tarpeya en Caracas constituyen intentos de valorización estética a escala urbanística de dos funciones típicas de la centralidad —la banca y el consumo—, que rechazan el anonimato impuesto por las torres *curtain-wall*. Es la cultura manipulada por el capital monopolista, connotando la existencia de los contenidos humanos manifiestos en la arquitectura y negados por la propia esencia que lo fundamenta.

En el centro, sin embargo, no queda excluida la participación del Estado, cuyas propuestas pretenden generar signos arquitectónicos referidos a un código socialmente asimilable. Se trata de sustituir la autonomía cultural implícita en los edificios públicos eclécticos por un lenguaje que integre elementos vigentes en la cultura nacional y signifique una revitalización funcional de las estructuras del Estado —expresada en el incremento de los servicios sociales— que coincidiría con una mayor participación social en la dirección política nacional. Cuatro ejemplos de este camino sobresalen en América Latina: la arquitectura mexicana de los años 50, sintetizada en la Ciudad Universitaria; la Ciudad Universitaria de Caracas, el centro simbólico de Brasilia y el edificio "Gabriela Mistral" (UNCTAD) en Santiago de Chile. Cada uno contiene una particular intencionalidad comunicativa: la revalorización del pasado histórico nacional, o sea, la figuración prehispánica considerada aún semánticamente válida dentro del contexto arquitectónico contemporáneo,[36] síntesis identificada con los murales aplicados en los edificios públicos mexicanos; la función educativa y cultural otorgada a una arquitectura promotora de la integración de las artes que relaciona dialécticamente la sociedad con la vanguardia figurativa contemporánea, propuesta en la Ciudad Universitaria de Caracas; la creación de símbolos significativos a escala nacional de la nueva dinámica del Estado —Brasilia—, en la cual se desea comunicar la existencia de un reencuentro nacional, la liberación de las ataduras neocoloniales y de la dependencia exterior, identificada con las ciudades

cución hasta 1962; después la construcción duró cuatro años. Un período negro para la Argentina: crisis económica, reaccionarismo político, conatos liberticidas, luchas entre generales de facciones antagónicas. Todo esto puede haber influido sobre nosotros, sobre nuestras inclinaciones morfológicas, aun cuando no lo percibíamos conscientemente. Ciertamente ha pesado sobre la gente estimulando la curiosidad. Desde hace años no se realiza un edificio importante en Buenos Aires: la frustración es notable. Nuestro banco ha ofrecido un pretexto para rediscutir sobre la arquitectura, en particular con los estudiantes. Teníamos por fin algo concreto sobre qué polemizar", citado en Bruno Zevi, "Sette architetti contro una banca", *L'Espresso*, 5 de marzo de 1967, p. 20.

[36] Israel Katzman, *op. cit.*, p. 86: Se pretende crear la participación a través de una figuración, aun cuando en sí no implique ninguna participación real popular en su hacerse. Por lo tanto, es puro ideologismo la afirmación de O'Gorman: "...arquitectura que se produce desde abajo, como forma necesaria, normal, natural y lógica para llenar una necesidad que es la de expresar los anhelos del pueblo de México en su lucha por la libertad...".

de la costa, Río de Janeiro y San Pablo.[37] En el centro cultural "Gabriela Mistral", construido por el gobierno de la Unidad Popular en 1972 para la Asamblea de la UNCTAD III, se planteaba la formación de un conjunto polifuncional que fuera utilizado por las masas populares y asumiera un valor simbólico que lo identificara con el inicio de un proceso democrático y de abierta participación social y cultural, integrativo y cohesionador de todos los niveles sociales.

La escasa incidencia de las formulaciones culturales o la invalidación de las mismas, demuestra la estrecha dependencia entre programaciones sociales y culturales; la arquitectura no puede hipoteizar una realidad superestructural sin la existencia de los fundamentos esenciales básicos. En la arquitectura actual ha desaparecido la obligada vinculación entre forma y contenido; el carácter polisémico de los elementos constitutivos de los códigos hace que el significado denotado y connotado no dependa estrictamente del significante, sino, como afirma Umberto Eco, se encuentra fuera de la arquitectura, en los atributos emanados de la programación cultural que impone un determinado grupo social a través de la cotidianidad funcional. Ha sido superada la codificación unívoca, aún existente en los años 30, cuando los nazis identificaban la arquitectura racionalista con el marxismo y la combatían destruyendo los signos visibles o cambiando la codificación imperante, tapiando las superficies de cristal o construyendo empinadas cubiertas góticas sobre los techos planos de hormigón armado.

Ambas ciudades universitarias mantienen su función originaria, sin que ella incida profundamente en el contexto social: perdura el carácter de centros educacionales al servicio de la clase dominante. Es una élite intelectual quien recibe el mensaje de la recuperación autóctona intentada en México o de la integración de las artes, planteada por Villanueva en Caracas. Por otra parte, la pretendida simbolización democrática, propuesta por Niemeyer en la Plaza de los Tres Poderes de Brasilia no contradice los fundamentos culturales que sustenta el gobierno militar del Brasil[38] para demostrar externamente el avance del "milagro" económi-

---

[37] Algunos autores no comparten esta fundamentación ideológica expresada por las autoridades (Kubitschek) al comienzo de la aventura. Véase Eduardo Galeano, "Qué bandera flamea sobre las máquinas", *Cuadernos Americanos*, México, noviembre-diciembre, 1969, núm. 6, vol. CLXVII, p. 14: "Brasilia nacía, brotada de una galería mágica, en medio de la selva donde los indios no conocían ni la existencia de la rueda; se tendían carreteras y se creaban grandes represas; de las fábricas de automóviles surgía un coche nuevo cada dos minutos. La industria crecía a gran ritmo: era el 'boom'. Se abrían las puertas de par en par, a la inversión extranjera, se aplaudía la invasión de dólares: industrialización, progreso, dinamismo: el Brasil se lanzaba con éxito a la conquista del futuro..." "Según un informe publicado por CEPAL (1965) nada menos que el 81.7% del total de las inversiones producidas entre 1955 y 1962, provenía del financiamiento externo."

[38] Norma Evenson, *Two Brazilian capitals. Architecture and urbanism in Rio de Janeiro and Brasilia*, Yale University Press, New Haven, 1973, p. 164. "Brasilia, con su fuerte énfasis monumental, estaba muy en concordancia con las concepciones militares y los símbolos nacionalistas. La nueva capital, con su plan regulador y su

co y la modernidad alcanzada en las infraestructuras del país. Tampoco se opone al visible contenido de clase existente en el trazado global de la capital. La aspiración de Niemeyer, de diseñar una ciudad de hombres libres, se cumple para los *white collars* ya que los explotados habitan fuera de ella, en los ocho núcleos satélites; poblaciones dormitorios donde 300 000 habitantes —proletarios y empleados de bajo nivel de ingresos— viven ajenos a la simbolización y cualificación arquitectónica y urbanística del plan piloto [39], circunscriptos por la tradicional codificación anónima comercial o producto de la elaboración espontánea y precaria.

Tampoco el edificio "Gabriela Mistral" logró perdurar en su funcionalidad social: el golpe militar contra el gobierno de Salvador Allende lo convierte en sede de la Junta Militar, cambiando radicalmente su significación y su uso en el contexto urbano, alterando además la identificación cultural del conjunto al denominarlo "Diego Portales". El primer premio Nobel de la literatura, símbolo de la cultura progresista chilena, es sustituido por el artífice de las estructuras políticas y represivas burguesas.

d] *Comunicación urbana y nuevos contenidos*

Del análisis de los temas tratados se pone de manifiesto la clara estratificación de los mensajes existentes en América Latina a escala urbana de acuerdo con el sistema de valores establecido por los diferentes grupos sociales. Ahora bien, ¿cuáles son las transformaciones indispensables para recuperar la homogeneidad de un código vigente a escala ambiental? ¿Es factible un cambio en el orden sintáctico y semántico si no se genera antes el cambio de las programaciones sociales que sustenten el código de signos universalmente reconocidos? ¿Puede producirse el cambio comunicativo por medio de los elementos arquitectónicos o es necesario crear un sistema de relaciones —sociales, funcionales, culturales— que inclusive preceda a la arquitectura? ¿Cuál es el papel que juegan en la comunicación urbana los nuevos factores dinámicos insertados en la componente arquitectónico-urbanística?

Frente al valor estático de la arquitectura, la vida urbana, las formas de comportamiento, la interpretación de las funciones, la presencia y

arquitectónica uniformidad, debía parecer un asentamiento ideal desde donde se podía administrar un nuevo programa de disciplina y austeridad."

[39] Lucio Costa, "L'urbaniste défend sa capitale", *Architecture Formes-Fonctions*, núm. 14, p. 18: "En lo que concierne a su expresión arquitectónica, Brasilia obedece a un concepto ideal de pureza plástica, donde la intención de la elegancia se halla siempre presente. Considerando que se trata de una concepción formal libre... Brasilia, tanto por su planificación como por su arquitectura, corresponde a una realidad y una sensibilidad brasileña (?)" Aparece claramente la concepción elitista que se identifica con la llamada "sensibilidad brasileña". Véase también P. M. Bardi; *New Brazilian art*, Praeger, Nueva York, 1970, expresión clara de la imagen cultural de exportación.

uso de los *mass-media* asumen el papel de dinamizadores significantes
del contexto urbano. Un factor cuya presencia asume cada vez mayor
intensidad es la gráfica urbana, los anuncios lumínicos que configuran
la "arquitectura electrográfica".[40] Esta superposición dinámica al sostén
arquitectónico subyacente constituye, en la sociedad de consumo, una
comunicación "alienante" de formas, signos y símbolos indicadores de
un comportamiento a seguir.[41] Es una comunicación heterodirigida, ma-
niobrada por los "grupos económicos", sin elaboraciones culturales que
propugnen conceptualizaciones nuevas ni logren una identificación participacional en la comunidad —por lo menos que trascienda el simple acto
posesivo del objeto proclamado.[42] Sin embargo, la repetición y difusión
de estos elementos visuales, cuyo lenguaje varía de una cultura pop al
kitsch comercial, les permite ser asimilados por grandes estratos de población propugnando una educación visual y figurativa más cercana a las
expresiones de la cultura contemporánea que aquella basada en el anonimato gris y amorfo del ambiente urbano.

Los interrogantes planteados anteriormente pueden responderse, en
parte, a través de algunas experiencias realizadas en Cuba, coincidentes
con las transformaciones revolucionarias acaecidas en la estructura so-
cio-político-económica. Ahora bien, ¿es posible, una vez creadas las condiciones de base y eliminados los factores inhibitorios —diferenciación
social, propiedad privada, intereses económicos sectoriales— "reseman-
tizar" la forma urbana, quitarle los atributos "alienantes", otorgar un
nuevo sentido a las formas arquitectónicas? Es evidente que en la condición del subdesarrollo los recursos disponibles para efectuar intervencio-
nes arquitectónicas radicales son muy limitados, debido a la necesidad
de inversiones masivas en los sectores primarios; de allí que la primacía
se otorgue a los cambios de contenido, de funciones y de acentuaciones
parciales, que resulten significativas para el colectivo social. Si los nuevos
conjuntos habitacionales constituyen el punto de partida para lograr una
nueva configuración urbana —expresada en la estructura urbanística y
en la desaparición de las viviendas marginales— un mayor contenido
comunicativo se expresa con la ruptura de los compartimentos estancos
creados por los barrios residenciales. La movilidad social lleva aparejada
la "desacralización" simbólica de la vivienda —formal y espacial— y de
los atributos implícitos en la propiedad privada, ahora desaparecida. Asimismo la transformación de las mansiones abandonadas por la burguesía
en albergues y escuelas de becados constituye un cambio de función que
anula las implicaciones ideológicas de aquellos signos arquitectónicos.

[40] Tom Wolfe, "Electrographic architecture", *Architectural Design*, julio, 1969,
p. 380.
[41] Henri Lefebvre, *op. cit.*, p. 68: "La ciudad como sistema de signos se asocia
por medio de la publicidad al consumo. Quien concibe la ciudad y la realidad urbana como sistema de signos, los dispone implícitamente al consumo como objetos
integralmente consumibles, como valor de cambio al estado puro."
[42] Umberto Eco, *Apocalípticos e integrados ante la cultura de masas*, Barcelona,
Lumen, 1968, p. 59.

El centro urbano recupera su carácter "privilegiado" de espacio circunscriptor de la vida social a escala de toda la comunidad, recuperando el "valor de uso", una vez desaparecidas las motivaciones que lo identificaban con el "valor de cambio". Las estructuras exclusivas de una élite se abren a toda la comunidad y pierden las implicaciones ritualizantes que colocaban en dos planos diferenciados —dos cualificaciones diversas de la vida cotidiana— la función trabajo y la función esparcimiento. Este último ocurre en una zona de La Habana —La Rampa en el barrio Vedado— cuyas estructuras diversificadas del tiempo libre permiten la formación de un centro de recreación popular, remplazando los viejos centros compulsivos, carentes de servicios.

Pero no es el centro que requiere cambios fundamentales, sino la periferia y la trama urbana, desprovistos de elementos cualificadores. Es necesario lograr la desaparición de la pirámide que representa el valor arquitectónico coincidente con el valor de la tierra desde el centro hasta los márgenes urbanos. El deterioro de los barrios periféricos, la inexistencia de servicios, la progresiva y desordenada sustitución de lo rural por lo urbano, son procesos invertidos a partir de una recuperación estético-funcional, a través de la integración territorial alcanzada por medio de las áreas verdes y las estructuras del tiempo libre —el Bosque de La Habana, el Parque Metropolitano y el parque "Lenin" en la represa de Paso Seco— en una síntesis dialéctica entre espacio rural y espacio urbano, entre centros de trabajo y centros de recreación. Esta vinculación entre funciones diferentes trasciende el contexto urbano, al construirse en áreas rurales las escuelas secundarias —tradicionalmente situadas en la ciudad— vinculando el trabajo con la educación: lo urbano se confunde con el ámbito rural, anulando la ancestral contradicción ciudad-campo.[43]

El nivel más dinámico de la comunicación urbana está determinado por la presencia de la gráfica que ha perdido las implicaciones "alienantes", consumistas, emitiendo mensajes referidos a la vida social, a la participación colectiva en las tareas que se propone el grupo social como conjunto. El código gráfico, en constante proceso de elaboración, parte de dos componentes fundamentales: el significado temático —los problemas y aspiraciones que vive la comunidad— y la educación estética realizada a escala de toda la población. Si bien los diseños son realizados por artistas gráficos, existe una participación social, una constante atención a la forma y contenido de los mensajes, así como también una creatividad popular expresada por la gráfica espontánea que surge libremente en la ciudad. En resumen, parafraseando a McLuhan, la vigencia del *medium* subsiste pero las transformaciones acaecidas en la sociedad invierten el contenido del mensaje.

[43] En La Habana, el proyecto denominado "Cordón de La Habana" ha puesto en práctica las teorías de la "ciudad-territorio" y la integración de estructuras productivas y funcionales urbano-rurales. Véase Roberto Segre, "Presencia urbana del Tiempo Libre en Cuba", *Casa de las Américas*, núm. 49, La Habana, julio-agosto, 1968, p. 28, y *La arquitectura escolar de la revolución cubana*, La Habana, 1973.

Se trata, entonces, de generar las condiciones necesarias para que la arquitectura y el urbanismo latinoamericanos recuperen los valores implícitos en una comunicación homogénea, generadora de la integración y la participación social, o sea, del "derecho a la ciudad como forma superior de los derechos: derecho a la libertad, a la individualización en la socialización, en el hábitat y en el habitar".[44]

3. EL PAPEL DE LA PARTICIPACIÓN SOCIAL

a] *Aspectos de la realidad actual*

En el análisis de la significación trasmitida por la arquitectura latinoamericana, insinuamos algunos aspectos de la participación social, implícita en la formación de los atributos ideológicos, simbólicos y figurativos. Pero resulta necesario destacar el peso de este factor concebido como uso social de las estructuras arquitectónicas e intervención del usuario en la definición del ambiente.[45] La participación se manifiesta en diversos niveles: 1] intervención social en las decisiones que afectan a la comunidad global —la escala de la planificación y el urbanismo—; 2] uso social de las formas y espacios que definen el ambiente "artificial" del hombre; 3] intervención social a escala individual, o sea la configuración del microambiente de la célula familiar; 4] intervención en términos de participación directa de los usuarios en la construcción del ambiente individual o social.

En la sociedad contemporánea no es factible una participación colectiva, comunitaria, en las decisiones globales, o sea a escala de la planificación, pues ésta requiere conocimientos técnicos especializados. En este nivel de la acción configuradora del contorno, el aspecto fundamental radica en lograr un grado de representatividad de los organismos político-administrativos y técnicos, de modo tal que sus decisiones coincidan con los intereses de la comunidad como conjunto y no respondan a las presiones de los grupos minoritarios de poder económico. Pero al mismo tiempo, el "colectivo" tecnológico, aunque en posesión de la información indicativa de la voluntad social, no puede definir rígidamente el diseño del ambiente sin conservar grados de libertad que posibiliten la adecuación entre las estructuras territoriales y la puesta en práctica de las funciones sociales. Se trata de una planificación abierta, aplicada en las recientes experiencias urbanísticas europeas,[46] que incluye la partici-

---

[44] Henri Lefebvre, *op. cit.*, p. 155.

[45] Silvio Grichener, "Introducción a la participación", *Cuadernos Summa-Nueva Visión*, núm. 29, Buenos Aires, p. 2: "El usuario de un medio ambiente no es un consumidor pasivo de productos, situaciones y/o servicios diseñados y producidos por especialistas, sino un actor y un autor de ese medio ambiente".

[46] El método de la "planificación abierta" se ha aplicado en la reciente *new town*

pación social y supera definitivamente los esquemas coercitivos del racionalismo asimilados en forma acrítica en América Latina. Brasilia constituye un claro ejemplo de la "planificación autoritaria" a escala de ciudad, en la cual no existe una participación social, que en cambio se manifiesta, casi como símbolo protestatario, en la cercana *Cidade Livre* y el *Nucleo Bandeirante*.[47]

Otro aspecto indispensable para lograr una participación del público en la configuración del ambiente radica en la existencia de una cultura socialmente válida, que incluya la comprensión y legibilidad de los elementos formales que rodean la vida cotidiana. Partiendo de la homogeneidad de los valores aceptados surgiría un sistema de signos cuyo código alcanzaría a toda la población, de tal modo que las transformaciones producidas en el ambiente provendrían de una relación dialéctica entre las formas, las funciones y los símbolos referenciales de la vida comunitaria,[48] coincidiendo, en definitiva, con la integración alcanzada en las funciones sociales, predominantes sobre la vida individual y desintegradoras del aislamiento de los diversos grupos.

Estas premisas no se cumplen en América Latina, como ya observamos en el tema de la comunicación; las contradicciones sociales y económicas impiden la coherencia de los objetivos comunitarios, de la cultura social, y por lo tanto, de la configuración del ambiente. Imposibilitadas las acciones colectivas, globales, los estudios sobre la participación social se han centrado en el análisis de las células individuales —el hábitat— surgidas de la iniciativa espontánea, sin intervención de los técnicos,[49] construidas por los propios moradores. Se trata de la arquitectura correspondiente a los grupos de escasos recursos, instalados en los suburbios marginales de los centros urbanos, provenientes de las migraciones internas —del campo a la ciudad— que, a raíz del proceso acelerado de

Milton Keynes, estableciendo una libre configuración de los núcleos residenciales dentro de la trama vial. El conjunto de factores que definen la planificación forman parte de un sistema impreciso (could like), en vez de formar el tradicional sistema preciso (clock like). Véase Royston Landau, "Thinking about architecture and planning. A question of ways and means", *Architectural Design*, septiembre, 1969, p. 48.

[47] Francisco Bullrich, *op. cit.*: "Esto nos recuerda la importante cuestión de las deficiencias en la planificación de urgencia y el caudillaje dictatorial. Una ciudad no debe ser una exhibición unipersonal, sino el resultado de las contribuciones de otros arquitectos y del público en general; esta coordinación parece haber faltado en Brasilia".

[48] En los Estados Unidos se han realizado experiencias pedagógicas en las escuelas, para enseñar a visualizar el ambiente; en las universidades —M. I. T. y Harvard— en trabajos en equipo entre los estudiantes y los miembros de comunidades en transformación. Véase "Architecture of Democracy", *Architectural Design*, agosto, 1968 y "Environmental education from kindergarten on up", *Architectural Forum*, junio, 1969, p. 46.

[49] Se calcula que la participación de los arquitectos en los países subdesarrollados corresponde al 6 % de los edificios construidos. Esta cifra demuestra la importancia del "urbanismo espontáneo" como elemento dominante en el diseño del ambiente. Véase John C. Turner, "Habitação de Baixa Renda no Brasil: politicas atuais e oportunidades futuras", *Arquitectura*, núm. 68, Brasil, febrero, 1968, p. 17.

urbanización, han alcanzado un peso significativo en la caracterización de la ciudad.[50] Es un proceso que implica la negación de la ciudad como contenedor de la participación colectiva; su hacerse es producto de intereses antagónicos, de controles fragmentarios, de presiones económicas ejercidas por la élite dominante sobre los restantes grupos sociales, que generan los diferentes niveles significativos —y por lo tanto de participación— de la forma del ambiente. Los controles del Estado tienden a salvaguardar la funcionalidad urbana —estructuras viales, equipamiento técnico, etc.— y a cualificar los ambientes jerarquizados económicamente, en coincidencia con la "participación" de la burguesía que impone dicha acción. La burguesía se manifiesta en las decisiones globales y en la caracterización de su propio hábitat, cuya configuración dominante —la vivienda individual construida por encargo— presupone un diálogo "decisional" entre comitente y arquitecto. Estos grados de participación y libertad se reducen notablemente para quienes no poseen los recursos necesarios que les permitan tomar decisiones propias, debiendo optar por un ambiente estándar, de prototipos repetidos —los apartamentos en altura o el "cottage" suburbano—, formas condicionadas por los mecanismos de comercialización de la vivienda. Este anonimato del medio urbano provoca en ciertos grupos un impulso evasivo que determina el abandono de la sociedad global y el refugio en comunidades autónomas —de claro sabor medievalista— que aspiran a recuperar un alto grado de participación en la vida cotidiana y en la definición del proyecto y de la construcción del hábitat.[51]

La creciente importancia de las investigaciones sobre la formación de los núcleos marginales urbanos proviene de la incidencia de diversos componentes: la dimensión del fenómeno espontáneo frente a las estructuras tradicionales de la ciudad, la dualidad configurada en el seno de la cultura urbana, y el fracaso de la iniciativa estatal —general en el continente— para solucionar el problema de la vivienda y permitir la elevación del nivel de vida. Librados a su propia iniciativa los pobladores de las "callampas", "villas miserias" o "barriadas" estructuran sus formas de vida, su organización comunal y su "hábitat", configurado a partir de un proceso espontáneo, constructivo y formal. La estabilidad geográfica de los núcleos marginales surgidos de la ocupación espontánea de terrenos públicos o privados y su posterior consolidación, convirtió los ranchos precarios en construcciones definitivas. Este fenómeno, así como la presencia de rasgos culturales distintivos de la llamada cultura

[50] Roger Vekemans, Ismael Silva Fuenzalida, *Marginalidad en América Latina; un ensayo de diagnóstico*, Desal/Herder, Santiago, 1969, p. 42: "Hay ya alrededor de 30 millones de pobladores marginales urbanos en Latinoamérica... que no pueden incorporarse a la ciudad, pues no está equipada para recibirlos".

[51] Esta recuperación de la participación se ha materializado en la Argentina a base de la iniciativa de ciertos grupos "colectivistas" que pretenden sanear la sociedad partiendo de la ejemplaridad de la iniciativa. Véase Claudio Caveri, *El hombre a través de la arquitectura*, Carlos Lohé, Buenos Aires, 1967 y Rafael Iglesia, "La reacción antirracionalista en Argentina", *Zodiac*, núm. 14, Milán, p. 147.

de la "pobreza" determinaron la elaboración de una tesis que afirma la validez de este proceso como una de las alternativas existentes en la solución del problema de la vivienda al facilitar la integración de los pobladores rurales en las capitales de América Latina.[52]

Los enunciados que resumen la fundamentación de la tesis son los siguientes: 1] se considera inevitable el crecimiento urbano incontrolado y el éxodo de la población rural; 2] la ocupación ilegal de los terrenos marginales y su posesión en propiedad otorga estabilidad geográfica y permite la radicación definitiva de los nuevos pobladores, contraponiéndose a los mecanismos de la especulación territorial; 3] resulta un proceso "natural" la prolongada adecuación a las condiciones impuestas por la ciudad —desocupación y escasa absorción de la fuerza de trabajo no calificada—; 4] el Estado no posee recursos para hacer frente al déficit de viviendas, ni el estándar adoptado corresponde al nivel de vida ni a la preparación cultural de los inmigrantes, sobre los cuales se imponen coercitivamente los modelos del hábitat urbano; 5] la vivienda precaria, en cambio, es un factor que otorga seguridad al producirse el más alto grado de participación a través de las tres libertades fundamentales: autoselección de la comunidad, definición individual del presupuesto invertido en la construcción de la vivienda y diseño del propio ambiente; 6] las condiciones de vida de las barriadas son mejores que las existentes en el campo (carencia de servicios) y en los "slums" urbanos (hacinamiento e insalubridad); 7] las barriadas se consolidan, al desarrollarse progresivamente en el tiempo la construcción de la vivienda y con la aparición de comercios y servicios que transforman la primitiva estructura precaria en una zona estable de la ciudad; 8] los pobladores sustituyen el carácter primitivo de sus tradiciones rurales por la asimilación de la "modernidad" de la cultura urbana.

La comprobación de un hecho real —la existencia de las poblaciones marginales— no implica la aceptación del mismo sin analizar las causas que originan dicho fenómeno, o sea, las relaciones de producción y la estructura social en América Latina. Si éstas se consideran estáticas la marginalidad puede asumirse como un hecho definitivo, pero si se concibe la posibilidad de una transformación quedarían abiertos nuevos caminos en los que la marginalidad no tendría cabida. Veamos algunos puntos de disidencia con los enunciados anteriores: 1] el crecimiento desmesurado de las capitales latinoamericanas no es un proceso origina-

[52] Diversos autores realizaron investigaciones sobre este tema en América Latina, cuyos resultados están documentados en las siguientes publicaciones: Charles Abrams, *Man's struggle for shelter in an Urbanizing World*, MIT Press, Cambridge, 1966; William Mangen, "Squatter settlements", *Scientific American*, octubre, 1967, p. 21; John Turner, "Dwelling resources in South America", *Architectural Design*, agosto, 1963; "Barriers and channels for housing development in modernizing countries", *Journal of AIP*, mayo, 1967; "A new view of the housing deficit", *San Juan Seminar Paper*, Puerto Rico, abril, 1966; "Problèmes d'Habitat", *L'Architecture d'Aujord'hui*, núm. 140, noviembre, 1968; "The squatter settlement: an architecture that works", *Architectural Design*, agosto, 1968.

do por necesidades provenientes de la funcionalidad interna sino producto de las condiciones adversas creadas en el campo por la persistencia de los latifundios y las estructuras feudales, cuya transformación —reforma agraria y tecnificación— crearía nuevas condiciones de vida y de trabajo que harían disminuir la presión incontrolada sobre la ciudad.[53] Por otra parte la ciudad asume un carácter negativo a través del proceso de terciarización, desproporcionado en relación con las fuerzas productivas nacionales, convirtiéndose en una estructura parasitaria; [54] 2] la ocupación de los terrenos perimetrales urbanos —conservados definitivamente en propiedad— constituye un factor negativo desde el punto de vista urbanístico en cuanto rigidiza un ordenamiento obsoleto del territorio carente de servicios y de las condiciones mínimas que se aspiran a crear para el desarrollo de la vida social. Al estar los territorios ocupados ubicados, en general, en zonas de escasa cualificación, se prolonga en la ciudad la estricta división de los sectores sociales, impidiéndose toda participación integrativa de la vida comunal; 3] la carencia de fuentes estables de trabajo y la desocupación crónica, motivadas por el sistema económico vigente, impide el desarrollo cultural, económico y social de los pobladores marginales, obstaculizándose la asimilación del nivel de vida superior existente en la ciudad; [55] 4] si bien en el subdesarrollo el Estado debe canalizar los escasos recursos hacia las inversiones primarias. la construcción masiva de viviendas podría realizarse creándose las estructuras productivas a nivel nacional, planificadas y de acuerdo con las técnicas más avanzadas, que permitirían afrontar el problema con métodos modernos y económicos sin recurrir a los sistemas artesanales, a los intermediarios privados o a las imposiciones representativas —ideológicas y políticas— planteadas por la ayuda o financiación exterior. Los métodos constructivos aplicados permitirían la participación de los habitantes, generarían una flexibilidad urbanística y la adecuación progresiva del hábitat a la formación cultural de los usuarios; proceso de transformación coincidente con el valor asumido por la vivienda en términos de servicio, que modificaría el enfoque del aspecto económico; 5] el principio de participación social que se considera aplicado en estas experiencias corresponde a un nivel elemental, de simple acción constructiva, con recursos y métodos primitivos y artesanales, que no alcanza ningún grado de decisión fuera de la forma elemental de la célula, cuya precariedad, pobreza de

[53] Décimo Congreso UIA, *Conclusiones del encuentro mundial de urbanistas*, Mar del Plata, Argentina, 1969.

[54] Denis Lambert, "Urbanização e desenvolvimento economico na América Latina", *Arquitectura*, núm. 75, Brasil, septiembre, 1968, p. 27.

[55] Víctor L. Urquidi, "La ciudad subdesarrollada", *Demografía y Economía*, El Colegio de México, vol. III, núm. 2, 1969, p. 145: "Así, por cada edificio de clase media o rascacielos para oficinas que se construya, pueden surgir de un día para otro, miles de chozas habitadas por cinco, seis o más personas en cada cuarto. Estas personas son analfabetas, hambrientas, enfermizas y necesitadas, con pocas oportunidades de avanzar económica y socialmente. Según un estudio, el 90 % de los migrantes a Santiago de Chile, no logran desarrollar movilidad ascendente".

medios y carencia de experiencias tipológicas y formales —en el contexto de la marginalidad se pierde la creatividad de la vivienda rural espontánea— genera un ambiente de escaso valor cultural y humano. Sorprende, entonces, la exaltación del pintoresquismo realizada por los apologistas de este proceso de urbanización; 6, 7, 8] la consolidación de las barriadas corresponde a la asimilación del sistema de valores coincidentes con la pequeña burguesía urbana [56] manifiesta en la importancia otorgada al principio de la propiedad privada y en la elaboración de elementos formales —provenientes de la interpretación *kitsch* de la arquitectura culta— caracterizadores de las viviendas, con el fin de diferenciar a las células entre sí, clara expresión de la pérdida del sentido colectivista rural, suplantado por el individualismo urbano. A esto se agrega la inserción incontrolada de los servicios dentro de la cuadrícula regular, compacta e infinita, que genera la escualidez del ambiente urbano, la carencia de estructuras sociales cualificadoras, de áreas verdes, etc. En resumen, el principio de participación queda circunscrito a los límites de la "cultura de la pobreza" que bien poco asimila de las potencialidades contenidas en la cultura urbana, como lo demuestra el "extrañamiento" respecto al centro de la ciudad de los pobladores marginados, aún después de instalar su residencia durante años en los "slums" urbanos. Es, en definitiva, la expresión de la marginalidad originada por la heterodirección impuesta a la comunidad por otros niveles sociales, creadores de símbolos y signos pretendidamente representativos de una cultura nacional y que resultan ajenos a grandes estratos de la población.[57]

b] *Propuestas y perspectivas futuras*

En América Latina la complejidad de la vida social contemporánea, la superposición de múltiples tradiciones culturales, la violencia de los contrastes sociales y económicos imprimen un carácter dinámico, explosivo, a ciertas formas de participación que se manifiestan en los centros urbanos, superponiéndose y marginando a formas arquitectónicas convertidas en pasivas circunscriptoras del espacio vitalizado por una funcionalidad no prevista ni imaginada. Las fiestas religiosas en México —o, como contrapartida, las sublevaciones estudiantiles—, el carnaval de Río de Janeiro, que otorga al centro de la ciudad un valor de marco teatral y escenográfico a la participación colectiva, el contradictorio carnaval de Brasilia, realizado en la estación terminal de ómnibus, que demuestra

[56] Joaquín Fischerman, "Aspectos sociológicos de la vivienda", Secretaría de Estudiantes, Décimo Congreso UIA, Buenos Aires, 1969.
[57] R. Vekemans, J. Silva, *op. cit.*, p. 53: "De no participar de la finalidad de las normas, de los valores, de los medios ni de la división del trabajo en la base social, los bienes constitutivos de la sociedad global no son recibidos por los grupos marginales; éstos no participan de ellos, cualquiera que sea el rubro de que se trata. El grupo marginal no percibe ninguno de esos recursos, ni goza de los correspondientes beneficios sociales".

la capacidad de transformación y de apropiación de un "sitio" contenido en la dinámica social, cuya fuerza consigue alterar la semanticidad de una forma arquitectónica, el uso comunitario en Cuba de un espacio inhóspito e inexpresivo —la Plaza de la Revolución— convertido en centro de participación significativo a escala nacional, utilizado por las concentraciones masivas en los actos revolucionarios o en los actos festivos, cuya trascendencia social impulsa a la integración totalizadora (es lo ocurrido el 31 de diciembre de 1966, cuando cien mil personas se reunieron en la plaza en una cena gigante a la espera del año nuevo).[58]

La experiencia de Cuba no puede situarse en el mismo plano que los restantes países de América Latina. El advenimiento de la revolución abrió las compuertas a la participación global destruyendo la estratificación de los niveles impuestos por las contradicciones de clase. El principio de integración equilibrada entre el individuo y la colectividad, la libre participación comprendida en la planificación global —dualidad a partir de la cual se tiende a transformar el ambiente físico— fija no sólo su carácter sino también los métodos aplicados y los recursos puestos a disposición por el Estado. La antítesis entre los técnicos y el público desaparece al coincidir los objetivos y unificarse los métodos de acción; la sociedad plantea sus necesidades, los técnicos establecen las soluciones —ellos forman parte de la sociedad e interpretan los valores vigentes en ella— en cuya acción posterior ejecutiva participa la comunidad como conjunto. Esto se ha llevado a la práctica en la realización de las estructuras del tiempo libre y en las áreas verdes cualificadoras del perímetro exterior de la ciudad de La Habana. En la configuración del hábitat existen dos alternativas, una de aplicación inmediata y otra perspectiva. La primera consiste en hacer frente al déficit de la vivienda y a la limitada disponibilidad de recursos tecnológicos por medio de sistemas constructivos tradicionales con trabajadores no especializados. A partir de 1970 fue creado el movimiento de las *microbrigadas*, formadas por equipos de 32 trabajadores de un centro productivo —industria, comercio, administración, etc.— quienes construyen las viviendas en plustrabajo, o sea, en trabajo voluntario o sin incrementar los trabajadores habituales del centro. Si bien priva la participación en términos de ejecución de obra, en la ciudad vecinal de Alamar —compuesta por bloques de 4/5 plantas, monobloques de 12 y 20 plantas—, los microbrigadistas discuten con los arquitectos proyectistas las soluciones urbanísticas, la organización de las áreas verdes, el color de los edificios y la terminación de los detalles, incrementándose paulatinamente la participación del usuario en la estructuración de los conjuntos habitacionales. Al ser los mismos constructores quienes utilizarán las viviendas, se produce una continuidad social entre la etapa de ejecución, de uso y de mantenimiento, alcanzándose una mayor valori-

---

[58] Ello significa la posibilidad de crear dentro de la ciudad estructuras dinámicas, polifuncionales, utilizadas colectivamente por la población urbana. La "Instant City", propuesta reciente del Grupo Archigram, no está demasiado alejada de la realidad inmediata.

zación ambiental producto de la integración social de la comunidad. La segunda alternativa, que requiere un mayor desarrollo tecnológico, corresponde a la configuración de estructuras urbanísticas flexibles, en cuyo interior las células de viviendas asumirían las dimensiones y formas requeridas por el usuario a base de elementos constructivos ligeros, libremente seleccionados y colocados por el morador.[59] De este modo se alcanzarían megaestructuras continuas y cambiantes cuya diversidad quedaría integrada en la unidad planificada del ambiente. Coherencia de los núcleos habitacionales urbanos y rurales, células mínimas convertidas en servicio social utilizadas por la población de acuerdo con sus necesidades en una intensa movilidad sobre el territorio al desaparecer toda atadura limitatoria, una vez eliminados los factores inhibitorios y alienantes coincidentes con el principio de la propiedad privada aplicados a la célula habitacional.

La participación social no puede otorgar un sentido a la arquitectura si no corresponde a una coherencia de miras, de aspiraciones de la comunidad como conjunto, asimilando en la vida cotidiana los valores ideológicos, políticos, culturales, estéticos en un laborioso proceso integrativo, recuperador de la unidad de la vida social forjadora de la coherencia del ambiente. Ello no significa anonimato, desemantización, sino, por el contrario, la creación de un ambiente cuyos signos y símbolos emitan mensajes válidos, multifacéticos, asimilados por el "colectivo" social. Es evidente que el logro de estas proposiciones implica cambios radicales en las estructuras socioeconómicas vigentes y la destrucción de los desniveles culturales, de la antítesis ciudad-campo; implica la utilización de todos los recursos en el cumplimiento de los objetivos establecidos por el interés social. Si estas premisas se llevan a cabo, la participación asumirá entonces otro sentido al comprender todos los aspectos de la vida colectiva; no requerirá las compensaciones desenajenatorias a escala individual [60] sino que prevalecerá la configuración del espacio colectivo, materializado dialécticamente por las estructuras técnico-especializadas y la acción concreta, material de los habitantes urbanos. Comunicación y participación alcanzarán así un nuevo significado, basados en un universo de signos capaz de generar una verdadera arquitectura representativa de la particularidad de América Latina.

[59] Consiste en un sistema constructivo formado por elementos modulares ligeros —cerramientos, divisiones interiores y equipamiento— desarrollado por un equipo de trabajo dirigido por el arquitecto Fernando Salinas. Dentro de este concepto, aunque con una proyección limitada a núcleos pequeños, se encuentra el proyecto del conjunto de "La Puntilla" del arquitecto Jan Wampler y los poblados de pescadores proyectados por el arquitecto Robert M. Oxman, ambos en Puerto Rico. Véase *Progressive Architecture*, 1968, "Annual Design Awards".

[60] Nos referimos a la exasperación que lleva a la configuración de un ambiente "personal", esculpiendo individualmente la propia caverna, solución propuesta por C. Alexander, para escapar a la monotonía universal del ambiente. Véase Christopher Alexander, "El sistema pared-profunda", *Cuadernos Summa-Nueva Visión*, núm. 29, p. 23.

Bibliografía

BIBLIOGRAFÍA GENERAL

Abrams, Charles, *Man's struggle for shelter in an urbanizing world*, Cambridge, MIT, 1966.
Acosta, Wladimiro, *Vivienda y ciudad*, Buenos Aires, Anaconda, 1947.
Alexander, Christopher, *Houses generated by patterns*, Berkeley, Center for Environmental Structure, 1969.
Angulo Íñiguez, Diego, *Historia del arte hispanoamericano*, 3 vols., Barcelona, Salvat, 1950.
Arquitetura na Bienal de São Paulo, São Paulo, EDIAM, s. f.
Baracchini, Hugo, y Altenor, Carlos, *Historia urbanística y edilicia de la ciudad de Montevideo*, Montevideo, Junta Departamental, 1971.
Bardi, Pietro Maria, *New Brazilian art*, Nueva York, Praeger, 1970.
Born, Esther, *The new architecture in Mexico*, Nueva York, Architectural Record, 1937.
Bullrich, Francisco, *Arquitectura argentina contemporánea*, Buenos Aires, Nueva Visión, 1963.
—, *Nuevos caminos de la arquitectura latinoamericana*, Barcelona, Blume, 1969.
—, *Arquitectura latinoamericana, 1930-1970*, Buenos Aires, Sudamericana, 1969.
Buschiazzo, Mario, *Historia de la arquitectura colonial en Iberoamérica*, Buenos Aires, Emecé, 1961.
—, *La arquitectura en la República Argentina, 1810-1930*, Buenos Aires, 1966.
Castedo, Leopoldo, *A history of Latin American art and architecture, from pre-Columbian times to the present*, Nueva York, Praeger, 1969.
Carpentier, Alejo, y Gasparini, Paolo, *La ciudad de las columnas*, Barcelona, Lumen, 1970.
Carvalho, Benjamín de A., *Duas arquiteturas no Brasil*, Río de Janeiro, Civilização Brasileira, 1961.
Castells, Manuel, *Imperialismo y urbanización en América Latina*, Barcelona, Gili, 1973.
Caveri, Claudio, *El hombre a través de la arquitectura*, Buenos Aires, Lohlé, 1967.
Cetto, Max, *Moderne Architektur in Mexiko*, Stuttgart, Verlag Hatje, 1961.
Costa, Lucio, *Sobre arquitectura*. Porto Alegre, Centro dos Estudantes Universitários, 1962.
Chávez, Carlos, *Arquitectura popular de México*, México, Instituto Nacional de Bellas Artes, 1954.
Damaz, Paul E., *Art in Latin American architecture*, Nueva York, Reinhold, 1956.
Desnoes, Edmundo, y Gasparini, Paolo, *Para verte mejor América Latina*, México, Siglo XXI, 1972.
Dietz, Albert, Koth, Marcha, y Silva, Julio, *Housing in Latin America*, Cambridge, MIT, 1965.
Dorselaer, Jaime, y Gregory, Alfonso, *La urbanización en América Latina*, 2 vols., Bogotá, FERES, 1962.
Ferraz, Geraldo, *G. Warchavchik e a introdução da nova arquitetura no Brasil: 1925 a 1940*, São Paulo, Museu de Arte de São Paulo, 1965.
Frank, Klaus, y Giedion, Siegfried, *Affonso Eduardo Reidy, works and projects*, Nueva York, Reinhold, 1956.

García Vázquez, Francisco J., *Aspectos del planeamiento y de la vivienda en Cuba*, Buenos Aires, J. Álvarez, 1968.

Gasparini, Graziano, *La arquitectura colonial en Venezuela*, Caracas, Armitano, 1965.

—, *América, barroco y arquitectura*, Caracas, Armitano, 1972.

Giedion, Siegfried, *A decade of contemporary architecture*, Nueva York, Wittenborn, 1951.

Goodwin, Philip L., y Mock, Elisabeth, *Brazil builds*, Nueva York, The Museum of Modern Art, 1943.

Gottman, Jean, *América*, Barcelona, Labor, 1966.

Grove, Richard, *Guía de arquitectura mexicana contemporánea*, México, Espacios, 1952.

Gutiérrez, Ramón, "Presencia y continuidad de España en la arquitectura rioplatense", número monográfico de *Hogar y Arquitectura*, Madrid, noviembre-diciembre de 1971.

—, de Paula, A., y Viñuales, G., *La arquitectura de la confederación argentina en el litoral fluvial (1852-1862)*, Chaco, Departamento de Historia de la Arquitectura, FIVP, UNNE, 1971.

—, y Viñuales, G. M., *Arquitectura de los valles calchaquíes*, Chaco, Departamento de Historia de la Arquitectura, FIVP, UNNE, 1971.

Hardoy, Jorge E., *Ciudades precolombinas*, Buenos Aires, Infinito, 1964.

—, *Las ciudades en América Latina*, Buenos Aires, Paidós, 1972.

—, y Acosta, Maruja, *Reforma urbana en Cuba revolucionaria*, Caracas, Síntesis Dosmil, 1971.

—, y Geisse, G., *Políticas de desarrollo urbano y regional en América Latina*, Buenos Aires, SIAP, 1972.

—, y Tobar, Carlos, *La urbanización en América Latina*, Buenos Aires, Instituto Torcuato Di Tella, 1969.

Hauser, Philip M., *La urbanización en América Latina*, París, UNESCO, 1962.

Hitchcock, Henry Russell, *Latin American architecture since 1945*, Nueva York, The Museum of Modern Art, 1955.

Katzman, Israel, *La arquitectura contemporánea mexicana*, México, Instituto Nacional de Antropología e Historia, 1963.

Kelemen, Paul, *Baroque and rococo in Latin America*, Nueva York, Macmillan, 1951.

Koch, Ximena, *El arquitecto: un examen de su acción*, Santiago de Chile, Departamento de Diseño Arquitectónico y Ambiental, Facultad de Arquitectura y Urbanismo, Universidad de Chile, 1970.

Kubler, George, *The art and architecture of ancient America*, Harmondsworth, Penguin Books, 1962.

Lewis, David, *El crecimiento de las ciudades*, Barcelona, Gili, 1972.

Lucchini, Aurelio, *Julio Vilamajó, su arquitectura*, Montevideo, Departamento de Historia de la Arquitectura, Facultad de Arquitectura, 1970.

Luján Muñoz, Luis, *Síntesis de la arquitectura en Guatemala*, Guatemala, Editorial Universitaria, 1972.

Maldonado, Tomás, *Ambiente humano e ideología*, Buenos Aires, Nueva Visión, 1972.

Marquina, Ignacio, *Arquitectura prehispánica*, México, INAH, 1951.

Martínez, Carlos, *Arquitectura en Colombia*, Bogotá, Proa, 1963.

Martner, Carlos, y Raposo, Alfonso, *Vivienda dinámica*, Santiago de Chile, Facultad de Arquitectura y Urbanismo, Universidad de Chile, 1971.

Mindlin, Henrique E., *Modern architecture in Brazil*, Nueva York, Reinhold, 1956.

Moholy-Nagy, Sibyl, *Carlos Raúl Villanueva and the architecture of Venezuela*, Nueva York, Praeger, 1964.

Morse, Richard M., *La investigación urbana latinoamericana: tendencias y planteos*, Buenos Aires, SIAP, 1971.

Myers, I. E., *Mexico's modern architecture*, Nueva York, Architectural Book, 1952.

Naciones Unidas, *Participación popular en el desarrollo: nuevas tendencias del desarrollo de la comunidad*, Nueva York, Departamento de Asuntos Económicos y Sociales, 1972.

—, *Mejoramiento de tugurios y asentamientos no controlados*, Informe del Seminario Interregional sobre mejoramiento de tugurios y asentamientos no controlados, Medellín, Colombia, 1970; Nueva York, 1972.

Ortiz, Federico, Levaggi, Abelardo, Montero, Juan C., Gutiérrez, Ramón, y Parera, Ricardo, *La arquitectura del liberalismo en la Argentina*, Buenos Aires, Sudamericana, 1968.

—, y Gutiérrez, Ramón, "La arquitectura en la Argentina, 1930-1970", número monográfico de *Hogar y Arquitectura*, Madrid, noviembre-diciembre de 1972.

Papadaky, Stamo, *Oscar Niemeyer, works in progress*, Nueva York, Reinhold, 1956.

—, *Oscar Niemeyer*, Nueva York, Braziller, 1960.

Pradilla, E., y Jiménez, C., *Arquitectura, urbanismo y dependencia neocolonial*, Buenos Aires, SIAP, 1973.

Quintero, Rodolfo, *Antropología de las ciudades latinoamericanas*, Caracas, Universidad Central de Venezuela, 1964.

Sanford, T. E., *The story of architecture in Mexico*, Nueva York, Norton, 1947.

Schmieder, Oscar, *Geografía de América*, México, Fondo de Cultura Económica, 1946.

Schteingart, Martha (comp.), *Urbanización y dependencia en América Latina*, Buenos Aires, SIAP, 1973.

Sebreli, Juan José, *Buenos Aires, vida cotidiana y alienación*, Buenos Aires, Siglo Veinte, 1964.

Segre, Roberto, *Diez años de arquitectura en Cuba revolucionaria*, La Habana, Cuadernos Unión, 1970.

—, *Cuba, architettura della rivoluzione*, Padua, Marsilio, 1970.

—, *Cuba, arquitectura de la Revolución*, Madrid, Gili, 1970.

—, y Peani, G., "Saggi sull-Argentina", *Casabella/Continuitá*, Milán, mayo de 1964.

Séjourné, Lourette, *Arquitectura y pintura en Teotihuacán*, México, Siglo XXI, 1966.

Shipway, Verna Cook, y Shipway, Warren, *Mexican homes of today*, Nueva York, Architectural Book, 1969.

Smith, Clive Bamford, *Builders in the sun: five mexican architects*, Nueva York, Architectural Books, 1967.

Sociedad de Arquitectos Mexicanos, *4 000 años de arquitectura mexicana*, México, Libreros Mexicanos Unidos, 1956.

Sociedad Interamericana de Planificación, *América en el año 2000*, 5 vols., Lima, Universo, 1969.

Stöhr, Walter B., *El desarrollo regional en América Latina: experiencias y perspectivas*, Buenos Aires, SIAP, 1972.

Tedeschi, Enrique, *Una introducción a la historia de la arquitectura*, Tucumán, Universidad Nacional de Tucumán, 1950.

—, *Teoría de la arquitectura*, Buenos Aires, Nueva Visión, 1969.

Utria, Rubén D., *El problema de la vivienda y el desarrollo de América Latina*, Caracas, Fondo Editorial Común, 1969.

Velarde, Héctor, *Arquitectura peruana*, México, Fondo de Cultura Económica, 1946.

Villanueva, Carlos Raúl, *Caracas en tres tiempos*, Caracas, Comisión de Asuntos Culturales del Cuatricentenario de Caracas, 1966.

Violich, Francis, *Cities of Latin America*, Nueva York, Reinhold, 1944.

Waisman, Marina, *La estructura histórica del entorno*, Buenos Aires, Nueva Visión, 1973.

Weiss, Joaquín, *La arquitectura colonial cubana*, La Habana, Instituto Cubano del Libro, 1972.

Westheim, Paul, *Arte antiguo de México*, México, Fondo de Cultura Económica, 1963.

Wiener, Paul Lester, y Sert, José Luis, *Town-planning in South America*, París, L'Architecture d'Aujourd'hui, 1951.

Publicaciones periódicas

Acropole, São Paulo.
ADEM (Arquitectos de México), México.
Anales del Instituto de Arte Americano e Investigaciones Estéticas, Facultad de Arquitectura y Urbanismo, Universidad de Buenos Aires.
Arquitectura, órgano oficial de la Sociedad de Arquitectos del Uruguay, Montevideo.
Arquitectura/Cuba, La Habana.
Arquitectura/México, México.
Arquitectura e Ingeniería, Caracas.
Arquitectura, Urbanismo, Construcción y Arte, Facultad de Arquitectura y Urbanismo, Universidad de Chile, Santiago.
Arquitectura y Planeamiento, Universidad Nacional del Litoral, Rosario, Argentina.
Arquitectura, órgano oficial del Instituto de Arquitectos del Brasil, Río de Janeiro.
Arquitectura e Engenharia, revista del Instituto de Engenheiros do Brasil, São Paulo.
AUN, órgano oficial de la Asociación de Arquitectos Egresados de la Universidad Nacional, Bogotá.
Boletín CINVA, Centro Interamericano de Vivienda y Planeamiento, Unión Panamericana, Bogotá, Colombia.
Boletín del Centro de Investigaciones Históricas y Estéticas, Facultad de Arquitectura y Urbanismo, Universidad Central de Venezuela, Caracas.
Boletín del Instituto de Teoría de la Arquitectura y el Urbanismo, Facultad de Arquitectura y Urbanismo, Universidad de la República, Montevideo.
Calli Internacional (revista analítica de arquitectura contemporánea), México.
CEDA (revista del Centro de Estudiantes de Arquitectura), Montevideo.
CEUR (boletín del Centro de Estudios Urbanos y Regionales), Buenos Aires.
CODIA (revista del Colegio Dominicano de Ingenieros y Arquitectos), Santo Domingo.
CONESCAL (revista de construcciones escolares), México.
Construcciones (boletín de la Cámara Argentina de la Construcción), Buenos Aires.
Cuadernos de Arquitectura, México.
Cuadernos de la Sociedad Colombiana de Planificación, Bogotá.
Cuadernos de la Sociedad Venezolana de Planificación, Caracas.
Demografía y Economía, México.
Documentario Arquitectónico, Belo Horizonte.
El Arquitecto, Bogotá.
El Arquitecto Peruano, Lima.
Escala (revista de arquitectura, arte, ingeniería, ciencia, tecnología), Sociedad Bolivariana de Arquitectos, Bogotá.
EURE (revista latinoamericana de estudios urbano-regionales), Centro de Desarrollo Urbano y Regional, Universidad Católica de Chile, Santiago.
Habitat (revista brasileira de arquitectura, artes plásticas, decoração interna, paisagismo, ambiente), São Paulo.
Ideología, Diseño y Sociedad, Universidad Nacional de Colombia, Bogotá.
IMCYC, Instituto Mexicano del Cemento y del Concreto, México.
Ingeniería, Arquitectura, Construcción, Cámara Colombiana de la Construcción, Medellín.
Ingeniería y Arquitectura, órgano de la Sociedad Panameña de Ingenieros y Arquitectos, Panamá.
Integral, Caracas.
Modelo, Río de Janeiro.

Novedades de la Arquitectura, boletín de la Escuela de Arquitectura de la Universidad de La Habana.
Nuestra Arquitectura, Buenos Aires.
Proa: Urbanismo, Arquitectura, Industrias, Bogotá.
Punto (revista de la Facultad de Arquitectura y Urbanismo), Universidad Central de Venezuela, Caracas.
Revista de la Facultad de Arquitectura, Montevideo.
Revista del Colegio de Ingenieros, Arquitectos y Agrimensores de Puerto Rico, San Juan.
Revista Interamericana de Planificación: SIAP, Bogotá.
Revista Mexicana de Ingeniería y Arquitectura, órgano de la Asociación de Ingenieros y Arquitectos de México, México.
SCA (revista de la Sociedad Central de Arquitectos), Buenos Aires.
Summa (revista de arquitectura, tecnología y diseño), Buenos Aires.
SVA (revista de la Sociedad Venezolana de Arquitectos), Caracas.
Técnica y Creación, Instituto de Edificación Experimental, Facultad de Arquitectura, Universidad de Chile, Santiago.
Urbe: Arquitectura, Urbanismo, Ingeniería, Construcción, San Juan.

BIBLIOGRAFÍAS PARTICULARES

INTRODUCCIÓN: LA CULTURA

Adams, Robert McC., *The evolution of urban society: early Mesopotamia and prehistoric Mexico*, Chicago, Aldine, 1968.
Aguirre Beltrán, Gonzalo, *El proceso de aculturación*, México, Universidad Nacional Autónoma de México, 1957.
Bagú, Sergio, *Economía de la sociedad colonial*, Buenos Aires, El Ateneo, 1949.
—, *Estructura social de la Colonia*, Buenos Aires, El Ateneo, 1952.
Barnett, H. G., Broom, B. J. Leonard, Siegel, E. Z. V., y Watson, James, B., "Acculturation: an explanatory formulation", *American Anthropologist*, núm. 56, pp. 973-1002.
Bartra, Roger (coord.), *El modo de producción asiático: problemas de la historia de los países coloniales*, México, Era, 1969.
Bastide, Roger, y Fernandes, Florestan (comps.), *Brancos e negros em São Paulo*, São Paulo, Editora Nacional, 1959.
Beyhaut, Gustavo, *Europeización e imperialismo en América Latina durante la segunda mitad del siglo xix*, Montevideo, Universidad de la República, 1963.
—, *Raíces contemporáneas de América Latina*, Buenos Aires, Eudeba, 1964.
Borah, Woodrow, "America as model: the demographic impact of European expansion upon the non-European world", *Actas y Memorias*, vol. 3, pp. 379-387, XXXV Congreso Internacional de Americanistas, México, 1964.
Buarque de Hollanda, Sergio, *Raizes do Brasil*, Brasilia, Universidade de Brasilia, 1963.
Comas, Juan, *Relaciones interraciales en América Latina: 1940-1960*, México, UNAM, 1961.
Costa, João Cruz, *Contribuição a história das ideias no Brasil*, Río de Janeiro, Editora Nacional, 1956.
Coutinho, Afranio, *A tradição afortunada: o espírito da nacionalidade na crítica brasileira*, Río de Janeiro, Olímpio, 1968.
Crawford, William Rex, *El pensamiento latinoamericano de un siglo*, México, Limusa-Wiley, 1966.
Childe, V. Gordon, *Social evolution*, Londres, Watts, 1951.
Fanon, Frantz, *Los condenados de la tierra*, México, Fondo de Cultura Económica, 1963.

Fernandes, Florestan, *A integração do negro à sociedade de classes*, São Paulo, Universidade de São Paulo, 1964.

Foster, George, M., *Culture and conquest: America's Spanish heritage*, Nueva York, Wenner-Gren Foundation for Anthropological Research, 1960.

Frank, André Gunder, *Dependencia económica, estructura de clases y política del subdesarrollo en Latinoamérica*, ponencia al IX Congreso Latinoamericano de Sociología, México, 1969 (mimeo).

Freyre, Gilberto, *Casa grande e senzala*, Brasilia, Editora Universidade de Brasília, 1963.

Furtado, Celso, *Formação econômica do Brasil*, Brasilia, Editora Universidade de Brasília, 1963.

Gaos, José, *Antología del pensamiento de lengua española de la edad contemporánea*, México, Séneca, 1945.

Gillin, John, "Mestizo America", *Most of the world*, compilado por R. Linton, Nueva York, Columbia University Press, 1949.

Henríquez Ureña, Pedro, *Obra crítica*, México, Fondo de Cultura Económica, 1960.

Ianni, Octavio, *Raças e classes sociais no Brasil*, São Paulo, Civilização Brasileira, 1966.

Kroeber, A. L., *El estilo y la evolución de la cultura*, Madrid, Guadarrama, 1969.

Lewis, Oscar, *Five families: Mexican case studies in the culture of poverty*, Nueva York, Basic Books, 1959.

—, *The children of Sanchez*, Nueva York, Random House, 1961.

Linton, Ralph, *The tree of culture*, Nueva York, Knopf, 1955.

Lipschutz, Alejandro, *El indoamericanismo y el problema racial en las Américas*, Santiago de Chile, Nacimiento, 1944.

Mannoni, Otto, *Prospero and Caligan: the psychology of colonization*, Nueva York, Praeger, 1966.

Mariátegui, José Carlos, *Siete ensayos de interpretación de la realidad peruana*, Santiago de Chile, Editorial Universitaria, 1955.

Martínez Estrada, Ezequiel, *La cabeza de Goliat: microscopía de Buenos Aires*, Buenos Aires, Club del Libro, 1940.

Murena, Héctor A., *El pecado original de América Latina*, Buenos Aires, Sur, 1964.

Picón Salas, Mariano, *De la conquista a la independencia*, México, Fondo de Cultura Económica, 1950.

Pontual, Roberto, *Dicionário das artes plásticas no Brasil*, Río de Janeiro, Civilização Brasileira, 1969.

Redfield, Robert, *Peasant society and culture*, Chicago, University of Chicago Press, 1956.

Reyes, Alfonso, *Pasado inmediato y otros ensayos*, México, 1941.

Ribeiro, Darcy, *O processo civilizatório: etapas da evolução socio-cultural*, Río de Janeiro, Civilização Brasileira, 1968.

—, *As Américas e a civilização: processo de formação e causas do desenvolvimento desigual dos povos americanos*, Río de Janeiro, Civilização Brasileira, 1970.

—, *El dilema de América Latina*, México, Siglo XXI, 1971.

Romero, Francisco, *Sobre la filosofía en América*, Buenos Aires, 1952.

Salazar Bondy, Augusto, *La filosofía en Perú*, Lima, 1954.

Sánchez, Luis Alberto, *¿Existe América Latina?*, México, Fondo de Cultura Económica, 1945.

Sodré, Nelson Werneck, *A ideologia do colonialismo*, Río de Janeiro, Civilização Brasileira, 1965.

—, *Síntese de história da cultura brasileira*, Río de Janeiro, Civilização Brasileira, 1970.

Stabb, Martin S., *América Latina en busca de una identidad: modelos del ensayo ideológico hispanoamericano, 1890-1960*, Caracas, Monte Ávila, 1969.

Stavenhagen, Rodolfo, "Clases, colonialismo y aculturación: ensayo sobre un sistema de relaciones interétnicas en Mesoamérica", *América Latina*, núm. 6, pp. 63-104, Río de Janeiro, 1963.

—, "Siete tesis equivocadas sobre América Latina", *Política Externa Independente*, núm. 1, pp. 67-80, Río de Janeiro, 1965.

Williams, Eric E., *Capitalism and slavery*, Chapel Hill, University of North Carolina Press, 1964.

Zea, Leopoldo, *Dos etapas del pensamiento en Hispanoamérica: del romanticismo al positivismo*, México, El Colegio de México, 1949.

—, *América como conciencia*, México, Fondo de Cultura Económica, 1953.

—, *América en la historia*, México, Fondo de Cultura Económica, 1957.

Zum Felde, Alberto, *La narrativa en Hispanoamérica*, Madrid, Aguilar, 1964.

PRIMERA PARTE

Capítulos I y II

Ávila, Fernando Bastos de, "La inmigración en América Latina", *Revista Interamericana de Ciencias Sociales*, vol. 3, Washington, 1964.

Bennet, Wendell C., y Bird, Junius, *Andean culture history*, Nueva York, Museum of Natural History, 1964.

Beyer, Glenn (comp.), *The urban explosion in Latin America*, Ithaca, Cornell University Press, 1967.

Borah, Woodrow, "New Spain's century of depression", *Iberoamericana*, núm. 35, Berkeley, 1951.

Calderón, Luis, y otros, *Problemas de urbanización en América Latina*, Bruselas, PERES, 1963.

Cardoso, Fernando H., *Mudanças sociais na América Latina*, São Paulo, Difusão Européia do Livro, 1969.

Carrera Stampa, Manuel, "Planos de la ciudad de México", *Boletín de la Sociedad Mexicana de Geografía y Estadística*, vol. LXVII, pp. 263-427, 1949.

Castells, Manuel (comp.), *Estructura urbana y estructura de clases en América Latina*, Buenos Aires, SIAP, 1974.

—, *Imperialismo y urbanización en América Latina*, Barcelona, Gili, 1973,

Centre National de la Recherche Scientifique, *Le problème des capitales en Amérique Latine*, París, 1965.

Coe, Michael, *México*, Nueva York, Praeger, 1962.

Coe, William, "Tikal: ten years of study of a Maya ruin in the lowlands of Guatemala", *Expedition*, vol. 8, núm. 1, 1965.

Comisión de Geografía, Instituto Panamericano de Geografía e Historia, *Regionalización*, Río de Janeiro, 1969.

Chevalier, François, "La formation des grands domaines au Mexique", *Travaux et mémoires de l'Institut d'Ethnologie*, vol. XLVI, París, 1952.

Diegues Júnior, Manuel, *Imigração, urbanização, industrialização*, Río de Janeiro, Instituto Nacional de Estudos Pedagógicos, 1964.

Echenique, Marcial (comp.), *Modelos matemáticos de la estructura espacial urbana: aplicaciones en América Latina*, Buenos Aires, SIAP, 1974.

Furtado, Celso, *La economía latinoamericana desde la conquista ibérica hasta la revolución cubana*, México, Siglo XXI, 1969.

Germani, Gino, *Sociología de la modernización*, Buenos Aires, Paidós, 1969.

Gibson, Charles, *Los aztecas bajo el dominio español, 1519-1810*, México, Siglo XXI, 1967.

Halperin Donghi, Tulio, *Historia contemporánea de América Latina*, Madrid, Alianza Editorial, 1969.

Hardoy, Jorge E., *Urban planning in precolumbian America*, Nueva York, Braziller, 1968.

—, y Aranovich, C., "La urbanización en América hispánica entre 1580 y 1630", *Boletín del Instituto de Investigaciones Históricas y Estéticas*, núm. 11, pp. 1-89, Caracas, 1969.

—, Basaldúa, R. O., y Moreno, P., *Política de la tierra urbana y mecanismos para su regulación en América del Sur*, Buenos Aires, Di Tella, Buenos Aires, 1969.

— (comp.), *Urbanization in Latin America: trends and issues*, Nueva York, Doubleday, 1973.

—, y Schaedel, Richard, P. (comps.), *El proceso de urbanización en América desde sus orígenes hasta nuestros días*, Buenos Aires, Di Tella, 1969.

Heath, Dwight B., y Adams, Richard N. (comps.), *Contemporary cultures and societies of Latin America*, Nueva York, Random House, 1965.

Instituto de Estudios Peruanos, *Urbanización y proceso social en América*, trabajos presentados al III Simposio sobre la Urbanización en América desde sus orígenes hasta nuestros días, XXXIX Congreso Internacional de Americanistas, Lima, 1970.

Kaplan, Marcos, *Formación del estado nacional en América Latina*, Santiago de Chile, Editorial Universitaria, 1969.

Kiser, Clyde (comp.), *Componentes de los cambios demográficos en América Latina*, Nueva York, Fundación Milbank Memorial, s. f.

Kosok, Paul, *Land and water in ancient Peru*, Nueva York, Long Island University Press, 1965.

Krickeberg, Walter, *Las antiguas culturas mexicanas*, México, Fondo de Cultura Económica, 1961.

Kubler, George, *Mexican architecture of the sixteenth century*, 2 vols., New Haven, Yale Historial Publications, 1948.

—, "Cities and culture in the colonial period in Latin America", *Diógenes*, vol. 47, pp. 53-62, otoño de 1964.

Lanning, Edward P., *Peru before the Incas*, Englewood Cliffs, Prentice Hall, 1967.

Marco Porta, Enrique, *Cartagena de Indias*, Madrid, 1960.

Marquina, Ignacio, *Arquitectura prehispánica*, México, INAH, 1951.

Mason, J. Alden, *The ancient civilizations of Peru*, Harmondsworth, Pelican Books, 1957.

Medina Echavarría, José, *Consideraciones sociológicas sobre el desarrollo económico en América Latina*, Montevideo, 1964.

Millón, René, "Teotihuacán", *Scientific American*, vol. 216, núm. 6, Nueva York, 1967.

Miller, John, y Gakenheimer, Ralph, *Latin American urban policies and the social sciences*, Beverly Hills, Sage Publications, 1971.

Moreey, Sylvanus, *The ancient maya*, Stanford University Press, 1956.

Morse, Richard M., *De comunidade a metrópole*, São Paulo, Comissão do IV Centenário da cidade de São Paulo, 1954.

—, "Some characteristics of Latin American urban history", *American Historical Review*, vol. LXVII, núm. 2, pp. 317-38, enero de 1962.

—, "Recent research on Latin American urbanization: a selected survey with commentary", *Latin American Research Review*, vol. I, núm. 1, pp. 35-74, otoño de 1965.

Omegna, Nelson, *A cidade colonial*, Río de Janeiro, 1961.

Palm, Erwin, *Los monumentos arquitectónicos de la Española*, 2 vols., Santo Domingo, Universidad de Santo Domingo, 1955.

Rabinowitz, F., y Trueblood, F. (comps.), *Latin American urban research*, vol. I, Beverly Hills, Sage Publications, 1970.

Rosenblat, Ángel, *La población indígena de América desde 1492 hasta la actualidad*, 2 vols., Buenos Aires, 1945.

Rowe, John H., "Urban settlements in ancient Peru, *Nawapa Pacha*, vol. I, pp. 1-27, 1963.

Sánchez Albornoz, N., y Moreno, J. L., *La población de América Latina*, Buenos Aires, Paidós, 1968.

Sanders, W. T., y Price, B. J., *Mesoamerica: the evolution of a civilization*, Nueva York, Random House, 1968.

Sauer, Carl O., *The early Spanish main*, Berkeley, University of California Press, 1969.

Secretaría de la CEPAL, *El desarrollo social de América Latina en la posguerra*, Buenos Aires, Solar-Hachette, 1966.

Singer, Paul, *Desenvolvimento econômico e evolução urbana*, São Paulo, Editora Nacional, 1968.

Stein, Stanley J., y Barbara H., *La herencia colonial de América Latina*, México, Siglo XXI, 1970.

Steward, Julian H. (comp.), *Handbook of Southamerican indians*, 6 vols., Washington, Smithsonian Institution, 1946-1950.

Torres Balbás, L., Cervera, L., Chueca, F., y Bidagor, P., *Resumen histórico del urbanismo en España*, Madrid, Instituto de Administración Local, 1954.

Toussaint, M., Gómez de Orozco, F., y Fernández, J., *Planos de la ciudad de México, siglos xvi y xvii: estudio histórico, urbanístico y bibliográfico*, México, 1938.

Vekemans, Roger, y Segundo, J. L., "Tipología socioeconómica de los países latinoamericanos", *Revista Interamericana de Ciencias Sociales*, vol. 2, Washington, 1963.

Véliz, Claudio (comp.), *Obstacles to change in Latin America*, Londres, Oxford University Press, 1969.

Wauchope, Robert (comp.), *Handbook of Middle America indians*, University of Texas Press, 1964 (varios volúmenes publicados).

Willey, Gordon R., y Phillips, P. H., *Method and theory in American archaeology*, University of Chicago Press, 1958.

Wolf, Eric, *Sons of the shaking earth*, University of Chicago Press, 1959.

Yujnovsky, Oscar, *La estructura interna de la ciudad: el caso latinoamericano*, Buenos Aires, SIAP, 1971.

Zuidema, R. T., *The cegue system of Cuzco: the social organization of the capital of the Inca*, Leiden, 1962.

Capítulo III

Abrams, Charles, *Squatter settlements: the problem and the opportunity*, Washington, Department of Housing and Urban Development, 1966.

Borricaud, Favre, Bravo Bresani y Piel, *La oligarquía en el Perú*, Buenos Aires, Amorrortu, 1972.

Camines, H., Turner, John F. C., y Steffian, John A., *Urban dwelling environments*, Cambridge, MIT, 1969.

Cardoso, Fernando H., y Faletto, Enzo, *Dependencia y desarrollo en América Latina*, México, Siglo XXI, 1972.

Departamento de Estudios y Planificación Urbano-Regional, *Organización y lucha poblacional en el proceso de cambios: la experiencia del campamento "Nueva Habana"*, Santiago de Chile, Facultad de Arquitectura y Urbanismo, Universidad de Chile, agosto de 1972 (mimeo).

Dos Santos, Theotonio, *Socialismo o fascismo*, Buenos Aires, Periferia, 1972.

Estudios Socio-Demográficos, Asociación Colombiana de Facultades de Medicina, *Urbanización y marginalidad*, Bogotá, Tercer Mundo, 1968.

Freire, Paulo, *La educación como práctica de la libertad*, México, Siglo XXI, 1973.

Gianella, Jaime, Robles, Diego, y Aduriz, Joaquín, *Marginalidad en Lima metropolitana*, Lima, DESCO, 1970 (mimeo).

Gutiérrez, Gustavo, *Teología de la liberación: perspectivas*, Lima, Editorial Universitaria, 1971.

Hardoy, Jorge E., "El paisaje urbano de Sudamérica", *Revista de la Sociedad Interamericana de Planificación*, vol. III, núm. 11, pp. 27-41, Bogotá, 1969.

Huanay, Julián, *Suburbios*, Lima, Editorial Gráfica Labor, 1968.

Jaguaribe, Furtado, Faletto, Di Tella, Espartaco, Sunkel, y Cardoso, *La dominación de América Latina*, Buenos Aires, Amorrortu, 1972.

—, y Ferrer, Wionczek, Dos Santos, *La dependencia político-económica de América Latina*, México, Siglo XXI, 1973.

Lefebvre, Henri, *De lo rural a lo urbano*, Barcelona, Península, 1971.

—, *La revolución urbana*, Madrid, Alianza, 1972.

Matos Mar, José, *Urbanización y barriada en América del Sur*, Instituto de Estudios Peruanos, 1968.

Oiga, año XII, núm. 549, p. 50, Lima, 2 de noviembre de 1973.

Ribeiro, Darcy, "Universidad: revolución o integración", *Cuadernos del Consejo de la Universidad Peruana*, núm. 9, pp. 121-131, Lima, junio de 1972.

Robles Rivas, Diego, "Development alternatives for the Peruvian barriadas", *Latin American Urban Research*, vol. 2, pp. 229-237, Beverly Hills, 1971.

Rodríguez, A., y otros, *Segregación residencial y desmovilización política: el caso de Lima*, Buenos Aires, SIAP, 1973.

Sunkel, Osvaldo, y Paz, Pedro, *El subdesarrollo latinoamericano y la teoría del desarrollo*, México, Siglo XXI, 1973.

Turner, John C., y Fichter, Robert, *Freedom to build*, Londres, Architectural Design, 1973.

Capítulo IV

Aranda, Sergio, *La revolución agraria en Cuba*, México, Siglo XXI, 1968.

De Vries, Egbert (comp.), *Social research and rural life in Central America, Mexico and the Caribbean region*, París, UNESCO, 1962.

Diegues Júnior, Manuel, *Establecimientos rurales en América Latina*, Buenos Aires, Eudeba, 1967.

Frank, André Gunder, *Capitalismo y subdesarrollo en América Latina*, Buenos Aires, Siglo XXI, 1973.

Freyre, Gilberto, *Mucambos do Nordeste*, Recife, Instituto Joaquim Nabuco de Pesquisas Sociais, 1967.

Furtado, Celso, *Breve historia económica de América Latina*, La Habana, Instituto Cubano del Libro, 1970.

García, Antonio, *Reforma agraria y dominación social en América Latina*, Buenos Aires, SIAP, 1973.

George, Pierre, *La acción del hombre y el medio geográfico*, Barcelona, Península, 1970.

Gutelman, Michel, *L'agriculture socialisée à Cuba*, París, Maspero, 1967.

—, *Réforme et mystification agraires en Amérique Latine: le cas du Mexique*, París, Maspero, 1971.

Huteau, Jean, *La transformación de América Latina*, Caracas, Tiempo Nuevo, 1970.

Instituto Nacional de Colonización y Régimen de la Tierra, *Tipos predominantes de vivienda natural en la República Argentina*, Buenos Aires, Instituto de Investigaciones de la Vivienda, Facultad de Arquitectura y Urbanismo, s. f.

Ocampo, José Fernando, *Dominio de clase en la ciudad colombiana*, Bogotá, La Oveja Negra, 1972.

Rapaport, Amos, *Vivienda y cultura*, Barcelona, Gili, 1972.

Rofman, Alejandro, *Las desigualdades regionales en la Argentina*, Buenos Aires, Centro Editor de América Latina, 1972.

Solari, Aldo E., *Sociología rural latinoamericana*, Buenos Aires, Eudeba, 1963,

Stavenhagen, Rodolfo, *Las clases sociales en las sociedades agrarias*, México, Siglo XXI, 1969.

Capítulo V

Argan, Giulio Carlo, *Progetto e destino*, Milán, Il Saggiatore, 1965.
Boesiger, Willy, *Le Corbusier: œuvre complète, 1910-1929*, Zurich, Erlenbach, 1956.
Brasília: história, urbanismo, arquitectura, construção, Río de Janeiro, Acropole, s. f.
Costa, Lucio, "Plano piloto, memória descriptiva", número especial de *Acropole*, São Paulo, 1960.
Corporación Venezolana de Guayana, *Informes anuales*, Ciudad Guayana, 1969, 1970, etcétera.
Crease, David, "Progress in Brasilia", *Architectural Review*, vol. CXXII, Londres, abril de 1962.
Crosby, Theo, *City sense*, Londres, Studio Vista, 1965.
Evenson, Norma, *Two brazilian capitals: architecture and urbanism in Rio de Janeiro and Brasilia*, New Haven, Yale University Press, 1973.
Friedman, John, *Regional development policy: a case study of Venezuela*, Cambridge, MIT, 1966.
McGinn, Noel F., y Davis, Russell G., *Build a mill, build a city, build a school: industrialization, urbanization and education in Ciudad Guayana*, Cambridge, MIT, 1969.
Milman, B., Rocha, João, "Plano piloto", *Habitat*, núm. 40, São Paulo, 1957.
Niemeyer, Oscar, *Minha experiência em Brasília*, Río de Janeiro, Vitória, s. f.
Roberto, M. M. M., "Plano piloto", *Habitat*, núm. 42, São Paulo, 1957.
Rodwin, Lloyd, y asociados, *Planning urban growth and regional development: the experience of the Guayana program of Venezuela*, Cambridge, MIT, 1969.
—, "Ciudad Guayana, una ciudad nueva", *La ciudad*, Madrid, Alianza, 1965.
Soberman, Richard M., *Transport technology for developing regions: a study of ready transportation in Venezuela*, Cambridge, MIT, 1966.
Stäubli, Willy, *Brasilia*, Londres, Leonard Hill, 1966.
Wilhelm, Jorge, "Brasília 1970: um roteiro", número especial de *Acropole*, São Paulo, 1960.
—, "Uma interpretação: Brasília 1960", número especial de *Acropole*, São Paulo, 1960.
Zevi, Bruno, "Inchiesta su Brasilia", *Architettura: cronache e storia*, Roma, enero de 1960.
—, "Brasilia come l'EUR", *Architettura: cronache e storia*, Roma, enero de 1961.

SEGUNDA PARTE

Capítulo II

Chueca Goitia, Fernando, Torres Balbás, Leopoldo, y González y González, Julio, *Planos de las ciudades latinoamericanas y filipinas existentes en el Archivo de Indias*, Madrid, Instituto de Administración Local, 1951.
Díaz del Castillo, Bernal, *Historia verdadera de la conquista de la Nueva España*, México, Ediciones Mexicanas, 1950.
Giedion, Siegfried, y Frank, Klaus, *Affonso Eduardo Reidy: Bauter und Projekte*, Stuttgart, Verlag Gerb Matje, 1965.
Kubler, George, *Mexican architecture of the sixteenth century*, New Haven, Yale University Press, 1948.
McAndrew, John, *The open-air churches of sixteenth century in Mexico*, Cambridge, Harvard University Press, 1965.
Moholy-Nagy, Sybil, *Urbanismo y sociedad*, Barcelona, Blume, 1970.
Toscano, Salvador, *Arte precolombino de México y de la América Central*, México, Universidad Nacional Autónoma de México, 1944.
Toussaint, Manuel, *Arte colonial de México*, México, Imprenta Universitaria, 1948.

TERCERA PARTE

Capítulo I

Alexander, Ch., *La estructura del medio ambiente*, Barcelona, Tusquets, 1971.
Bonsiepe, G., *Manual del diseño*, Santiago, INTEC, 1970.
—, "Trazado de una alternativa de diseño", *Summa*, núm. 48, Buenos Aires, abril de 1972.
DMG-DRS Journal: Design research and methods, San Luis, s. f.
Fratelli, E., *Il disegno industriale*, Trieste, Universitá degli Studi, 1972.
Gregory, S. A., *The design method*, Londres, Butterworths, 1966.
Hymer, S., *Empresas multinacionales: la internacionalización del capital*, Buenos Aires, Periferia, 1972.
Jones, J., Ch., *Design methods*, Londres, Wiley, 1970.
Katz, J. M., Mallmann, C. A., y Becka, L., *Investigación, tecnología y desarrollo*, Buenos Aires, Ciencia Nueva, 1972.
Maldonado, T., *Avanguardia e razionalitá*, Turín, Einaudi, 1973.
Nelson, G., *Problems of design*, Nueva York, Whitney Publications, 1965.
Sábato, J. A., *¿Laboratorios de investigación o fábricas de tecnología?*, Buenos Aires, Ciencia Nueva, 1972.
Selle, G., *Ideologie und Utopie des Design*, Colonia, M. Dumont Schauberg, 1973.
Wolf, L., *Ideología y producción: el diseño*, Barcelona, Redondo, 1972.

Capítulo II

Aronin, Jeoffrey E., *Climate and architecture*, Nueva York, Reinhold, 1953.
Bardi, P. M., *I giardini tropicale di Burle Marx*, Milón, Görlich, 1958.
CINVA, *Experiencias sobre vivienda rural en Panamá*, Bogotá, 1958.
Egli, Ernest, *Die neue Stadt in Landschaft und Klima*, Zurich, Erlenbach, 1951.
Giuria, Juan, *La arquitectura en Paraguay*, Buenos Aires, Instituto de Arte Americano e Investigaciones Estéticas, Universidad de Buenos Aires, s. f.
Kubler, G., y Soria, M., *Art and architecture in Spain and Portugal and their American dominions, 1500 to 1800*, Londres, Penguin Books, 1959.
Morley, Sylvanus G., *La civilización maya*, México, Fondo de Cultura Económica, 1947.
Olgyay, Víctor, *Clima y arquitectura en Colombia*, Bogotá, Universidad del Valle.
Rudofsky, Bernard, *Architecture without architects*, Nueva York, Museum of Modern Art, 1964.
Scully, Vincent, *The earth, the temple and the gods*, New Haven, Yale University Press, 1962.
Segre, Roberto, *Arquitectura cubana*, Buenos Aires, Cuaderno Summa-Nueva Visión, núm. 46-47, 1970.
Tedeschi, Enrique, *La Plaza de Armas del Cuzco*, Tucumán, Editorial de la Universidad Nacional de Tucumán, 1961.
Westheim, Paul, *Ideas fundamentales del arte prehispánico en México*, México, Fondo de Cultura Económica, 1957.

Capítulo III

Auca, núm. 4, número monográfico dedicado a la prefabricación en Chile, Santiago, junio de 1966.
Bonta, Juan, *Eladio Dieste*, Buenos Aires, Instituto de Arte Americano, Facultad de Arquitectura y Urbanismo, Universidad de Buenos Aires, 1963.

Conescal, núm. 13, número dedicado a la prefabricación escolar, México, agosto de 1969.

Faber, Colin, *Candela: the shell builder*, Nueva York, Reinhold, 1963.

Morley, Sylvanus G., *La civilización maya*, México, Fondo de Cultura Económica, 1961.

Seminario Internacional de Construcciones Escolares, *La arquitectura escolar de la revolución cubana*, La Habana, DESA, 1973.

Vaillant, C. C., *La civilización azteca*, México, Fondo de Cultura Económica, 1960.

Capítulo III

De Fusco, Renato, *L'architettura come mass-media: note per una semiologia architettonica*, Bari, Dedalo, 1967.

Dorfles, Gillo, *Símbolo, comunicación y consumo*, Barcelona, Lumen, 1967.

Eco, Umberto, *Apocalípticos e integrados ante la cultura de masas*, Barcelona, Lumen, 1968.

—, *La estructura ausente*, Barcelona, Lumen, 1972.

Gasparini, Graziano, y Posani, Juan Pedro, *Caracas a través de su arquitectura*, Caracas, Fundación Fina Gómez, 1969,

Lefebvre, Henri, *La vie quotidienne dans le monde moderne*, París, Gallimard, 1968.

—, *La revolución urbana*, Madrid, Alianza, 1972.

Norberg-Schulz, Christian, *Intenzioni in architettura*, Milán, Lerici, 1967.

Pawley, Martin, *Architecture versus housing*, Londres, Studio Vista, 1972.

Segre, Roberto, "Habana I", número monográfico de *Arquitectura/Cuba*, núm. 340, La Habana, 1972.

—, y Salinas, Fernando, *El diseño ambiental en la era de la industrialización*, La Habana, Centro de Información Científica y Técnica, Universidad de La Habana, 1972.

ÍNDICE DE NOMBRES

Aalto, Alvar: 183
Abrams, Charles: 295 n.
Aburto, Álvaro: 198, 281 n.
Achurra Larrain, Manuel: 119 n.
Agostini, Alfredo: 201
Alberti, L. B.: 148, 166, 174
Alejandro Magno: 174
Allende, Salvador: 202, 232 n., 289 n.
Althusser, Louis: 270 n.
Álvares, Alfonso: 158
Angulo, Diego: 168
Aranda, Sergio: 121 n.
Aranovich, C.: 50
Araujo, Manuel Francisco: 180
Arguillère, Ch. H.: 282 n.
Aristóteles: 174
Arp, Jean: 200
Arrubla, Mario: 177 n.
Arena, Héctor Luis: 2
Argan, Giulio Carlo: 140
Arrieta Gálvez, Mauricio: 1
Artigas, Vilanova: 84
Arvatov, B.: 224 n.
Aubert, Jean: 274 n., 280 n.
Azevedo, A.: 51-52

Balbás, Gerónimo de: 149
Ballester, Juan Antonio: 1
Bammate, N.: 2
Banham, Reyner: 270-271 n.
Bard, George: 272 n.
Bardi, P. M.: 289 n.
Barón Castro, Rodolfo: 54 n.
Barragán, Luis: 168
Bartet, Leyla: 108 n.
Bartra, R.: 4 n.
Batista, Fulgencio: 282
Bazin, Germain: 157 n.
Bernardes, Sergio: 252
Blanqui, jesuita: 192
Bolívar, Simón: 3, 187, 191, 199
Bonet Correa, Antonio: 144 n.
Bonta, J. P.: 272 n.
Borah, Woodrow: 49
Bordieu, Pierre: 284
Borhegy, Stephan F.: 46 n.
Borronini, Francesco: 180

Boyle, Richard: 234
Bramante, Donato D'Angeli: 166
Broadbent, G.: 273 n.
Browne, Enrique: 115 n.
Brunet de Baines: 192
Bullrich, Francisco: 1-2, 200, 269, 280 n., 293 n.
Burle Marx, Roberto: 252-253
Bury, J. B.: 157 n.
Buschiazzo, Mario J.: 157 n., 171, 178

Cabezas, Betty: 106 n.
Calder, Alexander: 200
Candela, Félix: 168, 264
Canilla, Guido: 269 n.
Cárdenas, Lázaro: 112, 194
Cardoso, H.: 199 n.
Carlos V: 174
Carr, R. F.: 46 n.
Casas Armengol, Miguel: 199, 200 n.
Castedo, L.: 191 n.
Castells, Manuel: 105 n., 113 n., 114 n.
Castro, Fidel: 112 n., 113 n., 202
Castro, Josué de: 107 n.
Castro, Raúl: 122 n., 127 n.
Cavallari, Javier: 192
Caveri, Claudio: 294 n.
Colón, Cristóbal: 11, 260
Córdova, Arnaldo: 196-197 n., 203 n.
Cortés, Hernán: 48, 173-174, 260
Costa, João Cruz: 31 n.
Costa, Lucio: 130-133, 135-136, 138-140, 157 n., 178, 182, 252, 289 n.
Craford, W. Rex: 31 n.
Cunha, Euclides da: 31

Chesneaux, J.: 4 n.
Childe, V. Gordon: 4 n.
Christopher, Alexander: 271 n., 299 n.
Christophensen, Alejandro: 192
Chueca Goitia, Fernando: 143 n., 144 n., 180

Day, Kenneth: 47 n.
De Chirico, Giorgio: 134
Delorme, Philibert: 166
Dias, Luis: 155

Díaz del Castillo, Bernal: 173
Diegues Júnior, Manuel: 108 n., 110 n., 111 n.
Dieste, Eladio: 184, 264
Dinócrates: 174
Dietterlin: 166
Doberti, R.: 272 n.
Doblin, J.: 222 n.
Dorfles, Gillo: 272 n.
Dormal, Julio: 192
Duhart, Emilio: 183
Durge, León: 200

Eco, Umberto: 272 n., 290 n.
Eiximenis, Francesc: 148
Engels, Federico: 4 n.
Escobar Loret de Mola, Emilio: 1
Espín, Iván: 2
Evenson, Norma: 288 n.
Eyheralde, René: 126 n.

Faletto, E.: 199 n.
Fals Borda, Orlando: 111 n.
Felipe II: 176
Fernández Maldonado, Jorge: 114 n.
Fernández, Justino: 144 n., 167, 192 n.
Fernández Moreno, César: 2
Ferrari, C.: 72 n.
Ferreira, C. F.: 177
Figueroa, Max: 127 n.
Fischerman, Joaquín: 297 n.
Foster, George: 149
Franco de Andrade, Rodrigo M.: 157 n.
Frank, André Gunder: 107 n., 108 n.
Freebairn, D.: 63 n.
Freyre, Gilberto: 123
Fried, H. H.: 4 n.
Friedman, Yona: 271 n., 276 n.
Furtado, Celso: 41 n., 109 n.
Fusco, Renato de: 271 n., 272 n.

Galeano, Eduardo: 288 n.
Gandelsonas, M.: 272 n.
García, Antonio: 108 n., 109 n., 111 n., 112 n.
García Bravo, Alforso: 173
García Bryce, José: 248 n.
García Peña, Álvaro: 110 n.
Gasparini, Graziano: 2, 242, 271 n., 277 n.
Gazaneo, Jorge O.: 2
Geiger, P. P.: 51
Geisse, Guillermo: 59 n., 61 n., 115 n.
George, Pierre: 107 n.
Giorgi, Bruno: 134
Godelier, M.: 4
Goulart Reis Filho, Nestor: 51

Gregory, S. A.: 273 n.
Gregotti, Vittorio: 284 n.
Grichener, Silvio: 276 n., 292 n.
Gropius, Walter: 183-184
Grove, Marmaduke: 194
Guadet, J.: 272
Guarini, Guarino: 180
Guerrero y Torres, Francisco: 166, 170
Gutelman, Michel: 111 n.
Gutiérrez, Raúl: 127 n.

Hardoy, Jorge E.: 45 n., 49 n., 50 n., 59 n., 61 n., 63 n., 106 n.
Haug, W. F.: 221 n.
Haumont, A.: 284 n.
Haumont, N.: 284 n.
Hauser, Arnold: 270 n.
Hazard, J. E.: 46 n.
Heghemann, Werner: 282 n.
Henríquez Ureña, Pedro: 31 n., 191 n.
Hidalgo, Miguel: 187
Hipódamo: 174
Hitler, Adolf: 178
Hobsbawm, E.: 4
Huanay, Julián: 96 n.
Huteau, Jean: 107 n.

Iglesia, Rafael: 294 n.

Jalée, Pierre: 105 n.
Jeton, Chailes: 272 n.
Jones, J. Christopher: 273 n.
Juan Diego: 171
Juan VI: 191
Juárez, Benito: 187
Jungmann, Jean-Paul: 274 n.
Junne, G.: 219 n.

Kahn, Luis: 184
Kaplan, Marcos: 153 n.
Katzman, Israel: 281 n., 287 n.
Ketterer, Ann: 123 n.
Ketterer, Gordon: 123 n.
Keynes, Milton: 293 n.
Koeneg, Giovani Klaus: 272 n.
Kroeber, A.: 4 n., 49
Kubitschek, Juscelino: 130, 177, 288 n.
Kubler, George: 146 n., 162, 163 n., 166
Kusnetzoff Katz, Fernando: 2

Lambert, Denis: 296 n.
Lancaster, Joseph: 191
Landau, Royston: 293 n.
Latorre, Hernán: 119 n.
Leao, Carlos: 197
Le Breton: 191

Le Corbusier: 123, 131-133, 136, 176-178, 182-184, 196-198, 209, 236, 249, 252
Lefebvre, Henri: 105 n., 270 n., 279 n., 284 n., 286 n., 290 n., 292 n.
Leger Vauthier, Louis: 191
Legorreta, Juan: 198, 281 n.
Linton, R.: 4 n.
Loos, Adolf: 123
López de Velazco, Juan: 49

Mac Donald, Dwight: 270 n.
Maldonado, Tomás: 272 n.
Maugen, William: 295 n.
Mao Tse-tung: 188, 189 n.
Mariátegui, José Carlos: 31, 108 n.
Marini, Ruy Mauro: 196, 202
Martí, José: 31
Martínez, Carlos: 251 n.
Marx, Karl: 4 n., 105
Mattos Pereira, R.: 72 n.
Matus, Carlos: 59 n.
McAdams, R.: 4 n.
McLuhan, Marshall
Menéndez Cruz, Alfredo: 120 n.
Mello, Eduardo Keneese de: 184
Merril, Robert N.: 73 n.
Meyer, Hannes: 199
Michelangelo: 166
Millón, René: 46 n.
Mindlin, Henrique E.: 2, 184, 251 n.
Moctezuma I: 47, 173
Moles, Abraham: 273 n.
Montigny, Graudjean de: 191
Moore, Charles: 271 n.
Moreira, Jorge: 197
Morelos, José María: 187
Morera, Ismael: 109 n., 110 n.
Morgan, L. H.: 4 n.
Morris, Charles: 272 n.
Moseley, Michael: 46 n.
Mosseri, J.: 74 n.
Mota, Eugenio da: 161
Motolinía (fray Toribio de Benavente): 46 n.
Mussolini, Benito: 178
Myrdal, Gunnar: 65

Nervi, Pier Luigi: 184
Neuhauser, Enrique: 275 n.
Neumann, Balthasar: 180
Niemeyer, Oscar: 133, 136, 182-185, 197-198, 253, 288, 289 n.
Norberg-Schulz, Christian: 272 n., 275 n.
Nour, S.: 219 n.
Nurkse, Ragnar: 45 n.

Oberlander, J.: 74
Ocampo, José Fernando: 124 n.
Oddone, J. A.: 56 n.
O'Gorman, Juan: 181, 185, 198, 280 n., 281 n., 287 n.
O'Higgins, Bernardo: 187
Oleas, Luis: 2
Ortiz de Castro, Damián: 192
Ortiz de Zevallos, Luis: 2
Oxman, Robert M.: 299 n.

Palerm, E. R. A.: 4 n.
Palm, Erwin Walter: 150, 166-168
Palladio, Andrea: 166
Panofsky, Erwin: 273 n.
Parat, P.: 282 n.
Paz, Octavio: 24
Pedregal, Herminio: 126 n.
Peralta Ramos, Federico: 201
Perloff, Harvey: 116 n.
Perón, Juan Domingo: 282
Pessoa, Epitacio: 130
Picón Salas, Mariano: 31 n., 143 n.
Pizarro, Francisco: 48
Poleman, T.: 63
Pope, Alexander: 234
Porta, Giacomo della: 159
Posani, Juan Pedro: 269 n., 271 n.
Pozzo, Andrea: 166
Prebisch, Raúl: 200
Price, Cedric: 276 n.
Prieto, Abel: 127 n.

Quijano, Aníbal: 106 n.

Ramírez Vázquez, Pedro: 168, 185
Rapoport, Amos: 123
Ravizza, Alejandro: 247 n.
Raymond, H.: 284 n.
Raymond, M. G.: 284 n.
Reidy, Eduardo: 177, 182, 197, 252
Ribeiro, Darcy: 6 n., 106 n., 143 n., 168, 225 n.
Ricci: 166
Rivadavia, Bernardino: 191
Rivera, Diego: 185
Rodríguez, Carlos Rafael: 112 n., 116 n., 119 n., 121 n.
Rodríguez, E.: 167
Rodríguez, J. M.: 272 n.
Rodríguez, Lorenzo: 149
Ronceray, Hubert de: 1
Rossi, Aldo: 269 n.
Rossi-Landi, Ferruccio: 273 n.
Rowe, John: 47 n.
Rudofsky, Bernard: 123

Saarinen, Eeto: 184
Sahlins, M. D.: 4 n.
Sahuaraura, Manuel de: 151
Salinas, Fernando: 186, 191, 203, 299 n.
Salmona, Rogelio: 184
Sampaio, Theodoro: 52
Sánchez Elía, Santiago: 201
Sant' Elia: 132 n.
Santos, Paulo F.: 155 n., 156, 157 n.
Sauer, Karl: 235
Saussure, Ferdinand de: 272 n.
Schaedel, Richard P.: 46 n., 47
Schlupp, F.: 219 n.
Schmieder, Oscar: 239 n.
Schteingart, Martha: 105 n.
Segre, Roberto: 2, 186, 191, 291 n.
Serlio, Sebastiano: 166
Sert, José Luis: 176-177
Service, E. R.: 4 n.
Silva, Ismael: 294 n.
Silva, J.: 297 n.
Singer, Paul: 105 n., 110 n.
Smith, Robert C.: 52, 154, 157 n.
Sodré, Nelson Werneck: 31 n.
Solari, Aldo: 106 n.
Spinden: 49
Soria Suárez, Alejandro: 102
Stab, Martin S.: 31 n.
Stein, Stanley y Barbara: 152 n., 153 n., 154 n.
Steward, Julian H.: 4 n.
Stohr, Walter B.: 115 n., 116 n.
Sucre, Antonio José de: 187
Suger, Arnauld: 274 n.

Tafuri, Manrudo: 272 n.
Telles, Augusto da Silva: 157 n.
Terzi, Felipe: 158
Testa, Clorindo: 201, 286 n.
Thompson, James: 191
Tibol, Raquel: 280 n.
Toesca, Joaquín: 192
Tolsá, Manuel: 192
Tomás de Aquino, Santo: 174
Tonka, Hubert: 274 n.
Torrealba, Antonio: 96
Torres Martínez, Ramón: 2

Toussaint, Manuel: 170
Tresguerras, Manuel Francisco Eduardo: 192
Trotski, León: 194 n.
Turner, John: 283 n., 293 n., 295 n.
Tuyuru Túpac, Juan Tomás: 151

Urquidi, Víctor L.: 296 n.
Utría, Rubén D.: 60 n., 107 n.

Van der Rohe, Mies: 184
Vargas, Getúlio: 130, 197
Vasarely: 200
Vasconcellos, Ernani: 197
Vegecio: 148
Vekemans, Roger: 294 n., 297 n.
Velarde, Héctor: 248, 250
Venturi, Robert: 270-271 n.
Vergara, Marcelo: 275 n.
Viatkin, A.: 4 n.
Vicuña Mackenna, Benjamín: 192
Vignola: 166
Vilar, Pier: 200
Villa, Carlos Raúl: 182
Villagrán García, José: 168, 182, 199
Villanueva, Carlos Raúl: 2, 177, 184, 199, 288
Villegas, Víctor Manuel: 144 n.
Vitruvio: 148, 174, 272

Waisman, Marina: 271 n.
Wampler, Jan: 299 n.
Warchavchik, Gregori: 182, 197-198
Wells, H. G.: 133
White, Leslie: 4 n.
Wilheim, Jorge: 139
Williams, Amancio: 2
Wingo, Lowdon: 116 n.
Wionczek, M. S.: 227 n.
Wittfogel, K.: 4
Wolf, E.: 4 n.
Wolfe, Tom: 290 n.
Wright, Frank Lloyd: 183, 236

Zevi, Bruno: 184, 287 n.
Zimmerman, Dominikus: 180

Nº 02060

impreso en gráfica panamericana, s. de r. l.
parrroquia 911 - méxico 12, d. f.
cinco mil ejemplares
8 de diciembre de 1975